木下真志

五五年体制と政権交代

政治学の深化に向けた一考察

一九五五年の保守合同以後、ほぼ一貫して政権を担ってきた自民党、一方、左右の統一後、一九九三年の政変、翌年の選挙制度改革、村山内閣期まで一定の役割を果たしてきた社会党。日本の政党政治、五五年体制は一九九〇年代に大きな変容を遂げた。同時期、日本における政治学も大きな変貌期を迎えていた。政党政治と政治学のふたつの転換期を、政治学の深化という視角から考察を重ねた論攷集

旬報社

先進各国との比較において戦後日本の政治を特徴づけるとすれば、熾烈なイデオロギー対立と、政権交代が少ないことであろう。

「五五年体制」と呼ばれたこの体制は、「一と二分の一政党」という政権交代の可能性の低い枠組を受けての命名であった。その後、その意味するところは拡散し、米ソ冷戦の国内代理戦争、日米安保vs全面講和、自衛隊拡大路線vs自衛隊違憲論、資本主義vs社会主義、原発推進vs原発反対、国家主義vs市民主義、日の丸・君が代是認vs日の丸・君が代反対、あるいは「なれあい国対政治」、自民党vs社会・公明・民社・共産等々、多義的な意味を持つに至った。

戦後日本では、一九五五年秋の保守合同以後、自由民主党がほぼ政権を掌握してきた。他方の日本社会党も一九五五年秋の左右統一以後、ほぼ野党第一党として自民党に対抗してきた。一九九三年の政権交代により、自社両党中心の政党政治が崩壊するまでこの枠組は維持された。

本書は、さらに時期を広げ、主として、一九六〇年代から二〇一〇年代までの政界を総覧しつつ、戦後日本における「五五年体制」とは何であったか、を多面的にもう一度考察してみたいという想いで書きためてきた小稿を再構成したものである。二〇〇九年に誕生した民主党政権についても分析を試みている。

さらに、日本の政治学界（日本政治学会ではない）の動向について、一九八〇年代後半以降について考察を試みたものも第Ⅲ部として加えた。一冊の本としてのまとまりをつけるために、自分自身の原稿を再読することを通して、この機会に政治学の役割をも再考しようと考えたのである。

本書は三部構成とし、それぞれにひとつの整合性を持たせた。私自身が近年この三つの分野に強い関心をもってきたことを示すものでもある。第Ⅰ部では、主として自民党政権と民主党政権について、第Ⅱ部では社会党について、第Ⅲ部では近年の日本における政治学について論じたものを収録した。

本書に収録するにあたって、大幅に改稿したもの、ほとんど手を加えなかったもの、様々ではあるが、「五五年体制」を再考しつつ、戦後日本の政治学をも再考し、深化をめざしたいという試みはひとつのまとまりをもてたと考えている。

＊　収録に際し、現時点からみた時制に適宜表現を改めた。

＊　「本書」は原則として拙書をさす（ただし、第一〇章、第一四章は例外とする）。

＊　［　］内は木下補（本文中に「木下補」の注記なく、補足した箇所もある）。（　）内は原典。

著　者

五五年体制と政権交代——政治学の深化に向けた一考察◉目次

第二章　戦後政治をみる眼——首相の動向からみた一九六〇～一九八七年　49

第三章　小泉内閣とポピュリズム　89

目　次

第Ⅱ部　日本社会党再考

目　次

第Ⅰ部

自民党と政権交代

概要

第Ⅰ部は自民党について論じたもの（第一章～第三章）と民主党内閣（第四章・第五章）について論じたものの五つの章から構成される。視角としては、首相の動向に焦点をあてたものと、第二部との関連で必要な自民党の防衛政策について論じたものである。

戦後、自民党は二回、野に下った。一度目の（細川護熙内閣から）村山富市内閣については、既に拙著（『転換期の戦後政治と政治学』敬文堂）で論じたので、今回、民主党政権について論じた二作を、自民党政治との比較を念頭に収録した。

根底にあるのは、自民党の強さの秘密を戦後史における首相の動向を追跡することで解明したいという思いがあった。しかしながらこれはなかなかのアポリアで、行間から読み取っていただく他はない。

また、民主党政権はなぜ短命に終わったのか、についても分析を試みた（第四章・第五章）。政権交代が実現しさえすれば、政治の質が向上するという期待が認識違いであったことが判明するとともに、日本の政治に緊張感が生まれたことも否定できない事実であり、今後も政権交代は、それ自体に意味があるというのが筆者の認識である。

第一章　高度成長後の自主防衛論の展開——一九七〇年代の自民党を中心に

はじめに

防衛政策をめぐる「保革」の対立は、戦後政治を論じる場合、欠くことのできないテーマであり、この問題の重要性については説明を要しない。

自由民主党の防衛政策の変遷に関しては、大嶽秀夫の先駆的業績『日本の防衛と国内政治』(1)がある。一方、日本社会党についても、結党四〇周年や五〇周年を契機にさまざまな資料が刊行された(2)。また私は、主として、社会党の防衛面における政策形成過程を、平和問題談話会などに集った知識人との関連で論じたことがある(3)。本章では、以上に関連する論稿として、大嶽の前掲書における分析に依拠しつつ、それを土台に、自民党の防衛政策を内閣ごとに再訪を試み、検討したい。

二〇〇一年九月一一日にアメリカで発生した事件以来、中東情勢が極めて不安定なこともあって、日本においても、広義の防衛論争・テロ対策が再燃した。その意味でも、この時期の政権政党として連立与党の柱となっていた自民・公明両党の防衛政策形成過程を再考することは今後のわが国の防衛政策を検討するうえでも不可欠の作業といってよいだろう。

一　三次防から四次防へ

1　佐藤政権期

一九七〇年までには、世界で第一二位まで膨張を続けていた日本の防衛費は、佐藤栄作内閣のもとでの三次防（第三次防衛力整備五か年計画・一九六七～七一年）で野党・大蔵省の抵抗にあいながらも、総額二兆三四〇〇億円となった(4)。

一九六〇年の安保紛争以降、正面からは防衛費の増額を主張しにくくなっていた自民党(5)は、専ら予算の「自然増(6)」に頼って防衛予算増大を図ってきた。しかし、四次防（一九七二～七六年度）は自民党の消極的な防衛政策を大きく転換するものとなった。総額が三次防の二倍弱の四兆六三〇〇億円となっただけでなく、装備の面でも質的な充実を意図したものであったからである。達成目標は、陸上兵力一八万人、海上兵力三〇数万トン、航空兵力約一〇〇〇機であった(7)。

ごく簡単に経緯を振り返ることで、時代状況を確認したい。世界的にはデタント（détente）と呼ばれる軍縮機運が高まっていた時期であった。ベトナム戦争の終結だけでなく、米中の和解、戦略兵器削減交渉（ＳＡＬＴ）の本格化など、当時、国際情勢は日本に防衛費の増額を迫るような状況になかった。このような情勢にあったにもかかわらず、日本政府が防衛費の増額を決定する要因として考えられる要素は、二つあった。一つは、ニクソン大統領によるアメリカの外交政策の転換（アジアからの撤退）であった。アメリカはアジアにかかる軍事費の削減に乗り出していたのである。日本はアジアにおいて、アメリカに代わる役割が期待されるようになっていた。もう一つは財界からの圧力、すなわち、国際的地位の上昇や経済大国に見合った防衛力の整備を求める声であった。経済団体、とりわけ経団連・日経連を構成する財閥系大企業は、さらなる利益拡大を求めて、政府への防衛費の増大を求める要請を大きくしていた。中には、政府に対し、武器輸出の解禁を迫る企業（兵器産業）も出た。

アメリカのアジアからの撤退は、日本にもアジアの軍事的安定への貢献を迫るものであった。沖縄返還協定が一九六七年一一月に合意に達し（佐藤首相―ジョンソン大統領会談）ており、アメリカを刺激することは日本の選択肢にはなかった。日本がこの地域の安定に乗り出すことはいわば暗黙の了解であった。六九年三月には、佐藤首相は参院において沖縄返還に関し、「核抜き・基地本土並みの方針でアメリカ側と折衝する」と表明した。他方で当時、日米関係では、繊維交渉が問題化しており、佐藤は、「イト（繊維）を売ってナワ（沖縄）を買った」と揶揄されることとなった。

このような情勢を契機に「自主防衛論」を展開したのが、中曽根康弘と船田中であった。沖縄が「核抜き」で返還されればこの地域における日本の防衛義務が増し、従前の装備では力不足だというのである。「自主防衛論」とは、アメリカに依存してきたわが国の防衛政策を転換し、自衛隊が主となり、在日米軍が従となるものに変更することを主張するものであった。こうした動きは一九七〇年一月中旬の内閣改造で中曽根が防衛庁長官に就任すると、一気に拍車がかかった。(8) 六月には、政府は安保条約の自動延長を声明として発表した。

しかしながら、翌年五月の内閣改造で「中曽根が自民党総務会長として党務に専念することとなり」、一旦はスピードを緩めることとなった。さらに、首相の佐藤も一九六九年からはいわば「反動期」に入る。兄・岸信介が首相として対峙した六〇年安保紛争を間近で見た佐藤は、アメリカ議会での日本の防衛費増大に対する警戒感の高まりに加え、学園紛争がピークに達していたこと、沖縄返還が七〇年安保反対運動への契機となることが政権の存続を危うくしかねないと極度におそれていたためである。

けれども、警戒していたほどには、七〇年安保に反対する運動は盛り上がりをみせず（前年白熱した学園紛争も、「七〇年安保」反対運動そのものとは別働隊であった）、七〇年一〇月には、政府は初めて『防衛白書』を刊行した。そして翌年六月には沖縄返還協定に調印した(9)。

防衛費のとどまるところを知らない増額状況に対して、野党はこのままでは日本がまた「軍事大国」になるとし、一定の歯止め（総額明示ないし限界値提示）を要求し始め、自民党に抗戦した。自民党（佐藤首相）は、軍事大国化を意図したものではなく、「専守防衛」だとして批判をかわした。

七二年六月には、自民党憲法調査会は「天皇の地位の明確化」と「憲法改正の方向」を盛り込んだ「憲法改正大綱草案」を発表した。

2　田中政権期

一九七二年五月の沖縄県発足を花道に引退した佐藤首相に代わって登場したのが「決断と実行」をスローガンに掲げた田中角栄首相であった（七月七日内閣成立）。田中は首相就任直前に『日本列島改造論』（日刊工業新聞社）を発表しベストセラーとなっていた。田中は就任直後に訪中し、九月下旬、日中共同声明に調印した。

田中内閣は、防衛庁長官として、第一次・第二次で増原恵吉を起用し、平和時における防衛力の限界を明示する旨、指示した。第二次改造内閣では、中曽根派から山中貞則、次の改造でも中曽根派の宇野宗佑を起用した。法制局長官は終始、吉国一郎であった。

内閣の発足から三ヶ月後の一〇月六日に、自民党憲法調査会は「憲法改正大綱草案」を決定した。その三日後、政府は四次防（第四次防衛力整備五か年計画・一九七二〜七六年度）を閣議と国防会議において決定した。総額は、四兆六三〇〇億円であった。一一月には、政府は神奈川県横須賀港をアメリカ軍の空母ミッドウェーの母港とすることを承認した。これらの「軍拡」に野党は一斉に「専守防衛」を逸脱するものだと批判した。翌年には、自民党は靖国神社法案を衆院で可決した（参院で廃案）。しかし、七二年末の総選挙において共産党が結党以来最大の三五議席に伸張したことは、田中（内閣）にも自民党にも大きな衝撃であった。また、社会党も前回総選挙における「歴史的大敗北」（本書第八・九章参照）から回復した。総選挙前に真剣に模索されていた「社公民路線」は、公明・民社の低落もあり、しばらく熱が冷めることとなった。こうして、自民vs社共の「対決」[10]という構図が再醸成されたのである。

当然の動きとして、自民党内部では、反社共強硬路線が模索された、翌七三年七月の都議会議員選挙と参議院選挙の対策として、反共キャンペーンが張られることとなった。こうして、結党以来といってもよいほどの大運動が展開されたのであった。田中内閣も、社共の牙城であり影響力の大きい日教組を揺さぶる目的も兼ねて、教育二法案（人材確保法・教頭職法制化法）を国会に提出し、社共の分断を図り、強行審議・採決した。人材確保法は、教育公務員（教員）の給与を他の一般公務員よりも上昇させることを通して、日教組内での社共の主導権争いを画策したものであり、教頭法は管理職以外の一般教員の分断を目的とし、日教組の結束力の低下を目的としたものであった。加えて、日の丸・君が代についても、法制化の動きをみせ、社共を揺さぶった。

一連の動きを象徴するのが、一九七三年七月に石原慎太郎、玉置和郎、中尾栄一、中川一郎、中山正輝、三塚博、渡辺美智雄らを中心に結成された青嵐会であった。この右翼集団の中には、反動的発言を繰り返したり、露骨に共産党を敵視する発言をしたりする者が含まれていた。靖国神社の国家護持を主張する者もいた。このような主張を展開する青嵐会が、田中の防衛政策・対中政策や田中内閣のデタント外交に好意的であるはずはなかった。青嵐会は中国との友好関係は、日本国内に共産主義が蔓延することにつながると認識していたからである。

このような認識であるから、青嵐会は（デタントには非好意的ではあっても）防衛力の強化には必ずしも積極的ではなかった。つまり、それ以前の内閣において、しばしば焦点となってきた防衛費の拡大を主張することは稀であった。

予算要求よりもむしろ、精神論を説き、国民に自分の国は自分で守るという国防意識を持たせることを目的としていたのである。しかしながら、田中内閣の高支持率に加え、後述するような国民の政治意識の変化や一九七六年の総選挙において共産党が衰退したこともあり、青嵐会の意図通りには事態は進展しなかった。

3　社会党の防衛政策――非武装・平和中立の提唱へ

みてきたような防衛費の増大が進められたこの時期における社会党の防衛政策を概観しておこう。まず、後に社会党委員長になる石橋政嗣が一九六六年に発表した、特色ある構想＝いわゆる石橋構想についてみよう。石橋は、現存する自衛隊を「国民警察隊に切替え、直接侵略に対処するという任務をはずして、純然たる国内治安対策用の部隊に[11]」したいとする。そのうえで、日米安保条約を廃棄するという。「ただここで附言しておかなければならないことは、われわれが安保条約の廃棄という時、それは社会党政権成立の日に唐突に安保廃棄を一方的に宣言して事足りるというものではない」。「社会党政権は、外交的に対米政府間交渉を行ない、国際舞台に働きかけ、他方、国民の安保廃棄の世論と国民運動を盛りあげ、これらの諸活動の結合によって安保条約廃棄と米軍基地の撤去を実現していこう[12]」という。

二年後の六八年末には、社会党は「非武装・平和中立への道」を発表した。「何を守るか――国民生活と権利の防衛[13]」という項では、次のように述べている。

「政府自民党の安全保障政策の基本は、安保条約強化延長の方向にも示されているように、国家、民族間の関係を対立抗争の対象としてとらえ、軍事同盟によって意識的な敵対関係を形づくるという古い固定概念に支配されている。／「国を守る気概」を国民に求め、「侵略から守る」という彼らの抽象的観念はこのことを示すものに外ならない。／これは、人類の志向する平和思想とは全く逆に、一貫してアメリカとの安保条約を柱として自らの軍事力も強化し、再びアジア支配の地位を確立しようとしている（中略）われわれの安保条約廃棄、安保体制打破の政策は、……自民党の政策と強く対決し、これを根本から転換せしめようとするものであり、その基本はあくまでも日本国憲法の精神に立って平和を確立し、国民の生活と権利を保障し、これを最大限に伸展させるための努力を約束するものである。／いわゆる「国を守る気概」という愛国心は、資本主義の矛盾を押しつけて、生活を圧迫し、諸権利を侵害しながら古い精神主義を強要する中からは絶対に生まれるものではない。／国家の基本法たる憲法の精神を完全に具現し、民主主義を高度に発展させる中で文化的な国民生活を保障し、その権利を最大限に尊重して、個々の生活実態からも守るに価する自発的な意志が形成される政治基盤からのみ、真の意味の愛国心が発揮されるのである」。

以上の認識に明瞭にみてとれるように、自民党の防衛政策を真っ向から否定し、護憲政党としての旗色を鮮明に打ち出しているところに社会党の防衛政策の特徴があることは周知である。「愛国心」についても、認識の距離の大きさは、埋めがたいものがある。

続く、「非武装中立の基本的な考え方とその現実性」という章においては、非武装中立の目的を以下のように述べている。「戦争からの逃避だけを目的とするのでなく、現在対立している国を含めて、国家的利益の共通性を積極的に拡げていくに中心的な目的がある」[14]という。「もとより「非武装」と「中立」は異る概念であり、一つは国家の在り方の原理であり、他は外交政策である。しかしこの二つはいずれも平和主義を共通の根底にもっており、そこに両者を統一する根拠がある。それは決して理想主義的性格のものにとどまるのでなく、今日の世界情勢と日本の条件を加味するとき、もっとも現実主義的性格をあわせもつものであり、理念的、価値的側面を強くもつと同時に、政治的リアリズムの上に立つ現実的政策である。／さらに現実の政策としてわれわれが非武装を主張する場合に、中立外交の諸政策と切り離し、非武装だけを抽出して議論することはほとんど意味をなさない。われわれの非武装とはそれは沖縄の即時無条件全面返還と基地撤去、中国との国交正常化、国連加盟、日米安保条約の廃棄、隣国との不可侵条約の締結等、その他のアジアにおける諸々の緊張緩和の政策実施による政治状況、外交関係の変化を基礎としているからである[14]」。

自民党の自主防衛論に対しては、「自主防衛論は、現実的にも論理的にも当然核武装にまで発展する性格をもっているが、その場合の安全を保障する抑止力とは何を意味するのか。A国のB国にたいする抑止力はB国にとってはA国の与える脅威であり、B国のA国にたいする抑止力はA国にとってはB国の与える脅威と映る。この場合に自国の軍事力あるいは核の傘に対してはそれを抑止力と称し、敵の軍事力に対してはそれを脅威と勝手に名づけているに過ぎない。むしろこの相互関係からいって、強大な軍事力はじつは抑止力ではなく起爆力であり、必然的に緊張の激化を生み出さずにはおかない。こうした奇妙な論理から抜け出すためにも、われわれは軍事力を前提としない世界を作り出すために全力をつくさなければならない[15]」。

自民党の防衛政策と相容れない関係になっていくプロセスをここにみることができる。自民党の掲げる自主防衛論では、「抑止力」にはならず、「起爆力」になり、限りない軍拡を将来すると断じるわけである。社会党としては、理想論としてではなく、現実的政策として真剣に唱えたものであっても、認識の相違から、自民党（とりわけ党内右派）からみれば、現実離れした理想論と映る。この時期に拡大した防衛観の距離は、一九七六年、「安保廃棄政策」の事実上の棚上げ、八〇年の新路線の提唱、八六年の石橋委員長による「新宣言——愛と知と力による創造」、九〇年の土井たか子委員長による新「党規約」などを経て、九四年の村山（自社さ）連立内閣の誕生によって社会党が基本政策の転換をするまで埋まることなく続いたのである。

二　三木・福田・大平から中曽根へ――五次防案から「大綱」まで

1　三木・福田政権期

田中の後を引き継いだ三木武夫内閣は、一九七六年一一月、防衛費を対GNP費一％枠を閣議と国防会議で決定した。大嶽によれば、これは、坂田道太元防衛庁長官がデタント路線の完成に全力を尽くしたからという[16]。

本項では、この閣議決定に至る経緯をみてみたい。田中が金権政治への批判の高まりを理由に、辞意を表明し、三木内閣が成立したのは一九七四年一二月であった。この年は、実質の経済成長率がマイナス〇・五％と戦後初のマイナス成長を記録した。また、オイルショックの影響は多方面に及び、「狂乱物価」やスタグフレーションが問題化した。年が明けても経済状態の改善はみられず、企業の倒産が相次いだ。三木内閣の課題は日本経済の立て直しであった。

党内基盤の脆弱な三木は、大蔵大臣に大平正芳を、経済企画庁長官に福田赳夫を起用する一方、ハト派色を薄めるために、現職首相として初めて、終戦記念日に私人として、靖国神社に参拝した。

防衛問題での三木内閣の焦点は、次の防衛計画であった。四次防が終わりに近づき、ポスト四次防策定がアリーナに登場して来つつあったのである。既にみたような経済状況下にあって、大蔵省はいち早く五次防には反対を表明した。長期的に予算が固定されることを嫌ったためである。また五次防には防衛庁も消極的であった。試算が八兆から九兆円となり、財政状況から考えても、世論・野党の強い批判を考えても、「長期計画の策定には否定的な方針に傾いていた[17]」。

この時期は、ロッキード事件、「三木おろし」と重なり、タカ派（特に福田派）の関心が「田中金脈問題」に傾斜していたこともあり、デタント路線は順調に伸展した。そして、一九七六年一〇月二九日、政府は、平和時の防衛力の限界を明示し、防衛の質に重点を置いた「防衛計画の大綱」を閣議と国防会議において決定した。これがポスト四次防となったのである。

しかしこれは、坂田防衛庁長官の意に反し、結果としては期せずして、軍拡へのターニング・ポイントとなった[18]。この時期に防衛費増大に対する「軍縮要請」が底を打つことで、あとは経済の回復を待って、一％以内でなら「軍拡」が可能となったからである。GNPを伸ばしさえすれば、「一％以内」という枠も事実上、青天井であった。

一九七六年一二月の総選挙において自民党は（七月の田中前首相逮捕もあり）大きく議席を減らした。三木は選挙での敗北の責任をとって退陣し、二四日、福田赳夫内閣が「さあ働こう内閣」をキャッチフレーズに成立した。福田は、周知のように岸信介と親戚関係にあることもあって、タカ派として知られていた。反田中（角栄）という点で三木と手を結ぶことはあっても、三木内閣の防衛政策を継承することはないとみられていた。その後の展開は大方の予想を裏切らないものとなった。しかしながら、選挙の敗北を受けて登場した福田政権は、与野党が伯仲する状況下で発足したために、成立直後から強力な指導力を発揮することはできないという制約を受けることとなった。

けれども、福田はそのような阻害要因に屈伏するような人物ではなかった。三原朝雄防衛庁長官や宇野宗佑科学技術庁長官、倉成正経済企画庁長官らを重用したのも彼らの「タカ派」的素養を見抜いてのことであろう。しかし、「ソ連との関係を悪化させないこと[19]」にも神経を使い、鳩山威一郎を外相に起用して、「日中平和友好条約の締結はソ連との敵対関係を生み出すことを意図するものではない、というサインをソ連に送[19]」ることも忘れてはいなかった。明けて一九七七年四月、三原防衛庁長官は「防衛計画の作成等に関する訓令」を出し、整備計画の効率化を図った。

この年一一月の内閣改造で金丸信が防衛庁長官に就任すると、懸案となっていた新機種（対潜哨戒機P3C・次期戦闘機イーグルF15）の導入をとうとう正式決定したのである。「七八年度分としてはF15を二三機、P3Cを八機にするとの防衛庁の要求に近い線で決定をみた」[20]わけである。明らかに三木内閣が防波堤となって堅持してきたデタント路線を転換したいとの思惑に満ちた決定であった。経済通を自認する福田は、終始対米輸出優先の発想で、アメリカからの兵器の購入が結果的には「黒字減らし」にもつながり、日本のためだとの認識を崩さなかった。[21]福田には「安保ただ乗り論」（フリー・ライド論）をかわす意図もあったといえる。[22]

その後も、栗栖弘臣統幕議長や金丸信防衛庁長官（ハト派、のち福田内閣入閣の頃からタカ派に転じた）のタカ派発言が相次いで物議を醸し、社共を刺激し続けた。福田首相も七八年一月の施政方針演説で「防衛力の整備」の重要性や「祖国を守る気概」を強調した。[23]福田内閣期、最後の仕事として、終戦記念日に靖国神社に首相として参拝し、一一月末には、有事に備えて、米軍と自衛隊との共同対処行動を定めた「日米防衛協力のための指針」（ガイドライン）が閣議・国防会議において正式に決定された。これは、七五年夏の坂田・シュレシンジャー会談の合意に基づいて、有事の際、日米がどのような軍事協力が可能か、七六年七月から、日米安全保障協議委員会の下部機構として、防衛協力小委員会で協議されていたものである。[24]このガイドラインの閣議決定は、デタントの事実上の終焉を意味するものに他ならなかった。こうした路線にとって、三木内閣の決定した「防衛計画の大綱」や「一％枠」が障害となるのは時間の問題であった。また福田の有事立法研究の指示が野党との対立を増幅させることになった（二―4で詳述）。中川一郎農水相も、「憲法や法律にしばられて国民が殺戮されてもいいということにはならない」[25]と国会で述べるなど、与野党の対立の種は多数あった。

2　国民生活と労働者意識の変容

自民党、社会党の防衛政策に関連して、以上の時期の労働者の意識における変化に関しても触れざるを得ない。一九七〇年代初頭は、社会党の有力支援組織である総評運動の停滞期でもあった。六〇年代の高度成長によって、消費がひとつの快楽であることを自覚したサラリーマンは、とりわけ若年層を中心に（決して楽しくはない）政治運動・労働運動や国政への関心から遠ざかり、次第に相対的に関心が会社内のこと（＝自分の仕事のこと）ないし、家庭内（＝自分の妻子のこと）に比重を移していったといえるだろう。加えて、その裏側では、この生活、すなわち経済成長を持続するためには、夜遅くまで会社に留まる日が多くなり、定時に帰路に着くことが許されない状況になっていった。労働運動の衰退は、こうしてまず民間大企業から徐々に進行したのである。その後、非組合員が公共企業体にも増加し始め、この現象は総評の中核単組である日教組・全逓・全電通などの公務員系労組にも波及していった。かつて社会党を組織をあげて支援してきた総評の影響力に陰りがみえ始めていた。社会主義協会もその「非現実的」ドクトリンから大衆の支持を失い、かつて社会党の集票組織として大きな力をふるった「左派連合」[26]も急速に影響力を低下させた。その背景には、賃金の増加による「中流意識」の増加と、戦争の恐怖が薄らいでいったことが挙げられよう。

また、日本経済を支える中核労働者が高齢化し、大量に定年を迎え、入れ替え期にさしかかっていた。六〇年安保闘争を盛り上げた労働者たちは、高齢化・定年とともに労働組合からも、労働運動からも疎遠となっていった。新規採用の若者が労組に入らなければ、組織率は低下していく一方であった。与えられた仕事をこなしていれば、年々着実に収入が上昇していくような状況下では、労働争議や労働運動がかつてほどの盛り上がりをみせないのはいわば必然であろう。

文化の面で、労働者の意識の変化に多大な影響を与えたのは、自家用車やテレビ・洗濯機・冷蔵庫の爆発的普及と一九七〇年に大阪・千里で開催された日本万国博覧会であろう。六四二〇万人が入場したとされるこの博覧会は、科学の水準において、かつ技術の面においても、目標であった欧米先進国に日本が漸く追いついたことを実感させるのに充分であった。また自家用車（この時期にはマイカーといわれるようになった）の普及は、人々の活動範囲を拡大させたばかりでなく、日帰り旅行や家族旅行の形態を変え、新たなレジャー（郊外の遊園地、温泉旅行等）を創出することとなった。とりわけ、テレビの普及は、各家庭の夕食スタイルや夕食から就寝までの時間の過ごし方を激変させた。万博が開催された一九七〇年が東京都内の各所で歩行者天国が開始された年でもあることは、日曜日が家族の買い物（ショッピングといわれるようになる）の日であると同時に、生活に必要なものを買い求めるというよりも、ショッピングそのものが、ひとつのレジャーであることをも示しているとさえいえるであろう。こうして、多くの人々は、政治運動や労働運動に時間を費やすよりも、表面的な「豊かさ」・「楽しさ」を享受するようになっていったのである。[27]

翌七一年には、東京都八王子市で全国初のノーカーデー（no car day）が実施されるほどであった。短期間に「交通戦争」といわれるほどマイカーが普及したのである。「隣の車が小さく見えます」という某社のＣＭコピーがそれを象徴していた（本書第八章を参照）。

以上のような時代の変化にあっても、総評の活動方針にはそれ以前と大きな変化はみられなかった。基本的には、労働運動は、賃金の上昇と労働時間の短縮を求めるものだが、多くの労働者にそれらがある程度満たされた七〇年代初頭には、既に防衛問題は一部のコア単組を除いて、労組の活動の中での比重は低下していくばかりであった。「護憲」だけでは、「豊かさ」を享受している労働者を運動に留めておくことは困難であったといえよう。労使協調路線の下地は準備が整いつつあったのである。

３　大平・鈴木政権期

一九七八年一二月、福田の後継として大平正芳が内閣を組織した。明けて、七九年一月末、防衛庁は、国後、択捉両島にソ連軍地上部隊の存在と基地建設の事実を公表した。五月には、大規模な装備の増強をおこなったこと、一〇月には、両島へのソ連軍によるミサイルの配備も発表した。[28]（自衛隊の装備増強を正当化するために）盛んにソ連脅威論を喧伝した。その間、二月二日に与野党で激しく対立していた元号法案を閣議決定し、六月に元号法が成立した。

七月には、防衛庁は、一九八〇から八四年度までの五カ年間の防衛力整備計画として、事実上の五次防とされた「中期業務見積もり」を決定した。しかしこれは、「正式の長期防衛力整備計画ではなく、防衛庁限りの計画で、国防会議や閣議で正式決定されるものではなかった」し、「各年度の防衛予算決定に対して、防衛庁自身に一定の目標を与えるものであった[29]」。

しかしながら、「中期業務見積もり」の決定は、「四次防以降デタントの影響をまともに受けて、長期計画立案そのものに挫折した防衛庁が、ようやく本格的な防衛力整備に着手する姿勢を確立したことを示している[29]」という大嶽の指摘は的確なものである。同月末（二五〜二六日）、山下元利防衛庁長官は、現職長官として初めて韓国を訪問し、国防相と会談するとともに、板門店も訪問することにより、防衛面での韓国との提携関係強化を内外に示した。

この時期には、日本経済の好調さに比べ、アメリカ経済は停滞期で、アメリカ側からフリー・ライド論が指摘された。この対日圧力の強まりに加え、ソ連の脅威、デタントへの反感、ソ連軍によるアフガニスタン侵攻などを要因として、防衛関係費の増大を望む連合体として、日本国内で、「防衛庁、外務省・自民党右派・国防関係議員の間に『タカ派連合』が形成された[30]」のであった。これは、かつて社会党・総評・社会主義協会が集票組織として「左派連合[31]」を形成していたのとは対照的に、専ら予算要求をするための圧力集団的側面の強いものであった。

大平の防衛政策は「自衛隊・防衛庁が天皇制復活をめざす勢力によって支持されればされるほど自衛隊への国民の不信は増大する[32]」という考えが基本にあり、自衛隊が「国民の信頼」や国民的コンセンサスを獲得することをめざしていたといえよう。

七九年一〇月に行われた衆院選挙では、政局に影響を与えるような大きな変動はみられず、社会党微減、共産・民社が微増した。一一月にはイランのテヘランでアメリカ大使館人質事件が発生し、一二月には、ソ連軍がアフガニスタンに進行した。一九八〇年に入ると、二月下旬、海上自衛隊のひえい・まつかぜなどが、リムパック（環太平洋合同軍事演習）に参加した（七九年一〇月には参加することが発表されていた）。三月初旬に浜田幸一自民党議員のラスベガスでの賭博事件が明るみに出て、これらに反発した社会党は、五月、大平内閣の不信任案を提出した。自民党の非主流派は採決に欠席し、不信任案が可決し、一九日に衆議院は解散された。この選挙運動期間中に大平が急死し、鈴木善幸が急遽、組閣することとなった。

４　社会党の対応

この間の社会党の動向を整理しておきたい。この時期には、既に出された非武装中立政策を「堅持」し、新しい政策は提示されなかった。自民党からしかけられる論戦に個別に対応していた時期である。

福田内閣による新機種（Ｐ３Ｃ・Ｆ15）の導入や米韓合同軍事演習容認について、上田哲教宣局長、館林千里国民運動局長、飛鳥田一雄委員長は、反対の意向を表明した。しかしながら、一向に盛り上がりをみせない反政府運動をみて、社会党の運動方針の転換の必要性を痛感することとなった[33]。

この時期の国会は、保革伯仲下で野党の多党化が本格化していた。逆説的ではあるが、保革伯仲にもかかわらず、「防衛問題に関するかぎり、自民党は絶対多数をとっていた佐藤・田中政権時代よりはるかに強力なイニシアチブをとることができた[34]」という大嶽の説明は正しい。

しかし、続項で考察するように、次の大嶽の認識には、筆者は疑問を感じる。「日本が軍縮を通じて世界の平和に積極的に貢献していないという批判は十分可能である。おそらく、戦後日本の防衛政策への最も厳しい批判は、日本が平和への努力を一切怠ってきた、というものであろう。ただこの批判は軍事化という「世界の大勢」に盲従していることへの批判ではあっても、「戦前への回帰」「ファシズムへの道」という社会党の非難とは異質なものである。

「世界の軍事常識」からみるかぎり、当時の日本政府の方針、とりわけ金丸長官の「脅威による抑止」という発想には何ら批判さるべき点はない[35]」。果たしてそうだろうか。社会党の防衛政策との関連において後に再考しよう。

　けれども、社会党が、日本の「軍拡」が「「外国に対する脅威となる」という批判」しかいえなかったことに加え、「巨大な軍事力を背景としたソ連が、ポスト四次防程度の軍事力に脅威を感ずると主張することには無理があった。かくて外国への脅威は単なる「抽象論」に終わるほかなかった[36]」という大嶽の分析は妥当である。

　既にみたように、一九七八年後半には、福田首相による有事立法研究指示で、国会で防衛問題をめぐって熾烈な論戦が展開された。社会党は、九月初旬、総評・護憲連合とともに有事立法粉砕全国共闘会議を立ち上げ、反対運動を盛り上げることを決定した。社会党は、福田内閣のタカ派姿勢を好機ととらえ、六〇年安保反対闘争の再来を目指した。民社・公明は、福田の有事立法研究に賛意を示し、（労働者の意識の変化もあり）社共共闘もあり得ない状況下で、運動は飛鳥田の意図通りには進行しなかった。

　しかし、九月一日、民社党の佐々木良作委員長が自民党内の「暴走」を理由に反対に転じ、公明党も政府・自民党は「はしゃぎすぎ」（市川雄一安保部会長[37]）だとして、反対を表明した。福田の「拙速」さが、反発を招いたのである。民社・公明の反対から、国民の広範な指示が難しいと判断した自民党大平幹事長も慎重論を述べるに至る。九月九日には、社会党・総評ブロックは、有事立法粉砕全国共闘会議を結成し、共産党も有事立法反対闘争本部を設置した。

　こうした動きに対し、七八年一一月三〇日、社会党は「『多極化時代』の非武装・平和中立と日本の平和保障政策」（第一次試案）を発表した。この中で福田内閣の姿勢について次のように述べている。「福田内閣の安全保障政策は公然たる「力の均衡政策」であり、敵対的な軍事同盟へのアジアと世界の分割の政策である。「国際政治において究極的な力の実体である米ソ二超大国の対立の基本構造は変っていない」（七八年度防衛白書）という冷戦認識にたって「限定的かつ小規模な侵略までの事態に有効に対処し得るものを目標」（防衛計画の大綱）とするとともに、「核を含む全面戦や通常兵器による大規模な侵略事態に対する抑止力など、わが国の保持する防衛力の足らざるところを米国との安全保障体制に依存している」と指摘されているからである。／だが、……中略……力の政策、軍事同盟間の力の均衡や相互抑止政策などの必然的な産物である「優位」をめぐる「核軍拡競争」のうえに永続的な平和を築きあげることは不可能である」(38)。自民党の「軍拡」路線に対する飛鳥田の厳しい姿勢が如実に提示されている。

自衛隊・防衛計画の大綱等については、以下のような認識を述べている。

「自衛隊の「臨戦化・有事即応化」は日本の平和にとって大きな脅威となっている。／自衛隊は「一次防」から「四次防」にいたる期間（一九五八～七六年）、主要には正面兵力の編成と展開を課題としてきた。「通常兵器による局地戦以下の侵略事態に対し、最も有効に対応し得る効率的な」軍事力の建設が自民党政府の軍事政策の目標であったからである。だが、『防衛白書』（七八年版）によると、こうした正面兵力重点主義は「継戦能力保持のために必要な抗たん《ママ》性や補給体制」に欠陥をもっていた。しかも、平和共存・緊張緩和の停滞、「新たな冷戦」の激化にともない、米ソの双方が核戦争のしきい《ママ》の下側に「多様な戦争」が多発する可能性を強調する「拒否的戦略」の軍事ドクトリンを展開するにいたった。正面兵力の展開のスピードを多少緩やかなものにしても、「侵略意図の変化次第でいつ起るかも知れない」ところの全面戦争には至らない規模の「奇襲攻撃」に対処する必要性が増大したと自民党政府は結論づけたのである。こうして生まれたのが「基盤的防衛力構想」と、ポスト四次防計画とも呼ばれる「防衛計画の大綱」（七六年一〇月、閣議決定）である。［ママ部分―抗堪性、敷居と思われる］

この「防衛計画の大綱」は、対処すべき「侵略事態」について、「通常兵器による局地戦以下の侵略事態の中でも単に地域だけでなく、目的、手段、期間などにおいても限定され、かつ小規模な侵略事態」「大掛りな準備を行なうことなしに奇襲的に行なわれ、かつ、短期間のうちに既成事実を作ってしまう戦略」であると指摘している。……中略……

このような「臨戦化・有事即応化」された自衛隊は、日本とアジアの平和に大きな脅威となっている。それは福田内閣の進める「力の政策」や軍事同盟政策の支柱であり、アジアにおける軍事緊張激化の一方の当事者となっているからである。自衛隊はまた、「有事立法」の推進に見られるように平和憲法体制を公然と否認し、国民の政治的・社会的権利の圧殺と政治的反動化を進めていくうえでの強力な武器となっている。日中平和友好条約の締結を起点としてわれわれが展開する平和の事業にとって右に見るように危険な実態をそなえるにいたった自衛隊の縮小・解体は不可欠の課題である。……中略……

われわれの平和の事業に対する国民的支持、国民連合政府の政治的基盤の安定化は、非同盟・中立政策の展開がいかなる成果を生みだし得るか、アジアにおける平和保障体制の確立がいかなるテンポで達成されるかという条件と、自衛隊員の自発的な協力の確保、自衛隊に対する民主的統制の達成という二条件に基本的には依存している。したがって、自衛隊の縮小・解体の事業の政治的前提条件のうちもっとも基本的な右の二条件を達成するためのわれわれの政策的対応の基本的方向を明らかにすることが重要である[39]」と「自衛隊の解体と非武装日本の実現」という項を設けて説いている。

中でも、中心となるのは次の部分である。「アメリカ政府に対して、日米安保条約と関連諸協定の廃棄の意思を通告するとともに、これにかわる日米友好条約の締結交渉を開始し、日米安保条約の終了期限内に米軍の完全撤退、基地の撤去を実現する。また、日米間の永続的な友好・平和共存関係の確立のために新しく締結される日米友好条約にそって文化的交流と経済関係の拡大に努める[40]」。

これらの主張に対し、自民党は現実味のない「理想論」として、本気で相手にしようとは思わなかった。

社会党・飛鳥田委員長は、一九七九年一一月、現職委員長として初めてアメリカを訪問し、帰国後、日米安保の「合意廃棄」論を表明した。社会党と公明党とは、この年一〇月の総選挙後、急接近し、この総選挙後、両党は「社公中軸」を表明し、民社・共産の両党とは距離をおき始めた。年が明け、一月一〇日、社会・公明両党は、連合政権構想で合意に達した。

三　公明党の防衛観

有事立法をめぐる公明党の方針転換については既にみた。しかし、公明党は今日に至るまで明確な防衛観を欠き、自衛隊の合憲・違憲性についてもかなりのぶれがみられるとされてきた[41]。けれども、護憲を標榜してきた社会党の政策転換（一九九四年）やその後の迷走もあり、公明党だけが政策のぶれが大きいともいいきれない。事実の経過だけを確認しておきたい。

公明党は一九六四年の結党当時、「宇宙時代にふさわしい世界観、恒久平和への新しい指導理念の確立が、今日ほどつよく渇望されている時代はない。／この待望の指導理念こそ、生命哲学の真髄、王仏冥合の大理念を高く掲げて、地球民族主義にのっとり、人類の危機を救い、世界に恒久平和の礎を築くことを誓うものである[42]」と完全中立政策を掲げ、自衛隊については事実上容認し（「災害等の防除」のための国土警備隊の必要を説き）、日米安保の段階的解消を主張していた。七〇年の第八回全国大会で承認された「公明党新綱領」には、「わが党は、すべての民衆が地球人である、との自覚に立ち、平等互恵・内政不干渉の原則により、自主平和外交を推進して、人類永遠の平和と繁栄をめざす」としている一文がある[43]。

しかし、七二年末の総選挙の惨敗を受けて、「反自民・反権力の立場」を鮮明にし、「左旋回」し「安保の即時廃止」を訴えるようになる。ところが、七三年の都議選、七四年の参院選で議席が持ち直すと、今度は日米安保は「外交交渉による合意を踏まえて廃棄」と変更した[44]。また、公明党は七四年末、日本共産党とも、「日本の将来のため、世界の平和のため、そしてなによりも大切な日本の民衆、人民のために」、協定を交わし、「合意」している[45]。協定内容の一例を挙げると、「双方は、日本にあたらしいファシズムをめざす潮流が存在しているとの共通の現状認識に立ち、たがいに賢明な英知を発揮しあって、その危機を未然に防ぐ努力を、たがいの立場でおこなう。／同時に、民主主義的諸権利と基本的人権を剥奪し、政治活動の自由、信教の自由をおかすファシズムの攻撃にたいしては、断固反対し、相互に守りあう[45]」。但し、この協定は、「創価学会側の事情で」七五年七月二七日まで「公表が遅れ」たうえ、「学会側の協定違反によってまったく死文化された[46]」という。

七八年党大会で、竹入義勝委員長は自衛権・自衛力についての党内論議を喚起し、自衛隊「認知」と受け取られる発言をした。また既にみたように、福田内閣期の有事立法構想についても、一旦は賛意を示しておきながら、翌月には方針を転換し、反対に転じている。さらに、大平内閣期の元号法制化に関しても、当初の賛成の立場を反対に転換した[47]。

大嶽は、公明党が明確な防衛政策を標榜できない理由を次のようにまとめている。ひとつは、「宗教政党であるがゆえに」、「絶対平和」や「世界民族主義」を唱えざるを得ないという理由、もうひとつは、「執行部を中心として、中道政党として国民政党に脱皮しようという動きがあり、これが「現実主義化」「右傾化」への力として働いている」ためだという[48]。この指摘が正しければ、公明党は宗教政党から脱却しない限り、このジレンマからは抜け出さないことになろう。

七〇年代末期にも、民社党に近づいたり（中道政権構想）、社会党に接近したり（社公民路線）と公明党の防衛政策防衛政策には揺れがあった。社公の連合政権合意には「軍事力増強、軍国主義復活につながる有事体制は行なわず、当面、自衛隊はシビリアン・コントロールを強化することとし、将来、国民世論と自主・平和外交の進展などの諸条件を勘案しながら、その縮小・改組を検討する」[49]という一説がある。政策の揺れは、自民党政権が長期化し、何とか自民党に代わる野党連立政権を樹立したいと模索した結果であるといえよう。

八〇年代に入ってからも公明党のこの苦悩は続き、八〇年六月の衆参ダブル選挙で自民党が圧勝し、自民党右派の動きが喧しくなると、再びいわば「左翼バネ」が働き、自衛隊に関してだけでなく、防衛政策全般に対して消極的になった。公明党は根本部分では、防衛政策面で現実主義化したいのであるが、そのような動向が出始めると、支持母体の創価学会（とりわけ）青年部の抵抗にあい、表だった活動を控えるということの繰り返しであった。

ところが、八一年一二月の党大会で、日本の防衛についての装備についても言及した「安全保障政策」が採択されたことが契機となって、自民党寄りの防衛政策に一歩近づくこととなった。しかしながら、公明党の防衛政策が自民党と大きく異なる点は、安保体制とは切り離して日本の防衛を考えている点にあった[50]。

八二年に入ると、レーガン政権の核軍拡や日本の防衛予算の突出に反発して、今度は反核・平和運動に乗り出す。その後も政局がらみで公明党の防衛政策には動揺がみられた。

四　方法論的考察＝防衛論議再検討

戦後日本における防衛論議にとって不幸であったのは、日本国憲法の成立過程に「国民的合意」が得られなかったからであろう。否、正確には、保守政党の政治家の多くと一部の勢力が憲法制定過程に疑問を持ち、「押しつけられた」と感じたことにある。この点に関しての「合意」がなかったという当初からの「ボタンの掛け違い」が後々まで対立を増幅させたといってよい。

「押しつけられた」憲法だから改正する必要がある、との保守政党による主張は、（大日本帝国憲法時に比べ）「国民の権利ばかりが主張され、義務が……」との議論と共に、改憲論の理由付けにされてきた。そして、この改憲論は、自衛隊が合憲か違憲か、という論争にも関わらざるを得ない。「現状の自衛隊は違憲状態にあるから、憲法（第九条）を改正してすっきりさせたい」という主旨の首相ら（小泉純一郎や安倍晋三）による発言を持ち出すまでもなく、「自主憲法制定論」の中核には、常に防衛問題が存したからである。

「違憲」の自衛隊を海外派遣し、（人道的支援の最中に奇襲攻撃を受けた際などに）正当防衛の名のもとになしくずし的に武力行使を認めるならば、「集団的自衛権の行使は違憲」とする政府の憲法解釈も限界に達するだろうというのが国民の多くの認識であると思われる。

本章でだいぶ前の大嶽の著作について再考したのは、（方法論的問題は捨象すれば）それ以前にはほとんど本格的研究の空白域であった一九七〇年代におけるこの分野についての先駆的業績であるばかりでなく、今日でも有用性があり、再考に値すると判断したからに他ならない。(51)また、分析手法の新しさにおいて独創性に満ちていたからでもある。

しかしながら、大嶽著にも問題点はある。以下、それを検討しながら、今後の防衛論議の一助となるよう方向性を見出して行きたい。

まず、（ないものねだりになるかもしれないけれども）大嶽は、政府・自民党内の対立を捨象して議論していることが多く、対立が自民vs社共という単純化された二元的対立として描写される。自民党内の派閥間の駆け引きや官僚内部での意見の対立だけでなく、「政と官」との主導権争いがほとんど説明されず捨象されている。

また、自民党が積極的に自主防衛論を主張し推進することが可能であったのも、政権を維持できていたことの賜であって、野党の地位に甘んじていたならば、本章でみてきたような七〇年代における順調な防衛力の整備は困難であったといわざるを得ない。だとすれば、なぜ自民党が超長期政権を維持できたのか、なぜ野党は政権を執ることができなかったのか、なぜ社共は頑なに防衛政策を固持し転換しなかったのか、という問題とも連続した問題なのである。そう考えると、大嶽の（執筆当時の）議論は過度に、「政官」の動向に傾斜し、国民の（社会）生活や有権者意識・労働者意識など、社会変動が国政選挙の結果に与える影響を捨象し軽視しすぎであるといえよう。「政治」の動向は、「政界」の動向によって思わぬ方向に進展することも多々あるけれども、「政界」以外の「社会」の動向によっても一定の制約を受けているはずである。つまり、より総合的に「社会」をみる必要があろう。本章で提示したのはその一つの試みに過ぎないが、労働者意識の変容過程と社会党低迷の要因との関連についてのさらなる分析が必要になってくることは間違いない[52]。

敷衍すれば、本書第八章において試みるような産業構造の変容（第一次産業人口の減少や第三次産業人口の激増）、乗用車（に加え、3Cといわれたクーラー、カラーテレビの）保有率、預貯金率、エンゲル係数の変化、重税感、等々これまで政治学が本格的には「政治」の変化の説明要因としてこなかった諸相と国政選挙の結果や「政界」・財界の動向との関連づけも、（それらをいわば独立変数として）今後研究を推進していかなければならない分野である。例えば、テレビの普及ひとつをみても、前述したとおり、それがあるとないとでは多くの国民の夕方以降のライフスタイルに大きな影響を与えたことは間違いないだろう。ビデオが普及していない六〇年代・七〇年代に、仕事の後の組合の勉強会よりも、家族とともに「シャボン玉ホリデー」や「水戸黄門」、あるいはクイズ番組を見るために家路を急ぐ労働者が急増したとしても、何ら不思議ではなく[53]、このこと事態は非難されるべきことではないだろう。問題は、有権者にテレビよりも重要であることを認識させることができず、テレビよりも「おもしろい」労働運動を創出できなかった方にあろう。

最後に、本章でみてきた大嶽の認識にも疑問を提示しておきたい。大嶽はかつて「日本が軍縮を通じて世界の平和に積極的に貢献していないという批判は十分可能である。おそらく、戦後日本の防衛政策への最も厳しい批判は、日本が平和への努力を一切怠ってきた、というものであろう。ただこの批判は軍事化という「世界の大勢」に盲従していることへの批判ではあっても、「戦前への回帰」「ファシズムへの道」という社会党の非難とは異質なものである。「世界の軍事常識」からみるかぎり、当時の日本政府の方針、とりわけ金丸長官の「脅威による抑止」という発想には何ら批判さるべき点はない[53]」と述べた。「異質」という判断の妥当性に関しては、ここでは留保し、正しい認識だとすると、問題なのは、社会党がなぜそのような認識を持つに至ったのか、なぜ社会党はそのような認識を変えなかったのかという問題に戻ることになる。

また、「異質」か否かはそれ自体、評価・判断が分かれるところである。社会党結党に至る経緯や同党の基本政策形成過程を仔細にみれば、社会党がなぜ、「ファシズム」への警鐘を党是とし、自民党の推進する「軍拡」路線に抵抗したかが理解できるであろう[54]。このように考えれば、当時の社会党の危惧それ自体は、「何ら批判さるべき点はない」といえるのではないだろうか。

視点を憲法と防衛論議に戻そう。日本の自衛隊は七〇年代の拡大路線の結果、世界でも有数の「軍事力」を保有することとなった。憲法第九条との「同居」はますます困難な情勢になっている。今後は、自民党からの「改憲論」が喧しくなることは間違いないだろう。

「憲法九条下でも自衛のための実力組織は保有できるというただでさえ無理な解釈に、個別的自衛権と集団的自衛権を区別して後者は行使できないとするのは無理を重ねるものだった。しかしそれは国際的にも国内的にも都合がよかった。アメリカをはじめとする国外からの要求を断り、危険を回避する理由として掲げることができたし、国内的にも左右両勢力にある程度共有されていた、アメリカのいいなりは悔しいという不満を緩和し、戦後日本は平和と繋栄を追求する独特の国家だというイメージは日本人の名誉心にも訴えかけたからである。／しかし冷戦の終焉に伴い、国際環境が大幅に変化したことや、日本人の多くが国際社会の中での日本のあり方に満足できなくなってきたことで、冷戦期の憲法九条のあり方は根本から問い直されるようになってきた(55)」と中西寛は述べる。

「自分の国は自分で守る」という国際社会での「常識」が日本人全体に「共有」されない歴史的経緯については再論しないが、憲法改正のための「国民投票法」が制定された（二〇〇七年五月成立）今日、今一度、（従来の思考様式に拘束されない発想で）熟考する必要があろう。加えて、日本の国際貢献、平和に対する貢献を求める国際情勢が続いている状況下で、「国際貢献」とは何か、「自衛権」とは何か、成熟した議論を重ねていく必要があろう。

注

（1）大嶽、一九八三。
（2）例えば、日本社会党、一九九〇がある。
（3）木下、二〇〇三a。
（4）大嶽、一九八三、二七～二八頁。ちなみに、二次防の総額は一兆一五〇〇億円で、三次防は、二次防の倍以上であった。まさに倍々ゲームであった。
（5）渡辺、一九八七。
（6）大嶽、一九八三、二八頁。
（7）同上、七〇頁。
（8）同上、三三～三八頁。大蔵大臣は福田赳夫、通産大臣は宮澤喜一、運輸大臣は橋本登美三郎、官房長官は保利茂等、そうそうたる顔ぶれであった。この年、三月には大阪千里で日本万国博覧会が開幕した。また、よど号ハイジャック事件が勃発したのも同月である。一一月には三島由紀夫が市ヶ谷の自衛隊に乱入し、割腹自殺するという事件も起きている。

蛇足ながら（時代状況を認識するために付け加えると）、藤圭子（圭子の夢は夜ひらく）、和田アキ子（笑って許して）、ソルティー・シュガー（走れコウタロウ）、加藤登紀子（知床旅情）、鶴田浩二（傷だらけの人生）などが流行した年である。

(9) 大嶽、一九八三、七三頁を参照。大嶽によれば、この時期の政府内には「二重のずれが存在し」ていたという。すなわち、「政府首脳が、安保強調＝対米協力、防衛庁長官が自主防衛、制服組が対米協力という対立構造をなしていた」わけである。政府・自民党側は、決して一枚岩ではなかったわけである。

また、省庁縦割による防衛庁と外務省との確執もしばしばみられた（例えば、中曽根、一九九二、二四〇～二四一頁）。

さらに、時代状況として確認しておくと、一九七二年は、連合赤軍によるリンチ・あさま山荘事件が勃発した年でもある。学問的文献とはいえないが、加藤倫教『連合赤軍少年A』新潮社、二〇〇三年及び、佐々淳行『連合赤軍「あさま山荘」事件』文藝春秋社、一九九六年に詳しい。翌七三年は、オイルショック、米軍のベトナムからの撤退、変動相場制への移行が行われた（東京大学社会科学研究所編、一九九一、四五～四七頁を参照）。小田実『べ平連「回顧録」でない回顧』第三書館、一九九五年など参照。

(10) 大嶽、一九八三、一〇一頁。
(11) 日本社会党、一九九〇、五〇六頁。
(12) 同上、五〇七頁。
(13) 同上、五一四～五一五頁。
(14) 同上、五一六頁。以下、次のように述べている。「日本国民がある朝目をさましたら、突如某国が核侵略を行っていたという状況想定は全く非現実的である。現実にはそれに至るまでに半年、あるいは数年の相互作用による緊張増大の過程があると考えるのが常識であろう。その緊張増大の過程を如何になくしていくかということこそ、真の安全保障である」。
(15) 同上、五一五頁。
(16) 大嶽、一九八三、一三七頁。一方で、米韓合同大演習（チーム・スピリット）が一九七六年から始まっていた。
(17) 大嶽、一九八三、一三三頁。
(18) 同上、一三九頁。
(19) 福田、一九九五、二二七～二二八頁。

(20) 大嶽、一九八三、一六七頁。
(21) 同上、一六八頁。
(22) 同上、一七七頁。
(23) 同上、一七二頁。栗栖は過激な発言が続き、七八年七月末、解任された。
(24) 同上、二二七頁。
(25) 同上、二四〇頁より。
(26) 木下、二〇〇一（＝木下、二〇〇三b、第三章に所収）を参照。
(27) いうまでもないが、七〇年安保反対運動や消費者運動などに熱心な者もいた。しかしながら、六〇年安保当時と比較した場合、七〇年代の運動は、内閣を倒すほどの脅威にはならなかった。七〇安保「闘争」が一〇年前ほど大きなうねりにはならなかったのは、後述する社会変動の他、知識人の関与の不足が要因として挙げられよう。また、国民の間で、何らかの「既得権が脅かされる」（石田、二〇〇四、四七頁）という感覚が共有されなかったという事情もあろう。また、（ない方が望ましいが）六〇年安保闘争時にあった「国会突入」・「女子学生の死」や「強行採決」という象徴的な事象がなかったことも関係しているだろう。

「豊かさ」が多くの国民を政治運動から遠ざけたとすれば、その指標として次のものを例示しておく。「自家用車を持つ世帯が過半を占める」、「エンゲル係数が急落して三〇％を切る」、「飽食」、「ダイエットとジョギング」の流行など（東京大学社会科学研究所編、一九九一、五二～五三頁）のほか、それらによる「社会変動」として、「都市化」、「高齢化」、「高学歴化」、「女性の労働力化」、「小家族化」（同、五四～五五頁）が挙げられよう。
(28) この頃、朝日新聞もソ連脅威キャンペーンを展開した。非武装の重要性を説くためであった思われるが、筆者は、社の意図に反し、自民党に有利に働いたのではないかと考えている。
(29) 大嶽、一九八三、二八三頁。
(30) 同上、三〇三頁。
(31) 木下、二〇〇一（＝木下、二〇〇三b、第三章に所収）を参照。
(32) 大嶽、一九八三、二六七頁。

(33) 同上、一七八頁。
(34) 同上、一七九頁。一九七三年一一月、日本共産党第一二回大会において採択された「民主連合政府綱領についての日本共産党の提案（前文）」は、塩田他編、一九九五、五七一頁を参照。
(35) 大嶽、一九八三、一八〇頁。
(36) 同上、一八〇～一八一頁。
(37) 同上、二三七頁。
(38) 日本社会党、一九九〇、七九四頁。
(39) 同上、七九五～七九七頁。
(40) 同上、七九七頁。「自衛隊の縮小・解体の具体的計画」（七九八～七九九頁）を資料として提示する。

自衛隊の縮小・解体の具体計画

われわれは非同盟・中立政策の積極的な展開と自衛隊に対する民主的統制の確立、自衛隊員の基本的人権の保障と国民連合政府の政策への自衛隊員の自発的な協力などが実現されるならば、自衛隊の縮小・解体の事業に対する強い国民的支持と国民連合政府自体の政治的基盤の高度な安定化を期待することができる。

この段階でわれわれは、自衛隊の縮小・解体に具体的に着手する。われわれは、したがってこの過程が比較的長期にわたる段階的なものであることを承認しなければならない。すなわち、第一段階は非同盟・中立政策の積極的展開と自衛隊に対する民主的統制の確立および基本的人権の確保などの措置を通じて自衛隊員の自発的協力を獲得する時期である。第二段階は、自衛隊の縮小・解体の事業に具体的に着手する時期であるが、この縮小・解体の対象となるのが自衛隊の攻撃的装備に限定されざるを得ない段階である。第三段階は、最終的に自衛隊の解散が達成される時期である。

ａ、幹部候補生、曹、航空学生、一般曹候補学生、自衛隊生徒、看護学生、二士、防衛医科大学校および防衛大学校生徒のそれぞれについて、自衛官の新規募集を大幅に削減し、隊員の充足率の低下をはかる。

ｂ、正面兵器の更新、弾薬などの後方補給物資の調達については、減耗分の同一能力程度の代替は認めるが、ＦＸＬ、新型の各種ミサイルの開発と新規取得を中止する。また、これとあわせて兵器の研究・開発についても主要プロジェクトを停止する。

ｃ、防衛出動、同待機、命令による治安出動、要請による治安出動、海上における警備行動、災害派遣、対領空侵犯措置などの自衛隊の行動、訓練計画についての内閣、国会の民主的統制を強化するとともに、このうち治安出動にかかわる訓練の停止、装備・教本などの廃棄の措置をとる。

d、日米安保条約の廃棄通告と米軍部隊の撤退などの措置にともない、日米防衛協力小委員会、合同委員会、安保協議委員会などの活動を停止し、日米共同作戦体制の解体をはかる。

e、防衛関係法令の改廃については、自衛隊員に対する「基本的人権を享有する権利」の保障、「秘密を守る義務」「政治的行為の制限」「団体の結成などの禁止」の解除などの必要最低限のものに限って実施する。

f、防衛予算については、右の諸措置に実施にともなって必要な削減を行なう。

われわれは第二段階に移行してはじめて本質的な自衛隊の縮小・解体の事業を開始する。

a、攻撃的・侵略的な部隊・装備の削減に着手する。このため、陸上自衛隊の機動運用部隊（一個機甲師団、一個特科団、一個空挺団、一個教導団、一個ヘリコプター団）海上自衛隊の機動運用部隊である四個護衛群、二個潜水隊群、航空自衛隊の十個要撃戦闘機部隊、三個支援戦闘機部隊を対象にその全部もしくは一部の削減を行なう。

b、統合幕僚会議、陸・海・空の幕僚幹部および幕僚長の軍政、軍令におよぶ広い指揮、執行権限を削減し、防衛庁長官の指揮監督の一般的補佐機関とする。これとあわせて、自衛隊（部隊、学校、補給処、病院・地方連絡部）、附属機関（防衛研修所、防衛大学校、防衛医科大学、技術研究本部、調達実施本部）などについても機構の再編成、人員の削減を実施する。

c、部隊の再編・縮小の基本方向は、陸上自衛隊については各方面から一ヶ師団、計五ヶ師団を削減し、海上自衛隊については沿岸警備の地方隊中心の組織がえと部隊の削減を実施し、航空自衛隊については各航空方面隊から一航空団削減と南西航空混成団の全廃、飛行教育集団、輸送航空団の縮小削減を実施する。

d、兵器の装備新規調達および研究・開発をいっさい中止し、消耗装備と弾薬その他の補給物資の代替、調達については削減された部隊のものを転用する。

e、防衛関係法令の必要な改廃を行なうとともに、防衛予算の大幅削減を実施する。

f、部隊、機関などの削減によって不用になった基地、演習地、その他の施設については平和利用の目的に転用する。

g、この段階で、「平和国土建設部隊」を設置し、削減された部隊、機関などの自衛隊員と厳格に国土建設目的に転用できる装備の一部を受け入れる。

h、退職希望の自衛官に対する職業転換教育の促進、再就職への積極的指導、退職金の改善などの処遇改善を抜本的に実施する。

われわれは右の第一、第二段階の措置をふまえて、第三段階で自衛隊の最終的な解体を完了する。

a、防衛関係法令の廃止によって、防衛庁（国家行政組織法第三条二項の規定に基づいて設置された総理府の外局）ならびに自衛隊（防衛庁長官、政務・事務の次官、参事官、内部部局、統合幕僚会議および附属機関、陸・海・空の三自衛隊などを含む）を廃止する。

b、これに先だって、第二段階までの措置において残存していた部隊、機関、附属機関の廃止を実施し、内部部局と防衛施設庁はその実施機関の任にあたる。

c、部隊、機関、附属機関の廃止は計画的、組織的に実施し、退職自衛官の職業転換、「平和国土建設隊」への受け入れについては万全の態勢をとる。

d、防衛庁および自衛隊の解体終了とともに、「非武装・平和国家宣言」を行ない、平和保障政策の達成を内外に明らかにする。

(41)　大嶽、一九八三、二三八頁。
(42)　塩田他編、一九九五、五〇六頁。
(43)　同上、五五三頁。
(44)　大嶽、一九八三、三三二～三三四頁。
(45)　塩田他編、一九九五、五七五頁。
(46)　同上、五七六頁。
(47)　大嶽、一九八三、三三八頁。
(48)　同上、三三一～三三二頁。
(49)　塩田他編、一九九五、六二四頁。
(50)　大嶽、一九八三、三四一頁。
(51)　木下、二〇〇三b、第一章・第二章を参照されたい。

(52) 神江、一九八八・一九九四、谷、二〇〇二を参照。
(53) 吉見、二〇〇三、四一頁。
(54) 木下、二〇〇三b、第三章を参照されたい。
(55) 中西、二〇〇四、一六四頁。

引用・参考文献

明田川融、一九九九『日米行政協定の政治史――日米地位協定研究序説』法政大学出版局

明田川融、二〇〇一 連載「沖縄と日米安保の半世紀」『軍縮問題資料』宇都宮軍縮研究室

飯尾潤、一九九五「政治的官僚と行政的政治家」日本政治学会『年報政治学　一九九五』岩波書店、所収

池田慎太郎、一九九七「苦悩のなかのイニシアチブ――ジョン・アリソンと吉田政権の崩壊」『筑波法政』第二三号

石田雄、二〇〇四「五六年「精神状況」をめぐる鼎談再考」丸山眞男手帖の会編『丸山眞男手帖』第二八号、所収

入江昭、二〇〇二『増補米中関係のイメージ』平凡社ライブラリー

上住充弘、一九九二『日本社会党興亡史』自由社

植村秀樹、一九九六『再軍備と五五年体制』木鐸社

大嶽秀夫、一九八三『日本の防衛と国内政治――デタントから軍拡へ』三一書房

大嶽秀夫編、一九八四『日本政治の争点』三一書房

大嶽秀夫、一九八八『再軍備とナショナリズム』中公新書

大嶽秀夫、一九九六『戦後日本のイデオロギー対立』三一書房

大嶽秀夫、一九九六『増補　現代日本の政治権力経済権力』三一書房

大嶽秀夫、一九九九『高度成長期の政治学』東京大学出版会

大嶽秀夫編、一九九一『戦後日本防衛問題資料集』三一書房

大沼保昭、二〇〇四「護憲的改憲論」『ジュリスト』一二六〇（一月一・一五日）号、所収

カーテイス・G、一九八七『「日本型政治」の本質』ＴＢＳブリタニカ

神田文人他編、二〇〇一『決定版20世紀年表』小学館
木下真志、二〇〇一「『転換期』の戦後政治と日本社会党——『左派連合』の動向を中心にして」『成蹊法学』第五三号所収、木下、二〇〇三b、所収
木下真志、二〇〇三a「イデオロギー対立下の戦後政治——ファシズム再来・防衛に対する認識距離の拡大」木下、二〇〇三b、所収
木下真志、二〇〇三b『転換期の戦後政治と政治学——社会党の動向を中心として』敬文堂
楠田実編、一九九七『佐藤栄作日記』朝日新聞社
高坂正尭、一九九六『高坂正尭外交評論集——日本の進路と歴史の教訓』中央公論社
ゴードン・A、二〇〇一『歴史としての戦後日本』（上・下）みすず書房（原文は一九九三年）
河野康子、一九九四『沖縄返還をめぐる政治と外交』東京大学出版会
河野康子、二〇〇二『戦後と高度経済成長の終焉』講談社（日本の歴史24）
神江伸介、一九八八「一九六九年の決定的選挙——日本社会党の得票構造の史的分析」『香川法学』第八巻第三号、所収
神江伸介、一九九四「日本社会党の凋落と政党再編成——イデオロギーから政治不満へ」『香川法学』第一四巻第一号、所収
小林正弥、二〇〇四「平和憲法の非戦解釈——非戦憲法としての世界史的意義」『ジュリスト』一月一—一五日（一二六〇）号、所収
坂元一哉、一九九一「池田—ロバートソン会談再考」『三重大学法経論叢』第九巻第一号
佐藤晋、一九九七「鳩山内閣と日米関係」『法学政治学論究』第三三号
佐道明宏、二〇〇三『戦後日本の防衛と政治』吉川弘文館
塩田庄兵衛他編、一九九五『日本戦後史資料』新日本出版社
渋谷秀樹、二〇〇二『日本国憲法の論じ方』有斐閣
田中明彦、一九九七『安全保障』読売新聞社
谷聖美、一九九〇「五五年体制確立過程における社会党の役割と影響力」『レヴァイアサン』臨時増刊号
谷聖美、二〇〇二「日本社会党の盛衰をめぐる若干の考察」日本選挙学会年報『選挙研究』第一七号

近松順一、二〇〇三『戦後高度成長期の労働調査』御茶の水書房
東京大学社会科学研究所編、一九九一『現代日本社会1　課題と視角』東京大学出版会
東京大学社会科学研究所編、一九九一『現代日本社会5　構造』東京大学出版会
豊下楢彦、一九九六『安保条約の成立』岩波書店
中曽根康弘、一九九二『政治と人生』講談社
中曽根康弘、一九九六『天地有情』文藝春秋社
中西寛、二〇〇四「憲法九条の政治的軌跡」『ジュリスト』一月一―一五日（一二六〇）号
中村起一郎、一九九八「防衛問題と政党政治――日米防衛分担金交渉（一九五三～一九五五）を中心に」日本政治学会『年報政治学　一九九八』岩波書店、所収
中村隆英他編、二〇〇三『岸信介政権と高度成長』東洋経済新報社
日本社会党、一九九〇『日本社会党政策資料集成』日本社会党中央本機関紙局
日本政治学会、一九九六『年報政治学　一九九六』岩波書店
野中広務、二〇〇三『老兵は死なず』文藝春秋
早坂茂三、一九九三『政治家　田中角栄』集英社文庫（初版一九八七、中央公論社）
原彬久、一九八八『戦後日本と国際政治――安保改定の政治力学』中央公論社
原彬久、一九九一『日米関係の構図――安保改定を検証する』
福田赳夫、一九九五『回顧九〇年』岩波書店
山口二郎、一九九五「現代日本の政官関係」日本政治学会『年報政治学　一九九五』岩波書店、所収
吉次公介、一九九八「池田・ロバートソン会談と独立後の吉田外交」『年報日本現代史』
吉見俊哉、二〇〇三「テレビが家にやってきた」『思想』岩波書店、二〇〇三年一二月号
読売新聞、一九九〇『日米安保三〇年――ニューデタントと日本の安全保障』行研
渡辺治、一九八七『日本国憲法「改正」史』日本評論社
渡辺治、一九九一「現代日本社会と社会民主主義」東京大学社会科学研究所編『現代日本社会5　構造』東京大学出版会

第二章　戦後政治をみる眼——首相の動向からみた一九六〇～一九八七年

はじめに

人が安心して暮らして行くには、生活費（一定水準以上の衣食住）と安全（治安と国防）が必要である。それらに、自由と平等が加われば、さらに快適度は増す。

生活費と安全の獲得には、個人の努力による側面も大きいが、国の税制や経済政策、治安対策、防衛政策でこれらはある程度の変容を迫られるという要素もある。個人の力ではどうしようもないこともあるのである。政治家の役割は、この個人の力ではどうしようもない問題にたいし、立法府における立法活動で改善していくことではないだろうか。

国会（立法府）で選ばれた首相が行政権のトップになる。首相になるためには、立法府で多数派を形成しなければならない。これを基本とする議院内閣制というものは、立法府において多数を獲得することが極めて肝要となる。戦後日本で、最も長く国会で多数を獲得してきたのは自民党であった。ということは、自民党は、戦後の日本で立法権と行政権を最も長期間、握ってきたわけである。本章が自民党政権を中心にみていく所以である。

戦後の日本で、しばしば政治・経済の画期とされる一九六〇年の安保闘争による岸信介内閣総辞職の後、池田勇人内閣による高度経済成長政策、国民所得倍増計画（鳩山一郎内閣に淵源をもち、岸内閣のときに策定が始まっていた）[1]が推進された。岸内閣時に、「平和」や「安全」面で国論を二分し、社会が騒然とした教訓を踏まえ、池田は岸とは逆に「低姿勢」に徹し、「寛容と忍耐」をスローガンに「月給二倍」というわかりやすい政策で有権者の支持を集めた。

本章は、「六〇年安保」闘争が終わり、池田内閣が前述政策を推進した時期から、中曽根康弘内閣期までを主たる対象とし、戦後日本政治の中で、自民党の歴代首相がどのような政策を意図し、結果として、国民にとって影響の大きい政策が、どのように変遷していったのかを首相の動向をもとに再検討することを目的とするものである。

一　総理の類型化の効用

戦後の総理を大きく二つに分類するとすれば、「日本国家の背骨を守り主権を回復しようという統治主義に立つもの」と、「経済主義に立脚して日本を立て直そうとした流れ」[2]に分けられるという元首相・中曽根康弘の分析が当を得ていよう。前者は、「党人派」とも呼ばれ、鳩山一郎、岸信介、中曽根が該当する。後者は、「官僚派」で、吉田茂、池田勇人、佐藤栄作、福田赳夫である。

戦後日本では、党人派の多くはナショナリスティックで、官僚派の多くは、経済主義的であった。しかし、この分類が明確に妥当なのは、福田政権期頃までであり、それ以後は汎用性を失う。それ以前でも田中角栄は、党人派でありながら明らかに経済政策を重視していたし、小泉純一郎、さらには、鳩山由紀夫は官僚派とは言いがたいが経済主義であった。また、三木武夫は、党人派であっても、ナショナリズムは相対的に薄かったし、福田赳夫は官僚出身だが、思想面や政策的にはナショナリスティックで党人派に近い。政治状況や国際情勢の変化に伴って、首相の類型化も単純な二分類がそぐわなくなっていったのである。

このようにみてくると、類型化は、複雑な諸相を単純化し、わかりやすく説明するためになされるのだが、それぞれの総理は、類型化されやすくなることを意図して職務にいそしんでいたわけではないので、該当しない部分が出てくることは当然であり、類型化が自己目的化しては本末転倒といわざるをえない。類型化しても、例外の方が多くなれば、何のための類型化かわからなくなるのである。

首相を類型化するには、性別、生育地、兄弟関係、親の職業、親の年収等々社会的な要因による分析も可能であろうし、性格による類型化も可能であろう（H・ラズウェルの分析を想起されたい）。その性格も、兄弟関係等に影響される側面が大きいという心理学的な分析を加えていけば、およそ、政治学や政治史的考察とは言いがたいものに波及しかねない。そこは、適度に参考とするという程度が妥当なのであろう。

では以下、池田内閣から中曽根内閣までをそれぞれの首相ごとにみていくこととしたい。

二　池田内閣期（一九六〇年七月〜六四年一一月）

通産大臣時代には、放言で知られた池田勇人であるが、池田内閣の「月給二倍」政策は奏功し、国民生活は潤いを増しつつあった。貧しい生活、という意味で使われる「戦後」は脱したのである。「低姿勢」「寛容と忍耐」といった内閣のスローガンも概ね好評であった。これに連動して、安保闘争で大きく批判を浴びた自民党の支持率は回復した。しかし、高度成長も軌道に乗り始めたとき、『中央公論』（一九六三年一月号）誌上に石田博英元労働大臣による「保守政党のビジョン」が発表された（執筆されたのは一九六一年という説もある[3]）。

仕事を求めて都会へ人が流れ、農業従事者が減少し、第二次・第三次産業に従事する人がこのまま増え続け、もし自民党の政策を「雇用者」に向けたものにしなければ、自社の議席数は逆転し一九六八年に政権交代が起こる、と予測し、自民党に対して警鐘を鳴らしたものであった。

しかし、石田の予測は当たらなかった。都市への人口移動、民間企業労働者の増加はあったものの、月給が二倍になり、便利な家電の普及もあり、生活が快適で豊かさを実感できるようになると、人々の「革新的」意識は変容し、マイホーム主義、生活保守主義のもと、保守化していったのである（本章「五」を参照）。

石田論文で忘れられがちなのが、彼が「労働憲章」を提案していたことである。三木武夫が会長をつとめた第三次組織調査会の政党の基本小委員会の委員長に石田を招き、次のような答申を出したのである。「近代社会において勤労者が国民のエネルギーの重要な源泉であることを正しく評価して「勤労者の国民政党」としての政策を持たなくてはならない。自由民主党の「労働憲章」が提案されるゆえんである」（『自由民主党二十年の歩み』）[4]。

これは石田論文で「今の状況は、自民党の高度成長政策の成功が自分の首をしめつつある事態だが、そうした事態の先例たるイギリス保守党の教訓を学ぶことが重要である、イギリス保守党は、同様の危機に直面した際、その克服のために具体的に勤労者の支持獲得に乗り出したのであり、その現われが「労働憲章」であった」[5]と述べられていたことへの対応といってよい。渡辺治によれば、これは自民党内の路線をめぐる対立にもつながったという。しかし、石田路線は党内論議の過程で「芽」をつぶされ、「自民党は増大する労働者階級に意識的働きかけをするところまでその転換を徹底することができなかった」[6]。しかしながら、池田が幸運であったのは、実際に池田の採った政策によって経済成長が実現したのか、企業と労働者の努力によって経済成長が実現したのかの区別がきわめて難しいことにあった。結果としてみれば、労働者の多くは、経済成長を（自分たちの努力の賜であったにもかかわらず、）池田政権の、あるいはまた自民党政権の賜であったというように感じていた（錯覚？）ことであった。

池田内閣時代の防衛政策については、前内閣末期の混乱を教訓に、憲法を守ることを宣言し、「改憲」をおくびにも出さなかった。岸ほどには、ナショナリズムが強くなかったことが池田の本質であろう。「経済の時代」への転換は意図通り成功したのであった。

しかしながら、いくつか、池田のナショナリズムが決して弱いものではなかった、という証言がある。池田の首相秘書官を務めた伊藤昌哉によれば、核をめぐる「失言」（独り言）には、いただけないものがあった。六二年一一月、ロンドンにおいてマクミラン首相と会談した際、「日本に軍事力があったらなあ、俺の発言権はおそらくきょうのそれに十倍したろう」と口にしたという。また翌年五月頃には、新聞を読んでいる最中に、「日本も核武装しなければならん」と言ったという。後者については、伊藤が驚き、「広島選出の政治家が決して口にしてはならない言葉だ」と諌めたという。(7)

また、後の首相・中曽根康弘によれば、「池田、佐藤ともに、国際的環境をうまく操縦して、日本も米英並みの能力を持たなければ駄目だというナショナリズムを強く持っていました。池田さんは首相の頃、総務会の宴会で、私のところに盃をもらいにきて、「中曽根君、やはり日本も、核を持たなくては駄目だね」と話したよ。私は驚いたね。岸の安保に対抗して、経済オンリーを主唱し低姿勢でやってきた池田だったから、腹の中でそう考えていたとは意外だった。政治的ジェスチャーと、本人の本当の考え方は違っていたと思う」という。(8)

池田内閣期には、自社の議席に大きな変動はなかった。その意味においても、政党政治が安定期に入ったことを示している。ブレーンを重用し、官僚が主導する政策形成は、後、大平正芳や宮澤喜一に引き継がれていくこととなる。

安定はしていた池田政権ではあったけれども、六四年になると、自民党内においては、派閥の勢力争いは熾烈になり、大野伴睦派、河野一郎派、川島正次郎派、藤山愛一郎派、佐藤栄作派、福田赳夫派、三木武夫派が、ポスト池田をめぐって水面下の動きが活発化していた。佐藤の台頭を抑えていた大野が、六四年五月に逝去したことは、池田にとっては痛かったわけである。

七月の党大会・総裁選において、池田は佐藤に辛勝し、内閣を改造したが、八月には喉頭癌が見つかり、九月に入院、一〇月一〇日の東京オリンピック開会を花道に、閉会式翌日の一〇月二五日に辞職を表明、翌年逝去した。

池田内閣期で特筆すべきは、六〇年一〇月一二日、社会党の浅沼委員長が右翼青年によって刺殺されたことである。江田三郎の唱えた構造改革論については、本章「九」及び第六章でも言及することとしたいが、池田の浅沼追悼演説は、後世に残る名演説として知られている。秘書官の伊藤が執筆したものであるが、引用しておこう。

「（前略）……ただいまこの壇上に立ちまして、皆様と相対するとき、私はこの議場の一つの空席を、はっきりと認めるのであります。私が心ひそかに本会議のこの壇上で、その人を相手に政策の論争をおこない、またきたるべき総選挙では、全国各地の街頭で、その人を相手に政策の論議をおこなおうと誓った好敵手の席であります。

かつて、ここから発せられる一つの声を、私は、社会党の党大会に、またあるときは大衆の先頭に聞いたのであります。いまその人は亡く、その声もやみました。私は誰にむかって論争をいどめばよいのでありましょうか。しかし心を澄まして、耳をかたむければ、私にはそこから、一つの叫び声があがるように思われてなりません。「わが身におこったことを、他の人におこさせてはならない」「暴力は民主政治家にとって共通な敵である」と、この声は叫んでいるのであります。

（中略）

私どもはこの国会において、各党がたがいにその政策を披瀝し、国民の批判を仰ぐ覚悟でありました。君もまたその決意であったと存じます。しかるに、暴力による君が不慮の死は、この機会を永久に奪ったのであります。ひとり社会党にとどまらず、国家国民にとって最大の不幸であり、惜しみてもなおあまりあるものと言わなければなりません。

ここに浅沼君の生前の功績をたたえ、その風格をしのび、かかる不祥事のふたたびおこることなきを相戒め、相誓い、もって追悼の言葉にかえたいと存じます。[9]」

池田内閣で特筆すべきは、国民生活の向上を内閣の最重要課題に位置づけたことである。それ以前の首相は、国民よりも国家であった。国民の生活よりも体制の安定であった。池田以後の首相は、「国民の生活」についてどのような経済政策・景気対策を打ち出すのか、常に国民の監視の下に置かれることとなったという意味において、池田内閣は戦後政治の画期といえるのである。

池田内閣期の全国総合開発計画に代表されるような計画的な公共投資は、田中内閣期に問題化する利益誘導政治や後援会組織の自己目的化を準備するものでもあった。予算の配分や公共工事の箇所付けをめぐって、派閥抗争の激化が進行したのも池田内閣期であった。それは、自民党内の論争が、防衛や改憲から利害調整に移行していくことでもあったのである。

三　佐藤内閣期（一九六四年一一月～七二年七月）

戦後最も長期にわたって連続して政権を担当した佐藤栄作も、池田同様、「吉田学校」の卒業生で「官僚派」である。庶民感覚からは、その言動はほど遠かったが、有力なライバルの相次ぐ死[10]によって、七年八ヵ月もの安定した長期政権の運営が可能となった。幸運なことに経済の高度成長は続いていた。人々の生活は、豊かさを増して行き、結果的に国政選挙では、自民党の議席は安定していた。自民党は盤石な体制を確立していったのである。

伊藤正直によれば、佐藤時代に自民党は盤石な体制を確立し、「政官財複合体」といわれた「統治主体＝支配主体」

が形成された。これは、「保守政党・官僚機構・財界＝独占資本の三者が「三角同盟」による権力ブロックを構成し、この集団がほとんど排他的に政策決定機構の中枢を独占している体制」であった。[11]

これを升味準之輔は、「中央官庁は、技術と規制の独占的体系であることによって政策形成＝実施の中軸をなし、実際上自民党支配の柱石になる」（『年報政治学　一九六七　現代日本の政党と官僚』岩波書店）と表現した。[12]

また佐藤派幹部の保利茂の回顧によれば、「新憲法、平和条約・独立、日米安保――この三本の柱のワク組みで日本国家の骨格ができた」とし、この三つを守る姿勢・路線を「保守本流」と呼んだ。[13]

佐藤内閣期の自民党の政権運営は、もはや「万年与党」を思わせるほど強力なものであったといえよう。それは裏を返せば、社会党の「万年野党」化の進行でもあった。この時期の自民党政権を、「支配」とみるか、「統治」とみるか、「政権運営」とみるかによって、歴史の見方は大きく変わることになろう。経済学では、マルクス主義経済学か、近代経済学かによって、同一対象を分析しても、結果や結論に大きな相違がみられる。政治分析においても、それはしかりである。とりわけ、戦後日本の「高度成長」を肯定的に捉えるか、否定的に捉えるかによって、戦後政治の理解や解釈は全くの別物となり得るのである。この問題はとても重要であり、後に改めて考察することとしたい（本章「九」を参照）。

佐藤が政治生命をかけて取り組んだのは、沖縄返還であった。一九六五年八月、首相としては初めて沖縄を訪問した際の那覇空港でのスピーチは、後世に残るものとなった。「私は沖縄の祖国復帰が実現しない限り、わが国にとって「戦後」が終わっていないことをよく承知しております。これは日本国民すべての気持ちであります」。経済企画庁の経済白書が「もはや戦後ではない」と書いたのは、一九五六年であり、それから九年経過しても、「戦後は終わっていない」と述べたのである。これについては、後項（「四」・「五」）で検討しよう。

沖縄返還をめぐる対米交渉の詳細や「核抜き、本土並み」をめぐる外務省、若泉敬の秘密交渉については、若泉自身のものも含め、既に多くの研究成果がある。政府は二〇〇九年の中曽根弘文外相まで、外務省は現在も否定し続けてきたが、「密約」により、「核抜き、本土並み」返還は当初から骨抜きになっていた。外務省によって「貴重な記録」が闇に葬られたのである。

佐藤の「非核三原則」について（三つ目の「持ち込まず」は中曽根が提案し、佐藤が快諾したものであるが）、中曽根は次のように証言している。「佐藤栄作も、表では非核三原則みたいなことを言っているけどね。いざというときには、日本もある程度、そういう実力［核兵器］を持たないと前途に不安な点がある。いつまでも外国に頼っているのはよくないという考えを持っていた」と。(14)

憲法改正についても、本音ではそう願っていても、池田内閣の路線が国民に広く支持されていたことで、佐藤も口にすることはほとんどなかった。

佐藤内閣期において、自社の議席数の動向で注目すべきは、一九六九年一二月二七日に実施された総選挙において、社会党が歴史的大敗北を喫し、五〇議席減の九〇議席にとどまったことである（本書第八章を参照）。次の項でみるように、この要因は野党の多党化が進行したことも要因の一つであろうが、これまで社会党を支持してきた人々の意識が六〇年代後半に大きく変容したことを示している。また、政党政治の枠組も、新自由クラブをいま捨象すれば、「自社公民共」という五党の状態が細川護熙内閣期の「五五年体制の崩壊」まで二三年間続き、戦後の政党政治においては稀にみる「安定状態」にあった。実質、一九七〇年に始まったので、これを「一九七〇年体制」と呼んでもよかろう。(15)

佐藤内閣期ではさらに、高度成長を象徴する「大阪万博」、ベ平連についても言及しておくべきだが、章末に文献を挙げるにとどめる。

四　考察一──「戦後」解釈をめぐって

「戦後」の解釈をめぐっては、しばしば論争的な議論があった。三〇年以上前には、鶴見俊輔、日高六郎他『戦後とは何か』青弓社、一九八五年があり、最近では、福永文夫、河野康子編『戦後とは何か──政治学と歴史学の対話』（上・下）丸善出版、二〇一四年（本書第一四章を参照）や、加藤宣幸主宰（当時）ウェブ・メルマガ『オルタ』においで紹介した植村秀樹『「戦後」と安保の六十年』日本経済評論社、二〇一三年がある（『オルタ』一一九号、二〇一三年一一月）。

関連して、二〇一二年七月に開催された横浜市公開講座「横浜から昭和を探る──新しい昭和史像を求めて」における植村秀樹による次の論点は、重要であろう。後述の『経済白書』において、「「もはや戦後ではない」という［と きの］「戦後」というのは、戦争が終わった後のどさくさとか混乱とか、後片付けをしなきゃいけないような時期がもう終わったということだと思うんですね。だからこそ、戦後体制。その戦争が終わった後［、］新しくつくった、つくるもの、つくったものができるという意味で、戦後体制が始まると。だから、戦後が終わったから戦後体制が始まるということで、つまり、戦争が終わって、それまであったものが全部壊れて、その後片付けをして新しいものをつくって、「さぁ、出発だ」という、その一〇年かかったということだと思うんですね。だから、戦後が終わって戦後体制が始まるということなんじゃないか……」。これを受けて、発話者であった雨宮昭一は次のように述べている。「やっぱり「もはや戦後ではない」ということは、もう戦後の次の段階に入るという、普通は素直に読むとそうなんだけど、実際もそのとおりだと思います。戦争が終わって戦後がここから始まると考えるか、もう戦後の次と考えるかは大きな違いですね。今をどう考えるかという問題になってくると、戦後体制はいつ始まったかということに「もはや戦後ではない」は何が言えるかということはちょっと詰める必要があるかもしれません。あの時は一生懸命復興や民主主義のためにがんばったんだから戦時でも戦時体制でもないという考え方自体がこの占領という戦時の産物」である、と。[16]

戦後には、ふたつの意味がある、というわけである。以下は、以前、メールマガジン『オルタ』において、植村著を論じた拙稿（先述）の抜粋である。

戦後政治は、憲法第九条をめぐる議論が主たる論争点であった（…略…）改憲、護憲双方の立場の知識人が、それぞれ調査会や談話会（内実はともに研究会）を立ち上げ、論争してきた（…略…）。「現実的であることと平和主義的であることは二律背反ではないはず」であり、それは「ないものねだりの空想ではない」と主張する。結局、両者に歩み寄りはなかったのではあるが、これまでみてきたような植村の考えは、「現実的護憲論」ということばに集約されることとなろう。

一九六五年の新聞誌上での「論争」から「戦後」を考え直すことの難しさにも言及している。五六歳（終戦時三〇代半ば）の主婦が「一体いつまで［「戦後」ということばを」使うのか、と少々抵抗を感じて」おり、「戦後も早くも二〇年。ここらでやめたらどうかと思います」との意見を投書したところ、四〇歳前の別の主婦（終戦時一〇代後半）は、「戦争というものをこの地球上からなくすために、少くとも日本の歴史からなくすためには、あのいまわしい第二次世界大戦が最後であらねばならない」と主張したというものである。この主婦は、さらに次のように書いた。「戦後五〇年たっても、百年たっても「戦後」が通用するように、私たちは生きている限り戦争の悲惨さ、愚かさを次代に訴え続けたい」と。

一九五六年七月発行の『経済白書』（後藤誉之助責任編集の年次経済報告）が「もはや戦後ではない」と書いたこ

とはあまりにも有名である（この年二月に、中野好夫が雑誌に書いた言葉）が、先の「論争」について植村は、反論した主婦には、単に「『あの戦争の後』という以上の意味を「戦後」ということばに込めている。単なる戦争体験というだけの問題ではない」とする。

（…略…）現在においても、「戦後最大の〇〇」「戦後三番目の〇〇数」という表現がしばしば耳目にとまる。深慮の末の表現というよりも、何気なく使われているこの言葉について、「戦後政治」という言葉とともに改めて考える必要性を認識した次第である。（…略…）

非核三原則については「国是とまで呼ばれるのは、政党や国会議員だけでなく、ひろく国民のあいだでそのように受けとめられてきたからであり、それだけの土壌ができていたからである。佐藤にとっては意図しないものであったにしても、国民は待っていた。佐藤としては不本意であろうが、沖縄返還はなんとしても、どのような代償を払ってでもやり遂げなければならない課題であった。国内では非核三原則が、アメリカとのあいだでは核密約が、佐藤にとっての代償となった」（植村著、二〇〇・二〇一頁）のであった。

「戦後」という言葉とともに、広く使われる言葉がこの引用にある。「国民」という言葉がそれである。人民、臣民、有権者、市民、庶民、大衆、生活者、世間、人々、皆、あるいは「われわれ」等々、の言葉について、国語辞典的な意味づけではなく、政治学事典的に考えようとするととても難題であることがわかる。那覇空港で、佐藤首相は、どの言葉に近い意味で「国民」と述べたのだろう。［一部字句改め］

このとき考えた論点については、加筆の必要はないだろう。「戦後」を「どさくさ」や「片づけ」・「復興」の時代から、ひとつの体制、すなわち、「戦後体制」ととらえるならば、それは自社のイデオロギー対立を特色とする時代であり、自主憲法制定対護憲の争いであったということができよう。

後にはそれに、日の丸・君が代問題や、原発問題が絡み、国政選挙は自社の「対決色」が鮮明な時代であった。イデオロギー対立が深刻であり、国会での論戦がなかなか実のある政策論争に進展しなかったのが、戦後日本の国会論議の特色でもあった（続く「五」と本章「九」で再考しよう）。

五　考察二―五五年体制の変容――野党の多党化と労働界

一九五〇年代から八〇年代にかけて、自民党に対抗し、政権を担う可能性のある政党は社会党であった。社会党は、総評に支えられ、官公労、公労協（三公社五現業の労組）労働者を中心に支持されてきた。また護憲を掲げる社会党には、厭戦、反戦、再軍備反対、軍事基地提供反対、中立を信条とする平和を愛する国民層から熱烈な支持が集まった。これに、日の丸・君が代反対、原発反対、中国と台湾、韓国と北朝鮮との外交政策をめぐる対立が自社間にあり、相容れない論争が継続的にあった(17)。

一九六〇年、日米安保条約改定をめぐって、社会党が分裂し、右派であった西尾末広派が民主社会党を結党した。のちの、民社党である（六九年に改称）。民間に勤務しつつ社会党を支持していた有権者が、民社党に流れることが予想されたが、民社党は、解党まで結党時の四〇議席を越えることは一度もなかった。

続く一九六一年一一月に公明政治連盟が結成され、三年後の一九六四年一一月には公明党結成大会が開催された。六五年の参議院選挙では一一名、六七年の衆議院選挙では二五名の当選者を出した。地方から都会に出てきて、主として中小企業に職を得た人々は、高度成長の恩恵にあずかることもできず、悶々とした日々を送っていた。そうした彼ら（とりわけ若年層）の心情に訴えたのが、公明党や共産党であった。当初、保守でも革新でもない「中道路線」

をとっていたが、その後、「社公民」「自公民」等々、路線の変更が頻繁にあり、創価学会の会員以外からの支持を得るのは難しい状況が続いている（そればかりか、近年は、第二次安倍政権の右派路線＝自民党の政策との距離があまりに近いことから、創価学会員の離反も報道された）。

一九六四年には、池田首相と総評の太田薫議長との会談によって、春闘が定着したことで、ベアも年功賃金も定着し、一方で、労働者の勤務先に対する忠誠心も高まっていった。全労会議と総同盟が統合され、同盟が結成された。この年、ＩＭＦ＝ＪＣ（金属労協）も結成され、協調的労働組合運動も定着していったのである。また、「一九六七年には民間労組において同盟が総評を凌駕した」(18)。

他方、六〇年代は、高度成長期でもあり、日に日に生活が眼に見えるように豊かになっていった。洗濯機や扇風機、掃除機、テレビ、冷蔵庫などの電化製品の家庭への普及は、人々の意識を変えていった（本書第八章・第九章を参照）。とりわけ炊飯器の普及と瞬間湯沸かし器の普及は、家事労働を支えてきた女性の生活意識や政治意識を大きく変えて行ったことは容易に想像できよう。食事の準備、風呂の準備に奪われる時間が大幅に短縮され、家事が格段に楽になったのである。男性にとっても、（特に大企業のサラリーマンや一部官公労において）徐々に「労働者」「勤労者」という自己規定に違和感を覚え始め、戦争の記憶も薄らいでいく中で、経済生活の向上もあり、社会党が「護憲」「平和」というスローガンだけで、「労働者」の支持をつなぎとめることは難しい状勢となっていった。多くの国民が余暇を有効活用できるようになっていったのである。マイカーの普及も手伝って、官公労・公労協構成員でも、自民党を支持する者が出始めていたのであった。そうでなければ、国会における社会党議席数の長期的な低迷は説明がつかないわけである(19)。

また、前掲著で日高六郎は、「敗戦直後には学生の過半は社会党より、共産党支持です」と述べたあと、次のような「発見」をしたことに言及している。

「若者必ずしも革新的ならず、都市に住んでいる者必ずしもそうではない。学歴の高い者はどんどん保守化しつつある。そしていわゆる賃金をもらっている人たちも必ずしも以前のようには革新的ではなくなったという状況が六〇年代のはじめにあらわれる。そして六八年から七〇年、学園紛争があれだけ噴出した時代に、学生の政治意識は保守・革新が肩を並べる。それ以後、大学の全国調査では今や自民党が学生の支持政党の第一党です。[20]」

敷衍しよう。衆議院議員の定数は、一九四六年の四六六（占領下の沖縄含め四六八）から、数段階の改正を経て一九八六年には五一二と四〇議席以上の増員がなされた。しかし、社会党の議席数は、大都市の人口増加に伴う定数是正により、議席数が大幅に増加された一九六七年総選挙において、候補者を大幅に増やして選挙戦に臨んだにもかかわらず、逆に議席数は減少に転じている。野党の多党化の影響を差し引いて考えても、労働者の構造的な意識変容がこの時期に起こっていたとみて間違いないであろう。[21]

六　田中内閣期（一九七二年七月～七四年一二月）

沖縄返還を花道に総辞職した佐藤による長期政権を継いだのは、田中角栄であった。大方の予想（福田赳夫）に反し、総裁選挙によって異例の若さで選出されたのである（後掲、生没年一覧参照。三木、福田、大平、中曽根らと比較して、田中の首相就任が群を抜いて早いことが分かる。宮澤喜一の遅さも目立つ）。この年、六月に、『日本列島改造論』を出版すると、ベストセラーとなり、国民から期待の声が高まっていたことも田中の勝因であった。しかし、発足直後の中国との国交正常化をめぐる交渉（九月）では手腕を発揮したものの、発足から約半年後（一九七二年一二月一〇日）の総選挙においては、自民党は二七一議席しか得られず敗北した（社会党九〇→一一八、共産党一四→三八）。前述の石田博英の予測に少しずつ近づいていった。保革伯仲時代の到来は、次の三木内閣で行われた唯一の任期満了選挙による自民党の過半数割れを待つこととなった。

田中を象徴する日本列島改造の最初の計画は、九月の青森県むつ小河原の開発計画であった。この計画は、紆余曲折があり、後々まで禍根を残すこととなった。

一九七三年の第四次中東戦争、ＯＡＰＥＣによる段階的な生産制限等による石油価格の高騰は、第一次石油ショック、それによる諸物価の高騰（「狂乱物価」）や土地投機を招いた。『日本列島改造論』が地価の高騰への導火線にもなっていた。変動相場制への移行（七三年二月）もあり、円が高騰し、日本経済も、高度成長から低成長時代に向かっていた。宿敵、福田赳夫を蔵相として迎え入れざるをえなくなったのであった。

同時に、佐藤政権期から問題化していたのが、公害（比較的狭い地域における環境問題）、住宅整備、インフラ整備、反米軍基地闘争であった。それぞれが深刻な問題であった。人々の生活に密着したこれらの深刻な都市問題が、庶民の生活を重視した田中内閣期と重なったことは皮肉である。

田中に関しては、有名なエピソードがある。朝日新聞の番記者だった早野透によると、次のようなことがあったという。

「一九七六（昭和五一）年、角栄がロッキード事件で逮捕された後の衆院選でのこと。角栄の演説のわきを三宅の選挙カーが通りかかった。三宅は車を降りて、角栄に「体に気をつけろよ」と話しかけた。角栄はマイクを握ったまま、「この選挙、われわれも勝たなければならない。しかし農民の恩人である三宅先生だけは落選させてはいけない。もし落選させたら新潟県人の恥になる」と続けた。社会党の三宅、「越山会」の角栄、お互いに認め合う関係だったのである」[22]。

こういう演説は、竹下登や小渕恵三にはできても、政敵福田赳夫や盟友中曽根康弘には無理であろう。ましてや岸信介や宮澤喜一は、やろうとも思わないであろう。田中が強い支持を獲得し、ロッキード事件による逮捕後も越山会からの票を獲得し続けることが可能だったのには理由があったわけである。官僚出身者には特有の体質があるといえよう。

田中首相への国民の不満は、物価高騰だけでなく、彼が小選挙区制度を導入しようとしたことからも始まった。そして、田中の退陣は、立花隆による「金権政治」批判が引き金であった。『文藝春秋』七四年一一月号に掲載された田中の錬金術は、日本の新聞記者たちには、周知の事実であったという。田中の人心掌握術の賜というべきか、時代の産物というべきか。

田中内閣期の総選挙は、前述の一度のみであった。

田中の憲法観は、「いまのわが国の状態の中での憲法は守ってゆくべきだ。国民が不磨の大典として守ってゆけると考える[23]」というものであった。

防衛政策については、一九七二年一〇月の総額四兆六三〇〇億円にのぼる第四次防衛力整備計画を決定し、当然のことのように、社会党をはじめとする野党各党から専守防衛を逸脱するものである、と批判されることとなった。

田中は、一一月に内閣を改造するものの、ロッキード事件による求心力の低下は否めず、内閣改造から一五日後には、失意のうちに退陣を表明せざるをえなかった。

七　三木・福田・大平・鈴木内閣期（一九七四年一二月～八二年一一月）

田中の辞任表明を受け、自民党総裁選が実施されることとなった。福田、大平、三木が名乗りをあげた。裁定に当たったのは、椎名悦三郎副総裁であった。「話し合い」を主張していた福田には自信があったのであろう。もし、総裁選が行われるのなら、三木らに加え、反田中グループをまとめて新党結成を目指すべきだとの意見があったという。(24)結局、一二月一日、椎名は三木を新総裁に指名した。

三木に関しては、北岡伸一の指摘が興味深い。「清潔、反権力、反官僚の党人政治家、革新保守、議会の子などという、一貫した理想をもつ政治家というイメージが一方にある。しかし、それは正確ではない。三木は森コンツェルン（戦前の新興財閥）につらなっており、別に庶民というわけではない。また、石橋から岸、池田から佐藤への権力の移行には、いずれも幹事長として関与して、官僚派政権の成立に手を貸しているのだから、それほど党人派として一貫していたわけではない。佐藤内閣でも後継者候補の一人と見なされていた時期もあって、反権力で一貫しているわけではない。本当にクリーンなら、岸政権や田中政権の成立に協力したのはおかしいし、黒い霧のころ、佐藤再選に反対しなかったのもおかしい」と厳しい。(25)

三木内閣は、ロッキード事件の捜査や田中角栄前首相の逮捕の時期と重なり、これといった政策を強く打ち出せずにいた。成果としては、定数不均衡是正を目的とした公職選挙法改正と選挙管理委員会と自治省への政治資金の収支報告を義務づけた政治資金規正法改正があった（ともに一九七五年）。

三木内閣で、後々まで影響を与えたものは、防衛計画の大綱を作成したことと、一九七六年の防衛費の対GNP比「一％以内」とすることを決めたことであった。これは、後述のように、中曽根内閣で大きな問題となった。これも中曽根内閣期に争点となるが、現職首相として初めて、終戦記念日に靖国神社への参拝をおこなった。三木は「私人として」を強調した。

三木は、解散をせず（できず）、任期満了となった一九七六年一二月に総選挙がおこなわれ、与野党伯仲の時代を迎えた。三木が政治資金問題や田中問題、総選挙惨敗で、自民党内からの支持を失うと、次の総裁に福田赳夫が選出された。

福田は、政策的には岸元首相に近く、岸派の派閥後継者でもあった。生い立ちも岸と類似点が多く、旧制中学から一高、東京帝国大学法学部、その後、高級官僚と順調に進んだ。政界に入ると一三も年下の田中角栄や中曽根とライバル関係となった。いわゆる「三角大福中」の中では、最年長者であった。ただ、政界への転出は四七歳のときであり、早いとはいえなかった。

福田は岸や池田・佐藤のように、庶民性に欠け、息子の康夫が首相時代に、発言が「評論家的」と批判されたが、物事を「冷静にみることができる」のか否かは別として、赳夫もやや「評論家的」なところがあった（首相時代は官僚臭さが残っていたものの、晩年は「黄門様」と呼ばれ、好々爺然としていた）。福田は、「全方位外交」を掲げ、一九七八年八月に、日中平和友好条約に調印するものの、特筆すべきことに欠く。終戦記念日に靖国神社に「首相」の肩書きで参拝するが、「公式」ではない、とした。

福田は、「自分のような本格政権は、長期継続できる」と考えていたのではないだろうか。そのために、スロースタートをきったのではないかと思わせるほどであった。「さあ、働こう内閣」というスローガンも、政策的には不鮮明で、首相になったらこれをする、という信念が政策に結びついたわけではなかった。日々発生する問題に、対処していくことが首相としての仕事だと理解していたのだろうか。それではあまりに発想が「官僚的」とされても致し方あるまい。インフレの深刻化や与野党伯仲の時代であったことを考慮に入れたとしても、である。

日本の住宅事情の貧困さを改善するために、建設省と国土庁を統合して「住宅省」を設置すること、また、通産省・資源エネルギー庁を改組して「資源省」を、とのアイデアを持ってはいたものの、自民党・官僚、双方からの反対により、実現不可能となった。

一九七八年ボン・サミットにおいては、「七％」成長を公約するものの、低成長時代に実現困難と批判の声が多かった。

有事に備えて、アメリカ軍と自衛隊との共同対処行動について定めた日米防衛協力のための指針（ガイドライン）を決定したものの、続投に意欲をみせていた福田は、「不完全燃焼」のまま総裁選挙で大平に敗れ、「民の声は天の声というが、天の声にも変な声もたまにはあるな、と、こう思いますね。まぁいいでしょう。きょうは敗軍の将、兵を語るでいきますから。へい、へい、へい……」[26]と後世に残るセリフをはいたのはこのときであった。この予備選挙では、「田中派が党員宅に戸別訪問したり、電話で投票を依頼したり」して、大平を「トップに押し上げ」たという。[27]

続く、大平正芳内閣は、一九七八年一二月に成立した。これで「三角大福」が首相となった。大平内閣の特徴は、首相の諮問機関として、多数の政策研究会をつくったことにあった。中曽根内閣もこの方法を踏襲し、論争のある重要な案件について、自分に有利な答申を提出させ、難局を乗り切ったが、その先駆者が大平であった。大平内閣期の代表的な政策研究会には、田園都市構想研究、対外経済政策研究、環太平洋連帯研究、総合安全保障研究、文化の時代研究等々、多岐にわたった。[28]学者を多用したのは、大平自身が学者肌であったことにもよるが、内閣成立の経緯から、三木や福田らの「反主流派」の勢力を抑える外部の声として重用したとも考えられる。与野党の伯仲は継続していたものの、福田のようなナショナリズムはなく、人柄にも助けられ、野党との関係も良好であった。

一九七九年六月末の東京サミットを難なく乗り越えると、次の焦点は、解散・総選挙であった。選挙戦のさなかに大平は、懸案であった財政再建のための「一般消費税」の導入とも受け取れることを口にしてしまい、自民党は、低迷した（新自由クラブ一八→四、共産一九→四一）。そして、「四十日抗争」と呼ばれる派閥の勢力争いに発展した。特別国会の首班指名に自民党から二人の立候補者が出るという前代未聞の事態となったのである。一回目の投票では、いずれの候補も過半数に達せず、決選投票で大平が再選された。一三八対一二一という僅差であり、新自由クラブが大平に投票したものの、野党は棄権であった。社公民のいずれかが、棄権せずに福田を支持していれば、形勢は逆転していたわけであり、「田中・大平派の方が、野党に強かったということであろう[29]」。

幹事長には、桜内義雄（中曽根派）、総務会長・鈴木善幸（大平派）、政調会長・安倍晋太郎（福田派）、大蔵大臣・竹下登（田中派）、文部大臣・谷垣専一（大平派）と派閥均衡型内閣を発足させた。民間から大来佐武郎（元官僚のエコノミスト）を迎えたことが注目された。

イラン革命に連動して発生した第二次オイルショック、中越戦争、米国スリーマイル島原発事故、英国ではサッチャー首相の誕生、ソ連軍のアフガニスタンへの侵攻など、国際情勢は激変し、「新冷戦」の時代といわれた。一二月五日、中国交正常化後、首相としては初めて中国を訪問した。

翌八〇年五月、野党が提出した内閣不信任案の採決時に、福田派、三木派の議員ら七〇名が欠席し、不信任案が成立、大平は即刻、衆議院を解散した。しかし、その選挙戦での演説中、体調不良を訴え、入院、六月一二日、急死した。同情票が集まり、自民党は議席を回復したものの、熾烈な派閥抗争に辟易した多くの自民党議員から「和の政治」が求められ、総裁派閥の実力者でもあった鈴木善幸が次の総裁に選出された。

鈴木は、そもそも自分が総裁を務めることになるとは思ってもいなかったのであろう。心の準備ができていなかったばかりでなく、実力のなさは本人も自覚しているところであり、後の海部俊樹や宇野宗佑、羽田孜、福田康夫の部類に入ろう。鈴木が得意なのは、党「総務会長を一〇期務めたことに象徴されるように」、「調整役」であった[30]。

鈴木内閣といえば、外交面での「失敗」であろう。自ら「外交は不得手」ともいっていた。問題が表面化したのは、鈴木とレーガン米国大統領との共同声明（八一年五月）の解釈をめぐってであった。「総理大臣と大統領は、日米両国の同盟関係は、民主主義と自由という両国が共有する価値の上に築かれていることを認め、……」という箇所について、記者団との会見において、「軍事的な意味はない」として、混乱をまねいたうえ、日本は軍事大国にはならない、アジア諸国に配慮しなければならない、財政状況が厳しく防衛費を増やすような状況にないこと等々が、共同声明に反映されていないことに、不満を述べた。宮澤喜一官房長官は、「新たな軍事的意味はない」、「軍事にのめりこむことはない」という主旨であるとの説明はしたが、自民党内からの反発も表面化して、伊東正義外相辞任という事態に発展した（後任に園田直）。

また鈴木は、訪米前に、「日本の総理大臣が毎年アメリカへ行くのは、参勤交代のようでおかしい[31]」と述べている。後任の中曽根とは好対照であった。後の鈴木の回顧では、中曽根の評価は低いが、根本的に考え方が異なっていたのであり、当然のことであった。

鈴木が掲げた「和の政治」は聞こえは良く、野党との交渉をまとめていくうえでも奏功することはあったものの、「それは主義主張がないということであり」、「国内の世論や常識に強く影響されることになる[32]」のであった。また、「非主流派はあっても、反主流派はなくなり、「総裁争いに敗れてもとくに冷遇はされないこととなった[33]」。「三角大福中」の中曽根の後の、「安竹宮」が、「カリスマ性」や「明確なビジョン」、さらには迫力を欠き、下野することとなったのは、おそらく「総主流派」体制をつくろうとした結果であろう。自民党の力の源泉は、派閥抗争によるものでもあったわけである。切磋琢磨して、人材育成や政策づくりをおこなって、ほどよく、競争原理が働いていたのである。

鈴木は他方、行政改革に向けては、第二次臨時行政調査会を設立し、土光敏夫を会長に迎えた。しかしながら、財政再建、行政改革に向け、これからというとき、八二年一〇月一二日、鈴木は突然辞意を表明した。

みてきたように、三木内閣誕生から中曽根内閣誕生までは、総じて与野党伯仲という状況ではあったが、自民党政権の「安定期」に属する。自社の議席配分に大きな変化がみられなかったのみならず、国際状勢の激変にもかかわらず国内政治は安定しており、ダイナミズムは感じられない。その分、安心して派閥抗争にいそしむこともできたわけである。

見方をかえれば、難局が表面化しないよう実力者・福田、大平の力業で乗り切ったといえよう。両者は、財政再建を企図し、その後の鈴木内閣において、行政改革、財政再建をしていく方向性を提示したと総括できるように思われる。鈴木内閣において、行政管理庁長官を務めていたのが、次の首相・中曽根であった。

八　中曽根内閣期（一九八二年一一月〜八七年一一月）

この内閣は、発足の経緯から、「田中曽根内閣」「直角内閣」等と揶揄された。田中派の重鎮・金丸信ですら、「半年ももたない」と言ったほどであった。内閣発足時、自民党幹事長であった二階堂進は、「総理、本当にこれでやるんですか」と絶句したという[34]。このように認識されてはいたものの、結局は、五年弱もの長期間、総理を務めたのである。

中曽根は、若い頃から首相を目指し、首相になったら実行に移そうと考えていたことをノートに書きためていたことは広く知られている。例示すれば、首相公選制の導入、国家安全保障基本法の制定、教育基本法の改正、靖国神社への公式参拝、心の通った外交等々である。簡略化すれば、首相の強いリーダーシップの下、「日本」という国家を欧米列国にひけをとらない強い国につくりあげることが、中曽根の願望であった。首相という仕事を遂行するにあたって中曽根が肝に銘じていたことは次の言葉に表出される。

「自分では一生懸命にやったと思っても、時が経過してのち、あれは失政だったと批判されることがあるのです。／しかし私は、つねに歴史という法廷の被告席に立たされているのだ、という覚悟を持って望んでいたので、甘んじてこれを受けることができます[35]。」

中曽根の頭の中には、常に、「国家」がある。「私は海軍士官から政治家になって、そのままずっと、どちらかといえば国家の側、治める側にいた」[36]と自己規定している。ナショナリズムが強いのが彼の特徴である。国民の生活をよりよいものにしようという発想は中曽根にはない。まず、個人よりも国家であった。国家が発展することで、個人の生活も良くなるという思考様式であった。中曽根は、田中角栄と同じ一九一八年生まれである（選挙区も大学も同じだった福田は、一九〇五年生まれで、一回り以上の年齢差があった）。しかし、田中と中曽根に政策の共通点はあまり見出せない。陸軍に徴兵され、良い思い出のない田中には、国や軍隊よりも、庶民の生活だという意識があった。道路や橋や民放の多数認可に表れた田中の思いがそこにある。ナショナリスティックな政策提案はない。「平和」への思いが田中にはある。[37]中曽根のように、海軍の中である程度指導的な地位にいた者との防衛政策に対する認識の差がここに現れている（しかし、田中に関しては中曽根の次のような証言もある。「田中は内心、憲法改正は絶対しなくてはいかんと思っていたし、個人的にはそう言っていました」[38]）。

中曽根のナショナリズムの強さは、岸元首相と通じるものがあり、「日本は相応な再軍備をして、できるだけアメリカ軍を撤退させ、アメリカ軍基地を縮小しなければならない。さもないと日本は、永久に外国軍隊の進駐下にあり、従属国の地位に甘んじなければならないのではないでしょうか」（一九五〇年一〇月）[39]と芦田均の応援演説で述べたことからも証明される。

では、中曽根内閣の課題は何であったのか。というとそれは前内閣からの懸案であった行政改革と財政再建であった。この内閣を特色づけた政策は何か、といえば国鉄の分割・民営化と行政改革にならざるをえない状況であった。それほど、財政状況は逼迫していたのであった。そのため、憲法改正や教育基本法の改正は、意図としては持っていても、優先順位から実行には移せない状況にあった。臨時教育制度審議会（臨教審）設置にとどまったのである。

靖国神社への公式参拝も近隣各国の反発や中国の指導者への思いから、一度で中断している。「戦後四十年という節目の年に、大東亜戦争の犠牲者に対しお礼を申し上げ、魂を鎮め、霊を慰めるために、閣議決定のうえ公式参拝に踏み切った」、「国家の命で戦場に赴き、戦死した人々に一度は閣議で了承し公式に参拝しておくことは首相の責任だと思いました。私はそれで正式の手続きで公式参拝を決めたのです[40]」という言からは、「一度」で十分だとも読み取れるのである。

また、経団連会長を務めた「目刺しの土光（敏夫）さん」の第二次臨時行政調査会長を続投させたこと、「国鉄分割民営化をめぐる攻防」自体については彼の著書に詳しい（後掲文献参照）。土光の穴とつぎはぎだらけの帽子が共感を呼び、行革と中曽根内閣への期待も高まったのであった。

一方、自民党の政策が労働者寄りに変容したのもこの時期であった。中曽根のことばを使えば、「ウイング」を左に伸ばしていったわけである。国鉄の分割・民営化により、社会党の有力支持母体・国鉄労働組合（国労）を弱体化させたことが大きかった。それよりも少し前（一九八五年）に、電電公社の東西二分割と民営化、専売公社の民営化も行われ、全電通・全専売もかつての影響力を低下させた。中曽根の目指した公労協の弱体化による社会党議席数の低下も、冷戦の終焉（一九八九〜九〇年）や選挙制度の改革（一九九四年）も手伝って、九〇年代前半には実現した。

中曽根内閣期の政策としては、あと二点、忘れてはならないことがある。一つは、防衛費の対ＧＮＰ比率一％枠の突破であった。これは、ＧＮＰ自体が伸びれば、防衛費も際限なく拡大するという歯止め案であって、冷静に考えれば、「一％枠」そのものが大きな意味をもつ境界線とはいえない。しかし、当時はマスコミが連日大きく報道することで、国民も大きな関心を持っていた。中曽根は、マスコミの報道を逆に利用し、国民の国防への関心を喚起し、あえて意図的に「一％枠」突破に踏み出していったわけである。「自分の国は自分で守る」という（中曽根にとっては）当然の認識を、国民と広く共有したい、彼の願望の現れでもあった。

中曽根の回想によれば、

「相手あっての防衛であり、必要な防衛費は一％よりプラスの場合も、マイナスの場合もある。そういう弾力性をもった国防が合理的であると考えた。当時は、防衛費一％枠を撤廃して、アメリカの経済摩擦に対する不満をなだめようとしたとも言われました。しかし、それは違う。アメリカのために防衛費を増やそうという発想は毛頭なかったね。／当時、鄧小平が反対意見を表明したけれど、私は、この一％枠の撤廃に関して中国などの反発は全く考えていませんでした。そもそも一％という数字は、中国から見れば微弱な数字です。一％を撤廃して五％にするような意図なんて毛頭なかったし、中国もそうは考えなかったでしょう。当時は社会党の力がまだ強かった時代で、日本国内は防衛費は少なければ少ないほどよいという世論でしたからね。[41]」

中曽根には、遠い目標として自主憲法の制定があったものの、それを直接国民に説くと反発を招くので、遠回りではあっても、自衛隊への意識や防衛費への意識を少しずつでも変革していこうということでもあった。それは、結果的に、国鉄の分割・民営化と同じように、社会党の支持勢力の脆弱化を意図したものでもあったのであり、「ウイング」を左に伸ばすこととも連動していたのであった。

彼のこの認識を支えていたのは、米軍基地に対する次の認識に集約される保守派がしばしば口にする次の発言である。

「日本国内の米軍基地には象徴的意味がある。周辺諸国に対して、米軍基地の存在は、日本の防衛上、大きな抑止力になっている。そういう言外の効能も含め、基地の存続は当分必要でしょう。[42]」

こうした認識と、アメリカが押しつけた憲法からの脱却を目指すこととが、彼のなかで心理的齟齬が生じないのかは、甚だ疑問である。

言及すべきふたつ目は、二〇一一年三月一一日に発生した東日本大震災との関連において、中曽根内閣が主導した原発政策である。これについては、縷々報道もあるものの、何が真実なのか、「原発村」内部の幹部でなければ、真実は闇の中にある（そもそも私を含めた文系の人間に、核問題の本質がどれだけ理解されているのか、疑問である）。防衛政策との関連で、核に関する技術を高めておくことが、結果的には、近隣各国への抑止力となっているという見方もある。

いまここでは、防衛問題と結びついた原発推進は捨象しよう。日本の原発政策の問題点は、エネルギー政策の側面から原発を推進しつつも、実態は、地域振興と絡め、補助金によって札束で頬をたたくかのように、過疎地域の雇用対策として海岸線に次々と増設していったことにあろう。中曽根が当初考えていたものとは異なる方向に進んでいったのである。

一九五五年に原子力基本法が制定されたが、その原動力となったのは、中曽根らが前年に原子力関連予算を請求したことにあった。原子力基本法第一条は次のようにうたっている。「原子力の研究開発、利用の促進（エネルギー資源の確保、学術の進歩、産業の振興）をもって人類社会の福祉と国民生活の水準向上とに寄与する」。続く第二条では、平和利用もうたっている。その後、高度成長を経て、原発推進は電力の大量消費を前提とした人々の生活を安定化させるために、安くて安全なエネルギー供給を確保することにあった。それが、雇用対策・地域振興策となってしまったのである。とりわけ、「三・一一」後は、決して「安く」はないことも露呈した。中曽根個人の責任とまではいえないとしても、下記の心意気と関連していずれ、分析されることとなるに相違ない。

中曽根の首相としての心意気に関し、次の中曽根の言葉は重いといわざるをえない。

「大いなる志を遂げんとする政治家には、毀誉褒貶はつきものである。真の政治家は時代時代の宿命を負って行動し、時流におもねらず、国家百年の大計を自分自身の犠牲において断行し、その評価を後世の史家に託して消え去っていくのである」(43)

もともとは、岸元首相の葬儀（一九八七年八月七日）の際、中曽根が弔辞として読み上げた一説である。これを

「日本の総理たらんという政治家に、もう一度捧げたいと思います」と中曽根は二〇〇四年に述べている。[44] 政治（史）を研究するわれわれも、胸に残しておきたい言葉である。

中曽根内閣期に、総選挙は一九八三年一二月と一九八六年七月の二回あった。ロッキード選挙と「死んだふり」解散である。八三年の選挙では、大敗北したものの、八六年選挙では、歴史的勝利に導き、総裁任期の一年延長につながった。この間、八四年の総裁選挙では、二階堂進副総裁を総裁にという、「二階堂擁立」構想も表面化したが、田中の反対により、中曽根が再選を果たした。

九　考察三――日本社会党の動向

戦後の社会党を特徴付ける要素は、「青年よ再び銃をとるな、母よ子供を戦場に送るな」（鈴木茂三郎・党大会）「教え子を再び戦場に送るな」（日教組・第一八回定期大会）などのスローガンに代表される防衛問題での理想主義であろう。平和四原則に集約される社会党の防衛政策は、厭戦気分の蔓延した終戦直後のみならず、一九六〇年の安保闘争までは、広く大衆の支持を集め、社会党の影響力には看過できないものがあった。

また、みてきたように、戦後の日本政治は、自主憲法制定vs護憲の争いであったということができよう。この論争に、日の丸・君が代問題や、原発問題が絡み、国政選挙はきわめて「対決色」が鮮明であったことが、[45] 先進各国と比較して、日本の特質として浮かび上がる。

国政のみならず、地方政治においても対立は激しかった。しかし、一九六三年の地方選挙で、横浜その他の大都市で革新首長が誕生すると変化が現れた。その後、六七年には、初の沖縄首席選挙において屋良朝苗が当選した。また学者から転じた美濃部亮吉東京都知事、長洲一二神奈川県知事、蜷川虎三京都府知事、黒田了一大阪府知事など、革新側の勢いは止まらず、「七五年のピーク時には東京、大阪、京都、横浜、名古屋、川崎、神戸の七大都市を含めて一四七もの市、町、都府県が革新系の市長や知事によってひきいられた(46)」。「都道府県レベルでは」、「東京、大阪、京都、埼玉、神奈川、滋賀、岡山、香川、沖縄」が「革新自治体」であった(47)。

都市への人口流出により、残された長男、その両親は、閉塞状況に陥り、生活が困窮していたものの、現状を変えるという意味での革新支持へとは地方は向かわなかったのであった。逆に、自民党が推進した高度経済成長政策や、生産者米価引き上げ等の農家保護政策により、農村部の自民党への支持には大きな変容はなかったのである。

次に、一方で、六〇年代、革新首長が多数誕生したにもかかわらず、社会党が国政選挙においては低迷を続けた要因を分析したい。一言にしていえば、首長選挙では「国防」問題＝防衛問題、「護憲」「平和」が中心的争点にならないからである。国防政策においては、生活の保守化とともに、社会党の理想主義的自衛隊違憲論に違和感を感じ自民党を支持しても、生活に密着した首長選挙では、革新系を支持する有権者が多かったのである。高度成長期に発生した、住宅問題、都市基盤整備、公害問題等から、大都市部においては、とにかく現状を変えてほしいという願望から革新への支持が高まったのである。国政では保守を、地方選挙では革新を支持することは、全く矛盾しないで併存し得たわけである(48)。

また、社会党の議席数が国政選挙で低迷が続いた要因には、農村部に過剰に配分されていた中選挙区制度の定数にも要因があった。一九九〇年まで行われた中選挙区制度による総選挙では、一三〇の選挙区に分けられていた。一選挙区から選出されるのは、三～五議席が一般的であった。社会党は共倒れを防ぐために、各選挙区に一名の候補を擁立し、議席を守った（もちろん、例外はある）。社会党議席数が一三〇前後で推移したのは、これが要因であった。これらについては、既に選挙分析の専門家により、明らかにされているとおりである。

社会党の掲げた「護憲」に関し、道下徳成は、中曽根からの聴き取りに際し、「不思議なのは、日本の左翼は反米ですが、アメリカから独立するために独自の武力を持つという考えにならないことです[49]」と述べているが、これに対して当時の社会党ならどのように答えたのであろうか。社会党が考えていた以上に、社会党の主張する防衛政策と国民の防衛に関する意識との間に乖離が生じ始めていたのであろう。政党が、いくら自分たちの掲げた政策が「正しい」と認識していても、選挙で勝たなければ、その政策は永遠に実現不可能であろう。それが、現行の普通選挙による議会制民主主義というものであり、善悪は別として、広範な国民に支持されない政策は実現されないという制度の実像なのである。

地方で革新首長が多数誕生した時期に、国政選挙で自民党が大敗しない要因は、中野晃一によれば、先述の防衛問題とは別に次のような事情があった。

「革新自治体」が「始めた政策を…（中略）…自民党政権が国政レベルで吸い上げていったこと」や自民「党と結託した中央官庁が財政や行政手続きなどさまざまな面で革新首長たちを追い込んでいった[50]」からである。

加えて、自民党政権下でとられた国労、全専売、全電通、全逓を弱体化させるための諸政策や日教組の組織率を脆弱化させるための勤務評定制度の導入や細かい職階制（総務主任、学年主任、教科主任、主幹等々）の導入、自治労弱体化のための、副課長、係長補佐等の「名ばかり役職」の増加により、職場の連帯感は低下していき、労働組合活動も形骸化していった[51]。

職業選択の自由は憲法で明確に保障されており、イヤならその仕事は辞めればよいわけだが、日々の生活を懸命に保守するためには辞められないサラリーマンがそれだけ多かったことの証であろう。人々は、思想や信条よりも、生きていくために生活費の獲得を優先したわけである。

民間企業においても、「合理化」や労使協調路線への変更により、労働者の意識は保守化していった。ここでも、下手に会社の方針に逆らって解雇されるよりはまし、という労働者の保守化した意識が垣間見られる。[52]社会党が社会情勢を読み取り、マルクス・レーニン主義との決別を宣言した「新宣言」を採択したのは、一九八六年一月のことで、石橋政嗣委員長時代であった。社会党の政策が「現実化」していく一方で、八〇年代の国際的な新自由主義の台頭により、日本でもさまざまな施策が試みられたが、その結果として、サラリーマンは、「生活費」は死守できたが、自民党の政策の「右傾化」によって、「安全」の方はどうなっていったのか、心許ないといわざるをえない。

遡るが、社会党については、江田三郎が掲げた構造改革論についても、しばしば議論されてきた。本書第六章（日本政治学会『年報政治学　二〇〇八—Ⅰ』）[53]においても論じたが、「あのとき、江田の構造改革論を採用していれば」という問いは、いくら繰り返しても無意味である。そのうえ、これもしばしば指摘されてきたが、社会党よりも現実政策を掲げて華々しく登場した民社党の、社会党以上の低迷を説明できなくなる。[54]そう簡単な問題ではなく、再検討を要する課題である。

最後になるが、高度成長をどう評価するか。社会党は、池田内閣が月給二倍論を唱えた際、皆の給料が二倍になれば、その差額も二倍になり、かえって不公平感が高まると批判した。[55]また、「所得倍増の中には農民も入っているのか」と池田首相に迫った議員もいたという。[56]

所得倍増により、確かに所得格差が広がったことは事実であろう。しかし、近年の「格差社会」と比較するまでもなく、当時は、国民の多くが戦後の貧しさから徐々に生活の豊かさをようやく実感し始めた時代であり、社会党による高度経済成長批判が、国民に受け入れられる時代ではなかったわけであろう。

むすびにかえて

安倍晋三自民党は、二〇一二年総選挙の際、意味の分からないスローガン「日本を、取り戻す。」を掲げていた。誰が、誰から誰に取り戻すのか、全く意味不明である。漢字が読めない首相、国語力のない首相でも、総理はつとまる。彼を支える有能な官僚集団が背後に存在している体制を自民党が創り出してきたからである。しかし、二〇〇九年からの民主党政権下で露呈したように、首相は、官僚との関係が良好でないと、政権はうまく機能しなくなる。官僚を遠ざけるのではなく、どう使うか、それも首相としての能力の一つであることは、佐藤栄作や田中角栄をみれば、一目瞭然であろう。また、中曽根のように、うまく使いこなすことができることも首相として求められる能力であろうが、逆に安倍首相は、官僚にうまく使われているようにみえる。自分が成し遂げたい最終目標は、憲法改正であり、そのためには、手段を選ばず、次々と前例を壊している。これではタカ派官僚の思うつぼにもなりかねない。

こうした政治状況下で、先人の動向を振り返っておくことはこれからの政治を議論していくうえで欠かせない作業である。本章の目的が達成できたか否かは読者に委ねるしかない。

注

（1）中野、二〇一五、三三頁、北岡、一九九五、一〇一頁。

（2）中曽根、二〇〇四、六四頁。もちろんこれは、理念型であり、相互に密接な関係にある。

また、本稿に関連して、渡辺治による六〇年代以降の自民党政治の分類として、「戦後型統治と反動的・権威的統治の構想」の「対抗・競合」だとする分類を挙げておきたい（渡辺、一九八五）。

（3）北岡、一九九五、一一四頁。

（４）渡辺、一五一頁。
（５）同右。引用文も渡辺による。
（６）同右、一五一・一五二頁。
（７）伊藤昌哉、一九八五。これは、北岡、一九九五、一一一頁よりの再引用。
（８）中曽根、二〇一二年、一七七頁。中曽根の元首相たちに関する回顧には、しばしば、彼らが実は「ナショナリスト」であったという「暴露」がみられるので、この点、注意を要するかもしれない。
（９）伊藤、一九八五による。
（10）緒方竹虎、大野伴睦の死は首相就任前。就任後に、河野一郎、池田勇人が逝去。
（11）伊藤正直、一九八五、二四三頁。
（12）同右、二四三〜二四四頁による。渡辺、一九八五、一六三〜一六六頁も参照。
（13）保利、一九七五年。
（14）前掲、中曽根、一七七頁、［　］内、木下補。佐藤政権期の外交路線が、その後の自民党の外交の基本となっていることは周知である。
（15）木下、二〇〇六。
（16）横浜市史資料室、二〇一三、六六・七三頁、［　］内、木下補。
（17）五五年体制下での、国対政治をめぐる「なれあい」については、既に研究されている。
（18）福永、一九九六。また、升味、一九八五、下、一八九・一九〇頁も参照。
（19）渡辺、一九八五のとりわけ、一五二〜一五八頁を参照。渡辺は、「三池争議における労働側の敗北」が契機となって、「企業主義的秩序への労働者の掌握、という基盤をもちえてはじめて、議会的民主制の枠を承認した〝柔軟な〟統治が可能となった」ことを強調している（一五五・一五六頁）。また、熊沢誠の一連の研究、一例として、一九九七を参照。
（20）鶴見・日高、一九八五、六〇・六一頁。
（21）これも、「一九七〇年体制」の状態として、説明が可能と思われる。木下、二〇〇六参照。
（22）杉田編、二〇一六ａ、三〇〜三一頁。この選挙自体について、詳しくは、早野、二〇一二も参照。

(23)　就任後の田中の談話（渡辺、一九八五、一七一頁による）。
(24)　富森、二〇〇六。
(25)　北岡、一九九五、一六一頁。
(26)　Wikipediaにて、二〇一六年五月二九日に確認。
(27)　『読売新聞』二〇一五年一一月二三日、四面「政治の現場　自民党六〇年　四」。
(28)　北岡、一九九五、一八五・一八六頁。
(29)　同右、一九〇頁。
(30)　小林、二〇一四年、一三八頁。
(31)　北岡、一九九五、二〇一頁。
(32)　同右。
(33)　同右、二六七頁。
(34)　中曽根、二〇〇四、一八六頁。
(35)　同右、一六四頁。
(36)　中曽根、一九九六年、六〇一頁。
(37)　杉田編、二〇一六a、一八～二二頁。
(38)　中曽根、二〇一二、二四九頁。
(39)　中曽根、一九九二、一三四頁。
(40)　中曽根、二〇〇四、一四三頁。
(41)　中曽根、二〇一二、四五九頁。
(42)　同右、五六〇頁。
(43)　中曽根、二〇〇四、六頁。
(44)　同右。
(45)　大嶽、一九九六を参照。

(46) 遠藤他編、一九九一、二八三頁。
(47) 中野、二〇一五、四三頁。革新自治体に住む住民は、全国民の約四三%であった。岡田一郎、二〇一六を参照。また木下、二〇一七を参照。
(48) 渡辺、一九八五、一七七・一七八頁。渡辺はさらに別の要因を二点挙げているので参照されたい。
(49) 中曽根、二〇一二、五〇〇～五〇一頁。
(50) 中野、二〇一五、四四頁。革新自治体の減少要因については、渡辺、一九八五、一七九～一八一頁を参照。
(51) 渡辺、二〇〇九年、一九〇・一九一頁。
(52) 同右、一七六～一八〇頁。例えば、鉄鋼労連の政党支持率をみると、一九八二年以降、自民党支持率が社会党支持率を上回っている。また、民社党支持率も、一九八二年以降、一九八八年を除き、自民党支持率よりも高い（一七八頁・表二―二や一七九頁・図二を参照）。
(53) 木下、二〇〇八参照。
(54) 石川、一九九五、九三～一〇八頁。また、渡辺、一九九〇、二〇六頁及び渡辺、一九九四を参照。
(55) 木下、二〇〇三、第三章を参照。
(56) 『朝日新聞』「天声人語」二〇一三年五月八日。この発言は、淡谷悠蔵社会党衆議院議員が、池田首相に向けたものだという。

【本稿関連　主要人物　生没年一覧】

岸　信介	一八九六～一九八七	九〇歳没
池田勇人	一八九九～一九六五	六五歳没
佐藤栄作	一九〇一～一九七五	七四歳没
田中角栄	一九一八～一九九三	七五歳没
三木武夫	一九〇七～一九八八	八一歳没
福田赳夫	一九〇五～一九九五	九〇歳没
大平正芳	一九一〇～一九八〇	七〇歳没
細川護熙	一九三八～	
羽田　孜	一九三五～二〇一七	八二歳没
村山富市	一九二四～	
橋本龍太郎	一九三七～二〇〇六	六八歳没
小渕恵三	一九三七～二〇〇〇	六二歳没
河野洋平	一九三七～	
小沢一郎	一九四二～	

鈴木善幸　一九一一〜二〇〇四　九三歳没中曽根康弘　一九一八〜
竹下　登　一九二四〜二〇〇〇　七六歳没宇野宗佑　一九二二〜一九九五　七五歳没海部俊樹　一九三一〜
宮澤喜一　一九一九〜二〇〇七　八七歳没藤山愛一郎　一八九七〜一九八五　八七歳没緒方竹虎　一八八八〜一九五六　六七歳没河野一郎　一八九八〜一九六五　六七歳没大野伴睦　一八九〇〜一九六四　七三歳没江田三郎　一九〇七〜一九七七　六九歳没浅沼稲次郎　一八九八〜一九六〇　六一歳没

参考文献

浅井良夫、二〇〇五「現代資本主義と高度成長」『日本史講座　第一〇巻　戦後日本論』東京大学出版会、所収
雨宮昭一、一九九〇「五五年体制の形成」歴史学研究会編『日本同時代史　第三巻　五五年体制と安保闘争』青木書店、所収
A・ゴードン、二〇〇五「五五年体制と社会運動」『日本史講座　第一〇巻　戦後日本論』東京大学出版会、所収
五十嵐仁編、二〇一一『「戦後革新勢力」の奔流』大月書店
石川真澄、一九九五『戦後政治史』岩波新書
伊藤正直、一九八五「「高度成長」とその条件」『講座日本歴史　11　現代1』東京大学出版会、所収
伊藤昌哉、一九六六『池田勇人――その生と死』至誠堂（改題『池田勇人とその時代』朝日新聞社、一九八五年）
植村秀樹、二〇一三『「戦後」と安保の六十年』日本経済評論社
NHKスペシャル取材班、二〇一二『〝核〟を求めた日本――被爆国の知られざる真実』光文社
遠藤惣一・光吉利之・中田実編、一九九一『現代日本の構造変動――一九七〇年以降』世界思想社
大門正克、二〇一五「高度経済成長と日本社会の変容」岩波講座『日本歴史　第19巻　近現代5』岩波書店、所収
大嶽秀夫、一九九五「五五年体制の形成」中村政則他編『戦後日本　占領と改革　第六巻　戦後改革とその遺産』岩波書店、所収
大嶽秀夫、一九九六『戦後日本のイデオロギー対立』三一書房
大嶽秀夫・河野勝、二〇〇八「政治学はどこまで現実政治にかかわるべきか」『論座』一〇月号、朝日新聞社
岡田一郎、二〇一六『革新自治体――熱狂と挫折に何を学ぶか』中公新書

小田実、一九九五『「べ平連」・回顧録でない回顧』第三書館
金子勝、一九八五「「高度成長」と国民生活」『講座日本歴史　12　現代２』東京大学出版会、所収
鹿野政直、一九九五a「一九七〇～一九九〇の日本――経済大国」岩波講座『日本通史　第21巻　現代２』岩波書店、所収
鹿野政直、一九九五b「日本文化論と歴史意識」岩波講座『日本通史　別巻１　歴史意識の現在』岩波書店、所収
神田文人・小林英夫編、二〇〇五『戦後史年表　一九四五～二〇〇五年』小学館
菊池信輝、二〇一五「新自由主義・新保守主義の台頭と日本政治」岩波講座『日本歴史　第19巻　近現代５』岩波書店、所収
北岡伸、一九九五『自民党――政権党の三八年』読売新聞社
木下真志、二〇〇三a『転換期の戦後政治と政治学――社会党の動向を中心として』敬文堂
木下真志、二〇〇三b「イデオロギー対立下の戦後政治――ファシズム再来・防衛に対する認識距離の拡大」『社会科学論集』第八四号、所収
木下真志、二〇〇四「高度成長後の自主防衛論の展開――一九七〇年代の自民党を中心に」『社会科学論集』第八六号、所収（本書第八章）
木下真志、二〇〇六「一九六九年総選挙再考――戦後政治の第二の転換期」社会科学論集第九一号、所収
木下真志、二〇〇八「社会党はなぜ、構造改革を採用できなかったのか？」日本政治学会『年報政治学　統合と連帯の政治学　二〇〇八―Ⅰ号』木鐸社、所収（本書第六章）
木下真志、二〇一一「日本社会党と講和問題」五十嵐仁編『「戦後革新勢力」の奔流』大月書店、所収
木下真志、二〇一五「学の目的と対話――福永文夫・河野康子編『戦後とは何か――政治学と歴史学の対話』（上・下）丸善出版、二〇一四年をもとにして」『社会理論研究』第一六号、千書房、所収（本章第一四章）
木下真志、二〇一七「自治体の革新性とは何だったのか？」『社会理論研究』第一八号、所収
熊沢誠、一九九五「企業社会と労働」岩波講座『日本通史　第21巻　現代２』岩波書店、所収
熊沢誠、一九九七『能力主義と企業社会』岩波新書
小林英夫、二〇一四『自民党と戦後史』中経出版
小林良彰、一九九一『現代日本の選挙』東京大学出版会

佐々木隆爾、一九九〇「安保反対闘争」歴史学研究会編『日本同時代史　第3巻　五五年体制と安保闘争』青木書店、所収
白井聡、二〇一三『永続敗戦論』太田出版
新産別編、一九八八『続・新産別の二十年』アトラス・ネットワーク
杉田敦編、二〇一六a『ひとびとの精神史　第六巻　日本列島改造　一九七〇年代』岩波書店
杉田敦編、二〇一六b『ひとびとの精神史　第七巻　終焉する昭和　一九八〇年代』岩波書店
鈴木善幸述、二〇〇四『等しからざるを憂える。』岩手日報社
高畠通敏編、一九八九『社会党――万年野党から抜け出せるか』［シリーズ日本の政治］岩波書店
田間泰子、二〇一五「戦後史のなかの家族――その形成と変容」岩波講座『日本歴史　第19巻　近現代5』岩波書店、所収
鶴見俊輔、日高六郎他、一九八五『戦後とは何か』青弓社
富森叡児、一九七七『戦後保守党史』日本評論社（改訂・増補し社会思想社［現代教養文庫］一九九四年、さらに岩波現代文庫、二〇〇六年）
中曽根康弘、一九九二『政治と人生――中曽根康弘回顧録』講談社
中曽根康弘、一九九六『天地有情』文藝春秋社
中曽根康弘、二〇〇四『日本の総理学』ＰＨＰ新書
中曽根康弘、二〇一二『中曽根康弘が語る戦後日本外交』新潮社
中野晃一、二〇一五『右傾化する日本政治』岩波新書
中村政則・Ａ・ゴードン、二〇〇三「日本の近現代史を再考する」『世界』九月号、岩波書店
西川知一・河田潤一編著、一九九六『政党派閥――比較政治学的研究』ミネルヴァ書房
服部龍二、二〇一五『中曽根康弘――「大統領的首相」の軌跡』中公新書
林博史、二〇一五「サンフランシスコ講和条約と日本の戦後処理」岩波講座『日本歴史　第19巻　近現代5』岩波書店、所収
早野透、二〇一二『田中角栄――戦後日本の悲しき自画像』中公新書
道場親信、二〇一五「戦後日本の社会運動」岩波講座『日本歴史　第19巻　近現代5』岩波書店、所収
坂野潤治他編、一九九三～九四『シリーズ日本近現代史――構造と変動』岩波書店

福永文夫、一九九六「日本社会党の派閥」西川・河田編著『政党派閥』ミネルヴァ書房、所収
福永文夫、二〇〇八『大平正芳――「戦後保守」とは何か』中公新書
福永文夫、二〇一五「保守支配体制の構造と展開」岩波講座『日本歴史　第19巻　近現代５』岩波書店、所収
福永文夫編、二〇一五『第二の「戦後」の形成過程――一九七〇年代日本の政治的・外交的再編』有斐閣
福永文夫、河野康子編、二〇一四『戦後とは何か――政治学と歴史学の対話』（上・下）丸善出版
保利茂、一九七五『戦後政治の覚書』毎日新聞社
若月秀和、二〇一二『大国日本の政治指導　一九七二〜一九八九』現代日本政治史四、吉川弘文館
廣瀬克哉、一九八九『官僚と軍人――文民統制の限界』岩波書店
升味準之輔、一九八五『現代政治　一九五五年以後』（上・下）東京大学出版会
見田宗介、一九九五『現代日本の感覚と思想』講談社学術文庫
三戸信人、一九九九「産別民同がめざしたもの」『法政大学大原社会問題研究所雑誌』第四八九・四九〇・四九二号、所収
森政稔、二〇一六『迷走する民主主義』ちくま新書
横浜市史資料室、二〇一三『横浜市史資料室紀要　第三号』
吉見俊哉、二〇〇五『万博幻想――戦後政治の呪縛』ちくま新書
歴史学研究会編、一九九〇〜九一『日本同時代史』一〜五巻、青木書店
渡辺治、一九八五「保守政治と革新自治体」『講座日本歴史　12　現代２』東京大学出版会、所収
渡辺治、一九九〇『「豊かな社会」日本の構造』労働旬報社
渡辺治、一九九四「保守合同と自由民主党の結成」坂野潤治他編『シリーズ日本近現代史――構造と変動　第四巻　戦後改革と現代社会の形成』岩波書店、所収
渡辺治、二〇〇九『憲法九条と25条――その力と可能性』かもがわ出版

第三章　小泉内閣とポピュリズム

一　わがまま解散

衆議院の解散は内閣総理大臣の専権事項であるとされている。二〇〇五年八月、小泉首相は、参議院での郵政民営化法案採決を控え、「参議院で否決されたら、衆議院を解散する」と宣言し、八月八日、参院での否決を受けて、即刻、衆院を解散した。このような展開は、いうまでもなく、日本の歴史上初めてのことである。また、選挙運動期間中の街頭演説において首相は、「永田町では郵政民営化法案は否決された。しかし、国民が本当に郵政民営化は必要ないと思っているのか、衆議院を解散して直接国民の皆さんにきいてみたかった」、と述べた。

これらの発言に鑑みると、首相の意図としては、郵政民営化をめぐる事実上の「国民投票」を実施したかったことを意味する。

いうまでもなく、衆議院議員の任期は四年である。小泉のように総選挙と「国民投票」を同一視してしまい、選挙後すぐに郵政法案が成立したら、残り三年以上の議員の任期において、自公連立政権は何をするのかの説明がほとんどなされていないことになる。(1)

小泉首相は「国民投票」と総選挙との意味の相違をおそらく認識できていなかったのだろう。首相が問題発生のたびに、ひとつひとつ国民にきくまでもなく、国民の声を代表した議会（日本の場合、国会）で議論され、決定され、議会の決定を尊重するのが代議制民主主義（議会制民主主義）の基本的なルールである。

二〇〇五年夏のこの「前例」は、以下の事態を招くことも意味する。今後もし、総選挙で、自公以外の政党（おそらく連立を組むことになろう）でも、過半数を獲得し、（参議院では自公以外の政党が過半数を制してはいないまま）連立政権を樹立した場合、「参院で否決されたら、衆院を解散する」と宣言し、参院で否決されたら、衆院を解散してもいい、という「前例」をつくったことになるのである。となれば、（この例のように、巨大連立政権が誕生することは少ないであろうから）国会では、何も決まらない、何も決められないということになってしまう。

実際、一九八九年の参院選において当時の日本社会党が圧勝し、参院では自民党は過半数割れを起こし、竹下登政権、海部俊樹政権、宮澤喜一政権は衆院では多数派でありながら、政局運営、法案成立に多大な苦労を要した例があった。当時の自民党の首相には、「参院否決→衆院解散」は思いもつかぬことだっただろう。それだけ、参議院選挙における民意を、（衆議院から選ばれたかつての）首相は尊重していたのである。

＊本章は、執筆当時に首相であった小泉純一郎を中心に論じているため、「小泉首相」と表記したままとする。

二　「参院否決→衆院解散」

今後、この小泉首相の解散（参院否決→衆院解散）が前例となり、「参院では否決された→だから衆院を解散して国民の皆さんにきいてみたかった」、が繰り返される可能性がある。もしかすると、「参院否決→衆院解散」は、「してもいい」から、マスコミや世論の圧力により、首相が「しなければならない」事項になってしまうかもしれない。すると、前述のように、政局は安定せず、いつ落選するかわからない地盤の脆弱な若手議員は、少なくとも六年間は身分が保障されることが確実な参議院議員にしか立候補しなくなっていく（あるいは、参議院にしか立候補できなくなる）のではないだろうか。

日本国憲法が首相選出（第六七条）、法律の制定（第五九条）、条約の承認（第六一条）だけでなく、予算先議（第六〇条）においても衆議院の優越を認めているのは、任期の長い参議院よりも、衆議院の方がそのときどきの民意を的確に反映しているからとされている。しかし、首相の思惑通りに参議院が動かない度に衆議院が解散されることが今後、繰り返されれば、衆議院の立候補者がいつ失職しても構わない一部富裕層、弁護士、有名人、二世（三世）に偏る傾向に拍車がかかるのではないだろうか。首相選出、法律の制定、条約の承認、予算審議が、特定の勢力の代表や二世議員だけに任されることになりはしないだろうか。これでは大きな権限が与えられている衆議院の人材が枯渇することにつながらないだろうか。

そもそも、衆議院を解散しても、参議院の構成メンバーや政党の勢力配置そのものは変わらず、二〇〇五年夏の解散にどれほどの意味があったのか、実は不透明である。（あるいは自公が惨敗していたら、さらに不透明である。たまたま自公連立政府が圧勝したから見えにくくなっているが）解散後であっても、参議院で否決される可能性は残っていたのである。参院選はそもそも、頻繁な衆院選による翻意を想定して実施されてはいないはずであるし、二院制設置の主旨からして、そう簡単に想定されてはならないことだろう。(2)

三　民営化

小泉首相は、「民間にできることは民間に任せる」としばしば言う。現在の日本では、警備、図書館（本・CD等のレンタル）、託児所、保育園、幼稚園、小学校、中学校、高校、病院などの多くは、民間が経営している。首相の論理によれば、公立小中学校も、公立高校も、公立病院もすべて民営化しても何の問題もない、ということだろう。首相の警備も、衆参両院の速記も、国会図書館も民営化してもよいのだろう。

それだけでなく、市役所、区役所、税務署、保健所、パスポートの発行も「民間にできることは民間に任せる」論理で、民営化してもよいのだろう。既に、コンビニで住民票を取得できる地域がある（千葉県市川市、北海道小樽市など。但し申請は役所にて）。となれば、市役所・区役所も民営化できるのだろう。都道府県庁も民営化が可能なのだろう。極論になるが、警察も消防も（一部救急車は既に民間に委託されている）、自衛隊も、果ては大臣も総理大臣も民営化してもよいと小泉首相は考えているのだろうか。

小泉首相には、「民間にはできないこと」は何なのか、一度わかるようにわれわれに説明していただきたい。加えて、なぜ、郵政公社だけの民営化問題に固執していたのか、についても（辞任後であっても）説明していただきたい。「改革の本丸」として、郵政にこだわり続けた理由は何であったのかの国民への説明が足りなかったのではないだろうか。(3)

四　選挙制度

また現行選挙制度のいくつか問題点を指摘しておきたい。

小選挙区制度は、各国で実証されているように、死票が多いことが最大の問題点である。二〇〇五年の選挙の小選挙区での総得票数の比率は、自民党五七％対民主党四三％である。しかしながら、自民党以外、議席比は、八一対一九であった。これでは民主党に投票した有権者の意思は過小に評価されていることになり、民意を正確に反映した議席配分でないことは明確である。得票数で六％の変化があれば、五一対四九になる。けれども、これでも、小選挙区では、議席比率は変化しないかもしれず、選挙制度に深刻な問題が孕まれているといえよう。

他にも現行選挙制度に問題は多いが、なかでも問題なのは、重複立候補を認めている点である。重複立候補制は、小選挙区制での投票を無意味化するものである。小選挙区で落選した者が「復活」するようにみえるのは、先に小選挙区の開票作業・集計が単純なために先に終わってしまうからである。先に比例区を開票すればこのような「誤解」は生じない。

しかしながら、それよりも、比例代表に「惜敗率」制を導入し、名簿順位で同順位の候補者が多数存在するために、先に小選挙区の開票を済ませなければ、比例区での議席が確定しないという現行の制度に問題があるのである。「復活」者を出した選挙区における（落選した候補の落選をよしとする）有権者の失望を考えると、現行の重複立候補制には大きな問題があるといわざるをえない。

加えて、拘束名簿式の比例制への疑問を提示しておきたい。例えば、二〇〇五年の選挙で、自民党・東京ブロック、名簿一位の猪口邦子氏、二位の土屋正忠氏らは、投票日前から当選が確実であった。投票日前に全国で相当数の候補者の当選がほぼ確定しているというのはいかがなものだろうか。

さらに、定数是正は真剣に考えられなければなるまい。今回の総選挙において、北海道六区の金田英行氏は、一四万票強で落選、にもかかわらず、福井一区の稲田朋美氏は五万一千票強で当選である。一二万票以上獲得しながら、「復活」もできなかった議員は六名いる。逆に、七万票以下でも当選した者が一〇名もいる。これを放置しておいてよいはずはない。

ちなみに、二〇〇五年の選挙での「復活」当選者は一一七名で二四・四％、つまり四人に一人は「復活」組である。一一七の小選挙区の投票は何のために行われたのだろうか？　重複立候補者数に制限はないので、これら一一七の選挙区では、（泡沫候補は除いて）事実上、小選挙区で当選するか、比例代表で当選するかを区分けしたに過ぎない。大政党の公認が得られない候補は、小選挙区での当選は困難であるから、選挙のたびに、数人で小政党を立ち上げ、小党が乱立する可能性、および乱立の危険性も捨てきれない。小党の乱立は歴史が証明しているごとく、政局の混迷を招くことが多く、重要な決定は何もできなくなるおそれがある。そろそろ、選挙制度を再改正する検討に入ってもよい時期が来ているのではないだろうか。

「権力は腐敗する。絶対的権力は絶対的に腐敗する。」というアクトン卿のことばを小泉首相には肝に銘じてほしいと思う。

五　『小泉純一郎』から考えるポピュリズム

1　大嶽秀夫著『小泉純一郎』をもとに

小泉政権が終焉を迎えた直後に、大嶽秀夫著『小泉純一郎』（東洋経済新報社）が出版された。本書は、小泉内閣における「無惨な失敗に終わったとされる道路公団民営化」と「小泉の年来の課題が達成されたと評価される郵政事業民営化」、さらに、「日本外交上の画期的革新とされるアフガニスタン攻撃とイラク戦争への「人的貢献」の実現」、「最後にその長期的評価が分かれる北朝鮮拉致問題への対応」（以上、iii頁）の四つの問題に焦点をあてた事例研究による小泉内閣の分析である。

しかしながら、「小泉政権の成果、その是非を問うものではなく、その政策決定上の特徴、とりわけ小泉首相のリーダーシップの性格を、これまでの日本政治の政策決定のパターンとの違いを抽出しつつ検討し、同時にその背後の日本政治の権力構造の変化を摘出することに、重点を置」いたものである。

「本書の検討課題」は、「なぜ、小泉は、他のポピュリスト［新自由クラブの河野洋平、マドンナ・ブームを巻き起こした土井たか子、薬害エイズ事件時の厚生大臣菅直人、日本新党ブームをつくり出した細川護熙―木下補］と違って、その地位を維持しえたのか。なぜ、改革の本丸と位置づけた郵政事業の民営化や予算、とくに公共事業の削減などを実現できたのか」（以上、iv頁）である。

「小泉政治における首相の異例に強力な指導力」は、大嶽によれば、「これまで通常二つの面から説明されてきた」（iv～v頁）という。その第一は、「偶然的要素」ともいうものであり、彼の「意表を突く特異な性格、ポピュリスト的人心掌握の巧みさ、敵に対するマキャベリスト的計算とそれを実行する大胆さ」等、「小泉自身がもつ有能さと、それに加えて、ブレーンとなった人々の能力」からの説明である。

第二に挙げられるのは、制度的要素であり、「選挙制度改革や橋本行革によって首相の地位はきわめて強化されており、その強化された権力を十二分に活用したのが、小泉であった」という説明が挙げられる、と整理される。

大嶽は、第一の「特異なパーソナリティと資質、能力に焦点をあて分析」していく。すなわち、「マスメディアに大きく依存した」、「『劇場型政治』とも呼ばれる」（以上、ｖ頁）手法を重視する。

以上の「緒言」に続く、「序章　ポピュリスト小泉の戦略」を経て、「第1章　道路公団民営化に揺れた小泉首相のリーダーシップ」、「第2章　郵政民営化における劇場型政治とマキャベリズム」、「第3章　9・11同時多発テロとイラク戦争での決断」、「第4章　北朝鮮拉致問題で示したポピュリズム」が展開され、最後に、「結章　小泉『劇場型政治』の功罪」が説かれる。巻末には、「小泉内閣関連年表」も付されている。但し、四つの章が均等かというとそうではなく、第1と第2章で、三分の二を占めている。

2　ポピュリズムの考察

以下、「序章」から紹介しておこう。

「ポピュリズム政治の特徴は、善玉悪玉二元論を基礎にして、政治を道徳次元の争いに還元する」ことだとし、「プロフェッショナルな政治家や官僚を政治・行政から「甘い汁」を吸う「悪玉」として、自らを一般国民を代表する「善玉」として描き、その両者の間を勧善懲悪的ドラマとして演出する」ことである。加えて、「政治行政の「プロ」である政党政治家・官僚に対する不信の裏返しとして、「素人さ」、「庶民性」・「アマチュア」・「アウトサイダー」などの特徴を強調するのも、ポピュリストの重要な特徴である」（以上、二頁）。

「ポピュリスト」に、複数の意味があることは、大嶽の前著『日本型ポピュリズム――政治への期待と幻滅』（中公新書・二〇〇三年、本章「八」参照）に詳しい。日本のマスコミでは、「「大衆迎合」政治家と訳され、しばしば大衆に甘い期待を抱かせ、かつ長期的躍を無視して短期的な利益供与を散布する政治家の意味で使われる。…中略…しかし、国民に（福祉政策、財政政策、とりわけ公共事業の削減という目に見える＝原文）「痛み」を甘受してもらわなければならないことを訴えた小泉は、この意味ではポピュリストではない」（四頁）わけである。

そこで、誤解を避けるため、「本書では、「ポピュリズム」、「ポピュリスト」の語を（必ずしも利益誘導型ではない）善悪二元論・劇場型政治という意味」（四頁）に限定するとしている。別のいい方をすれば、「利益誘導型ポピュリズムと「改革型」ポピュリズムとを対比し、小泉を後者の典型とみなすのである。田中角栄は、日本における利益誘導型ポピュリストの典型である」（四～五頁）。

小泉の戦略は、「抵抗勢力」に対する「改革勢力」として自らを位置づけた点にある（五頁）。「抵抗勢力」の特徴は、「①官僚組織の既得権益とその天下り先である特殊法人・公益法人、および②それを支え、改革を妨げる族議員の中心勢力たる橋本派の二つ」（六頁）である。彼の「自民党をぶっ潰す」という発言の真意は、「自民党を牛耳っている橋本派を敵として戦うという意味であった」（六頁）という大嶽の解釈は多くの賛同を得るところであろう。

「緒言」と「序章」の紹介に多くを費やしたのは、著者・大嶽の意図を理解するためと、この本の分析枠組を正確に認識するためである。以下は、ごく簡単に、各章を要約したうえで、内容の検討に入りたい。その際、前述のように、大嶽の力点は、第1と第2章にあることは間違いなく、第1章は、道路公団改革に関しての分析である。なぜ小泉は、この問題に白羽の矢をたてたのか、それは、「道路公団にかかわる政治家の数が最大、最強であ」ったためである。「最も困難な改革であることが予想された」からこそ、それを「前面に押し出した」（一九頁）というのが大嶽の解釈である。国鉄のように、労組つぶしという名目が立たないだけに、敵は野党よりも自民党内の「抵抗勢力」であった（当時民主党も、この改革には、「ある時期まで」、「自民党以上の応援団であった」）（一八頁）。

小泉が、総裁選時には掲げていなかった道路公団改革に積極的になったのは、政策新人類の一人、石原伸晃を行革担当大臣（役職名はすべて当時、以下同）に起用したり、小泉がその著書に感銘した、著名な猪瀬直樹を重用し、彼のわかりやすい説明を流布したりすることで、国民の改革への期待感を高めた、と大嶽はみる。猪瀬を行革担当相の私的諮問機関委員にしたのもそのためである。その他の委員四名のうち、マスコミ関係者（読売新聞論説委員長やフジテレビ報道局解説委員長）が半数を占め猪瀬を含め、ジャーナリストが半数以上であったのも、小泉の世論重視の手法の現れとされる。積極的にテレビの報道番組を利用し、マスコミの報道により、広く関心が集まることで、この時点での「改革の象徴」と位置づけられるに至った。

小泉は、田中―竹下―橋本派への対抗心が強く、道路族が多い橋本派を分断・弱体化させることも、道路公団の改革の目的であった。実際、野中広務、古賀誠、青木幹雄の影響力が漸減していくプロセスについて、正確な説明がなされている。

民営化推進委員会の発足に至る経緯に関しては、割愛するが、委員長に今井敬（元新日本製鐵会長、前経団連会長）、他は中村英夫（元東京大学教授）、松田昌士（JR東日本会長）、大宅映子（評論家）、川本裕子（マッキンゼー・アンド・カンパニーの会社経営のアナリスト）、田中一昭（元総務庁行政監察局長）、猪瀬であった。マスコミや自民党内が注目していた猪瀬をしっかり委員にしている。

小泉は、組閣に際しての彼の言動に顕著にみられるように、派閥からの推薦を一切拒否した。「推薦されるとかえって拒否するのを常とした」（三八〜三九頁）。そのためもあって、この民営化推進委員会の審議は今井委員長の辞任など、混乱を極め、当初の「民営化」案とは大きく異なる結末を迎えることになるが、それも、猪瀬に依存したからだ、というのが大嶽の説明である。「改革」が中途半端に終わることで、民主党菅直人幹事長のゆさぶりも、失敗に終わることとなった（五一頁）。

この本の意図に照らして「戦略と手法」を整理しよう。小泉は、どうも難しい政策については、「わかった」といいながらも、わかっていないことが多かったらしい。わかろうとする意欲にも欠けていたようである（五六頁）。言質をとられそうなことは発言せず、「「民間でできることは民間で」というきわめて抽象的、一般的発言によって、「改革が行われている」というイメージを先行させ、「改革」に反対する政治家、官僚を既得権益を守る「悪役」に仕立てることで、ポピュリスト的手法を駆使した」（七二頁）とされる。細かいことは担当者に任せることにより、「自己保身」を「優先」させ（五六頁）、致命的な傷を負わなくて済んだわけである（「戦略的後退」（一〇七頁））。それが「総裁再選を不可能にすることを防ぎ、さらに本丸の郵政事業の民営化に進むことを可能にした」（七五頁）ともいえるというのが、大嶽の判断である。

この章の結論は、以下のようになろう。小泉は、「義理人情とは無縁」（四八頁）な「合理的で冷徹なマキャベリスト」（七五頁）である。また、「ポピュリストであると同時にしたたかなマキャベリスト」（七五頁）でもあった。「それがかれを細川護煕のような短命なポピュリストに終わらせなかった重要な一因であろう」（七五頁）。

続く第2章においては、郵政民営化問題が分析されている。

橋本・小渕内閣期の行政改革、中央省庁再編等について、詳しい説明がなされたあと、郵政改革の分析に向かっている。小泉は、公社化という既定方針に従い、「まず公社化する路線を選択した」（一一五頁）。その際、「小泉は、大胆にも」、自民党政務調査会、総務会の事前了解（すなわち、事前審査）抜きで、「郵政関連法案を決定し、衆議院に提出した」（一一五頁）。そして、小泉は、「商船三井会長の生田正治を総裁に任命した」（一一九頁）。

こうした人事に際しても、小泉流の手法をとった。つまり、「与党への根回しもなく、彼一人による全くのトップダウンによる決断であった。実は、組閣を初め人事に他人から口を出させないという方針を貫くことは、首相在任中を通じて小泉の一つの重要な戦術であった。それによって、小泉に忠誠を尽くす姿勢を示さなければ、他にどんな有力な人脈があろうと、期待するポストにつけないというメッセージを発信し、小泉への求心力を確保できたのである」(一一九頁)。

しかしながら、生田は、「深刻なジレンマに直面」していた。すなわち、「一つは、公社として合理化などの改革に成功すれば、公社のままでよい、ということになり、小泉が目指す民営化は不要だという議論を強化する」、「もう一つは、競争力のある事業に転換すれば」、「民業を一層圧迫することになる」(一二〇頁)。「生田の信念は、あくまで公社を健全な黒字体質の経営体にすることに置かれ」、竹中平蔵のように、「金融システム全体を見通したマクロな視点に欠けて」(一二二頁)いた、と大嶽はみている。この二人の見解の相違に対しても、小泉は、「曖昧」に終始し、生田に「苦情や明確な指示、説明をしたことがないよう」だとされる。

そのうち、小泉は、「総裁選で私が勝てば、その方針が党の公約になる」(『中央公論』二〇〇三年六月)との発言を始め、参院選や内閣改造で青木幹雄参院幹事長に恩を売ることで懐柔し、「青木と野中の間を疎遠に」(一三〇頁)することに成功した。さらに小泉は、「党の政調会に政権公約策定委員会を設置し、小泉に忠実な武部勤政調副会長を事務局長に据え」、「小泉改革宣言」といういわば、「『マニフェスト』を作り上げた」。「ここに郵政事業の『二〇〇七年からの民営化』の語が入った」(一三一頁)のであった。「かくして小泉は、『マニフェストを掲げて総選挙を戦ったのだから、郵政民営化は党の公約として〈公認〉(原文の括弧)されたも同様である』と述べ、その立場の正当性を主張することができるようになったのである」(一三一頁)。

内閣改造を行った後には、郵政民営化に「内閣が一丸となってとりくむ」(一三六頁)ことを強調し、紆余曲折を経て、七月五日の衆院通過(五票差)、さらに参院での否決を受け、周知の二〇〇五年九月一一日の総選挙を迎えることとなったのである。小泉は、郵政の民営化に賛成か反対か、「国民の皆さんにきいてみたい」と語った。選挙に圧勝した小泉は、すぐに法案を成立させた（一〇月一四日）。

再度、「戦略と手法」を整理しよう。小泉は、〇五年の総選挙における「刺客」候補擁立や、野田聖子のように、当選後の首班指名選挙で小泉に投票し、民営化法案に賛成票を投じた者にも、「離党」を強要したことについて、「政治は非情なものだねえ」ともらしたという（大下英治『武部勤の熱き開拓魂』徳間書店、二〇〇五年、五三五頁を大嶽が引用、一四四頁）。

こうした展開は、小選挙区制だからこそ可能となったともみることも可能だが、大嶽は、むしろ、小泉の個人的資質に求めている。「「刺客作戦」は小泉の高い人気があって初めて可能であった」（一四九頁）というわけである。もし「そうでなければ、綿貫［民輔］や田中康夫の二つの新党がブームを呼んだ可能性もあり、さらには民主党が漁夫の利を得たであろう」と続ける。

結論的には、「「制度」が首相を強力にしたのではなく、首相が制度を強力にした」（一〇七頁）というのが大嶽の主張である。また、郵政一点張りの小泉が、「年金や財政、子育て支援」等も掲げたにもかかわらず、小泉が「意に介さなかった」（一五〇頁）点に関し、「政治シンボルは単純で直裁なものがよい、という政治学の常識を確認した形」となった（一五〇頁）と指摘している。

さらに、大嶽は、「小選挙区（比例代表）制の最大の影響は、派閥を弱体化化させたことにある」（一四九頁）とみていることも付け加えておきたい。

次の第３章においては、イラク戦争への決断が分析されている。

小泉内閣は、「発足後間もなく米国に対する九・一一同時多発テロに直面した。短期間のうちにテロ対策特別措置法を制定して海上自衛隊をインド洋に派遣し、二〇〇三年には長年の懸案であった有事立法制定を実現した。さらにイラク復興支援特別措置法を制定して陸上自衛隊をイラクに派遣した」（一五六頁）。これらを小泉は、自民党を通してではなく、「官邸を使いながら、トップ・ダウン式に決定」していった。つまり、「強いリーダーシップによる大統領型の政策決定によって特徴づけられるように見える」。それは以下の理由による。「①橋本行革の成果たる官邸機能の強化、②連立政権であるが故の連立協議の必要から生ずる党首脳、特に党首と幹事長への権限集中、③小選挙区制による派閥の弱体化と大統領型選挙で総裁に選ばれたという特殊事情にもとづく派閥力学からの解放、④（発足当初および二〇〇五年総選挙時の異常に高い支持率を別としても）比較的高い水準で推移した内閣支持率」（一五六～一五七頁）。

しかしながら、首相に就任するまでの小泉が、「外交問題にほとんど経験がなかった」ことも事実である。にもかかわらず、小泉は、「就任後はそれを逆手にとって、「素人外交」を意図的に行った」（一五九頁）。大嶽によれば、それは以下の手法の現れだという。「そもそもポピュリストは、専門家の議論を自らの既得権益を守るためのものとして不信の目でみる大衆の判断に訴える。…（中略）…政治の場では、それはプロの政党政治家と官僚とに対する不信として顕在化していたのである。こうした背景では「素人」「アウトサイダー」であることは、プラスのシンボルなのである。土井たか子が生んだ「マドンナ・ブーム」や細川護熙の「日本新党」の新鮮さは、手垢にまみれた既存の政党政治家とは対照的な、「素人」の清潔さを代表するものであった。小泉ブームもこの流れの一環であり、「政治家らしからぬ素人さ」こそが彼の魅力であった」（一五九～一六〇頁）。

つまり、「彼が国民的支持を得たのは、「政治のプロ」臭がない故であった」（一六一頁）のである。「政策の勉強を全くしてこなかった政治家」であり、「複雑な政策問題を理解しようとする気が全くない」（一六〇頁）。「したがって彼は、複雑な政策問題についても、世間の「常識」で判断しようとした」（一六一頁）。これが、まさしく「典型的なポピュリストの政治手法」(一六二頁) である。

就任直後の九・一一テロに際しても、「素人」臭さは抜けず、ブレア英国首相らが「テレビに出てテロを厳しく非難しアメリカ支援を述べているとき、小泉は夜公邸に寝に戻ってしまった」(一六三頁) という (ヨーロッパは昼間であったが)。「一二日朝一〇時過ぎにテレビの前で小泉は「〈テロは＝原文〉怖いねえ。予測不能だから」と評論家のようなコメントをした。一国の安全を預かる最高指導者としては、危機意識の欠如を非難されてもやむをえない言動であった」(一六四頁)。

その後、田中眞紀子外相による米国務省臨時避難先の情報漏洩もあり、「外務省ではなく官邸の主導性」(一六四頁) が強まることとなった。しかし、「ショー・ザ・フラッグ」に代表されるような対日圧力の強まりを背景に、外交政策決定過程は混乱に陥った。これも小泉が外交に「素人」であったためである。

加藤紘一を委員長に任命した (彼の復権にも含みがある) テロ対策特別委員会における、テロ特措法をめぐる国会審議の過程でも、「国会での常識を無視し、世間での常識に訴える答弁に対して、野党は対応に苦慮し、マスメディアも解釈しかねる状態」で、「「外交素人」の強み」(一七三～一七四頁) をみせた。

山崎拓による防衛庁の防衛「省」への昇格提案を拒否したり (一六二頁)、加藤・山崎・福田康夫らの制止にあい、イージス艦の派遣を見送ったり (一七五頁、その後、派遣することになったが)、社民党の福島瑞穂との国会論戦や、小沢一郎との対談で、集団的自衛権を認めることを拒否したりしたエピソード (ともに一七四頁) も興味深いが、小泉が外交面で、恒常的にブッシュの意向を尊重したことは重要である。

「小泉のブッシュ支持の態度は、「対米追従」との批判も強かったが、任期中全くぶれることがなかったし、これによって生まれたブッシュとの信頼関係は、小泉個人にとってばかりでなく日本にとっても貴重な資産となった。しかも内々には、小泉は繰り返しブッシュやその他の米高官に対し、国際協調の必要を説き、(成功するところまではいかなかったが＝原文）アメリカを説得し続けていた」という「小泉外交の隠れた側面」（一七七頁）についても言及されている（この段落の引用部分は、大嶽が、読売新聞政治部『外交を喧嘩にした男――小泉外交二〇〇〇日の真実』新潮社、二〇〇六年によっていることを明記している）。

「小泉の断固たる態度」によって、「軍事的にはともかく、日本は英国に次ぐ米国の同盟国となったのである。それまで戦後一貫してヨーロッパ各国の動向を見ながら、そのあとに（「国際協調」を名目に＝原文）大勢に同調する意見を表明していた日本政府の態度とは、全く異なる行動を見せた」（一八〇頁）とも指摘される。

イラク南部のサマワへの自衛隊派遣決定、日本人の若者三人が人質にとられた事件に際しての対応（「テロには屈しない」（一八七頁））等も、これまでの政府の政策を大きく転換させるものであった。

外交面での大嶽の結論は以下の部分であろう。「具体策こそ下からのイニシアティブで政策の決定が行われているが、それを引き受け、世論や国会で弁護し、いったん決意するとぶれることなくその政策の実現に責任をもつ小泉の姿が浮かび上がる。彼の決然たる意思がなければ、防衛政策上の「革新」がこれほどスムーズにいったとは思われない」（一七八頁）。

但し、「ブッシュ個人に対する個人的信頼」（一八〇頁）は、「道路公団改革に関して猪瀬直樹や金融財政政策に関する竹中平蔵に対する全面的信頼と、彼らへの政策決定の「丸投げ」と同質性」（一八〇～一八一頁）があるという。

また、「小泉は法律論が苦手であるばかりでなく、論理的な議論そのものが苦手である。そのため、党首会談など対話によって協力を要請するような場合ですら、相手を説得する能力に欠ける」（一九一頁）と大嶽は指摘する。靖国神社への参拝を、「「熟慮の末」八月一三日」にしたのも、「「勘」による判断であったといわざるをえ」ず、「これを国民や中国政府に論理的に説明できないのも当然である」（以上、一九二～一九三頁）。つまり、小泉は、「外交・防衛という一種論理的な戦略を必要とする（とプロが考えている＝原文）領域においても、外交問題の専門家の意見を聞くわけでもなく、いわば直感だけを頼りに決断している」わけである（一九三頁）。「現代のポピュリズムが、（政治のプロを否定し）「素人による政治」を「セールス・ポイント」にして支持調達するというのなら、まさしく小泉政治はポピュリスト的政治を実践している。その意味で、世論と共鳴しやすい政治である」（一九三頁）。加えて、彼の「ハト派的庶民感覚が、彼の外交が暴走することに一定の抑制をかけていた」点を評価している。

次の第４章においては、北朝鮮拉致問題が分析されている。まず、これまでの、竹下登、金丸信、田辺誠、加藤紘一、野中広務、河野洋平の訪朝や国交正常化交渉が「失敗」した経緯と、「家族会」及び「救う会」設立経過が説明される。小泉内閣発足後は、外務省の田中均大洋州局長主導で、北朝鮮との交渉が、北京において水面下で行われていた（二〇〇〜二一四頁）。深刻な経済危機にみまわれていた北朝鮮は、「国交正常化によって日本から経済援助を得ることが急務」（二一四頁）であった。

一方の小泉も、「田中眞紀子外相の更迭により、支持率が急低下」しており、「外務省もスキャンダルで評判は地に落ちた。いずれも何らかの華々しい成果でこの苦境から脱出する必要に迫られていた」（二一五頁）のである（引用部分は、大嶽が、重村智計『外交敗北――日朝首脳会談と日米同盟の真実』講談社、二〇〇六年によっていることを明記している）。「そのための手段が拉致家族の帰還と日朝国交回復であった」（二一五頁）。

深刻な経済危機にみまわれていた北朝鮮も、「国交正常化によって日本からの経済援助を得ることが急務であるとの事情があった」（二一四頁）。加えて、これまでの国交正常化交渉から、「日本に対し一定の譲歩が必要であること」（二〇九頁）を「学習」していた。さらに、小泉内閣の官房副長官に、拉致問題の解決に積極的な安倍晋三が起用されていた。機は熟しつつあったのである。

横田めぐみさん、有本恵子さんらが「拉致」されたことが確実視されていくなかで、家族会と面会した小泉は、

「拉致問題の解決なくして日朝の国交正常化なし」と明言した（二一九頁）。

ブッシュは、日朝交渉が「対話路線」で進行することに「明確に否定」的な発言をし、「アメリカも賛成してくれると思っていた小泉は愕然とした」（二一八頁）というエピソードも紹介される（大嶽の説明は、前掲、重村著による）。ブッシュが北朝鮮を「悪の枢軸」と位置づけていたにもかかわらず、「小泉がブッシュ政権の北朝鮮政策を理解していなかった」ことも「外交に素人」（二一八頁）であったことの現れとされる（田中均らが「（米国による妨害を排除すべく＝原文）意図的に」、「説明していなかった」から、という側面もある、と大嶽は指摘する）。

その後の、小泉の訪朝については、周知に属するので割愛する。外務省の田中らは、国交正常化の実現（＝自らの功績）のための足がかりに拉致問題を「利用」したふしもあり、その他のことも重なって（死亡したとされる八名についての情報が「でたらめ」であったこと等）、「マスコミはきわめて厳しい批判を」（二二二頁）田中に対して展開した。これ以後、拉致家族会等から、安倍晋三への信頼感が高まっていった。一時帰国を認められた五名の拉致被害者の「永住」を決断したのも、安倍への信頼があってのことであった。これで、北朝鮮としては、国交正常化交渉どころではなくなってしまった。

八人の子どもたちと離ればなれになった五名のため、小泉は、異例の二度目の訪朝を決意した（二二六〜二二七頁）。小泉の「帰国直後、消息不明者の情報がないことに家族会、救う会が小泉首相に厳しい批判を浴びせた。小泉は周囲の反対を押し切って、自らが家族会に非難される一部始終をテレビに映すことを許した」（引用部分は、大嶽が、『読売新聞』二〇〇四年一二月九日「連載・小泉外交⑮」によっていることを明記している）。「しかも批判に耐え、「自分のプライドより、一日も早く家族が一緒に暮らせるようにすることが私の責任だ」とかすれた声で応対した画面が何度もテレビで流されたこと」（二二九頁）が、同情を集め、内閣支持率の上昇につながった（二二八頁）。「周囲の懸念とは反対に、小泉はこうした好意的世論を予測していたようである。「失敗」をも「同情」に転化するポピュリストとしての人心操縦の才能というべきだろう」（二二九頁）というのが、大嶽の評価である。また、難解な核問題よりも、わかりやすい拉致問題を焦点化することに成功したのも、「小泉のポピュリストとしての才能」（二二九頁）としている。

しかし、「世論の動向をいちはやく察知して、方針を転換したというより、世論に突き上げられて転換を余儀なくさせられたといった方が実情に近い」というのが大嶽の判断である。「それによって国民の支持を得たこと」（二三三頁）も事実であるが。

また、彼の拉致問題に対する「毅然とした態度」は、「個人的なスタイルであって、政策上のタカ派姿勢を示すものではない」（二二九頁）とも指摘している。北朝鮮に対する経済制裁の発動を強く求めていた中山恭子内閣官房参与が辞任したのも、小泉がこれに同意しなかったからであり、「小泉外交の基本には、若い頃からのハト派姿勢が依然認められる」（二二九頁）。年金未納を理由に辞任した福田官房長官も、「再訪朝をめぐる小泉との意見の対立」や「訪朝の裏交渉から全く外されていたことへの不満からである」（二二九頁）との「ジャーナリストの一致した意見も」紹介している。

拉致問題の経過を追いつつ、小泉外交の「手法」もみてきた。「核問題に何らの貢献もしなかったが、国内政治的には、ポピュリスト政治家にとって不可欠の政治的資源たる小泉に対する国民の支持を回復させることには成功した」（二三九～二四〇頁）わけである。

終章では、その功罪が分析されている。簡単に紹介しよう。「小泉は気性が激しくしばしば激昂するが、陰で人の悪口はいっさい言わない」（二四五頁）といわれる（引用部分は、大嶽が、大下英治『小泉純一郎vs抵抗勢力』徳間書店（文庫）二〇〇二年によっていることを明記している）。「彼なりの男の美学・ダンディズム」だが、「こうした生き様を貫いてきたことが、最終的には小泉フィーバーを生んだ」と大嶽は分析する。「そこに職業政治家らしからぬ、素人っぽい肌合いを国民に感じさせる最大の要因があった」（二四五頁）とも指摘している。

また、彼は、「非政治家的資質にもかかわらず、実は小泉は三〇年以上の代議士生活を経験している政治のプロ中のプロである。さらに、子分を作らず一狼的態度を貫いてきているが」、大臣は三回、派閥の会長代行、会長と「権の中枢にいて、総理大臣には何ができるかを観察し続けてきた」（二四五頁）。

しかし、彼は、「距離を置きながら政治というゲームを醒めた目で観戦していたように思われる」（二四六頁）。一方で、「小泉には自分自身をも突き放して冷徹にながめ、政局をドラマとして「観客席」からみるニヒルな側面があるように思われる」ともいう（二四六〜二四七頁）。いわば、「行動的ニヒリスト」（二四七頁）なのである。

「彼の政治スタイルは、その意外性で人を驚かし、面白がらせる「劇場型政治」であると同時に、一か八かに賭けてみる賭博師の資質に通じるものがある。（しかも、勝てそうにない勝負は、自らの年金加入履歴に関して「人生いろいろ」などといってはぐらかす「不真面目さ」も兼ね備えている。……中略……「……この程度の公約を守れないことは、大したことではない」という開き直った返答をして、野党を激怒させている。大した度胸というべきであろう）小泉は、そこに「権力闘争」、「勝負」、「喧嘩」としての「政治」の醍醐味を感じていたのではないか」（二四八頁）。

しかし、「この一種の無責任さ」の「裏側に「真剣さ」を合わせもっていたことも見逃してはならない」（二四九頁）という。その例として挙げられているのが、解散決定の夜の記者会見である。

小泉が壊したものは、「派閥人事」と「事前審査制」である。「この両者が単なる慣行であって、法律に基づくものではなく、世論、マスコミの支持があれば」、「総理の決意一つで破壊しうることを見抜いていた」（二五二〜二五三頁）。

以上を整理すると、大嶽の議論の力点は、小泉の登場による日本政治の変容を、これまでのように「制度」に説明要因を求めるのではなく、専ら「人」の要因を重視している点にある。「小泉の権力は、確かに、橋本行革による官邸の強化」、そしてなかんずく小選挙区制導入による派閥の弱体化に大きく負ってはいるが、小泉という稀代のマキャベリストと、竹中、本間［正明］という学者離れした「政治的素質」をもったブレーン、それにメディア戦略に長けた飯島［勲］秘書という、人の要素を抜きにしてはならない」（二四四頁、［　］内、木下補）という指摘がそれである。

最後に、大嶽は次の一文で、本書を閉じている。「小泉政治における首相の強いリーダーシップは、なによりも彼の人気に最も大きな源泉をもち、それを数年にわたって維持し、さらには二〇〇五年八〜九月には再強化さえなした彼のポピュリストとしての資質にあったのであり、制度変化の影響は、あったとしても副次的なものにとどまる」（二五九頁）。

六　小泉内閣の特質

本節の目的は、大嶽の議論を紹介し、そのうえで、小泉内閣の特質を論じることにあり、大嶽らの政治学方法論が内包する諸問題については、再論しない(4)。

小泉の政治手法について、大嶽の議論を整理すると、以下のようになろう。政策的には、ハト派であり、かつ勉強嫌いで、難しいことは信頼できる部下に「丸投げ」する。そして、一旦決めたことは、意地でもやり通す「実行力」をもつ（マキャベリスト）が、オポチュニストの側面ももつ。

国会の論戦では、論点のすり替え、居直り、開き直り、嘲笑などを特徴としている。さらに、単純な「ワンフレーズ」（大相撲の表彰式における「感動した！」や国会答弁における「適切に判断します」）を得意とする、つまり、論理的説明が苦手で、直感に頼るなどである。

まず、第一に、頻繁に指摘されているのは、小泉が意外と（歴代総理と比較して）ハト派である、という点である。その例として、道路公団の民営化や郵政民営化等の内政に対して、他のタカ派的政策よりも意欲的に取り組んだことが挙げられている。小泉は、岸信介—福田赳夫—安倍晋太郎—三塚博—森喜朗という、自民党内でも政策的に右よりの派閥に所属していたにもかかわらず、というわけである。

イラク戦争に際し、小沢一郎自由党党首が、小泉と会談した際、小沢が「「集団的自衛権」を認めよと詰めよったが、小泉はこれを拒否した。「集団的自衛権を認めるには憲法改正が必要で、そんなことをしたら大変なことになる」というのが小泉の意見であった」（一七四頁）。また、イージス艦派遣断念の例も挙げている（一七五頁）。

しかしながら、仔細に追跡すると、イラク問題における対米追随外交や、アメリカのイラク攻撃に対する即時の支持が、ハト派といえるか否かは疑問である。

また、終戦記念日における首相の靖国神社参拝に執拗にこだわったことについて、大嶽の説明は、必ずしも充分ではなかった。

勉強嫌い、「丸投げ」に関しては、特に異論はない。行政学者の間でも、この認識は共有されている。「三位一体の改革」についても、担当者に丸投げし、小泉本人が「積極的な発言をすることは最後までなかったようである」[5]とされる。

「実行力」、オポチュニストに関しては、他の首相との比較がなされていれば、より説得力のある指摘となる。中曽根首相の国鉄分割・民営化、竹下首相の消費税導入、宮澤首相のＰＫＯ協力法強行採決、小渕首相の自自連立等、「実行力」があったから実現したことではないのだろうか。

オポチュニストという指摘に関しても、同じことがいえる。多かれ少なかれ、上に立つ者、権力の維持を目論む者は、恒常的にオポチュニストといえないか。となれば、小泉の首相としての手法として、即断せず、様子を伺っている、といういわば、「待ち」の姿勢は、小泉に固有のものといえるのかは簡単に合意が成り立つ特徴ではない。

国会論戦における、論点のすり替え、居直り、開き直り、嘲笑などは、確かに小泉らしさの現れといえる。加藤紘一が指摘するように、「言葉に責任を持たな(6)」い首相の登場なのである。代表的な例として挙げられているのは、次のものである。

「「なぜイラクに行くのか、危ないじゃないか」といえば、「危なくないところに行くんです」と答えになっていない答えで返される。「どこが安全な非戦闘地域なのか」といえば、「自衛隊が行くところが非戦闘地域なのです」と言う。議論がまったくすり替えられるものだから、聞いている側は議論なんかもういい、選挙に勝つか勝たないか、首相の人気が高いか高くないかが政治だ、と考えてしまう。政治の場面で議論するということ自体、あまり意味がないということになってしまうのです。(7)」

小泉が、質問の意味がわからないのか、わかっていて故意にとぼけているのかは判然としない。ただ、小泉には、国会の議事録がすべて永久に保存される重いものだという自覚が欠如していることだけは事実である。

また、有名な一節となった公約を守らなかったことを指摘されたときの開き直りがその好例であろう。「国債発行額を三〇兆円以内に抑えるという公約を守れなかったという追及に対して、「この程度の約束を守れなくてもたいしたことはない」と言い放った(8)」。

前掲の自衛隊のイラク派遣についても、「どこが非戦闘地域でどこが戦闘地域かと今この私にきかれたってわかるわけないじゃないですか」と答弁したこともある。

質問者は、唖然とするばかりで、質問に対する気力が低下し、論戦を挑むのに嫌気がさす。もし意図的にこれ（質問者の気力低下のためのはぐらかし）をしているのであれば、稀にみる狡猾な首相といえよう。

この「はぐらかし」に関しては、大嶽も多数例示している。ひとつだけ挙げておこう。菅直人民主党党首が、「予算委員会や党首討論などで、小泉首相に執拗に迫り、「北朝鮮問題について、わたしはこう考えるけど、どうですか」と繰り返し問いかけたが、「小泉首相は、イエスともノーともいわない。……なんとなく、わかったような、わからないような曖昧なことしか口にしない」と不満を述べている。また、予算委員会で菅が「イラクも重大だが、日本には、北朝鮮のほうがより重要性が高いのではないか」と尋ねたときも、小泉は「いや、イラクは何回も国連決議に違反しているから、北朝鮮よりもっとひどい」という答にならない答をして平然としていた」（一九一頁）。

ワンフレーズの多様も、小泉の特徴である。彼は、ときに昂奮して演説をぶつが、その継続的症状として、「感動した！」などと叫ぶ。パフォーマンスが好きなのである。この例などは、竹下や森が同じことをしても失笑を買うと思われるが、幸運にも、キャラクターによって許されているという、得な側面ももっている。あの「叫び」も、反響を計算してのことであったなら、それはそれで、大したものだといえよう。

有名なワンフレーズについては、郵政民営化などをめぐる「民間にできることは民間に」、構造改革路線についての「構造改革なくして成長なし」、靖国参拝問題に際しての「適切に判断します」(9)などが指摘可能であろう。何をきかれても、これしか答えず、質問者の気力をなくさせる点においては、「はぐらかし」と同じ効果をもつものであった。これも、彼のキャラクターによって、責任を問う声には発展しなかった。反面、それを首相の言動としては、あまりに軽薄、とみる者も多数存在する。小泉には、何をいっても無駄だ、と諦観が蔓延していたことが、これらの発言を許容してきた要因であろう。これらを放置してきた、マスコミやその報道をみて喜んでいた有権者も、その責任を問われるべき事案であろう。

七　『小泉純一郎』への疑問

大嶽著の疑問点を指摘しておこう。

この本は、四つのテーマに絞って、小泉政治の手法の特質を抽出するという、大嶽の得意とするマクロな体制分析＋政治過程論と位置づけられよう。大嶽は、四つのケーススタディ（特にマスコミ、中でも新聞にあらわれた）を通して、小泉政治の手法の解明という、これまでの政治学では、あまり重視されてこなかった分野に挑んだ。そこに、堀豊彦や岡義達の影響を感じとるのは容易なことであるが、問題はその先である。確かに、本書を一読することによって、四つのケースの政治過程はよくわかる（否、思い出すというべきか）。そこでは、かつて展開されていた「ドラマ」の再放送をみるような錯覚に陥る。大嶽は、時系列的な説明とエピソードを重視している。ゆえに、ドラマのシナリオや舞台裏についてはよくわかる。当時は、公開されなかった（できなかった）エピソードがふんだんに挿入され、「物語」に厚みが出ていることは否めない。

しかし果たして、大嶽が描いている「ドラマ」とは、一体何か、という問題を感じない読者はおそらく、ゼロ、いたとしてもごく少数なのではないか。つまり、「小泉政治」の手法の特質を解明するために展開される「ドラマ」が、果たして「政治」なのか、という疑問である。そこで展開されていたのは、あくまでも「劇場」における「ドラマ」ではなかったのか。これは、大嶽に責任があるというよりも、小泉本人に、さらには、それを歓迎してきた小泉支持者やマスコミの報道姿勢にある。

政治権力の問題を扱っていて、しかも、「刺客騒動」のような権力闘争が、「ドラマ」仕立てで語られる。最も議員の死活に関わる問題が、「ドラマ」になってしまう。それを有権者である読者・視聴者が楽しんでいる。イラク戦争への支持、イラクへの自衛隊の派遣という、これもまた、人の生き死ににかかわる深刻な問題が、「劇場」、「ドラマ」などという単語で語られてしまう。実は、ここにある種の空しさを感じないわけには、私はいかなかった。

北朝鮮の拉致問題をめぐる記述においても、そのような手法がとられている。拉致被害者の家族の心情に思いを致すことができない、否、彼が目指してきた政治学（の意図）は、そうした分析者の主観を極力排除し、冷静に分析することにあったのだが、この点に関しては、繰り返さないことにしよう。[10]

官邸主導型の政策決定への変容等に関し、既に引用したように、次のように大嶽はまとめている。「小泉政治における首相の強いリーダーシップは、なによりも彼の人気に最も大きな源泉をもち、それを数年にわたって維持し、さらには二〇〇五年八～九月には再強化さえなした彼のポピュリストとしての資質にあったのであり、制度変化の影響は、あったとしても副次的なものにとどまる」（二五九頁）。第一次安倍政権の発足から約半年、教育再生会議のような諮問機関に、首相補佐官を起用するなど、首相の意図が繁栄されやすい環境整備は、やはり制度に支えられている側面も無視できず、結論は安倍内閣の次の内閣が、政策決定をしていく過程やその実行力をみてからでも遅くはないだろう。

批判的に言及してきた大嶽著は、彼の年来の主張である「～ｉｎｇの政治学」を体現した真骨頂であり、彼の仕事を止揚するさらなる分析がわれわれに課せられた作業となることはいうまでもない。

八　大嶽秀夫著『日本型ポピュリズム』から考える小泉政権

次に、大嶽の『日本型ポピュリズム』（中公新書）についても検討を加えておこう。

二〇〇三年秋の自民党総裁選挙は、予想通り現職・小泉純一郎総裁の圧勝に終わった。テレド映りのいい小泉は選挙戦前から国民からの高い支持率を維持し、総裁選後の総選挙をちらつかせることで、議員心理を不安にさせ、出遅れた他の候補に立ち入るすきをみせることはなく、余裕の勝利に終わった。

小泉政権は二〇〇一年春（四月二六日）の発足当初から、細川内閣以来の高支持率を記録し、一時は九〇％に迫る勢いであった。小泉首相の動向は、テレビのニュース番組だけでなく、「ワイドショー」でも連日取り上げられ、何を着るか、何を食べるか、どこで髪を切るかまで、首相に関することほとんどすべてが国民的関心の的となった。小泉の行くところには連日、黄色い歓声があがり、まるで若手人気歌手のような「追っかけ」に取り囲まれる事態も頻繁に起こった。このようなこれまでの日本の政治ではみられなかった状況を(11)、マスメディアや一部の学者は「ポピュリズム」と呼んで、従前の政治とは別のものだとする論調が主流となっていった。

二〇〇三年九月二〇日の総裁選を直前に控えた八月下旬に、大嶽秀夫による『日本型ポピュリズム』（中央公論新社、二〇〇三年）が刊行された。この本は「ポピュリズム」それ自体を学問的対象とした嚆矢ともいうべきものであった。目次を紹介しよう。序章──「政治改革」とは何であったのか（一九九〇年代政治の帰結としての二〇〇〇年縫挙）、第1章──派閥政治の終わりの始まり（「加藤の乱」にみる自民党内権力構造の変容）、第2章──国民投票的首相選出の実現（小泉純一郎の自民党総裁選挙）、第3章──日本におけるネオリベラル型ポピュリズム（小泉総裁誕生の比較政治学的考察）、第4章──戦略なきポピュリスト政治家（「眞紀子旋風」と「眞紀子騒動」）、第5章──テレビニースの変容（日本におけるポピュリズム登場の背景として）である。

日本における「ポピュリズム」の形成過程を、一九九二年に高まった政治改革の機運にまで遡って、橋本龍太郎内閣による「六大改革」とその意義や都市と農村との利害対立をもとに日本政治のマクロ的分析から説き始めている

（以下、大嶽著の論旨を紹介することに徹したいが、一部、紹介者の私見も含まざるをえない。煩雑を避けるため部分的に引用符なく、大嶽著を紹介している箇所もある）。

レーガン、サッチャー、中曽根康弘他の各政権による世界的なレベルでの一九八〇年代後半における、「新保守主義」政策の台頭により、日本政府は様々な面での再編に迫られた。とりわけ農業・流通部門での立ち遅れや金融界の「護送船団方式」と揶揄された慣習が日米構造協議での焦点となった。

この時期に台頭した小沢一郎は、まさに飛ぶ鳥を落とす勢いで、竹下―金丸派（経世会）の数の力を背景に、政界は小沢が動かしているとまでいわれた。

大嶽は、小沢の戦略を以下のように要約している。「①わずかな有権者の支持で野党第一党の地位を維持し、「平和勢力」を日本政治の中枢に温存している日本社会党を解体し、②それに代えて二つの中央集権的な保守政党を構築し、それによって改革に反対する下からの圧力を遮断する構造を作り上げることであった」（七頁）と。そのためには、英米型の二大政党制を実現することが肝要で、「小選挙区制度の導入こそ」（七頁）が必要だと説くに至ったのである。

この間の経緯に関しては、既に先行研究の蓄積がある。大嶽の本の卓見は、この時期が、日本における「ポピュリズム」の形成という点からみて、一つの画期[12]をなしたとしている点である。政治改革をめぐる論点の整理や、新党さきがけ、日本新党、新生党といった新党ブームによって、テレビは競って政治家や論者の露出を増大させ、政治部記者に対する記者会見の内容や「ぶらさがり」による情報が掲載される新聞においても、これまで事実上、自民党実力者（見る人が見れば一目瞭然だが、政府首脳、政府高官、派閥領袖という匿名で表現された）や野党党首に限定されていたが、若手政治家による政局への私見や、各々の政策への私見の表明が多く掲載されるようになった。決して実力者でない政治家が競ってテレビや新聞に出たがるような状況になっていったわけである。

その土壌は、一九八五年一〇月七日、久米宏をキャスターに起用した「ニュースステーション」他によって形成されていた、というのが、通説である。ドラマが主流であった平日の夜一〇時から一一時過ぎまでという時間帯に、大型ニュース番組を始めたテレビ朝日は、その後、一九八七年四月二五日に「激論！　中曽根政治の功罪」というテーマで田原総一朗を司会者とする「朝まで生テレビ」の放送を開始し、さらに在宅率が最も高い日曜午前には、同じく田原の進行で「サンデープロジェクト」の放送を開始した（一九八九年四月二日）。政治改革を志向する若手政治家を討論者として起用することで、国民の政治への関心が高まったことは否めない。それまでNHKに独占されてきた政治家の討論番組の企画は他局でも模索された。一九八九年一〇月二日には、筑紫哲也をキャスターに「NEWS23」（TBS）が始まった。平日深夜一一時から、であった[13]。

一九九一年一月一五日からは、読売テレビが大阪発の報道番組として（大嶽も出演していた）「ウエークアップ！」を日曜朝に、フジテレビも同じく日曜朝に「報道2001」を始めた（一九九二年四月五日開始）。これらが視聴者に歓迎されたことはいずれの番組も長寿番組となったことから明らかであろう。

これらの番組には、それまで選挙報道や内閣組閣後のコメンテーターとして起用されることが主だった政治学者も出演する機会が多く、連日テレビに登場する政治家と共に、国民の政治への関心を喚起することに大きく貢献した。結果として、政治のワイドショー化をも招くこととなった。これが「ポピュリズム」状況の要因となったことは間違いないだろう。

本書のタイトルになっている「ポピュリズム」という言葉を括弧つきで使ってきたが、ここで整理が必要だろう。「ポピュリズム」（populism）という概念には、大嶽によれば、二つの源流がある。「一つは、アメリカ合衆国史において、一九世紀末に農民が（職人、労働者と連合して）、鉄道など独占企業に対して、人民党を結成して展開した運動」（二一一頁）をさし、「もう一つは、一九三〇年代から五〇年代のラテンアメリカにおける大衆的支持を得た権威主義体制、具体的にはメキシコ、ブラジル、アルゼンチンなどの政権の政治指導を指す」（二一一頁）。「後者の系譜の上に、最近では、ヨーロッパにおける極右政党をネオ・ポピュリズムと呼ぶこともある。／ラテンアメリカのポピュリズムは、通常、アルゼンチンのペロンやブラジルのヴァルガスなど個人的カリスマをもつ指導者、政治的ヒーローが扇情的なスローガンあるいは（無責任な）大衆的迎合を利用して大衆動員をはかる、上からの運動と定義される。／（略）日本の政治学界でポピュリズムという表現が用いられる場合は、ほとんどこの側面だけが強調され、ファシズムに近い意味で使われる」（一一一〜一一二頁）。

日本では、ポピュラー（popular）の方が以前から使用頻度が高く、「人気がある」「流行の」、といった意味で使われていることから、「上からの運動」という意味合いは薄く、逆に大衆に支持された、という意味で使用されているように思われる。マスコミでも、「ポピュリズム」という場合、「下からの支持」を多く集めている、という意味で使っている場合がほとんどであろう。

しかしながら、ポピュラーには道徳的非難のニュアンスは含まれないと思われるが、ポピュリズムにやや批判的ニュアンスがつきまとうのは、「上から」騙している（下の者が騙されている＝「大衆迎合」）ような語感が否めないからだろう。

大嶽によれば、アメリカでは、政治を権力者（the powerful）・金持ち（the wealthy）と権力をもたない者（the powerless）・普通の人・庶民（ordinary people）との、あるいは利己的なエリート（selfish elite）と有徳の人民（virtuous people）との二元論的対立とみる認識が存在し、これが「政治対立を道徳的次元で捉える〈モラリスト〉的政治解釈と並んで、ジャーナリズム、とくに大衆的ジャーナリズムの常套手段であり、ポピュリズムがマスメディアに適合的な政治解釈となる最大の理由」（一一四頁）だという。「政治争点の単純化、道徳化」が「潜在的な内部対立を覆い隠して、できるだけ多くの支持者を糾合する機能を果たす。そしてアメリカの場合には、〈普通の人〉こそが、アメリカ民主主義の担い手であり、権力者はその理想を無視し、腐敗させ、裏切る存在である。」

日本においても、田中角栄、細川護熙、辻元清美などの失脚には道徳的非難がつきまとっていた。その非難には、庶民の味方（と思っていた）が、実は敵だったという落胆が含まれている。と同時に、それまで味方であったマスメディアをも敵にまわしてしまうのである。

このような限界を打破することに成功したのが、ロナルド・レーガンであると大嶽はいう。そうした現象が日本では、中曽根であり、菅直人であり、小泉であり、田中眞紀子であるという。田中眞紀子についての記述（第４章）は、従前の研究を大嶽が紹介しながら進行する。この本の真骨頂でもあるこの章においては、マスメディアによる世論操作が、真実を知らない大衆に対していかに巧妙に行われるのか、いかにマスメディアの（視聴率を配慮した）都合によって、真実が報道されないかについて、実例に即して丁寧に説かれる。

細川護熙政権の誕生は、結果として日本における社民勢力の衰退を招いた。日本政治の対立軸は、従前の防衛問題をめぐる「左右のイデオロギー対立」から、都市―農村、大きい政府―小さい政府他にうつりつつあるが、それらの争点の移動にテレビが果たした役割が大きいと認識するのであれば、『ポピュリズム』は必読文献ということがいえるであろう。[14]「政治とテレビ」の関係が学問的分析対象として今後深まっていくならば、この本の目的は充分、達成されたといってよいだろう。

それに加えて、国民の間に、マスコミ報道に翻弄されない政治を視る冷静な眼が養われることを期待したい。紹介者の私見では、一般の国民が日々、政界の動向に関心を持つことは重要だと考えるが、「ワイドショー」が伝えている水準のそれは政界の動きであって、「政治」の動きではない。細かい情報に一喜一憂していては、大局を見失うことにつながる。「政治は、国民のないしは自分の生活に直接影響を与えるものではなく、したがって社会的な活動のうちで大きな意義をもつものではない、という（ある意味で健全で、的を射た）判断[15]」が、政治学者の間だけではなく、一般にも広範に認識されるようになれば、日本政治はより成熟するはずである。

小泉内閣の政治過程やその人気の演出をふりかえることで、政治を見る眼の質を向上させていくことができるようになれば、本章の目的は達成されたことになろう。

注

(1) 実際、選挙後、郵政民営化関連法案は、二〇〇五年秋の特別国会で可決された。

(2) 防災大臣経験者だけでなく、その後、自民党参議院議員に影響力をもつ中曽根弘文参院議員他十数名（九月一三日）も翻意した。

旧田中派の牙城であった郵政族、道路族への「怨念」、というマスコミにしばしば登場する説明が真の理由だとすれば、低レベルの政争の具に使われたに過ぎないことになる。

(3) 信販会社や銀行の民間企業は、役所が把握しているのと同程度の個人情報は、既にもっている。もしかしたら、われわれは役所に提供する以上の情報を民間企業に提供しているかもしれない。いつ、誰が、どこで、いくら現金を引き出したか、など、役所にすら把握されていない莫大な個人情報を大銀行は掌握できるわけである。郵政民営化の反対論にしばしば個人・情報漏洩が心配という意見が出されるが、宅配便業者やスーパーの割引カード等に既にわれわれは、個人情報をかなり提供しているのが現状ではないだろうか。郵政民営化反対論としては説得力に欠けると思われる。昨今、企業の顧客情報が頻繁に漏洩し、信販会社や銀行も信用を失墜させてはいるが。

(4) 小林、二〇〇〇年、とりわけ、序章及び、第1章を参照。また、木下、二〇〇三、特に第1、2章を参照されたい。

(5) 今村、二〇〇六、二〇六頁。

(6) 加藤他、二〇〇七、一三二頁。

(7) 同上。

(8) 山口、二〇〇六、六七頁。

(9) 小泉は、しばしば、首相としての靖国参拝を、「心の問題」、「良心の問題」であると主張していたが、首相が靖国神社に参拝するという彼の〈行動〉が、彼が主張する通り、「心の」問題なのかどうかは、議論が分かれるところであろう。
(10) 大嶽は、(道路公団民営化問題に関し)「一般国民が意見書が提案した民営化の方式を正確に理解していたかどうかは疑わしい」(五〇頁)と述べている。確かに、細かな点に関しては、理解がなされていたとはいえないであろう。しかしながら、(彼はそんなことは私の仕事ではないというかもしれないが)学生への講義以外の場で、広く国民がそれを理解するような努力を何かしたのだろうか。
(11) 知事レベルでは、青島幸男や田中康夫、さらには石原慎太郎もポピュリズムの賜といえるだろう。しかし、人気の社会現象化という面では「格」が違う。
(12) 紹介者も別の意味で、日本政治の一つの画期とみている。木下、二〇〇二を参照。
(13) フジテレビは、一九八八年一〇月二八日から、NHKを退職した木村太郎をキャスターに起用し、ニュースJAPANを開始した。しかし、この番組は、久米や筑紫ほどキャスター色の鮮明なものではなく、NHKからきたことだけが、トピックであった。
(14) タイトルの『日本型ポピュリズム』は内容から判断すると、『日本のポピュリズム』の方が妥当だろう。「あとがき」で著者が病気であったことを告白している点も不要だろう。
(15) 大嶽、一九九九、三三頁。

参考文献

足立幸男、一九八四『議論の論理——民主主義と議論』木鐸社
飯島勲、二〇〇六『小泉官邸秘録』日本経済新聞社
市野川容孝、二〇〇六『社会』岩波書店(思考のフロンティア)
今村都南雄、二〇〇六『官庁セクショナリズム』東京大学出版会
大嶽秀夫、一九九九『日本政治の対立軸——93年以降の政界再編の中で』中公新書
加藤紘一、小森陽一、鈴木邦男、佐高信、早野透、二〇〇七「シンポジウム　加藤紘一氏へのテロを契機としていま、「言論の自由」を考える」『世界』岩波書店、一月号

蒲島郁夫他、二〇〇四「限界に達した？　小泉マジック」『論座』五月号
木下真志、二〇〇二「再編期における政界――自民党のシニオリティ・ルールの「効果」」成蹊大学『法学政治学研究』第二七号、所収（木下、二〇〇三に収録）。
木下真志、二〇〇三『転換期の戦後政治と政治学――社会党の動向を中心として』敬文堂
木村彰一、二〇〇七「議論の方法」『朝日新聞』一月二一日「読書」欄
小林正弥、二〇〇〇『政治的恩顧主義論――日本政治研究序説』東京大学出版会
高瀬淳一、二〇〇六『「不利益分配」社会―個人と政治の新しい関係』ちくま新書
清水真人、二〇〇五『官邸主導小泉純一郎の革命』日本経済新聞社
竹中治堅、二〇〇六『首相支配――日本政治の変貌』中公新書
待鳥聡史、二〇〇五「小泉長期政権を支える政治改革の成果」『中央公論』四月号
待鳥聡史、二〇〇六「「強い首相」は日常となる」『中央公論』一〇月号
森田朗、二〇〇六『会議の政治学』慈学選書
森本哲郎、二〇〇六『現代日本の政治と政策』法律文化社
山口二郎、二〇〇六「総裁選から見える自民党の末期現象」『世界』一〇月号
読売新聞政治部、二〇〇五『自民党を壊した男　小泉政権１５００日の真実』新潮社
『週刊金曜日』二〇〇六年六月三〇日「特集小泉首相の通信簿」
『論座』二〇〇四年一二月号「特集「小泉改革」を改革せよ１」
『世界』二〇〇五年九月号「特集「小泉政権」とは何だったのか」
『日本政治研究』四巻一号「特集　内閣機能は強化されたか？」

第四章　鳩山政権の政治過程——「コンクリートから人へ」

はじめに

二〇〇九年八月三〇日、総選挙がおこなわれ、民主党が圧勝、自民党は惨敗した。翌日、鳩山由紀夫民主党代表（六三）は社民党と国民新党に連立を打診し、九月九日には、民主・社民・国民新三党の正式合意が成立した。九月一六日、鳩山代表が首班（第九三代首相）に指名されたことにより、自公連立に代わって、民主党を中心とした三党連立政権が樹立された。この政権は、与党の分裂によってではなく、有権者が選挙によって政権を交代させたという意味において画期的といえる。発足直後の朝日新聞の世論調査によれば、七一％という高い支持率（九月一八日付）で、歓迎ムードの下、誕生したのであった。翌月も、鳩山首相の金銭問題が取りざたされたものの六五％（一〇月一四日付）と高水準を維持し、一一月に入っても、六二％と支持率は「微減」したが、不支持率は二一％と低水準にあり、「個別政策への評価は必ずしも高くはないものの、行政のムダを減らす取り組み」が高い評価を得た（一一月一六日付）。「事業仕分け」報道によって、国民は政治の「新しさ」を感じることができたのである。

本章は、国民の大きな期待の下に発足した鳩山連立内閣の政治的特質を概観すると共にこの内閣が抱えた問題点をえぐり出すことを目的とするものである。すなわち、期待が大きい中で誕生した鳩山政権であったにもかかわらず、幹部の金銭問題、普天間基地移設問題の迷走があったにしろ、（それほど歓迎されて誕生したわけではない、第一次安倍晋三、福田康夫、麻生太郎内閣と同様に）半年ほどで支持率が低下の一途を辿るようになったその要因を解明することである。まず前もって事実関係の確認・整理のみを行い、鳩山政権に対する評価等は「四」でまとめておこなう（文中の肩書・年齢はすべて当時のものである。敬称は省略した。新聞からの引用は、断りのない限り『朝日新聞』東京本社版（朝刊一四版及び夕刊）によるものであり、肩書、年齢等は掲載日のもので「日付」を明記した。）

一　人事とスローガン

1　人事

総選挙の結果が判明すると、「鳩山首相」の誕生は自明となり、閣僚の人選に目が移った。日を追ってみておくと、官房長官に平野博文（60）九月五日付、九月一〇日、谷公士人事院総裁（69）が辞表を提出（九月一〇日付夕刊）、翌日、衆議院議長に横路孝弘（68）九月一一日付夕刊、（九月一五日衆議院副議長に衛藤征士郎（68）九月一四日付夕刊）等々。この間、亀井静香「防衛相に」との誤報もあった。空席が続いた人事院総裁には、一一月一八日、前厚生労働事務次官江利川毅（62）を任命した。

組閣が成立したのは、九月一六日であった。主要閣僚は、副総理　国家戦略相に菅直人（62）、総務相に原口一博（50）、外相に岡田克也（56）、財務相に藤井裕久（77）、国土交通相（沖縄・北方　防災兼）前原誠司（47）であった。人事の焦点であった小沢一郎は、党幹事長に就任した。党最高顧問は、藤井、渡部恒三のふたりがはずれ、羽田孜は留任となった（一〇月二七日付）。年が明けると、藤井財務相は、健康問題を理由に辞任（後任は、菅直人（一月七日就任）、国家戦略担当は仙谷由人行政刷新相（63）が兼務、仙谷の補佐役に、首相補佐官として、枝野幸男（45）元政調会長を起用）した。

九月二四日には、仙谷行政刷新担当相は、シンクタンク「構想日本」代表の加藤秀樹氏（59）を行政刷新会議事務局長に起用した。二〇一〇年二月一〇日には、鳩山は、枝野を行政刷新相に起用した。仙谷は、国家戦略相に専念することとなった。

二〇〇九年一〇月五日に、稲盛和夫京セラ名誉会長（77）、茂木友三郎キッコーマン代表取締役会長（74）、片山喜博慶大教授（前鳥取県知事）（58）、草野忠義連合総研理事長（65）を起用することを決めた。稲盛は、再生をめざす日本航空の会長に就任した（二〇一〇年一月一九日）。また、菅直人副総理兼国家戦略担当相は、一〇月一四日、「反貧困ネットワーク」事務局長の湯浅誠（40）を国家戦略室政策参与として起用することを表明した（湯浅は二〇一〇年二月一七日辞任）。また、文化政策担当の内閣官房参与として、阪大大学院教授平田オリザ（46）が起用された。そして、一〇月二二日、行政刷新会議が首相官邸でスタートした。年が明け一月七日、原口総務相は、鈴木康夫事務次官を更迭し、岡本保総務審議官を充てた。これは、政治主導をめざす鳩山政権の姿勢を示すものと受けとめられた。二月には、内閣人事局長に、松井孝治官房副長官（参院議員）が充てられた。

一〇月二〇日、日本郵政グループの持ち株会社である日本郵政の西川善文社長（71）が辞表を提出した。新社長には、斎藤次郎東京金融取引所社長（元大蔵事務次官）（73）が二八日に就任した。

一方、九月二八日には、野党となった自民党の新しい総裁に谷垣禎一（64）が選出された（次点は河野太郎元法務副大臣（46））。翌日、幹事長に大島理森（63）、総務会長に田野瀬良太郎（65）、政調会長に石破茂（52）を起用することが発表された。公明党新代表には山口那津男（57）が九月八日に選出された。

2　スローガン

九月一六日夜の閣議において、鳩山は、「本当の国民主権の実現」「内容のともなった地域主権」を二大基本方針として表明した。また、記者会見では、次のように述べた。「日本の歴史が変わるという身震いするような感激と、一方で大変重い責任を負った」。「脱官僚依存の政治を今こそ世の中に問うて実践していく」と述べた（九月一七日）。マニフェストにあった「官僚丸投げの政治から、政権党が責任を持つ政治家主導の政治へ」の意欲の表明でもあった。加えて、「コンクリートから人へ」とも表明し、従前のダム・道路・新幹線整備・空港整備等の公共事業依存体質を改め、教育・福祉など「人」への投資を惜しまない旨を表明した。これは、選挙戦においても、官邸主導、政治主導、政府と与党の一元化等、これまでの自民党主軸の政権とは大きく変わることを印象づけていたことの再宣言でもあった。

政権交代の成果を多くの国民が実感するまでには、一年〜一年半程度の時間が必要と、私には思われるが、「はじめに」でみたように、発足当初は、内閣支持率も高く、国民の鳩山内閣への期待は大きかった。[1]

一〇月二六日、衆参両院本会議において、初の所信表明演説を行った。「政権交代による鳩山内閣の取り組みを「無血の平成維新」と位置づけ、国民生活と弱者を重視した「友愛政治」の実現に向けた決意」を表明したうえで、「自身の政治資金問題について」も言及した。骨子は以下の通りである。「官僚依存の仕組みを排し、政治主導・国民主導の新しい政治に一八〇度転換する　弱い立場の人々、少数の人々の視点が尊重されるのが友愛政治の原点だ　市民やNPOの活動を側面から支援する　家計を直接応援することで「人間のための経済」への転換を図る。内需中心の安定的な成長を実現する。地域のことは地域に住む住民が決める「地域主権」改革を断行する緊密かつ対等な日米関係を基盤とする」（一〇月二六日付夕刊）。「友愛」に関しては、マニフェストに、「タテ型の利権社会から、ヨコ型の絆社会へ」とあったことを付言しておこう。

二　政策見直しと新しい政策

1　見直された前政権の政策・制度

長妻昭厚生労働相（49）は、組閣直後早速すなわち、九月一七日未明、批判が強かった、七五歳以上を対象とする「後期高齢者医療制度」について、「廃止する」と明言した。一〇月一三日には、一二月からの支給開始に向けて自治体レベルで準備が進められていた「子育て応援特別手当」を停止する方針を固めた。

同日、＝九月一七日前原国交相は、群馬県の八ツ場ダム、熊本県の川辺川ダムについて、工事の「中止」を表明した。また、赤松広隆農水相は、築地市場の豊洲移転に事実上のノーを表明した（九月二四）。

海上自衛隊のインド洋での給油活動は、一月末日で、活動終了、撤収となり、二月六日までにすべての部隊が帰国した。ＥＴＣ搭載車の高速道路土日一〇〇〇円という制度は、混雑が確実な東名高速道路等を除き、二〇一〇年六月を目途に無料化されることとなった。しかしながら、財源問題や、景気対策として、二〇一〇年四月上旬には、曜日・ＥＴＣ搭載を問わず、普通車上限二〇〇〇円等、車の大きさによって料金の上限を設定するという「無料化」とは縁遠いものとなった（その後、「混乱」はあったが、部分的無料化が六月二八日から実施された）。凍結されていた高速道路の建設は軒並み解除され、四車線化の需要がほとんどない地域の四車線化も推進されることとなった。

国家公務員の天下りをめぐっては、鳩山首相は九月二七日、「天下りのあっせんを伴う国家公務員の早期勧奨退職を禁止する」ことを決めた（九月二八日付）。また、「談合やカルテルなどで処分を受けた企業が不服を申し立てる公正取引委員会の「審判制度」」は、廃止されることとなった（一二月七日付夕刊）。この制度は、「課徴金納付命令などの処分を出された企業が不服を申し立てる制度」で、「審判の判断にも納得できなければ、処分取り消しを求めて高裁に提訴」してきた。「審判が廃止されれば、当初から地裁に訴えを起こす仕組みになる」。これは、経済界からの、「処分を決めた公取委が自ら審判する制度は不公平」と廃止を求めてきた訴えにこたえたもの（同）であった。

事務次官会議の廃止、官僚単独の記者会見禁止、高速道路の建設区間を決めてきた「国幹会議」（国土開発幹線自動車道建設会議）の廃止、等が九月中に打ち出された。配偶者控除廃止に加え、九月下旬には選択的夫婦別姓制度の導入も表明された（九月三〇日付夕刊）。

その他、一〇月には、障害者自立支援法の廃止も決定された。また、文部科学省政務三役（大臣・副大臣・政務官）により、教員免許更新制度廃止する方針が表明され（一〇月一三）、同日、農林水産省の政務三役は、コメの「個別所得補償制度」を二〇一〇年度から全国一律で実施する方針を固めた（一〇月一四日付）。「日本郵政とゆうちょ銀行、かんぽ生命保険三社の株式売却凍結法案」が一二月四日に成立した。

予算編成過程において、ムダ削減の一環としてのダム工事の「中止」、麻生前首相の肝煎りで企画された「アニメの殿堂」予算の凍結等の方針が打ち出されただけでなく、鳩山首相は九月二八日には、「前内閣が決めた概算要求基準（シーリング）を廃止し、［各省庁に対し］民主党のマニフェストや連立合意の内容を反映した要求を求める」とした（九月二九日付）。

2　事業仕分け

「来年度予算要求の無駄を洗い出す」（一一月一二日付）ための行政刷新会議は、一一月一一日から、国立印刷局市ヶ谷センターで始まり、「計五日間で、四六事業、総額一五〇〇億円分の予算に「廃止」や「来年度計上の見送り」

を求め、公益法人などが持つ一五基金、総額七二〇〇億円の国庫への返納を要請した」（一一月一八日付）。これにより、「来年度予算編成に向けて一兆円規模の財源を確保できる見通しになった」（同）。二四日から二七日にかけて実施された第二弾の作業では、全国の小学校六年生と中学三年生を対象に実施されてきた学力調査の対象を削減することなどが方針として示された。また、国立大学の運営交付金も、大学が文部科学省ＯＢの理事としての天下り機関となっているとして、見直しの対象とされることとなった。さらに、義務教育費の国庫負担分についても、見直されることとなった。これにより、当初目標のおよそ半分である総額約一兆六千億円が「削減可能とされた」（一一月二八日付）。四四七事業が対象となった（一二月一日付）。

「朝日新聞の世論調査では、鳩山政権が行政のムダを減らす取り組みを評価するとの意見が七割を超えた。密室で行われてきた予算編成の一部が初めて公開され、官僚主導からの転換をみたのだろう」（一一月一八日付）。

早急な政策転換のうらで、閣僚の自由な発言が相次ぎ、政策の矛盾も指摘された。象徴的であったのが、「二〇二〇年までに温室効果ガス二五％削減」を目標とするという政策と、高速道路無料化による二酸化炭素排出量増加とが、両立するのかという議論であった[2]。鳩山首相は、就任直後にニューヨークで開催された国連気候変動サミットにおいて、「鳩山イニシアチブ」を提唱したが、その後、具体策をどう展開したのかは詳らかにしていない。これに対し、一一月二二日、菅直人副総理兼国家戦略兼経済財政相は、「早ければ一〇年度中にも環境税導入に踏み切る考えを示した」（一一月二三日付）。加えて「経済成長戦略にも言及し」、「雇用が需要を生み出す分野、財政に頼らないで経済成長できる分野があるはずだ」とも述べた（同）。

従来、民主党は、官房機密費流用防止法案を二〇〇一年に国会に提出するなど、官房機密費の透明化を主張していたが、方針を転換し、使途を公表しない方針を明らかにした（一一月五日付夕刊）。しかしながら、二〇一〇年三月二三日に、鳩山総理は、四月以降の使用分については記録し、公開の影響がなくなった頃に公表するとした。

日航の再建問題については、政権交代直後に「自主再建は十二分に可能だ」とし、「万が一の場合は政府としてしっかり支援すると」経営破綻回避の方向で処理することを明言した[3]（九月三〇）。結局、二〇一〇年一月一九日、日本航空は東京地検に会社更生法の適用を申請し、「官民が出資する「企業再生支援機構」が同日、日航支援を正式に決め、政府が承認した。……機構は日航を管理下に置き、三年以内の経営再建を目指す」こととなった（一月二〇日付）。政策ではないが、一一月四日には、平野官房長官・鳩山首相が、内閣「法制局長官の考え方を金科玉条にするのはおかしい」とし、「政治主導だから政治判断で解釈していく」と述べた（一一月五日付）。

五四独立行政法人（事業数では一〇〇以上）を対象とした事業仕分け第二弾は、二〇一〇年四月二三日から行われた。

3　新政策

一一月一八日、「中小企業や住宅ローン利用者を対象に、金融機関に借金の返済猶予を促す「中小企業等金融円滑化法案」」は、「衆院財務金融委員会で、自民、公明両党の議員が欠席するなか可決した。新政権初の採決強行となり、野党は反発している」（一一月一九日付夕刊）。

高校授業料の原則無料化法案は、二〇一〇年三月一六日衆院を通過し、四月一日から実施された。私立高校生の親等には一部を補助することとなった。子ども手当も三月一六日に衆院を通過し、具体的な支給時期は自治体により異なるものの、マニフェストの半額（子どもひとりにつき、月額一三〇〇〇円）が六月から支給された（二〇一一年度からは、月額二六〇〇〇円にする方針と、この時点では発表された）。

この三つの政策は、ばらまきだ、所得制限せよ等、財源的なことばかり大きく取り上げられたが、根本は、将来を担う子どもを「国をあげて育てていこう」という理念である。これには、反対することは難しいだろう。問題は、もらった手当をパチンコなどに流用が可能なことと、流用の実態を把握できないことである。

前原国交相は、ダム建設中止に伴う補償法提出を打ち出した（九月二六日）り、羽田空港の「ハブ空港化」（二四時間使える国際的な拠点空港）に言及（一〇月一三日夕刊）したり、品川駅と羽田空港を新幹線で結ぶ構想等々の新アイデアを吐露した。

一一月二五日に首相官邸で開催された全国都道府県知事会議において、鳩山首相は、麻生渡福岡県知事が「政府と自治体の役割分担を求める「地域主権基本法」の制定」求めたことに、「真剣に考えたい」と述べた（一一月二六日付）。

総額九二兆三〇〇〇億円の二〇一〇年度予算案が閣議決定されたのは、一二月二五日である。子ども手当には、一兆七四六五億円が計上された（一二月二六日付）。八九のダム事業の凍結、事業仕分けの成果はわずかながらあったものの、国債費が二〇兆円を超えるもので、「コンクリートから人へ」の理念を充分に活かせたとはいえないものとなった。二〇一〇年三月二日には、予算案が衆議院を通過し、年度内に成立することとなった。

「政治主導を強化するため」の政治主導法案では、「内閣政務調査官」を新設するとともに、内閣法、内閣府設置法、国家行政組織法を改正する。また、国家戦略室を「戦略局」に昇格させる。また、首相補佐官と官房副長官を増員し、官邸における官僚優位の打破をめざした（二〇一〇年一月一四日付）。

郵政改革法案については、国会の会期末に鳩山内閣が総辞職した混乱もあって、菅直人内閣に代わってからの成立を目指したが、国会日程、参院選との絡みで臨時国会での成立を期することとなった（その過程で、亀井静香郵政相が辞任した）。

4　対米関係——在日米軍普天間飛行場移設問題、安保核密約問題を中心に

⑴普天間問題

九月二四日、初の鳩山・オバマ会談がニューヨーク市内のホテルでおこなわれ、「日米同盟」強化で一致した。一〇月一〇日には、北京の人民大会堂において、日中韓首脳会議が開催され、温家宝中国首相、韓国の李明博大統領と北朝鮮をめぐる「六者協議の早期再開に向けて取り組む方針などを盛り込んだ」共同声明を採択した（同日夕刊）。鳩山はこの会議の冒頭で、「今までややもすると、日本は米国に依存しすぎていた。日米同盟は重要だと考えながら、アジアをもっと重視する政策を作り上げていきたい」と述べた（同）。しかし、この普天間飛行場の移設については、閣僚の無責任な発言が繰り返され、迷走した。

一一月「一三日に開かれた日米首脳会談で、米軍普天間飛行場（沖縄県宜野湾市）の移設問題への対応をめぐり、鳩山由紀夫首相がオバマ米大統領に対し、「私を信頼してほしい」（trustme）と伝えていたことが分かった。日米外交筋が明らかにした。オバマ氏は翌日の演説で、閣僚級作業部会を通じて日米合意を履行するとの認識を示した。首相の発言を聞いて合意通りに進むと受け止めた可能性がある」。この認識に対し、鳩山首相は、「作業部会は「日米合意が前提ではない」と記者団に指摘。両首脳の認識の食い違いがあらわになった。オバマ氏の発言を直後に否定したことで、米側に不信感を与えた可能性もある」（一一月一九日付）。

一二月二一日午後、クリントン米国務長官が、藤崎一郎駐米大使を呼び出し、普天間飛行場移設問題についてただした。「クリントン長官は、新たな移設先を探す鳩山政権の動きに不快感を表明し、現行計画の早期履行を改めて求めたと見られる」。このことについて鳩山は、「日米関係は大変重要だという認識のなかで、普天間に対する基本的な姿勢を示されたのではないか」と語った（二二日付夕刊）。また、北沢俊美防衛相は、「五月までということで日程を

区切った」と述べて、「(二〇一〇年)五月までに移設先の結論を得る考えを示した」(同)。もともとは北沢防衛相の発言であったものを、二〇一〇年一月四日の年頭会見において、「五月までに結論を出すことにしたい」と述べたのである。「無駄に時間を浪費させるつもりはない。期限をしっかり区切って、数カ月の中で結論を出すことを約束したい。「時間がかかったけれども、いいものができた」と思っていただける」としたうえ、二八日には、「覚悟を持って五月末までに(移設先を)決める。(普天間に)戻ることはしない決意だ」、「米国にも沖縄県民にも理解される結論を出す。それが私にとってすべてだ」とも述べた(二八日付夕刊)。後には、この期限を守れなかった場合には、職をかけるとし、実母からの「資金提供」問題も、自分が認識していたことが証明されたら、国会議員である資格がない、とも述べた。結果としては、これらの発言が自分を縛ることになる。

名護市の市長選は、移設容認派の現職・島袋吉和(63)と、反対派の新人・稲嶺進(64)の一騎打ちとなり、稲嶺が僅差で勝った(二〇一〇年一月二四日)。稲嶺は、移設先が辺野古であれば辞職する、と強い決意を持っていた。鳩山首相は、その後も、他の候補地を捜しつつ、「最低でも県外」「腹案がある」「五月末までに決着」等と言質を取られる発言を繰り返し、まさしく自縄自縛状態に陥っていった。

平野官房長官も二五日、「一つの民意としてあるのだろうが、そのことも斟酌してやらなければいけないという理由はない」、二六日には、選挙結果についてさらに踏み込んで、「新しい市長が生まれ、その発言は一つの大きな民意ではあるが、国の安全保障の一環である基地問題を含めて民意として受けとるのかというと、そうではない」と「失言」を繰り返した(二六日付夕刊、三〇日付夕刊)。加えて、五月という首相が掲げた期限についても、(地元自治体との)「合意かどうかは別の問題。理解を求めていかなければならないテーマだが、合意が取れないと物事が進められないものなのか」と、「地元自治体の合意は必ずしも必要ないとの考えを示した」(二六日付夕刊)(4)。

具体的な移転先は、報道されたものだけでも、名護市辺野古沖案、辺野古陸上部案、くい打ち桟橋方式案、ホワイトビーチ・勝連沖案、キャンプ・シュワブ陸上案、徳之島案、長崎大村航空基地案、佐賀空港案、その他離島案、米領グアム案、以上の案への分散移設とする案、普天間継続使用案が表面化し、出ては消え、を繰り返した。さらに、年末の一二月二九日には、与党三党の幹事長会談が開かれ、下地島案が提起された。期限が迫った三月末には、鳩山の「腹案」も報道された（実は徳之島案）。

それぞれの案にたいする鳩山首相の説明も、説得力に欠如したものであったばかりか、なぜ首相からではなく、他の閣僚等から案が漏れ出てくるのか、そのプロセスもみえにくいものであった。報道の先走りがなかったとはいえないものの、この移転問題の「迷走」と首相の指導力・決断力のなさが内閣支持率低下の大きな要因となったことは間違いない。

(2) 「密約」問題

一一月二四日、いわゆる「密約」問題に関する有識者委員会が発足した。外務省の発表によれば、この委員会の任務は、次の通りである。

① 本委員会は、九月一六日付外務大臣命令に基づき外務省内に設置された、いわゆる「密約」問題に関する調査チームが作成した調査報告書の内容を検証し、平成二二年一月中旬を目途に、これを踏まえた報告書を外務大臣に提出します。

② 本委員会の委員は、その作業を行うにあたり、上記調査チームが調査報告書の作成過程において、以下四つのいわゆる「密約」の存否・内容に関連するものとして特定した文書並びにこれに関する必要な文書を、外務省内で閲覧することができます。

（イ）一九六〇年一月の安保条約改定時の、核持ち込みに関する「密約」

（ロ）一九六〇年一月の安保条約改定時の、朝鮮半島有事の際の戦闘作戦行動に関する「密約」
（ハ）一九七二年の沖縄返還時の、有事の際の核持ち込みに関する「密約」
（ニ）一九七二年の沖縄返還時の、原状回復補償費の肩代わりに関する「密約」

委員には、北岡伸一東京大学教授（座長）、河野康子法政大学教授、坂元一哉大阪大学教授、佐々木卓也立教大学教授、波多野澄雄筑波大学教授、春名幹男名古屋大学教授が選任された（肩書きは選任時のもの）。

一二月二三日、次のような報道があった。「ちょうど四〇年前、沖縄への核再持ち込みをめぐって日米間で交わされた秘密合意文書の存在が、一方の当事者だった故・佐藤栄作氏の次男、信二氏の手によって明らかにされた」。「信二氏が保管していた文書は「一九六九年一一月二一日発表のニクソン米大統領と日本の佐藤首相による共同声明に関する合意議事録」と表題があり、六九年一一月一九日付」。「「重大な緊急事態」に際し、米政府は「日本政府との事前協議を経て、核兵器の沖縄への再持ち込みと沖縄を通過させる権利を必要とするであろう」とあり、日本政府は「米国政府としての諸要件を理解し、そのような協議が行われた場合には、これらの要件を遅滞なく満たすであろう」と記されている。文書の取り扱いについては「最高級の機密のうちに取り扱うべきということで合意した」と記し、当時のニクソン大統領と佐藤氏の署名がある」。

「密約」とは、同日の記事によれば、「①核持ち込みの事前協議の対象から艦船の寄港などを外す核密約　②朝鮮半島有事の際に米軍が在日米軍基地を出撃拠点として使うことを認めたもの　③有事の際の沖縄への核の再持ち込みに関するもの　④米側が負担すべき原状回復費四〇〇万ドルを日本側が肩代わりするなどの財政的取り決め、の四密約の存在が指摘されている」（一二月二三日付[5]）。

三　政治と金

1　鳩山問題

高支持率であった鳩山政権の雲行きが怪しくなってきたのは、政権発足後わずか二週間後のことである（偽装献金問題の初報は総選挙前の二〇〇九年六月一六日付朝日新聞であった）。朝日新聞は、二〇〇九年一〇月一日、「［鳩山］首相の政治団体　格安入居　母所有ビル　相場との差　未記載」と一面トップで報じ、政治資金収支報告書に記載する必要がある「差額」・六〇〇万円分について、記載がないことがわかったとしている。同三日には、首相の資金管理団体（友愛政経懇話会）への虚偽献金問題（名義貸しや故人名使用）が東京地検特捜部に告発されていた件で、名義が使われた「寄付者」の参考人聴取が開始された（一〇月三日付夕刊）。さらに、この資金管理団体が、「架空名義とみられる「寄付者」延べ七五人分について、総務省に税金控除を申請し、書類の交付を受けていたことが」判明した（一〇月一〇日付夕刊）。この「七五人は、〇五〜七年に交付を受けた寄付者の約三分の二にあたり、虚偽記載として政治資金収支報告書から削除されて」いた[6]（同）。「〇四〜八年分の政治資金収支報告書に記載された計約一億七七一七万円に上る小口の匿名献金の大半が、鳩山家の資金管理団体「六幸商会」の管理資金だったし、「偽装献金だった疑いが強まった」とされた。一一月二五日付夕刊は、鳩山「首相の資金管理団体「友愛政経懇話会」をめぐる偽装献金問題で、偽装分の原資に首相の実母の資金が含まれている疑いがあること」がわかったとし、さらに、「政治資金には原資が不明な毎年数千万円の収入もあるため、実母の資金がさらに増える可能性もある」と報じた。

六幸商会から、「〇四～八年に政治活動などのために拠出された資金の総額は、首相の実母と首相本人の分で計約一一億五千万円に上ることが分かった」（一二月二九日付）。このうち、偽装容疑分は、三億五千万円という（同）。一二月二四日には、鳩山首相の寄贈献金問題で、東京地検特捜部は、政治資金規正法違反罪で、元公設第一秘書・勝場啓二（59）を在宅起訴、元政策秘書・芳賀大輔（55）を略式起訴した。首相は不起訴処分（嫌疑不十分）となった。同日夜の記者会見において、鳩山は、辞任を否定したうえで、「鳩山辞めろという声が圧倒的になった場合、国民の皆さんの声は尊重しなければならない」と述べた（一二月二五日付）。

また、「首相が率いる民主党内の政策研究グループが、政治資金規正法の対象となる政治団体に該当しながら七年近くも都道府県選管に届け出ていなかったことが」判明した。「届けなかったことによって収支報告書の提出義務や寄付金の量的制限などの規制を結果的に逃れていた」（一二月二九日付）。さらに、鳩山首相に実母の安子から毎月一五〇〇万円が政治資金として振り込まれていたことも判明した。「貸付金」扱いしてはいたものの、生前贈与にあたる可能性が高いとして後に六億円越を納税した。この資金提供（八年間でおよそ一二億円六〇〇〇万円とされる）についても、首相は、修正申告するとしながらも、「全く知らなかった」と述べた。

２　小沢問題他と支持率の低下

次々と明るみに出る鳩山首相の金銭をめぐる疑惑に対し、鳩山首相からは、一度として明確な説明はなされなかった。これは、小沢幹事長をとりまく「疑惑」報道に関しても同様であった。二〇〇九年三月に「小沢代表の資金管理団体「陸山会」をめぐる違法献金事件で、同代表の公設第一秘書と陸山会の会計責任者を兼ねる大久保隆規（47）容疑者＝政治資金規正法違反容疑で逮捕＝が毎年、西松建設の総務部長だった岡崎彰文容疑者（67）＝同＝と話し合ったうえで、同社から代表側への献金額を陸山会と政党支部に割り振っていたことがわかった。同社側から代表側への献金総額も毎年、二五〇〇万円と決めていたという」（三月五日付）。小沢は、この年五月中旬、政治資金をめぐる献金問題の参院選への悪影響を考慮して代表を辞任し、後任には鳩山が選出されていた。しかし、その後も一〇月に、小沢幹事長の資金管理団体「陸山会」が、「〇四年に支出した都内の土地購入代金約三億四千万円を同年分の政治資金収支報告書には記載せず、〇五年分の支出として計上する不明朗な処理をしていたことが」判明した（一五日付夕刊[7]）。

「陸山会」の事務担当者で小沢の元秘書の石川知裕衆院議員（36）が東京地検特捜部の任意事情聴取を受けたのが一二月二七日で、「小沢問題」の解決は年を越すこととなった。二〇一〇年に入り、一月一三日に、陸山会や小沢の個人事務所、関連ゼネコンなどを、東京地検特捜部が捜索し、石川議員らは一月一五日夜に、翌一六日には、公設第一秘書の大久保も逮捕された。この日は、奇しくも民主党大会の開催日でもあった。石川議員らは、二月四日、政治資金規正法違反（虚偽記載）罪で起訴された（翌日、保釈が認められたが、二月一五日に離党した）。

検察の捜査手法について、小沢は、「到底、このようなやり方を容認することはできない。断固として戦っていく決意だ」と述べ、党大会前に公邸で小沢と会談した鳩山は、「どうぞ戦ってください」と伝えたことを明かした（一月一七日付）。これに対し「検察幹部は、党大会での小沢氏の発言をテレビで見ながら「あがいているだけだ。取るに足らない」と切り捨てた」（同）。また、一月三一日に、東京地検特捜部の事情聴取（二度目、初回は一月二三日におよそ四時間半）を三時間にわたって受けたことを明らかにした上で、「自らが刑事責任に問われるような事態になれば「非常に責任は重い」と述べ、自らも起訴された場合には、幹事長を辞任する可能性を示唆した」（二月二日付）。しかし、二月四日、「不起訴処分」となり、幹事長続投を表明した。

民主党議員のカネをめぐる疑惑はこれだけではなかった。二〇〇九年一〇月には、小林千代美衆院議員の「選対幹部の男（60）が、運動員に対し、有権者に電話で投票を依頼する選挙運動の見返りに現金を渡す約束をしていた疑い」（一五日付夕刊）で逮捕された。また、北海道教職員組合から資金提供を受けていたことが発覚したり、同月、「下条みつ衆院議員の元秘書が、選挙区内の建設会社から勤務実態がないにもかかわらず給与の支払いを受けていた」として、「五人の元秘書が、下条氏に政治資金規正法違反（政治資金収支報告書への不記載）の疑いがあるとする告発状を東京地検に提出した」り、と続発した（一〇月三〇日付）。

これらの民主党首脳部の金銭にまつわる疑惑や、普天間移設問題等へのもたつき、迷走が影響して、発足当初各種世論調査で七〇～〇％程度の支持があった鳩山内閣は失速した。二〇一〇年一月の調査では、内閣支持率が四二％、不支持が四一％、小沢幹事長の辞職を求める率は六七％にのぼった。発足からおよそ半年後二月の世論調査では、支持率四一％、不支持四五％と、不支持が支持を上回った社もあり、朝日新聞調査では、小沢幹事長に辞任を求めるポイントは六八％となった。

三月第一土日に実施された調査では、支持率が三〇％台となり、発足当初の半分以下に低下した。四月下旬には二〇％台となり、危険水域に入った。そして、五月下旬にはいよいよ一〇％台（一七％）にまで落ちこんだ。普天間問題の期限だと自ら設定した五月末日、打開策を見出せない鳩山は行き詰まりを感じ、社民党の連立離脱も手伝って、民主党への国民の支持回復を企図して、六月二日の退陣表明となった。小沢幹事長も引責辞任することとなった。小林千代美議員も、国会閉幕日の翌六月一七日、衆議院議員を辞職した。

「コンクリートから人へ」の表現は、二〇一〇参院選マニフェストからは削除された。

四　民主党政権の課題

これまでみてきた民主党政権誕生後の政治過程から、鳩山内閣失速の要因を分析したい。ここでいう失速とは、「支持率の低下」である。鳩山は就任以来、「国民の声」という言葉を好んで使い、「鳩山辞めろ」という「声」が大きくなったら辞任すると、時折、口にしていたためである。五つに類型化しつつ、考察していこう。

1　何のための官僚依存脱却なのか

政治家と官僚との最大の相違は、政治家には任期があるが、官僚にはないこと、いい方を換えれば、政治家とは選挙によって選ばれた人たちであり、官僚（公務員）は国家公務員試験に合格した人をさす。どちらが、より国民の声に耳を傾けるかといえば、当然のことながら、国民の声から遊離しては存在できない政治家である。官僚は、国民の声を無視していても犯罪を犯さない限り意に反して失職しないし、大きな失敗をしない限り、ほぼ着実に昇進していくことができるからである。

官僚依存とは、国民が官僚に生活力を委ねることではなく、国民に眼を向けていなければならない政治家が、政策決定や国会での答弁において、国民の声よりも、官僚の意向を尊重することや、官僚の能力に依存して政策形成することをさしている（多くの場合、依存しなければ政権運営できないことを批判的に指摘する文脈で使われてきた）。このどこが問題であるのか。

官僚は、終身雇用であり、その習性からして、念頭にあるのは、自己保身である。そのために、前例踏襲、責任回避、上司への絶対的服従を若いうちに身に付けてしまう。加えて、出世意欲が少しでもあれば、上司に刃向かうことは危険である。その結果、国民よりも、上司の声に耳を傾け、ときに、全体に奉仕する公僕であることを失念する。現在の制度（例えば、同期（複数期）の一人しか次官に昇進できない人事システムや上司に忠実な者ほど有能とされるシステム）では、国民の声は政策に反映されにくい。現在の制度のままでは、能力による昇進はみせかけで、実は、「羊」の群れになる可能性が高いのである。

そのためには、公務員制度改革が必要である。しかし、民主党からは、「官僚依存脱却」、「政治主導」というスローガンはしばしば聞こえてくるが、それがなぜ必要であるのか、何のために官僚依存を脱却するのか、の説得力ある説明に乏しい。

また、マスコミは好んで「天下り」と「わたり」に問題点がある、と指摘するが、問題はこうした公務員の金銭にまつわる問題ばかりではない。キャリアとノンキャリとの待遇の問題（ノンキャリアの士気の低下）、転勤のない（緊張感もない）地方公務員制度の（怠惰や腐敗の）問題、職業別試験（警察、消防、教員、自衛官等々）による無駄の是正等々多々ある。これらの問題について、具体的にどう取り組んでいくのか、民主党からの説明が不足していたことは明らかである。

「官僚依存脱却」は、裏を返せば「政治主導」である。しばしば指摘されるように、「政治家主導」ではない。もっとも「政治」が「主導」権を発揮してその効果が大きく表れるのは、予算編成過程における主導権の発揮である。従前の財務官僚主導から、「コンクリートから人へ」の方針の下、どれだけ省庁間の予算移動ができるか、くりかえし政権を経験するなかで、その手法を徐々に確立していけるのではないだろうか。また、国会の立法権をどう活用するか、政権政党と政府との関係をどうするかについても、より民意が反映される形に収束されて行くことが望ましいように思われる。

い。

2　説明不足の政策意図

既にみた配偶者控除廃止や、選択的夫婦別姓制度の導入に関しても、何のためにこれらを廃止ないし導入するのか、国民への説明が不足している。そもそも、「男性が主たる稼ぎを得、女性は家事ないし、パート等」といった風潮をなくすための施策であろう。民主党が考える根本の理念を国民に広く周知させる工夫が充分でなかったことは否めない。

また、「二〇二〇年までに温室効果ガス二五％削減」を目標とするという政策と、高速道路無料化による二酸化炭素排出量増加とが、両立するのか、指摘されることが当然予想可能な問題についても、党としてしっかりと説明した形跡は寡聞にして知らない。マスコミや識者の指摘を受けて、その場限りの言い訳を各大臣が記者会見で勝手にするために、説明が後手に回るし、内閣としての統一性も欠如しているように見られてしまった。

子ども手当についても、景気対策なのか、生活保障の一環なのか、教育政策なのか、女性の就労支援なのか、ひとり親家庭支援なのか、目的が不明確である。莫大な予算を組んで「目玉」政策としていた割りには、「子どもは社会で育てる」という国民の意識改革へ向けたＰＲが足りなかったことは明白である。いずれにしても、何らかの所得制限を設定すべき政策ではなかったのか。

加えて、もっとも教育費がかかる大学生を持つ家庭への支援が打ち出されないことも理解に苦しむ。子ども手当給付のあと、高校授業料無料で支援を受けてきた豊かとはいえない家庭が、金銭的な事情で、子どもを大学に進学させられないとしたら、それは国家的損失になりうる。もっとも授業料が高い大学生をもつ家庭にこそ、手当や授業料免除が効果を発揮するのではないか。

また当初、地方分権も高らかに掲げられたが、民主党政権は具体的にどのようなことをしたのだろうか、地域経済の活性化のために何か新たな手を打ったのだろうか。政令市を増やしただけなのか（国家戦略会議が内閣府に設置されていたが、二〇一二年一二月、第二次安倍内閣発足時に廃止された）。首相自身、実母から資金提供（毎月一五〇〇万円とされる）を受けていながら、地方都市駅前商店街空洞化の惨状を見に行こうともしない姿勢に、地方の多くの支持者は一度ならず落胆したのではないだろうか。

さらに鳩山は、「友愛」政治と頻繁に口にしたが、それが結局、具体的にはどういうものなのか、理解できた国民がどれだけいたのだろう。聞こえはいいが、「構造改革」（小泉）、「美しい国」（安倍）と同様に、内容や実態の不明確なスローガンであったといえよう。

３　防衛政策

鳩山や前原は、民主党内では、防衛に関して右寄りで、憲法改正に意欲的である。これに対し、旧社会党グループ（横路グループ）や菅直人グループを中心に護憲派が対峙し、一定の影響力をもっている。小沢グループは、国連尊重路線である。

鳩山は、普天間飛行場移設問題が佳境を迎えていた二〇一〇年五月末、沖縄を訪れた際、「抑止力について　学べば学ぶにつけ」、在日米軍やアメリカ海兵隊の存在意義を認識した旨、述べたが、このような認識の持ち主が、「改憲」を唱えること自体に、驚かされる。

民主党には、左は「非武装中立論」から、右は「自衛のためなら核兵器も持てる（し、持つべきだ）」という立場まで存在し、防衛政策について、基本合意が成立していないとみられている。財政再建や官僚依存脱却、「コンクリートから人へ」は、耳に心地よいが、防衛問題、在日米軍基地問題についての議論も深め、党として合意を形成しておく必要があった。

民主党は、かつての社会党左派から、自民党・民社党の右派までを党内にかかえているだけに、この問題を真剣に議論したら、党が分裂するという危機感から、これまで、防衛問題に関しては突っ込んだ議論がなされてこなかった。鳩山辞任の大きな要因が防衛問題であったことを再度、認識しておくことが肝要であろう。

その際、自衛隊発足の歴史的経緯や、憲法第九条との関連、安保条約締結の経緯だけでなく、日米安保条約改訂時の「密約」問題に鑑み、条約内容そのものを再吟味し、在日米軍のあり方や、なぜ在日米軍海兵隊が常駐している必要があるのかを再検討することも肝要である。防衛政策についての意志統一が自民党に代わる政権が盤石化する橋頭堡となるであろう。

4　鳩山の政権運営・キャラクター

ネットのウェブニュースの普及により、首相の知らないところで、閣僚の発言内容が情報として瞬時に全国に走り、慌てて首相が否定する場面が鳩山内閣ではしばしば見られた。官房機密費の公開の是非や高速道路無料化（実験）の時期、こども手当や高校授業料無償化等々の所得制限の是非についてなど、民主党の政策は、担当大臣の表明後に、右往左往することが多かった。とりわけ、官房長官と首相の発言、担当大臣と幹事長が一致しないことが多いという印象を多くの国民に与えた。これまでの内閣で、鳩山内閣ほど、「閣内不一致」が公然と表面化したことがかつてあっただろうか。

このような「閣内不一致」について鳩山自身は、オーケストラの「指揮者」を意図していたとされる。パートごとの練習期間を経て、一堂に会したときに（閣議において）、強いリーダーシップを発揮するのが首相の役割であり、その過程においては自由に発言させ、よりよい編成のための提案も妨げない方針であった。しかしながら、鳩山が意図通りに指揮棒を振ることができなかったことは既に明白である。

指摘され尽くしたが、鳩山首相のリーダーシップ（統率力）、決断力、判断力、実行力の欠如は否めまい。「失敗は成功の元」という理系的な発想が裏目に出たという指摘も見逃せないものである。(8)

鳩山内閣期の行政組織は、小泉政権時代と大きな差はない。事務次官会議の廃止等々の変化はみられたものの、政権の運営に当たって、行政組織上の改変は国家戦略室の設置を除き、ほとんど進められなかった。ほぼ同じ制度下で、小泉と鳩山にこれほどの差を感じさせるのは、どうしたことだろうか。日々の記者への対応をみても、言葉遣いを耳にしても、ふたりの差は大きい。制度を作動させるには、動かす人の性格（＝キャラクター）が大きく影響する、ということがこの二人を比較すれば明瞭である。小泉と麻生を比較しても、同様の印象をあたえる。こうしたことから、首相のキャラクター研究や制度を動かす精神の研究が、今後、政治学において重要な位置を占めることになる可能性は大きい。同一制度であっても、結果に大きな差が出てしまうのならば、制度そのものに欠陥があるとも指摘しうるからである。

５　政党政治再考

政党政治は、一九世紀のイギリスに始まったといわれている。資本主義の発展に伴って、単純化すれば、資本家と、自分の労働力を売って生活する（しかない）階層に分化し、それぞれが議会に代表を送り込むという議会制民主主義が誕生したのである。これは、流血の惨事を未然に防止するという民主的政策決定システムの登場でもあったのである（本書第一一章を参照）。

政党政治誕生の経緯からすれば、二一世紀は、「政党政治終焉の世紀」となるかもしれない。二〇一〇年現在の先進国の政党政治を観察してみれば、一九世紀的な階級対立を前面に出した政党政治は、特殊一九〜二〇世紀的産物であり、もはやそういった形での対立は、今後はかげを潜めるのではないだろうか。日本の場合は、資本主義対社会主義といった階級間の対立に、国防をめぐるイデオロギー対立やこの問題に絡んだ在日米軍・日米安保・憲法改正問題が大きな対立要因であった。これに戦前の無産政党の弾圧等々の歴史的経緯がからみ、政策の対立というよりも、「怨念」めいた確執がみられた。

これに加えて、明治期の遣欧使節団がイギリスの議会政治を模範としたために、いわゆる「二大政党神話」が広範に流布され、選挙によって（政権政党の失政が審判され）政権交代が準定期的に起こる、という筋書き（システム）が理想とされた。こうした視角からみれば、戦後日本の政党政治は、サルトーリのいう「一党優位」システムであり、日本に政党政治導入を試みた先達には、未熟なシステムと映っていたことであろう。

また、政党政治ではないが、江戸時代のような徳川家による盤石な幕藩体制は、いかに国際的に平和が保たれ、そこで暮らす民衆が幸福と感じていたとしても、「独裁」体制の誹りは免れなかったのであろう。

しかしながら、是非は別として、既に政党政治終焉の萌芽はみられる。自民・民主の二大政党が、国民の生活をよりよくする、わが国の政治をよりよくするという大枠での合意（表面化してはいないが）に基づいて、社会保障や教育・育児政策に取り組みつつある。あらゆる政策が全会一致で決定されることも想像しがたく、しばらくは、現在のような経済政策や予算編成をめぐる攻防が主となるとみられるものの、いずれは、一部政治家や一部の官僚、一部の業界だけが潤う政治から、多くの国民の意向が反映し、その便益を多くの国民が享受することができる成熟した民主政治に一歩近づくものと期待している。(9)

各候補者がそれぞれ独自の政策を掲げて立候補し、有権者は、その政策を判断して投票する、という選挙を繰り返していくことで、徐々にムードや争点の表面的理解、あるいは容姿を重視した選択が減少し、政党という枠を越えた新たな段階に入ることができるのではないか。

６　二〇一〇年参院選再考

二〇一〇年三月に鳩山邦夫元総務大臣は自民党を離党した。四月三日には、与謝野馨元財務相が自民党に離党届を提出した。続いて、園田博之前幹事長代理、藤井孝男参院議員（元運輸相）も離党届を出した。一〇日、与謝野・平沼赳夫の共同代表で、「たちあがれ日本」を結成した（結党時五名）。「打倒民主党」、「日本復活」の立場で、鳩山邦夫や城内実は入党しなかった。「政界再編」をめざす意向も示した。また、元厚生労働大臣舛添要一が、自民党離党後、「改革クラブ」に合流するかたちで「新党改革」を結成した。地方レベルでも、橋下徹大阪府知事らの大阪維新の会などの動きがあった。

こうした状況の下、七月一一日、参院選を迎えた。菅直人は選挙運動期間中から消費税増税、財政再建問題について持論を展開し、しかも、その発言内容が大きくぶれたために菅率いる民主党は、この参院選で大きく後退した。菅首相は、民主党政権に移行してからの世論の動向を見誤ったのであろう。民主党政権への期待は、変化への願望、「コンクリートから人へ」というスローガンへの共鳴等が大きいにもかかわらず、である。

もともとは、鳩山首相の意向に反する二月一四日消費税増税示唆が菅発言の始まりである。実は首相就任以前から、しばしば菅は増税を口にしていたのである。

そして、参院選の結果、国会は再び衆参が「ねじれ」ることとなり、また、「決められない」政治にあと戻りすることになった、ともいわれた。しかしながら、「ねじれ」ているほうが好ましいのではないか、「ねじれ」ていることが当然なのではないか、という指摘もある。これだけ有権者が多様化しているのに、選択肢か二つしかないというのは、それだけ民意の反映を拒む方向に進む可能性が大となる。衆参で「ねじれ」ている方が政治的争点が明らかになりやすく、結果的にはその方が民意を反映しているのではないか、というわけである。

もとより、有権者の多様性とは、生活様式・勤労形態・家族形態・階層意識・人生観・意向・志向・志向等々が多様化していることである。そして、多様性を反映させるとは、それだけ政党支持も多様化することになるわけであり、国会が二大政党に集約されるほど、有権者の期待や願望は単純ではないことを示してもいる。

「ねじれ」が生かされるためには、有権者の質の向上も不可欠ではあるが、政権政党に常に緊張感を持たせ、慢心を防ぎ、傲慢さを出させないようにすることもまた、「ねじれ」の効用となろう。その意味においても、第二院における過半数欠如はむしろ好ましい状況ともいえるわけである。より質の高い民主政治への「生みの苦しみ」の段階ととらえた方が建設的であろう。

さいごに

ここで、本章執筆の筆者の意図は、社会科学の研究対象は、「本」ではないという信念に基づくものであったということを告白しておこう。とかく、（欧米の）大学者の残した文献を「解釈」したり、諸外国のトレンド（方法論）を輸入して、その方法（モデル）をそのまま日本の研究に適用したり、歴史の中から現在を見る視角を抽出したり、と「社会」や「現在」と対峙すべきエネルギーが（本や歴史や外国文献等）他のものに向かっている論考を目にする。

しかしながら、社会科学の研究対象は、自分が現在生きている「社会」であって「文献」＝本や資料（史料）ではない、というのが本章執筆の意図である。研究対象は日々動いている、生きているものである。研究室や図書館にこもって「文献」を解釈したり、思索を深めたりしていればよいという研究スタイルは、過去の遺物となろう（むろん哲学等は別の話である）。社会のことを知らないものに社会科学などできない。拙速のそしりは免れないものの、その実践の試みであった。

注

（1）支持率七一％、不支持一四％。小泉内閣発足時の七八％には及ばないものの、細川内閣発足時と同じ支持率で、歴代二位を記録した（九月一八日付）。この勢いはしばらく続き、政権発足からおよそ四〇日経過した一〇月二五日、投開票された参院補選（神奈川と静岡）において、ともに、民主党の新人が勝利した。これにより、参院は、民主党・新緑風会・国民新・日本一二〇、自民党・改革クラブ八五、公明党二一、共産党七、社民党・護憲連合五、無所属四となり、民主党は単独過半数まで、あと七議席となった（社民党とも連立を組んでいるため、参院でも、民主党案が否決される可能性はほとんどない）。二〇一〇年二月に過半数の一二一になったことについては、本書第五章の関連年表を参照。本稿は、朝日新聞の記事を土台としているが、これは著者が購読していたという以上の意味はない。

（2）高速道路土日祝日上限一〇〇〇円でCO_2が年間二〇四万トン増加するとの研究結果もある（高速道路料金引き下げに関する研究会が発表、一〇月三日付）。

（3）本稿では言及しないが、二〇一〇年二月、豊田章男社長が米国議会公聴会にて弁明を迫られ、国内でもリコールを届け出ることになる案件（第一報は二月三日付朝刊）の発端について、前年一〇月一日の『朝日新聞』が社会面において大きく報道した。一一月二五日（夕刊）には、「高級車レクサスが米国で暴走し、乗員四人が死亡した事故に関連し、トヨタ自動車は、アクセルペダルをフロアマットに引っかかりにくい形のものに交換するリコールを実施する方針を固めた。日本時間の二五日夜にも米国で発表する」と報じられた。およそ四〇〇万台が対象であった。

（4）『朝日新聞』二〇一〇年一月二九日、四面に詳細あり。また、五、一四、二面に鳩山発言の変遷の表あり。

（5）『朝日新聞』夕刊二〇一〇年一月一八〜二八日連載の「検証　昭和報道　軍事基地――沖縄」を参照。

（6）「ただし、こうした控除書類は「寄付者」本人でなければ税金控除申請には使えないため、ただちに税金の不正減額が行われたとはいえない」（同）としている。

（7）「この土地は世田谷区内の四七六平方メートルの宅地で、現在は小沢氏の秘書の寮が建てられている。登記簿上、同会側は土地を所有していた都内の不動産会社との間で〇四年一〇月五日に売買を予約し、〇五年一月七日に売買されたこととされていた。同会は法人格がないため一連の契約手続きは小沢氏名義で行ったという（一五日付夕刊）。

以下、支持率が「右肩下がり」で急落し、一二月の調査では、支持率四八％、不支持率三四％と急迫し、支持できない主たる命取りとなる。

理由として、普天間基地移設問題などで「指導力発揮せず」が挙げられた。結果的には、この問題と自身の「政治資金」問題が

(8)　二〇一〇年二月、小沢が検察との対決姿勢を示したことについて、次のような報道があった。小沢が鳩山に会った際、「『この仕事（幹事長）を続けていってよろしいか』と申し上げた。首相は『ぜひ一生懸命頑張って欲しい』ということだった」と［小沢は］話した。これに対し鳩山は翌日、「『頑張ってください』という言葉は使ってない。『このまま続けてよいか』と言われたので、『はい』と申し上げた」と小沢発言を否定した。予算委員会でさらに尋ねられると、「政権交代を果たした党が、さらに国民のために大きな仕事を果たすことも責任の果たし方。小沢幹事長にはむしろ厳しい中で頑張ってしっかりと仕事をやってもらわなければならない」と述べた（二〇一〇年二月一三日付）。（些末なことであり、真相はどちらでもよいが）このような報道にみてとれるように、鳩山の発言は、信頼されなくなっていった。

子ども手当についても、発言のぶれがみられた。二月一四日の子育て中の父母とのお茶会（リアル鳩カフェ）で、「財源は、無駄を削減する中で余裕ができた分だけでやろう、という仕組みを作ろうと思う」と述べた。これは、満額（二六〇〇〇円）にこだわらないともとれる発言である。しかし、翌日には「当然、予定通り、満額（支給）をやる。……それは変わらない。……全然ぶれてません。……国債を発行して子ども手当の財源にしたいとは思わない。歳出削減でやっていく」と述べた（二月一五日付夕刊）。

読売ラインによれば、鳩山自身は次のように語った。二〇一〇年六月二一日夜のFM 放送J-WAVE の番組で、首相在任中に自らの発言のブレが問題となったことについて、「ぶら下がり取材などで同じような質問を聞かれたが、同じ答えでは失礼だと思って少しずつ変化をつけた」と釈明した。また、沖縄県の米軍普天間飛行場移設問題や自らの「政治とカネ」の問題などへの対応について、「首相がにこやかでないと国が明るくならないと思っていたが、『こういう時には一切笑ってはいけない』と言われ、ますます孤独感を高めた」と振り返った。

(9)　ブログや鳩山内閣期に普及した「ツイッター」は、今後、政治にどのような影響を及ぼすことになるのだろうか。

朝日新聞の連載「政党？論」を参照（二〇〇九年一二月一九～二〇日、二〇一〇年一月三〇～三一日、二月二六～二七日、三月二六～二七日、四月二九～三〇日、六月一一～一二日）。

参考文献

朝日新聞、二〇一〇『民主党政権一〇〇日の真相』朝日新聞出版

上杉隆、二〇〇九『民主党政権は日本をどう変えるのか』飛鳥新社

大内裕和、二〇一〇『民主党は日本の教育をどう変える』岩波ブックレット

大下英治、二〇〇九『民主党政権』ＫＫベストセラーズ

金子勝・武本俊彦、二〇一〇『日本再生の国家戦略を急げ！』小学館

小林吉弥、二〇〇九『民主党政権誕生』イーストプレス

日本再建イニシアティブ、二〇一三『民主党政権　失敗の検証』中公新書

原英史、二〇一〇『官僚のレトリック』新潮社

藤原帰一、二〇一〇「鳩山民主はここで道を誤った」文藝春秋、五月号

藤原帰一、二〇一〇「民主党と労働組合」『朝日新聞』三月一七日

山口二郎編、二〇一〇『民主党政権は何をなすべきか』岩波書店

鳩山内閣支持率世論調査結果

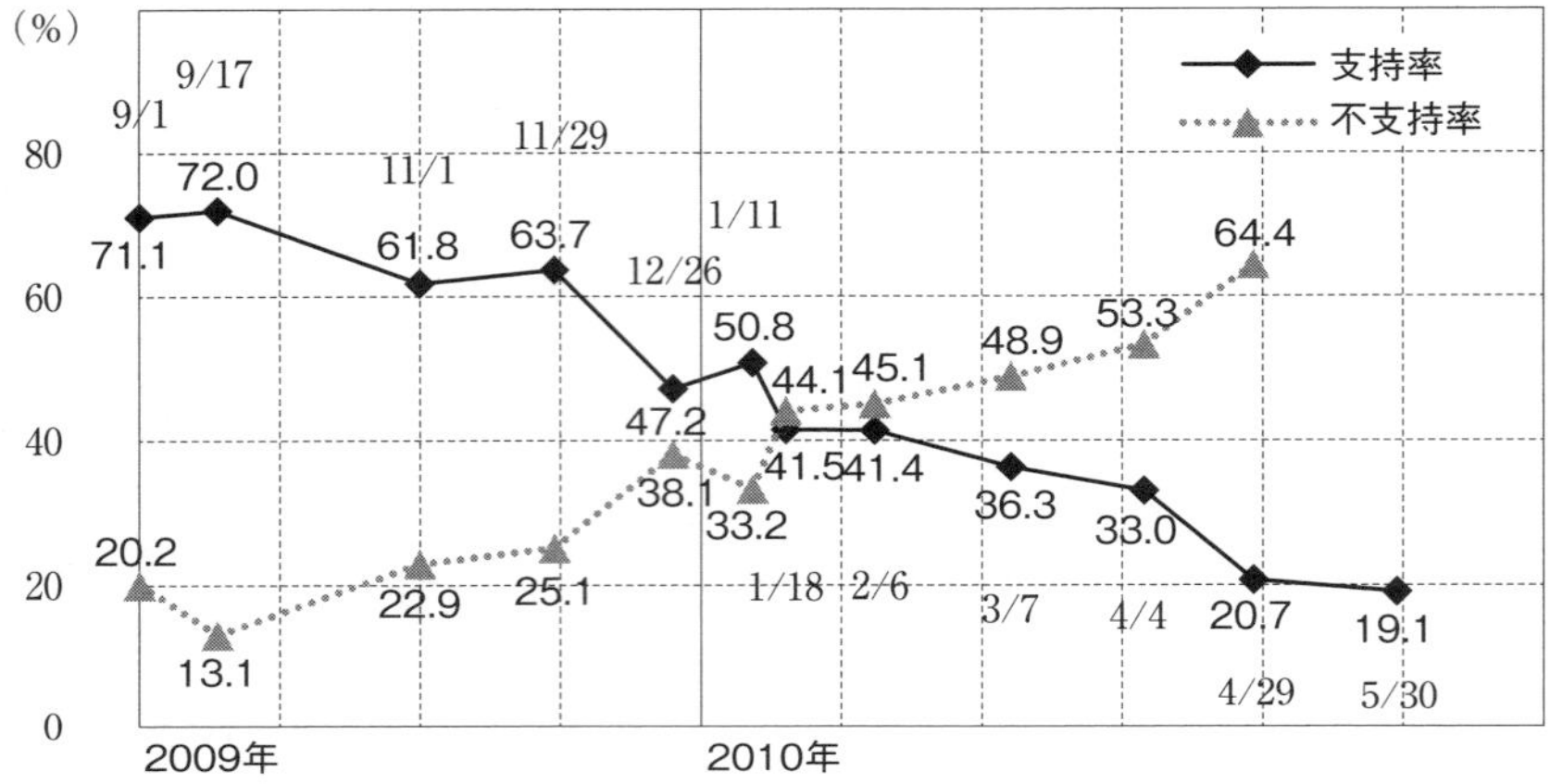

出所：共同通信による電話世論調査結果に基づく

第五章　菅内閣の挑戦と挫折――「最小不幸社会」と「熟議の国会」を目指して

はじめに

菅直人は、鳩山政権時代の二〇一〇年一月、参院の予算委員会において、野党である自民党の林芳正議員から「乗数効果」（投資がどれだけの波及効果を生み出すのかを表す数値）について質問され、言葉が理解できておらず、説明に行き詰まったこともあった。この当時、副総理兼財務相だった菅はかなりショックを受け、その後、経済について猛勉強を重ねることで、二〇一〇年七月の参院選では、「消費税増税」「強い経済、強い財政、強い社会保障」を掲げて戦うほど、経済分野について一家言持つほどになった。

また、内閣発足当初は「元気な日本を復活させる」と意気軒昂であり、支持率も発足当初六〇％と、辞任した鳩山内閣の末期の一七％と比較して、大きく挽回した（六月一〇日付）。しかし、安倍、福田、麻生、鳩山と四代続いた短命政権同様、その後、支持率は低迷までにそれほど多くの時間はかからなかった。

小沢一郎元代表との一騎打ちとなった二〇一〇年九月の民主党代表選後の内閣改造時に六月の発足時の支持率を一時的に上回ることがあったものの、その後は続落傾向で、回復することはなかった。二〇一一年一月の内閣改造も大きな成果はえられず、同年二月には支持率一〇％台とする調査結果もあった(1)。

その間、二〇一〇年七月の参院選では、選挙戦のさなかに「消費税増税」を示唆したことで、惨敗を喫した。「小沢問題」、閣僚の失言、尖閣問題、北方領土問題等、まさに内憂外患で、菅本来の「指導力」「発進力」が発揮されないまま、支持率は低迷した。二〇一一年度予算の国会審議においても、指導力は発揮されないまま、党内抗争に足を引っ張られ続けた。

本章は、菅政権が二〇一〇年参院選前後から党勢のたて直しに挑みつつも、必ずしも成果をあげられず、支持率低下に悩まされ、退陣を求める声が何度か出たことに焦点をあてつつ、民主党政権に内包された負の特質を明らかにすることを目的とするものである。

そのためにまず、簡単に菅政権発足からの政治過程を追い、次にその過程で表面化した政権の問題点を抽出する。最後に、鳩山首相時代を含めた民主党政権について総合的に分析する。

ひとつの結論的私見を先にいえば、民主党政権は、鳩山時代も含め、有権者から見て「頼りなく不安」なのである。菅首相は、発足から半年が経過しても、それまでの政権運営を「仮免許」（二〇一〇年一二月一二日）と発言したり、日本国債の格付けがランクダウンした際に「そういうことには疎い」（二〇一一年一月二七日）と発言したり、メドベージェフ大統領の北方領土訪問を「許し難い暴挙」（二月七日）と非難したり……。首相のそれぞれの発言は、意図的に曲解された部分がないわけではないものの、首相の立場からすれば他に適切な表現はあり、軽率であることは間違いない。二〇一一年になると、軽率な発言との指摘をおそれて、歯切れが悪く自信がないような応答も頻繁にみられた。必要のないにこやかさも頼りなさを増幅させる。しばしば指摘された「発信力不足」も否定しがたい重大な欠点である（二〇一〇年一〇月一六日付等々）。

もうひとつは、官僚との距離の置き方に一貫性がみられず、「政治主導」に基づいた政権運営が稚拙であることである。これは、自民党政治を「官僚主導」と規定したことにもよる。それとの変化を強調するあまり、必要以上に肩に力が入ってしまうのである。その他の点については、以上二点とともに、以下の考察から明らかにされる。

二〇一一年三月一一日以後の政治状況は、「例外状況」といえるものであり、政治過程の考察からは除外したが、そうした未曾有の例外的な状況の中に、より顕著に、菅政権、民主党政権の特質が表面化すると考えてほぼ間違いない（前章同様、事実の確認は『朝日新聞』東京本社版朝刊一四版及び夕刊に依拠している）。

一　参院選敗北と「政策転換」——二〇一〇年六月〜二〇一一年二月の政治過程

「政治の役割というのは、国民が不幸になる要素を少なくしていく、最小不幸社会をつくることにある」と就任記者会見（二〇一〇年六月八日）で述べた菅直人首相ではあったが、彼が自覚していた使命は、本章では「消費税率を上げて財政を健全化すること」にあったとみる。その過程を追っていこう。

二〇一〇年六月一〇日、樽床伸二国対委員長が国会内で国民新党の下地幹郎国体委員長に「郵政改革法案の今国会成立は困難」と伝えると、下地氏は強く反発した。連立離脱も辞さない党内情勢を踏まえ、亀井金融・郵政改革相が辞任した。後任には、同党新幹事長の自見庄三郎が就任した。

翌日、所信表明演説が行われ、「最小不幸社会」「熟議の国会」の実現を訴えた。

およそ一週間後の一七日、菅首相は「消費税に関する改革案をとりまとめたい。自民党が一〇%という案を出されている。参考にさせていただきたい」と述べた。翌（一八）日の閣議では、賛否両論が噴出し、閣議後の記者会見で仙谷由人官房長官は、消費税率を引き上げる際には、「菅首相は信を問うことになる」（一八日付夕刊）と留保付きで解散・総選挙を示唆した。

1　参院選敗北と代表選

参院選に向けた民主党の政権公約（マニフェスト）は、「①無駄遣い・行政刷新・強い財政、②政治改革、③外交・安全保障、④子育て・教育、⑤年金・医療・介護・障害者福祉、⑥雇用、⑦農林水産、⑧郵政改革、⑨地域主権、⑩交通政策・公共事業」である。「「消費税」の文言を盛り込み、参院選後に税制改革に関する与野党協議を開始する姿勢を鮮明にした」（六月一七日付）。

しかし、この日、菅首相は、（消費税増税について）「自民党が一〇％という案を出されている。参考にさせて頂きたい」と述べ、自民党幹部からは「抱きつきお化け」と批判される。菅の意図は、財政再建派である与謝野馨との超党派協議を足がかりに、自民党内に切り込む構想であった。しかし、その与謝野が自民党内で孤立し、離党することになりこの構想は消えた（自民党を離党した与謝野はのち、「たちあがれ日本」の結成に参加。その後、たちあがれ日本も離党し、二〇一一年一月、菅内閣に入閣した。）

参議院選挙が公示された二〇一〇年六月二四日には、菅首相は大阪で次のように語った。「私が消費税と言うと、応援できないという人もいる。上げないで済むならそうしたいが、二、三年でギリシャのようになる。ギリシャが最初にしたのは年金カットだ。そういう事態は何とか避けたい。他党と早期に話し合うことを、どうか理解して欲しい。試行錯誤の反省をふまえ、今度は危ういリーダーシップではなく、実行できる力を与えて欲しい。」（二四日付夕刊）。しかしながら、菅首相の発言は、その後、迷走し、参院選で民主党は、「横這い」の予想から「過半数微妙」「苦戦」「劣勢」が報じられるようになる。

七月一一日、参院選の投開票が行われ、民主党は、一〇議席減の一〇六議席となり、一三議席増の自民党は八四議席となった。一人区では前回の二三勝六敗から、八勝に終わった（沖縄選挙区は候補者を立てられず不戦敗）。みんなの党が一〇議席増やし、一一議席となったのが特徴であった（既存野党は総じて低迷）。「私が消費税に触れたことが唐突な感じを持って国民に伝わった。事前の説明が不足していた」との菅の認識は的を射ている。問題は、もっと早く気づくべきであったこと、アドバイスする側近がいなかったことにあるが、これにより、衆参は再び「ねじれ」状態となり、菅の政権運営にとっては、大きな負担となった。「とにかく日本をギリシャにしてはいけない」との首相の思いは、有権者には伝わらなかったようである。「国民の皆さんとは温度差があった」（一二日未明の記者会見、七月一五日付原真人「民主党　挫折の先　下」）わけである。

選挙後の初閣議で菅首相は「（消費税をめぐって）唐突感を与えてしまった発言もあり、重い選挙をさせてしまった。これを新たなスタートとしてがんばりたいので、閣僚も国民の負託に応えられるよう精進してほしい」（七月一三日付夕刊）と述べ、自らの発言が選挙の敗北につながったとの認識を示した。

九月一四日、投開票の代表選は小沢一郎との一騎打ちであった。長期的には、財政面から消費税の増税は不可避と考える菅首相と、増税なしでも財政再建は可能だとする小沢元代表との「政策論争」が表面的にはおこなわれた。しかしながら、その内実は、代表選後の政局に絡めた党内派閥抗争に終始し、それぞれの議員の理念というよりも、ポストを考えての日和見的行動が目立つ結果となった。

代表選後、「ノーサイド」というわけにはいかず、一度の握手で終わり、壇上のふたりが目を合わせることもなかった。菅新代表は、「政治主導はひとりではできない。四一二人の民主党議員全員で、いわば四一二人内閣をつくりあげたい」と表明した。このときに党勢の立て直しに果敢に取り組み、全員内閣を実現できていれば、小沢元代表との政倫審出席や党内処分をめぐるゴタゴタ、内閣改造をめぐる混乱は回避できたのかもしれない。しかしながら、これ以後も菅首相からは、意気込みも、危機感も感じられず、聞かれたのは覇気がなく抑揚もない弱々しい言い訳ばかりであった。

２　「政策転換」と発言

民主党政権に移行してから、二〇〇九年夏の総選挙前のマニフェストが反故にされた例は多数ある。なかでも、参院選直後の「国家戦略局構想を断念」（二〇一〇年七月一六日付）の報道は民主党支持者を落胆させて余りあるものであった。菅首相は「一四日夜の国家戦略室メンバーとの会合で、戦略室の役割を見直す方針を説明」したとされる。平岡秀夫・内閣府副大臣は、一五日の記者会見で「戦略室は首相の知恵袋の役割を果たす。各省調整の役割もなくなる」と述べた。

経緯は、七月一六日付、朝日新聞の報道が的確である。「政権交代当初の構想では、財務省や外務省が握ってきた予算編成や外交方針決定の権限を、首相直属の「国家戦略局」に移すと想定されていた。ムダ削減を担う行政刷新会議と共に、政治主導の車の両輪との位置づけだった。／官僚のおぜん立てに乗らずに政権の基本方針を打ち出す狙いで、鳩山政権はまず法改正の必要がない「国家戦略室」を新設。初代の国家戦略相に菅氏、後任に仙谷氏と重量級が起用された。しかし、昨年末の一〇年度予算編成では、マニフェスト実現のための財源確保に手間取り、最後は当時の小沢一郎幹事長が裁定に乗り出した。当時、国家戦略相だった菅氏は「総予算の全面的な組み替えを十分進めることが出来なかった」とその限界を口にしていた。」

こうしたなか、支持率は低下の一途を辿ったが、それでも菅首相は、二〇一〇年一一月二七日、鳩山前首相との会談で「支持率が一％になっても辞めない」と発言した。（一一月二八日付）。この頃には、小沢は「地方議員の反乱が起これば民主党政権が根っこからくずれてしまう」と語ったとされる。

加えて、一二月一二日、都内で支持者との会合の席で菅首相は前述の発言をしてしまったのであった。「政権が発足してからの半年間は、仮免許の期間で、いろいろなことに配慮しなければならず、自分のカラーを出せなかった。

これからは本免許を取得し、自分らしさをもっと出し、やりたいことをやっていきたい」、と語り、マスコミから糾弾されることとなった。

一二月一七日には、前内閣倒壊の主要因となった問題への解決の糸口を見つけるため沖縄を訪問し、「普天間の危険性除去を考えた時、辺野古はベストの選択ではないかもしれないが、実現可能性を含めてベターの選択ではないか」と語る。仲井真知事の顰蹙を買ったのはいうまでもない。

年が明け、一月一二日には、民主党全国幹事長会議で挨拶し、「まじめに国会対応に集中しすぎたことが反省です」と「ねじれ国会」での苦労話をしている途中、「国会軽視」とも受けとられかねない発言をした。同時に、「まともな議論がほとんどないまま、あの国会が終わってしまった」（一三日付）と、「熟議の国会」からは遠い状態に苦慮している心情を吐露した。

二〇一一年、年頭記者会見では、「国会質問の要旨を、質問されるせめて二四時間前にご提示いただきたい」と述べた。これも「熟議」のためであったのか。野党時代の菅直人は、質問の提示が遅い方から数えた方が早かった（二〇一一年一月二〇日夕刊・窓蘭）にもかかわらずである。

これらの発言から菅首相についての特徴を見出すことは難題とはいえない。本章「三」においてその分析をする。同日開催された民主党両院議員総会において、岡田幹事長は、〇九年総選挙で提示したマニフェストについて、事実上の見直しを進めていき、「夏ごろをメドに結論を出したい」と正式に提起した。民主党内は、秋の代表選前後から党内対立が激化していて、小沢元代表の問題（政倫審招致問題）も絡んで、まさに混乱状態となった。菅代表、岡田幹事長への求心力は低下するばかりであった。

3　内閣改造

こうした中で菅首相は、支持率回復も意図して二〇一一年一月一四日、内閣改造を行った。前年一一月に、仙谷官房長官、馬淵国土交通大臣への問責決議が参議院で可決されていたこともあり、両者は閣内に含まず、枝野幸男が官房長官に抜擢された。就任時四六歳という異例の若さであった。

官房長官の交代には、野党側が問責決議を無視するようなかたちでは、来年度予算案の審議には応じられないと強硬姿勢を崩さなかったことがその要因として挙げられよう。野党の戦略にはまったのである。

その他、改造内閣の国交相には大畠章宏、総務相には片山善博、外務相に前原誠司、法務相に前参議院議長の江田五月という布陣であった。前述のように与謝野馨が経済財政相に起用され、海江田万里は経済産業相に横滑りした(2)。

二　「小泉的」首相との比較

菅首相と鳩山前首相との共通点については、次節において検討することとし、本節では、高い支持率を維持し、際だった特徴を持っていた小泉首相他との比較の中から、菅内閣（及び民主党政権）の特質を抽出していくこととしたい。

「小泉的首相」には、田中角栄、中曽根康弘を含める。ともに、国民の強い支持を受けて登場し、高い支持率を拠り所に「上から」、「日本列島改造」「国鉄分割・民営化」「郵政民営化」を成し遂げた。有権者の強い支持が強いリーダーシップをうみ、国民にはそのあり方に賛否両論あったものの、常に一定の評価、総理に対する畏敬の念を持たせることに成功していたと思われる。ともに演説の名手であり、国民の心をつかむことに長けていた。

記憶に新しい小泉は、「自民党をぶっ壊す」「わたしの改革に反対する人は皆、抵抗勢力」だと自分の思うところに表立って反対する面々を切って捨てた。その歯切れの良い演説に、国民は喝采した。

一時期の例外を除いて国民の高い支持率に支えられ、小泉は、特筆に値するリーダーシップを発揮することができた。(3) 髪を振り乱しての演説は、田中の威圧感、中曽根の狡猾さ・巧妙さとは異質の新しい政治スタイルの登場であった。

小泉はまた、有権者の心をつかむキャッチ・コピーの名手でもあった。代表的なものが「聖域なき構造改革」「三方一両損」「三位一体の改革」「郵政民営化こそ改革の本丸」等々である。これらは、国会答弁においても繰り返し総理の口から聞かれ、いわば「流行語」のように広範に流布された。

小泉政権が長期に及んだことで、総選挙が国民投票化したという指摘もある。総選挙のレファレンダム化は、日本の政治に新たな問題を投げかけている。「五五年体制」下の選挙のように、選挙結果の争点が、自民党の圧勝か、辛勝か、与野党伯仲かのみに限定されていた時代に比べれば、政権選択が可能となり、党首の「顔」が強調され、マニフェストが提示されるようになった昨今の総選挙は、緊張感に満ち、政治の「進歩」といえるのかもしれない。有力野党が、全員が当選しても定員の過半数には到底達しないだけの候補者しか立てられない緊迫感のない選挙が続いていたかつてとは比較にならないほど民主政治が成熟してきたといえないこともない。総選挙があれば、政権交代は、いつ起きてもおかしくないのである。

このような状況変化に的確に対応し切れていないのが民主党政権、とりわけ鳩山政権の末期と菅内閣である（「民主党政権」については次節「三」で論じる）。まず、菅には有権者の心に響くキャッチ・コピーがない。「最小不幸社会」「熟議の国会」ときいて何か私たちは政治への期待が高まるだろうか。「流行語」になるほど国民に浸透していたであろうか（浸透すると思っての提起だったのだろうか）。

世界的な不況に対し、的確な経済政策を打ち出していただろうか。雇用情勢の悪化に対し、迅速な対応ができているだろうか。若者の就職難について何か効果のある対策を提示できていただろうか。政官関係（菅・官関係といってもよい）について、指導力ある方針を打ち出すことができていただろうか。[4]防衛政策や普天間飛行場の移設について、スピード感をもって対応できただろうか。

これらについて、国民の評価は菅内閣の支持率の継続的逓減となって表面化していった。当初の「政治主導」を目指そうという姿勢は影を潜め、新たな経済政策を打ち出せず……と否定的なことばかりが、菅内閣についてはプラス面よりも先に思い浮かんでしまうのである。

三　民主党政権の特質

選挙制度改正以前の国会議員は、各議員が週末に地元において、あるいは平日にあっては東京・永田町の議員会館において陳情を受け、その内容を派閥の有力議員に伝え、党の部会や政務調査会で有力者が提起し、議論がなされ、その事業が総務会において全会一致で承認され、立法措置や具体案は官僚に任せるといういわば「自民党の政策決定システム」は、完成された形になっていた。中選挙区という農村過剰代表選挙制度に依存してきた宮澤内閣までの自民党政治は、「システム」として、地方への「利益誘導」を作り上げ、地元の面倒をみてきた。ある意味で、首相が誰であろうと、政策に大きな変化はなかった。

再選願望に満ち、票が欲しくてたまらない議員は精一杯働いて地元に公共工事を誘致し、地元の土建業者からの仕事に依存する有権者からの「組織票」「基礎票」をもとに再選を重ねるうちに力をつけていく、というのが広くみられた自民党新人議員であった。

派閥政治、官僚依存、公共事業依存、中央依存、二世議員、金銭汚職等々、マイナスのニュアンスを含んだ形容は、自民党政治を否定する用語として定着していた。

この様相は、細川内閣期の選挙制度改正により、徐々に変容していった。新たな小選挙区比例代表並立制という選挙制度で選挙を重ねていく過程において、党首の権限が増大することと併行して、党首の顔や個性、政策が重要視されることとなり、派閥の無力化や公共事業誘致の価値低下が進行した。それを決定づけたのが小泉首相であった。

民主党政権の誕生は、安倍晋三・福田康夫・麻生太郎という、国民の審判＝総選挙を経ないまま総裁の辞任という自民党の都合で選出された総理大臣による失政の賜であった。二〇〇九年夏の総選挙において、民主党から公認された候補者は、「政権交代」さえ声高に唱えていれば、ほとんどの民主党候補が当選できるだけの追い風が吹いていた。小泉のあと三代続いた自民党の総理が、国民の声を的確には吸収できない見劣りのする内閣しかつくれなかったことが、民主党への政権交代を促進する要因となっていたのである。

民主党政権は、有権者の自民党政治への辟易を跳躍台として誕生した政権だけに、自民党とは異なることを強調する必要があった。政治主導、地域主権、「コンクリートから人へ」等々のスローガンのみならず、事務次官会議の廃止やダム工事中止宣言は、自民党政治を否定するための「キャッチ・コピー」ともいえた。但し、国民に広く支持されるような的確な表現を纏えばのはなしであった。

しかしながら、民主党が責任を持って政権を運営するだけの準備、政権を担うに足る統治能力が不足していたことはもはや明瞭である。「はじめに」や前節において列挙したように、失言、放言、閣内の不一致は枚挙に暇はない。要するに、党首が党内を完全に掌握しきれていないのである。これを「まとめる力の欠如」「凝集性の欠如」といってもよかろう。[5]「頼りなさ」の原因はこれらの複合的産物である。

市民運動に身を投じていた頃、「下から」の問題提起をたびたびおこなった菅首相にとって、これまで政府は批判すべき対象であり、自らがトップリーダーとなって国民を「上から」統治する本体であるとの認識はない。発足当初、「市民運動出身の」と枕詞のようにいわれたが、これがもし、政権運営をしていくうえでの菅首相の指導力欠如を見越してのことであったとすれば、卓見といえよう。

これとは逆に、菅首相は、「市民運動出身」であるにもかかわらず、国民の声に耳を傾け、それを政策に反映させるという「下から」の民主政治の発想に欠如している。また、菅首相には良かれ悪しかれ地元の面倒をみる、という発想がない。東京の（武蔵野市・三鷹市等の）多摩東部という社会資本整備がほぼ完了した地区を選挙区とする菅には、橋を架けてほしい、道路をつくってほしい等についての有権者からの陳情はほとんどないのかもしれない。しかしながら、かつての「金帰火来」が持っていた「地元有権者の声を国会に」、というシステムは機能としては民主政治を下差さえしていたものであったのではないか。もっとも、かつての公共工事に依存した利益誘導政治の再来を期してのことではない。

国会での熟議以前に、民主党内部での熟議が不足している。党内の「下から」の意見の吸収も円滑に進んでいるようにも見受けられない。熟議の先頭に立つべき党首＝菅代表＝首相が、端から見ていて常に逃げ腰なのであった。「上から」の指導力が発揮されるべきときに発揮されなかったのである。

一方で、二〇一〇年夏の参院選の告示後に、突如消費税増税を口にしたことに象徴されるように、菅には重要なことを党内論議も経ないで、合意もないまま、記者会見において（思いつきで）発表したことがしばしばあった。そこには「熟議」も「論議」もない。「会議」はあったのかもしれないが、[6]「合意」はない。これは「独断専行」といわれても仕方がない。これは、党首選を争った相手方の、菅直人が批判してきた人物の特質ではなかったか。

他方、難題に対してはさまざまな識者から意見をきいて決断がにぶる。菅首相は時に過剰に「上から」、時に過剰に「非・上から」なのである。

鳩山時代を含め、民主党の首相のリーダーシップが弱いという感覚は多くの有権者が持ち合わせているところだろう。小泉後の安倍・福田・麻生、のみならず、森喜朗、小渕恵三に、強いリーダーシップがみられたかといえば、これもまた同様、「弱い」ということとなろう。比較の基準が「小泉的」なものにある限り、それは「個性」の問題ともいえる（法案成立率、国会での審議時間といった数字に表れたことだけを取り上げて、それを「論拠」に論じる手法を私はとらない）。

「個性」により、これほどの差があらわれるということは、統治システムとして現行制度には、制度的になんらかの深刻な問題があるのではないか。何度か政権交代を経験することで、よりよい制度を構築していく必要があるのである。

注

（1）　毎日新聞社、共同通信等が配信。

（2）　一月二四日の施政方針演説の骨子は次の通りである。「国づくりの理念は、「平成の開国」「最小不幸社会の実現」「不条理をただす政治」、「六月までに社会保障改革の全体像と、必要な財源を確保するための消費税を含む税制抜本改革の基本方針を示す」、「日米同盟の深化に向けて、今年前半の訪米時に二一世紀の日米同盟ビジョンを示す」（同日夕刊）等である。以下、本文も含め、断りのないものは朝日新聞による。

（3）　詳しくは、白鳥浩編著『政権交代選挙の政治学』ミネルヴァ書房、二〇一〇年、序章「政界再編から政権交代へ」を参照。小泉時代を通して、自民党が包括政党からシングル・イッシュー・パーティーへと変貌したのではないか、という白鳥の指摘は傾聴に値する。

（4）　菅首相は、二〇一一年一月二一日、各省の事務次官らを官邸に集めて訓示し、民主党が掲げている政治主導について、（これまで）「現実の政治運営の中で反省なり、行き過ぎなり、不十分なり、いろいろ問題があった」「いい形の協力関係をお願いしたい」と述べた。「事務次官会議の廃止や政務三役中心の政策決定といった政権運営のスタイルは変更しないものの、政策決定などで官僚を排除するのでなく、協力や協調を求める「脱・脱官僚」宣言といえる」（同日夕刊）。菅首相は訓示で、「政治家も、「自分たちだけで大丈夫」では物事が進まないことを理解してきている」と発言すると、うなずく次官もいた（同夕刊）。

（5）　成蹊大学法学部編『教養としての政治学入門』ちくま新書、二〇一九年、第一章を参照。

（6）　曽我豪「記者有論」（二〇一一年一月二二日付）に、「熟議の政治が会議の政治になってしまった」との指摘がある。曽我の結論は、「反省すべきは、大衆への伝え方ではない。その逆方向、大衆のつかみ方である」である。的確な指摘である。「反菅、非小沢、世代交代」が民主党内でささやかれている合言葉として紹介されている（二月五日付、曽我「記者有論」）。

［二〇一〇年一月〜二〇一一年一月の政治過程］

1・18　通常国会開会

1・23　民主党小沢幹事長、東京地検特捜部の事情聴取受ける

1・29　鳩山首相、施政方針演説

演説の骨子

・「新しい公共」の考え方を五月までに具体化する
・地域主権の実現に向け、政治主導で改革を進める
・複数年度を視野に入れた中期財政フレームを策定
・事業仕分け第二弾を実施し特別会計を整理統合する
・夏以降、省庁編成の抜本的な見直しに着手する
・国会議員の定数や歳費のあり方の見直しに期待する
・政治資金の問題でご迷惑を掛けたことをおわびする

・米軍普天間飛行場の移設先は五 月末までに決定する
1・31　民主党小沢幹事長、東京地検特捜部の事情聴取（二度目）受ける
2・7　週末世論調査で初めて内閣不支持が支持率を上回る
2・8　自民党を離党した田村耕太郎参院議員、民主党に入党。これにより、「民主・新緑風会・国新・日本」と民主系無所属で過半数一二二に自民・改革クラブ八二、公明二一、共産七、社民・護憲連合五、無所属六
3・24　二〇一〇年度予算成立
3・26　子ども手当法成立
4・1　公立高校授業料実質無償化開始
4・8　総選挙からの自民党離党者が一〇名に
4・10　「たちあがれ日本」結党
4・18　山田宏・杉並区長らが日本創新党結成。代表幹事に中田宏・前横浜市長、政策委員長に斎藤弘・前山形県知事他が就任（二〇一二年解散）
4・19　橋下徹・大阪府知事らの「大阪維新の会」発足式
4・22　舛添要一、自民党に離党届
　鳩山首相元公設第一秘書・勝場啓二被告に有罪判決
4・23　舛添要一・荒井広幸ら六名、「新党改革」結成
4・26　河村たかし名古屋市長　地域政党「減税日本」を立ち上げ
4・27　検察審査会、小沢一郎民主党幹事長を起訴相当と判断
〃　「公訴時効」を廃止する刑事訴訟法改正案が成立
　自民党党規委員会（中曽根弘文委員長）与謝野、舛添両氏を除名。比例区選出のため、党に議席を戻すべきと諫早湾潮受け堤防、長期開門へ
5・23　鳩山首相、仲井真沖縄県知事に普天間問題で陳謝
5・28　辺野古明記と日米が声明

5・30　社民党が連立政権を離脱
6・2　鳩山首相、辞意表明。小沢幹事長も辞任へ
6・8　国民新党と新党日本が衆院で統一会派を結成　これにより、民主党・無所属クラブ三〇九、自民党・無所属の会一一六、公明党二一、共産党九、社民党・市民連合七、みんなの党五、国民新党・新党日本四、たちあがれ日本三、国益と国民の生活を守る会二、無所属四
6・8　菅直人内閣成立
6・13　自民党谷垣総裁、参院選で与党が過半数を獲得したら辞任と表明
6・16　自民党が菅直人内閣不信任案を提出、否決、通常国会閉幕
6・17　民主党、マニフェスト発表
6・21　菅内閣、地域主権戦略大綱まとめる
6・24　参院選公示
6・27　G20最終日に初の日米首脳会談（菅‐オバマ）カナダ・トロントにて
7・11　参院選で民主党大敗　民主党四四（一〇議席減）、自民党五一（一三議席増）、みんなの党一〇等（含非改選）
7・27　社民党辻元清美氏が離党届（社民党の受理は八月一九日）
7・28　千葉法相（かつて死刑廃止議連メンバー、参院選で落選）立ち会いの下、死刑執行
7・30　参院、議長に西岡武夫氏を選出
8・6　広島平和祈念式典に英米仏の代表者が参列
8・8　長野県知事に民主系の阿部守一氏が当選
8・10　菅首相、韓国併合一〇〇年について「談話」を発表
8・11　自民党参院議員会長に中曽根弘文氏
8・19　自民党参院幹事長に小坂憲次、参院政審会長に山本一太、参院国対委員長に脇雅史各氏
9・1　民主党代表選告示
9・7　尖閣諸島沖で中国漁船が海保巡視艇に衝突

〃　鈴木宗男議員の失職・収監が確定（正式には９・15付）
９・８　中国人船長を逮捕
〃　民主党の中島正純衆院議員が政治資金問題で離党届　同日受理される
９・12　名護市長選で稲嶺進氏が再選
〃　普天間　埋め立て方式から「くい打ち桟橋方式」案浮上後、「埋め立て新案」も
９・14　民主党代表選、菅直人が再選
９・17　菅改造内閣が発足
９・25　尖閣衝突の中国人船長を釈放
10・１　臨時国会召集
　このころ、民主党、企業・団体献金の自粛撤回
10・24　衆院北海道五区補選で、自民党の町村信孝氏が当選
〃　鳩山前首相が引退を撤回
10・26　平成二二年度補正予算案　閣議決定
10・27　特別会計を対象とした事業仕分け開始（〜10・30）
　政府、尖閣ビデオを国会に提出
11・１　ロシアのメドベージェフ大統領、北方領土の国後島訪問
11・４〜５　尖閣諸島、中国漁船衝突事件　映像が You Tube に流出
11・12　民主党、国会議員の定数削減を断念
11・13　横浜でＡＰＥＣ始まる
〃　You Tube に映像を流出させた海上保安官　逮捕せず
11・15　自民党、仙谷官房長官と馬淵国交相の不信任案を提出　否決
11・16　補正予算案が衆院通過
11・18　仙谷官房長官、「暴力装置でもある自衛隊は……」と発言

11・18　菅首相、たちあがれ日本の与謝野氏と公邸で会談
11・22　柳田法相、失言の責任をとり辞職。後任は仙谷官房長官が兼務
11・23　午後、北朝鮮が韓国・大延坪島などを砲撃。民間人二人死亡
11・26　補正予算案参院で否決、両院協議会
11・26〜27　自民党、参院に仙谷官房長官、馬淵国交相の問責決議案を提出可決仙谷氏については、みんなの党と共同提案
11・28　沖縄県知事選で仲井真（71）知事が再選
〃　米韓合同軍事演習（〜12・8）
12・1　仲井真沖縄県知事、首相官邸で菅首相に「県外移設」要請
〃　鳩山前首相、地元後援会会合で、引退を「正式に」撤回
12・3　国会閉幕　歳費日割り法案が成立
〃　自民党の大村秀章氏が自民党を離党→12・6立候補を表明、2・6の愛知県知事選で当選
12・5　竹原信一阿久根市長の解職成立
12・6　鈴木宗男前衆院議員、出頭
〃　「公務員庁」創設案浮上。人事院勧告廃止へ
〃　菅首相、社民党と連携強化を図る、と表明
（首相官邸で社民党福島党首と会談）
12・27　連立政権への参加を打診されていたたちあがれ日本が不参加を決定

二〇一一年

1・4　菅首相、伊勢神宮参拝
1・13　民主党大会
1・14　菅再改造内閣発足。問責を受けた仙谷、馬淵両氏を更迭
法相に江田氏、官房長官に枝野氏、経済財政相に与謝野氏

1・23　自民党大会
1・24　通常国会召集。菅首相、施政方針演説
1・30　山梨県知事選、横内正明氏再選
1・31　検察審査会が、小沢元代表を強制起訴
2・15　民主党常任幹事会で小沢元代表の党員資格停止を決定（判決確定まで）
2・17　渡辺浩一郎ら民主党の一六名が会派離脱届け。全員が比例代表選出
2・22　民主党、小沢一郎氏元代表に党員資格停止処分。判決確定まで
2・23　松木謙公議員が農林水産政務官の辞職届を提出。辞任は二四日
3・1　来年度予算案が衆院通過。会派離脱届けを出した一六名は欠席
3・2　採決欠席の渡辺浩一郎を党員資格停止、他一五名を厳重注意処分
3・3　民主党の佐藤夕子議員が離党届提出。減税日本支援の意向
3・6　前原外相が辞任（在日外国人からの政治献金問題で）
3・8　新外相に松本剛明副大臣昇格
5・18　参院、憲法審査会、規定を制定。憲法改正が制度として整う
6・2　菅内閣不信任案を否決
9・2　野田佳彦内閣発足

菅直人内閣支持率（%）主な変遷

調査日	不支持	支持
2010.6.12-13	23	59
2010.6.19-20	27	50
2010.6.26-27	19	48
2010.7.3-4	39	40
2010.10.9.10	36	45
2010.11.13-14	52	27
2010.12.11-12	60	21
2011.1.15-16	54	26
2011.2.19-20	62	20

『朝日新聞』をもとに、筆者が作成。

第Ⅱ部 日本社会党再考

概要

自民党や民主党その他の政党に関する論攷は、第Ⅰ部に収録した。

第Ⅱ部には、日本社会党に関する論文を収録した。私自身、社会党に関する論文で学位を取得したという経緯から「社会党研究者」と位置づけられることもしばしばあった。それだけでないことは、第Ⅰ部や第Ⅲ部をみていただきたい。さて、社会党に関し、小生の関心は、日本社会党の衰退理由にあり、それについて論じたのが第六章、第八章、第九章である。

社会党を支えた理念は、民主主義、社会主義、平和主義であったが、私は有権者の支持は、一九五〇年代以降は平和主義に集中していたと考えている。つまり、日米安保反対、自衛隊反対、日の丸・君が代反対等々によって、高度経済成長後も、一定の支持を獲得し続けることができたと分析している。

村山内閣期の政策転換が、その後の党勢衰退を促進したことがそれを如実に物語っている。

では、その防衛政策の転換の前に低迷・衰退の契機となったのはいつか。それは、政策転換より二五年も前の一九六九年末の総選挙であった。

この時期、社会党は「非武装中立論」を唱えていた。それについて考察したのが第七章である。自民党とのイデオロギー対立は、防衛政策をめぐるものが最も熾烈であり、この分析が肝要との思いからである。

時期的にはそれよりも遡ること約一五年。構造改革をめぐる論争についての分析も収録した。

第六章　構造改革論と社会党——歴史的・政治的意味の再考

はじめに

日本社会党は、戦後政治の一翼を担い、長らく野党第一党の位置を占めていた。にもかかわらず、研究書はわずかなものにとどまっていた。しかしながら、ここ一〇年程漸く研究者、研究成果ともに充実してきている。本章では、かつて社会党が掲げた、構造改革という「政策」提起について、主としてそれを提起した社会党内の動向に眼を向けて、社会党・構造改革論がもっていた歴史的意味、政治的意味にも迫り、社会党研究の進展に貢献したい。

本章が対象とするのは、主に一九五五年に自民党が結党され、鳩山一郎（一八八三〜一九五九）、石橋湛山（一八八四〜一九七三）、岸信介（一八九六〜一九八七）、池田勇人（一八九九〜一九六五）といった首相が政権を担当していた時期である。社会党が構造改革を提示した時期は、自民党（岸・）池田内閣が所得倍増論を声高に提唱し、高度経済成長政策を掲げていた時期と重なっている。国民の生活や意識は、大きな変革期を迎えていた。両党の経済政策の相違をみることは、戦後政治の方向性・枠組を決定づけた基本政策の再検討として、大きな意味をもつものと信じる。

自社両党は、もうひとつの基本政策、すなわち、防衛政策においても、一九九四年の村山内閣までは相容れなかった(1)が、防衛問題については、本章で深く掘り下げる余裕はない（拙著『転換期の戦後政治と政治学』二〇〇三年を参照）。

選挙制度に潜む問題点や、定数の不均衡等をいま捨象すれば、本章でみる時期の総選挙、参院選の結果は、有権者の多数が自民党に勝利をおさめさせることを選択してきたといえる。それは、社会党が「有権者の方を見ていなかった」から、「非現実的」政策を掲げることになり、選挙に勝てず、政権獲得に至らなかったのだというあまりにも常識的議論に陥りがちである。それから脱却することが本章の日的である。加えて、本章は、当時の社会党の政策に関し、現在の視角からの評価を意図するものでもない。批判や賞賛に終始することは建設的ではないとの判断からである。

一　構造改革論再考

「社会党内の構造改革派をふくめて、ひろく日本の構造改革派はイタリア直輸入の系譜だけでなく、多様な発生源ないし理論系譜をもち、しかも相互に顔もほとんど知らない、ゆるやかな少数の理論家たちの、それこそ思考スタイルとしての総称でした。しかし、当時はまだ層として存在していた知識人層の間では、広く理論的影響をもっていました。誰が中心ということもなく、全国各地でそれぞれ構造改革派を自称していた人々がいて、種々の研究会や同人雑誌、単行本、また『朝日ジャーナル』『エコノミスト』『世界』『中央公論』などのオピニオン雑誌で、個々に発言しています。全国でみても数百人どまりだったでしょう。／オールド・レフトの共産党、また社会党系の社会主義協会はそれぞれ固い組織で動いていたのに対して、構造改革派は各人独自の新思考での模索スタイルでした。このため、構造改革派についての歴史は書けません。どこをモデルとするかによって、構造改革派についての位置づけ・意義が変ってしまうからです。(2)」

既に大衆社会論争で著名となり、社会党の構造改革派のブレーンであった松下圭一は、以上のような回想をしている。確かに、社会党研究に不可欠の「構造改革」論である割には、まとまった研究は少ない。当事者が多数現存していることに加え、「構造改革派」が決して一枚岩ではなく、何か言及すれば、「派」内の別のグループからの批判が予想されてしまうため、執筆を躊躇してしまうのであろう。しかしながら、漠然とではあっても、何らかの共通項があるからこそ「構造改革派」と称されていたのであり、その「像」を描くことは可能であろう。そこから、さまざまな意味を見出すことも可能であろう。

本章では、社会党の構造改革論のシンボル的存在であった江田三郎（一九〇七～七七）に関わる動向を中心に検討を加える（五十嵐仁・木下真志編『日本社会党・総評の軌跡と内実―20人のオーラル・ヒストリー』二〇一九年、第一・二章を参照）。

まず、構造改革論が発表された経緯から播いていきたい。一九六〇年一〇月一三日、前日に浅沼稲次郎委員長（一八九八～一九六〇）が刺殺される事件（テロ）があったため、社会党大会は予定通り開催はされたものの、議論がほとんどなされないまま、江田三郎を委員長代行に選出し、「総選挙と党の勝利と前進のために」という方針を採択した。その中に、「生活向上、反独占、中立の柱はきりはなすことのできない構造改革の体系となる[3]」と唱える構造改革論（以下、構革）があったのである。この大会で丁寧な議論がなされなかったことが、「不幸」の始まりでもあった。

当時江田の周辺には、加藤宣幸（一九二四～二〇一八）、貴島正道（一九一八～）、森永栄悦（一九二五～）（いわゆる構革三羽烏）や西風勲（一九二六～）、仲井富（一九三三～）、荒木傳（一九三三～）という若い気鋭の党職員が集い、松下圭一（一九二九～）、佐藤昇（一九一六～）、長洲一二（一九一九～九九）、井汲卓一（一九〇一～九五）、力石定一（一九二六～、ペンネーム杉田正夫）、安東仁兵衛（一九二七～九八）、正村公宏（一九三一～）といった社共の枠にとらわれない学者グループとともに、約二年間、毎月研究会（「現代社会主義研究会」）を開催していた。初岡昌一郎（一九三五

〜）等、社会主義青年同盟（＝社青同）の面々も党職員と緊密な関係にあった。この時期は、呉越同舟、大きな枠組での構造改革派が成立していたわけである。

イタリア共産党の理論家A・グラムシ（一八九一〜一九三七）、P・トリアッティ（一八九三〜一九六四）の議論をもとに、もともと日本共産党内であった構造改革論が、佐藤昇の論文「現段階における民主主義」（『思想』一九五七年八月号）を高く評価した初岡らを通じて、次第に先の研究会や社会党内でも読まれるようになり、左社綱領に不満を持っていた党職員の間に広まっていった。

前述の党大会で採択された決議に続いて、先の研究会等における議論の成果として、翌一九六一年、『社会新報』元旦号に掲載されたのが、共同討議「構造改革のたたかい」である。この討議に参加したのは、先述の三羽烏に加え、藤牧新平、高沢寅男、伊藤茂他であり、彼らには、左右のイデオロギーを越えて一緒にやっていくことが可能な路線を提示したとの認識があった。(4) そこには、「独占の利益本位政策を国民の利益の方向にかえること」や「資本主義の土台である資本主義の構造（生産関係）の中に労働者が介入して部分的に改革をかちとること」などが説かれていた。これは、「社会主義の実現をめざす社会党の日常活動は、勤労国民の日常的な要求や利益を守って闘うことであり、それを通じて具体的な社会的改革をただそれだけに終わらせるのではなく、社会主義への道程として位置づけ、現在の独占の支配を具体的につき崩し、権力の獲得に接近するために勤労国民大衆を結集する」（同聴き取り）という認識に基づくものであった。これ以上詳しい歴史的経緯は、先行研究に譲る。(5)

江田らが構造改革を提起した時代は、左右統一後の社会党の議席が右肩上がりに大きく増大していた時期である。それに照応して、社会党への国民の期待は高まるばかりであった。しかしながら、戦後最大の反政府運動となった六〇年安保闘争、加えて同年、戦後最大の労働争議・三池争議、という二つの「戦後最大」が、ともに社会党の支援した側の「事実上の」敗北をもって終結した時期と重なる。他方、まだ、池田内閣の所得倍増政策、高度経済成長政策の成果を国民が実感するには、時間を要する時期でもあった。これからの国民生活の方向性を決めるための選択肢は複数用意されていた。そのうちの一つが、江田らの構造改革論であった。

政治改革、行財政改革、選挙制度改革等を想起しても、「改革」というからには、当時の状況に何か問題があり、改める必要があるという認識があったことを示している。いわば、病理を診断するという側面を含有するものである。江田らは、当時をどのように診断し、どのような処方箋を書いたのだろうか。次にみるのは、「今年のわれわれの課題」と題し、書記長として『月刊社会党』に発表した論文の要旨である。

「①これまで社会党の政策は、政権獲得後のあり方に重点がおかれており、政権を獲得するまでの過程が明らかでなかった。その結果、戦争や恐慌を客観的条件とすることによって革命が可能であるとするいわゆる〈窮乏革命論〉や、あるいは改良の積み重ねによって革命が達成されるという〈なしくずし革命論〉が生れる余地があったが、構造改革路線は政権獲得にいたる過程を明らかにするものである。②構造改革路線は、一口にいえば、独占資本をバックとする政府およびそれとつながる権力が独占資本の利益のための経済構造を維持強化させようとするのにたいし、独占資本の被害を受ける勢力を統合して、その政策転換をはかっていく路線である。つまり、独占資本から出された政策に反対するにとどまらず、これをよりどころにして積極的に権力支配を制限し、政策転換要求闘争を行っていくものである。その具体例として労働運動では、三池の首切り反対闘争はとうぜんだが、それに広く石炭政策の転換闘争を結びつけていく必要がある。(6)」

さらに単純化すれば、国民諸階層の生活向上、独占支配構造の変革、貿易構造の変革の三点の改革を意図したものであった。また、「地方自治体改良」や「議会政治の確立」も必要との認識であった。それによって、党が掲げる「護憲・民主・中立の政府」を樹立することが目標であった。江田自身は、構造改革論を新しい社会主義論と認識していたが、それは、社会党が経済政策において、しばしば「教条化した」と形容された左派（綱領）路線から、「現実政党」に脱皮する契機となる可能性を秘めたものであり、構造改革を経由して、（江田の認識とはやや異なるが、結果的には）日本に「社会民主主義」的なものを定着させるための試みともなっていくものでもあった。

但し、江田の主張は、日本において、一気呵成に社会主義社会を実現させるのではなく、「反独占・構造改革の国民連合」によって資本主義を改良し、社会主義実現に至る条件整備を図る、というのが江田の思考枠組であり、しばしば誤解されているような、「人間の顔をした資本主義」（capitalism with a human face）をめざしたものではない。

構革派の主張は、「左派連合」の重鎮・向坂逸郎（一八九七～一九八五）を念頭においた「教条主義への批判」が眼目であり、当然のことながら、向坂や太田薫（一九一二～九八）の逆鱗に触れることとなった。向坂や太田は、『社会主義』、『新情報』、『月刊総評』等の誌上において、構革論を「改良主義」、「日和見」として受け入れず、佐々木派（佐々木更三（一九〇〇～八五）が率いた左派集団）との提携を強めた。

また、党内的には、構革を機に、政策集団としての江田派が形成されたことは、後の佐々木派との熾烈な派閥抗争を慮ると大きな政治的意味を持つものであったといえよう(7)。

二　提起の経緯

1　『社会新報』における共同討議

次にでは、なぜ、構造改革路線が提起されたのか、また、なぜ、葬られたのかに焦点をあてることで、構造改革論の意味を問い直すことに重点をおいて検討したい。状況確認のため、引用が多くなることをあらかじめ断っておく。

『社会新報』共同討議」においては、その経緯について次のように述べられている。

「中央での闘いではかなりの成果をあげたにもかかわらず、地方や職場において十分な大衆闘争を組織し、独占の企図を粉砕する闘いを成功させることができなかった。この反面、三池においてあれほど偉大な闘いが行なわれたにもかかわらず、中央における安保闘争と十分に結合させ、独占と真に対決する闘いに発展させることができないという欠陥をもたらした。／これらの成果と欠陥の中から、独占の支配のもとでもその政策を規制し変更させて、国民の利益を守ることが現実的に可能であり、闘いの指導的立場にたつべき社会党が、明確な将来の展望をもって議会における闘いを強化し、さらに地方や職場の大衆闘争を組織し指導し、これを正しく結合することができれば、より大きな成果をかちとることができるという確信をもつことができた。

第二の理由は、安保闘争のあと、特に池田内閣の手によって特徴的に進められてきている独占のための「構造政策」に対決して「真に国民の要求を実現し、その利益を守るためには、われわれの側で国民大衆のための構造改革のプランを対置して闘うことがどうしても必要である」、ということである。このためには独占の出す政策に「反対」をさけぶ従来のような闘争方式から、積極的な提案をもって先制攻撃をかける闘争方式への転換が必要であり、これなしには、これまでの日本の革新運動の最大の欠陥とされてきた資本の側からの政策や攻撃の結果に反対し、これをはねのける闘いは組織しえても、自から積極的な政策を提案しそれを実現させる闘いを十分に組みえなかったという、われわれの弱さを克服することはできないことを教えている。(8)」

これが、「構造改革のたたかい」で示された構造改革論提唱の当事者による説明である。キーワードは「独占」で、この支配から脱却するために、「地方や職場の大衆闘争」の必要性が説かれる。加えて、労働運動についての見解を確認しておこう。

「第三の理由は、三池闘争をはじめとした最近の労働運動で経験したように、われわれの前にたちはだかっている厚いカベは、いずれも雇用の二重構造といわれる経済の二重性に根ざしたものであり、これを打ち破ることなしには労働運動にとって重要な課題である最賃制の実現も、企業意識の打破も、また組合の分裂を根本的に阻止することも、とうてい実現することはできない。さらにまた、当面の他の多くの労働者の要求を獲得するためにも、労働者の闘いを構造改革にもとづいた政策転換の闘いに発展させなければならないという、労働運動の内部の事情によるものである。(9)」

第四の党内問題に関しては、次のように述べている。

「率直にいって、これまで党内には社会主義の実現をめぐってさまざまな考え方があったことは事実である。その一つは、特殊な革命的な情勢——例えば恐慌や戦争など——を前提にした、いわゆる〈恐慌待望論〉的な革命路線である。この考え方は、一時とくに一部の党員をとらえていたことはいうまでもない。他の一つは院内を中心にした、改良さえつみかさねていけばひとりでに社会主義は実現できるのだという、権力の獲得をぬきにした、いわゆる〈なしくずし革命論〉——改良主義である。／しかし、この二つの間違った〈革命論〉は警職法や安保闘争などの経験によって、その非現実性が極めて明確になった。好況のときでも院内外の闘いを正しく結んで、憲法に保障された民主主義的な手段によって政府を一応の危機に追いこむことができたという経験は、〈恐慌待望論〉的な考えを改めさせたし、警官と右翼とに対立した激烈な闘いの教訓は、〈なしくずし革命論〉を空論化させた。そして社会党がこれまでとってきた階級的大衆政党としての闘いの原則が正しかったことを、再認識させたものである。社会党の構造改革路線は、以上のような結論から提案されたものである。(10)」とされる。

2　推進派と江田三郎

構革論を最初に積極的に推進したのは、先にみたように、党内左派の鈴木茂三郎派に属していた加藤、森永、貴島らの党専従若手職員であった。彼らが「鈴木派からの離脱を決意し、研究会や、学者たちとのヒヤリングをも重ねた結論として」[11]提出したのが構革論であった。加藤は、その前段階とも言える、党員拡大を意図した機構改革を組織部副部長として企画・推進し、答申案なども執筆していた気鋭の職員であった。その加藤らの案に賛同し、「組織改革について理論的・実践的に理解し行動したのが」、当時、組織委員長をしていた江田三郎であった。加藤らが、江田の「政治的資質を見込んで彼を担」ぎ[12]、江田派の形成となっていったのである。

筆者は、加藤宣幸主宰の研究会（戦後期社会党史研究会—二〇〇三年七月発足、東京・神保町で開催）に可能な限り出席し、当時の状況を知る機会を得てきた。以下も、加藤の弁である。

加藤らが構革を推進しようとしていたとき、担ぐ政治家としては、江田以外の選択肢はなかったのか、等の筆者の問いに加藤は次のように応じている。

「社会党内部では〈構造改革〉路線提起の前段ともいうべき党内改革の動きとして〈機構改革〉という組織問題の取り組みがあったのです。それを私は組織部副部長として企画推進し、答申案なども執筆したのですが、これについての執行部側責任者は当時組織委員長だった江田三郎氏で、この組織改革について理論的・実践的に理解し行動したのが江田三郎氏でした。」「新しい党組織と党理論を建設するためには既成の派閥を超えていかなければできませんから鈴木派内部における彼の政治的立場、また国民に対する説得力からも彼以外に適任者はいませんでした。したがって他の選択肢はまったくありえませんでした」（同聴き取り）。

さらに加藤は、「本来はイタリア共産党におけるグラムシ・トリアッチ理論からきたものですから〈構造的改良〉とでも訳すのが正しいのでしょうが、〈改良〉という用語だけで社会党内部の協会派などのいわゆる党内左派から猛烈に攻撃を受けて潰されてしまうというので〈改良主義〉とは違うという意味をこめて〈構造改革〉という表現にしたのです」と述べている。さらに、「社会党における私たちの提起が派手な論争を呼び起こし有名になり、次第に〈構造改革〉というのが普遍化した」（同聴き取り）という。「改革」とした一因は、「改良主義」との批判を意識したのであろう。

「六〇年安保闘争の国民的盛り上がりを背景にして、社会党が日本の変革を主導する義務があり、その政治的立場にあると確信していた(13)」とも加藤は回顧している。

では、何の「構造」を改革しようとしたのか、という筆者の問いには、「日本社会の構造である(14)」と回答している。日本社会の構造を変えることで、社会党支持層の拡大をはかり、結果として、社会党を日本の変革を担う政権政党に成長させ、日本に社会民主主義を定着させようという意図であったのである。

他方で、加藤らの提起（「構造改革のたたかい」）は次のような認識も示している。構革は、「独占の利益本位の政策を国民の利益」に転換し、「資本主義の構造（生産関係）の中に労働者が介入して部分的に改革をかちとること」をめざしてもいた(15)。あくまでも、「社会主義」の枠内での思考にこだわりを表明していた江田とは、微妙な認識のずれを見出すことができる。江田にとっての「社会主義」は、論理的なものではなく、「心情(16)」なのだという。

加藤も、初岡も合意している点は、構造改革論としては、表だって言ってはいないが、日本に社民主義を根付かせるという意図を含むものの総体が「構造改革」であったという認識である(17)。

後、江田が社会主義を支持しない政党との連携、すなわち、社公民路線を積極的に推進し、その路線に同調できない松下、加藤らが江田のもとを離れていったことも、一種のねじれ（ずれ）である。このねじれ（ずれ）がなぜ生じたのか。多数派形成のために、同一行動をとるべき構造改革推進派のこのねじれ（足並みの乱れ）は重要な問題である。出発の時点で基本的な認識に齟齬があった可能性を示唆している。

防衛政策においては、当時、非武装中立で一致しており、この政策に異論はなかったという。[18]「護憲・民主・中立」の政府を指向する方向性の大枠では相違点はない。江田の別の側面を観察することで、このねじれを解明する視点を得たい。

三　江田ビジョン

「社会主義は、大衆にわかりやすく、ほがらかなのびのびしたものでなければならない。私は、社会主義の目的は人類の可能性を最大限に花ひらかせることだと思う。人類がこれまで［に］到達した主な成果は、アメリカの平均した生活水準の高さ、ソ連の徹底した社会保障、イギリスの議会制民主主義、日本の平和憲法の四つである。これらを総合調整して進むときに、大衆と結んだ新しい社会主義が生まれると思う」一九六二年七月二七日日光全国オルグ会議[19]

これがいわゆる江田ビジョンの核心部分である。江田のブレーンであった竹中一雄（一九二九～）・長洲一二（一九一九～一九九九）らのアイディアを取り入れて提起したものであり、「ソ連、中国型の社会主義は後進国型の時代遅れ」なものとの含意であった。[20]この提言を『エコノミスト』（一九六二年一〇月九日号）に「社会主義の新しいビジョン」として発表した。

江田ビジョンは、江田の提起した構造改革論を実現するための具体策を提示したものでもなければ、構造改革論を補強するためのものでもない。江田ビジョンは、江田の社会主義観を盛り込んだものであり、往々にして誤解されているように、構造改革論と直接の結びつきをもつものではない。「何でも反対」という社会党のイメージを払拭するべく、「革命ではなく、構造的に変えていく」という路線に、「変わろうとしている」[21]社会党を広範に知ってもらうためのいわば、キャッチフレーズであり、社会党政権獲得に向けた青写真であった。

江田は、日光における発言について、次のように述べている。

「私の発言が「党が綱領にもとづいて実現しようとする社会主義制度とどう異《ママ》るか」という質問にたいしてはまったく答えようがない。なぜなら、私はほかならぬわれわれが綱領にもとづいて実現しようとしている社会主義の未来像について述べたのだからである。いうまでもなく党の綱領は「大衆の生活を物質的、文化的に保障すること」、「人間性を完全に解放する社会を実現すること」、「言論、集会、結社、信仰、良心の自由、自由な選挙」、「平和な新しい国際秩序の創設」を実現することを規定しているではないか。私の発言はこれらの規定をつらぬいている精神をいくつかの具体例をあげて説いたものにすぎない。[22]」

ここでも注目すべきは、江田の「社会主義」へのこだわりである。『エコノミスト』論文のタイトルにも、それは象徴される。江田が戦前、「岡山で農民運動の先頭に立」ち、弾圧・獄中生活を経て、「神戸で葬儀屋を営んで生計を立てて」いたという生い立ちから、終生、農民運動や市民運動に親近感をよせ、ハンセン病療養所・長島愛生園（瀬戸内海の孤島にある）を訪ねていたことは[23]、彼の「社会主義」観に影響を与えずにはおかなかった。江田ビジョンにおいて、国民にわかりやすい表現であり、受け入れられるだろうという直感が契機となって、「人類が到達した大きな成果」を四つ例示したのも、江田の政治姿勢の現れであろう。「江田は農民運動出身ですから、大衆運動主義なんです。[24]」という類の証言は少なくない。江田が「社会主義」に信条的・心情的に拘泥しつつも、政権の獲得に執念を燃やしたのは、佐々木らが主張する理論的整合性よりも、政治家としての江田を精神的に支えてきた支援者への「心情」であり、何が社会党支持者にとって必要なのかを尊重した判断の結果であったのである。

江田ビジョンに対し、佐々木更三は、「〈江田未来像〉は米国の平均した生活水準の高さ、ソ連の徹底した社会保障、英国の議会制民主主義、日本の平和憲法の四つを総合調整してつくるものだと言っているが、これは現資本主義体制の是認につながる現状保守主義でしかない[25]」と批判、一一月二七日からの第二二回定期党大会においても、批判の声が上がった。静岡の代議員からは、「江田の四つの柱は社会主義の思想としてとらえることはできぬものである。もともと江田の構造改革論は経済合理主義的なもので革命思想ではなく民社の思想と同じである」と、宮城の代議員からは、「江田は日本の革新運動は反逆者の運動であったというが、われわれは独占にたいする反逆者である。独占に奉仕する活動家を育てるようなことをいうからマスコミに歓迎されるのだ」等々[26]、罵倒の連続となった。理論的な整合性を最重要視する佐々木派が党内影響力を最大限に発揮したわけである。時期的には、自民党の高度経済成長路線が広く支持され、国民生活が空前の変容を遂げている時期と重なる。しかし、社会党左派が従前の路線に変更を加えることはなかったのである。

両者の対立の経過を簡単に追うと、一九六二年一一月の党大会において、「江田ビジョン」反対の決議が可決され、江田は書記長を辞任し組織局長となり、六四年には、社青同構革派が執行部を総辞職、六四年には左派寄りの社会主義理論委員会報告が承認され、六五年に佐々木が委員長に就任、最終的には、一九六六年一月の党大会で、向坂路線といえる「日本における社会主義への道」（社会主義理論委員会報告）が採択されたことで終焉をみた。しかし、六七年六月には、「道」を事実上作成した社会主義協会が、総会において、新しい規約をめぐり、向坂派と太田派との対立が表面化したことで、分裂した。党内派閥抗争だけでなく、影響力のある社会主義協会が分裂した絡みで、社会党の経済政策、政権獲得方針は混迷を極めていたのである。

こうして、国政選挙が近づくと「護憲」を唱え、「憲法九条」問題に有権者の関心を集中させるという社会党の手法が醸成されていった。それは、経済政策においては、意図した通りに路線の統一を実現することがなかなか困難であったことの裏面でもある。また、「護憲」さえ唱えていれば、総評や平和志向の有権者は全国各地に一定数おり、各選挙区（一三〇区）で一名程度（最下位当選なら七〜八％の支持でも）は当選するため、それに「安住」することも可能であった。政権政党ならば可能な、支援団体への予算措置、選挙区への公共投資や情報提供等、これらを獲得するための選挙戦において、「護憲」が党の結束を保持する最も無難な選択肢であった。

論争の争点となった点に関し、構造改革派と称された経済学者で、前掲の元神奈川県知事・長洲一二は、国家独占資本主義との相違点、「改良主義」への可能性を次のように述べている。構造改革派の多様性を示す一例としてみておこう。

「国家独占資本主義にひそんでいる資本にとっての内在的矛盾の契機を、変革への有利な拠点として拡大し利用する可能性に注目するのが、構造改革論だといってよいであろう。すなわち生産力の発展と社会化が要求する生産諸関係の国家的社会的形態の発展に積極的に介入し、それを労働者階級に有利な方向におし進めることによって、社会主義への接近と準備をはかっていこうとする。したがって、ここから出てくる変革のコースとイメージは、単純な反対や打倒とちがって、独占の論理の制限と生産関係の部分的変革すなわち「改良」の意義の重視であり、それの累積をとおしての「平和移行」である。

それゆえまたもちろん、構造改革は資本主義の根本的変革ではない。それどころか、資本主義のわく内で社会的生産力の発展に照応する生産関係の社会的形態を追求するという意味では、構造改革は国家独占資本主義と同じ次元と地盤に立っている。それが促進しようとするものは、再生産構造の社会的、国家的形態としての国家的な規制や管理、国有化などである。だから経済の構造と形態では、構造改革と国家独占資本主義は基本的に共通であり、類似している。ただ、その内容と方向は逆である。国家独占資本主義は、資本のイニシァティヴによる生産関係の国家的総括であるが、構造改革は労働のイニシァティヴによるそれである。前者は社会的搾取の強化であるが、後者はその制限である。

このことは、国家独占資本主義が資本の収奪と支配の強化という面と社会主義への物質的準備という面との「二面性」をもっていることが、構造改革の「二面性」として反映しているのだともいえるであろう。事実、たとえば国有化や公信用《ママ》も、労働立法や社会保障も、独占への敵対物にもなりうるし、逆に独占補強の支柱にもなりうる。構造改革によって社会主義に接近する可能性とならんで、構造改革が改良主義に転落する可能性も生じる。したがって構造改革は、たえず社会主義の目標に向かって前進しないかぎり、いつも国家独占資本主義体制の補充強化に逆転する危険性をはらんでいる。国家独占資本主義的方向と構造改革は相互に浸透しあい、転換しあう(27)」。

「身内」からもこのような声が挙がっていたことは、構造改革論争の意味を検討するうえで見落とすことはできない。

四　構造改革論・江田ビジョン再論

社会党がもしあのとき構革路線をとっていれば、という議論には意味がない。歴史にそれは禁句である。また、江田の提起が時期尚早であったこともしばしば指摘されてきた。この論も、単純な比較はできないとしても、防衛問題、経済政策において「現実化」をめざして結党された民社党が、以後低迷したことと辻褄があわない。それよりも、後述のように、社会党はなぜ構革路線をとることができなかったのかの分析をする方が有用である。

『社会新報』一二月二一・二八合併号は、一九六九年一二月末の総選挙に向けた「総選挙スローガン」として、以下の八点を挙げた。

一．平和憲法を世界の憲法へ非武装中立でアジアの共存と繁栄を
二．米軍の肩代り軍事国家反対核も、基地も、B52もない沖縄を
三．誰が死ぬのか、誰がとくするのか戦争はいやだ、安保をなくそう
四．大資本擁護と軍備増強やめて老後に年金、子供に児童手当、社会保障を三倍に
五．値上げ、重税、交通戦争と公害追放人間を大切にする政治を
六．働く者に権利と生きがいを進歩と平等の社会をきずこう《ママ》
七．輸入食料で農業こわす自民党食管堅持、農村を守る社会党
八．六〇年代の自民党七〇年代は社会党政権で(28)

この総選挙において、社会党は、スローガン負けし、一四一議席から九〇議席にまで転落するという歴史的大敗北を喫した（本書第八章・第九章を参照）。これが大きな画期となった。この選挙は六〇年代の社会党の動向を象徴するものであった[29]。

しばしば指摘されてきたように、日常活動が不十分な議員中心の労組依存型の党（いわゆる「成田三原則[30]」）であった社会党は、深刻なこの特徴を克服できなかったためである。高度成長が国民生活を大きく変容させただけでなく、国民の意識をも大きく変えたことは間違いない。この変化に対して、野党としてどう対応するのか迫られていたときに、問われたのは、政策の「現実性」であった。成田知巳がいうように「労組依存とは必ずしも労働組合、組織労働者の力に依拠して選挙戦をたたかうという意味ではなく、機関のしめつけによる票の割当に安住し、日常活動によって地域住民を組織する努力も、党の政策を訴えて新たな票田を開拓する努力も放棄し、労働組合をあたかも個人後援会のように見なす安易で保守的な活動方式[31]」から脱却することがいかに困難であったかを示している。

江田はこれまで社会党内からの改革に執念を持っていたが、次第に、公明党（一九六四年結成）、民社党との連繫に傾斜し、いわゆる社公民路線をとることとなった（江田が主導したので、江公民路線と揶揄された）。政権獲得のための、野党との連合政権の模索であった。これは、江田と、西村栄一・佐々木良作や竹入義勝・矢野絢也との関係が良好であったからこそ可能な路線であった。江田は、前述のように強い社会主義へのこだわりをみせていた。構造改革論の歴史的意味は、日本において社民主義を国民にわかりやすい形でいち早く提唱したことにあった。にもかかわらず、江田のこの変容・転換は、いつ、またなぜ、訪れることになったのか。

「議員二五年　政権とれず　恥かし《ママ》や」

国会議員二五年の永年勤続表彰を受けたときの色紙に江田はこう書いた。人生の末期を感じ、政権獲得を最優先すべきと判断した現れととれる。江田の頭の中で、社会主義から、社会民主主義へ移行したというよりも、彼が見てきた社会、世間から、かつての社会主義では、「国民諸階層の生活向上」は困難と認識せざるをえない状況に至ったのであろう。江田の認識は、「ソ連、中国型とは異なった近代社会における社会主義のイメージを明確にすることが必要になってくる」のであり、「日本における社会主義のビジョン、日本の体質にあった日本にふさわしい社会主義のビジョンをつくりあげてゆきたい」（前掲『エコノミスト』）というものであった。

六九年総選挙を経て、江田は、いわゆる「新江田ビジョン」を発表した。「三月二三日　江田書記長は、再建大会準備小委に「改革を進めて革命へ」と題した論文を提出、これを今年の運動方針案に取入れるよう要望。その内容は、①単一の価値感《ママ》、単一の政党、集中的権力機構によって統制される社会主義は、われわれのめざす社会主義とは無縁である、②経済管理の方法でも「生産手段の国有化」だけでは十分な答えにならない、③社会主義体制下でも複数政党は当然であり、プロレタリア独裁とははっきり決別すべきだ、がその骨子。[32]」。

この翌年、江田は、以下のように述べている。

「毎日体を張って働いている…（中略）…人たちが、生活の実感として好きになってくれるようにならなければ、理論としてどんなに形がととのおうとも、社会主義の運動に、国民の多数を魅きつけることはとてもできない相談である」「私たちは、自分たちの理論から割り出した社会主義の特定の鋳型を国民におしつけることからきっぱり抜け出して、…（中略）…庶民のひとりひとりが、この日本の社会でどうしたら生活は安楽に、仕事は愉快にやれるようになるか、そのくふうにあらゆる努力を尽くさなければならないのだ。その集大成がすなわち私たちのめざす日本の社会主義である。[33]」

江田は、この時期になると、かつての「社会主義」、「構造改革論」から離れたようにみえる。「江公民路線」に加藤ら党職員や、松下らのブレーンが違和感を抱き、江田から離反していく一因は江田とのこのずれにあったといえよう。とりわけ、党専従は、他党との連携には消極的であった。

自民党の所得倍増論が国民の支持を集める一方で、「生活向上」を掲げた構造改革論はなぜ、広い支持を獲得できなかったのか。その理由の一つは、構革論は所得倍増論や江田ビジョンのような明快さが欠如しているところだろう。二〇〇五年九月の総選挙における、郵政民営化の是非のような、一見単純な二者択一は多くの有権者にとってわかりやすい。

しかし、一方で、池田首相が「低姿勢」を貫き、日々の月給を二倍にという政策がとられ、佐藤首相時においても経済成長が持続しているとき、「国民諸階層の生活向上、独占支配構造の変革、貿易構造の変革」というスローガンは、あまりに抽象的な印象を与えずにおかない。日々の生活水準が向上し、「繁栄」すら感じるようになっていた国民に訴えるには、難解であった。

いい方をかえると、構造改革論は、漠然としていて、誰が、いつ、どのように、「日本社会の構造」を「改革」しようとするのか、改革の主体をどう組織するのか、また改革が何のためであるのかについてもわかりにくい。提唱者の間で、子細について確固たる合意が形成できていたのか、疑問も残る。「所得倍増」のような単純なものでないだけに、議論を詰めれば、分裂の可能性が高まるので、合意を形成することも難問であったと思われる。政権をもっていないためにかえって、細かい相違点が浮き彫りになる。社会党は、野党に常につきまとう問題から自由になることはできない状況に置かれていたのである。

既に引用した、加藤宣幸への聴き取りで、構造改革派は、何の「構造」を改革しようとしたのか、という筆者の問いには、「日本社会の構造である」と答えたが、では、その「日本社会」とは何か、また、日本社会の何の構造なのか、さらに問いを繰り返す必要がある。成田知巳（一九一二～一九七九）は当初（一九六一年）以下のように述べている。「池田内閣が構造政策という場合の「構造」と、私たちが構造改革という場合の「構造」とは明らかに意味がちがいます。池田内閣がいう構造政策は、主として、第一次、第二次、第三次産業の関係のなかで第一次産業の比重を軽くして第二次、第三次産業をのばすとか、あるいは、製造工業のなかで重化学工業の比重を大きくするとかいうような、産業構造をどうかえてゆくか、という政策を意味しています。それに対し私どもの構造改革は、資本主義の生産諸関係、およびそれの上部構造たる政治、法律、文化、思想に関係する諸制度、諸政策をいかにして民主的に改革するかをめざしているものであります。つまり私どものいう構造とは、現代社会の階級的諸関係全体を包括する概念であります。この点において池田の「構造」と私たちの「構造」とは違うのであります。[34]」

基本的な争点は、「独占」を如何様に認識するかという経済問題であり、「日本社会の構造」というよりも、日本経済の構造を改革しようとした、という方が妥当ではないか（私の質問の選択肢には、「日本経済の構造」はあったのだが）。

結果として、構造改革論は、登場と同時に党内から激しい批判を浴び、以下にみる理由から党内多数派を形成することはなかった（五十嵐仁・木下真志編『日本社会党・総評の軌跡と内実―20人のオーラル・ヒストリー』旬報社、二〇一九年、第一章・第二章を参照）。

五　構革論の敗北

1　党内状況

なぜ、構造改革論は社会党内で葬られたのか。

第一に挙げられるべきは、理論的正統性に疑問の声が出たことである。左派、とりわけ向坂派、協会派からの攻撃は熾烈であった。マルクス・レーニン主義の正統派を任じる社会主義協会から、異端の烙印を押されたのである。党大会は、多数の「左派連合」代議員が占め、総評左派、社会主義協会派との連携は強力であった。構革論は結果的には江田派つぶしとなり、社会党の経済政策面における「現実化」を遅らせる要因となった。理論的正統性を問われても、「ベルンシュタインで何が悪いと開き直ればよかった[35]」という回顧はあるが、当時の党内の雰囲気ではそれを実行に移すことは困難であった。

第二に、党大会の代議員の構成において、依然として反構革派の協会派が有力であった点である。佐々木らは、党務よりも、閥務を優先して、代議員多数派工作を展開することで、党大会を優位に進行させることに成功した。同時に深刻であったのは、江田派対佐々木派という、派閥抗争に発展したことである。鈴木派内において、もともとは佐々木の方が先輩格であったために、江田の急成長・影響力の拡大は、佐々木にとっては複雑な心境であった。こうして、もともとは党外に、すなわち、広く国民に向けて発信された構革論は、提唱者たちの意図に反することとなった。結果として、党内抗争に終始することとなったためである。

江田が「党外からの幅広い支持を得れば得るほど、新しい政治状況であるマス・デモクラシーの成立を理解できない、戦前体質をもつ党内のオールド・レフト系の諸派閥、とくに一九世紀後進国ドイツのカウツキーをモデルとする理論的正統派であった「社会主義協会」からは批判されるという位置に立たされていきます。[36]」という指摘に端的に現れているように、江田対社会主義協会・佐々木派という構図が常に影を落としていた。

江田対佐々木という個人的確執の側面も強かったとはいえ、派閥抗争、政策論争、人事抗争に発展したことは、当時の社会党が直面した深刻な問題となった。[37]佐々木の「江田氏に対する憎しみは異常である。この佐々木氏の考え方が常に党の役員人事を混乱させる[38]」とまでいわれた。

派閥間で抗争が発生すると、党外に向けるべき目・エネルギーが必然的に党内に向いてしまう。防衛政策の面においては、西尾派（西尾末広（一八九一〜一九八一）が率いた右派集団）が「六〇年安保」をめぐる対立から離党（一九五九年一〇月）して以後は、防衛問題をめぐる党内の対立は減少したが、そのためにかえって、経済政策、政権獲得をめぐる路線争いが熾烈となった。構革論の持つ意味が大きくなっていたのである。

さらには、総評との路線対立、主導権争いも頻発し、これらが、政権をもっておらず、利益の配分が不可能なために、かえって深刻な対立となった。

加えて、「「構革派コンビ」と言われた成田知巳さんが早々と佐々木派に取り込まれてしまったこと、盟友・横路節雄さんが早く亡くなられたこと、そして構造改革路線、江田ビジョンを提唱したころの江田さんを支えた魅力ある強力なブレーンの人たちが「社公民路線」で去ってしまったこと[39]」も見逃すわけにはいかない。政権を獲得するための構想＝構革論が、党内抗争によってかえって政権から遠退くこととなったのである。

江田と、加藤や初岡との認識の相違についても、これが一因と考えられる。社会主義へのこだわりを捨てた江田が社会市民連合を結成したことは、構革路線ないし、構造改革派の消滅をも意味することとなったのである。江田の口からは、「マルクス主義」という言葉はなく、「科学的社会主義の原則に立ち返って」といういい方であったという[40]。

加藤は二〇〇七年、次のように回顧した。「かつては活動家に支えられ活気に満ちていた構造改革派グループも、次第に議員集団（江田派議員団）に転化し、熾烈な党内抗争を闘います。派閥抗争の激化は党内のマルクス・レーニン主義を名乗る「社会主義協会」向坂派をますます跳梁させ、江田さんに対する個人攻撃も強まります。僕らも江田さんとともに激しい攻撃の対象になったのはいうまでもありません。攻撃されればされるほど自分たちの主張に確信が深まる反面、この党に献身することへの疑念が強まり、江田さんとともに党改革を闘ったエネルギーは次第に燃え尽きていきました[41]」と。

また、当時、次のような指摘も出ていた。「構造改革プランは、二重構造の底辺の貧困の優先的解消ということを出発点とし、二重構造の底辺の大衆的エネルギーの発揮を重視して、組織労働者を中心に構造改革を進めていくという観点が希薄なのではないか…（中略）…構造改革論には組織論が抜けている。これは単なるプラン、青写真で、これだけでは闘争にならない(42)」。このような指摘に対し、構革推進派から有意な反論が展開されたとはいいがたい。

2　社会的状況

一九六九年総選挙の翌年、大阪千里で万国博覧会（万博）が華やかに開催された（約半年で六四二〇万人入場）ことで、国民に支持された自民党と、社会党内部の抗争とのギャップがより鮮明となった。一九六九年の総選挙における社会党の敗北は、その象徴だろう。工業化、情報化、公害問題、都市部の住宅問題への対応が後手に回ったのである。社会党・総評は、一九七〇年、再度、安保問題での国民的盛り上がりを図るが失敗し、総評事務局長・岩井章の退陣とともに、民同左派的な「体制的労働運動(43)」は、終焉し、社会党・総評の影響力も右肩下がりとなっていった。一九六九年総選挙で、多くの自派議員が議席を失い、相対的に党内影響力が低下していた佐々木は、一九七四年、江田と一旦は和解するが、七六年二月、江田らが「新しい日本を考える会」を構想していることが一因となって、佐々木の「社公民路線」批判が再燃した(44)。七六年総選挙で江田が（他候補の応援に熱を入れたためか）落選するという番狂わせがあり、「社公民路線」が社会党の方針となることはなかったのである。

一九七七年三月、社会党を離党し、社会市民連合の結成を公表した人生末期の江田が、市民運動を実践していた若き菅直人との連携に踏み切り、国民連合政権や革新国民戦線等を構想するようになったのも、本章でみてきた戦前の江田の経歴と無関係とはいえまい。戦前だけでなく、江田は、自ら進んで有権者の中に入り、市民運動、住民運動との提携、共同行動を模索した時期もある(45)。

大嶽秀夫は近著で次のような指摘をしている。樺美智子の死や、議会制民主主義に対する認識が「六〇年安保闘争においては、市民運動と新左翼運動との誤解を含んだ共闘が成立して」おり、「新左翼と近代主義的知識人とを架橋していたグループとして構造改革派があった」という。[46]これらのグループとの連携に継続性があれば、社会党の政策に変化がみられたのかもしれない。しかしながら、六〇年安保闘争における総評や社会党と市民運動との提携は持続せず、社会党が政治的に多数派を形成することはできなかった。さらに、大嶽は、

「構造改革論には、一九五〇年代の『現実主義化』に乗り遅れた伊仏日の社会党・社会民主党系左翼の『遅れてきた現実主義』という側面が濃厚である。しかし、構造改革派にはラディカルな新左翼と（穏健な）市民運動との二つのダイナミズムによって、現実主義化した西欧の社会民主主義を乗り越える『革新』的側面があったことも否定できない。この意味では、一九九〇年代に登場するイギリスのトニー・ブレア首相などによる『第三の道』の先駆的存在であった。第三の道は、そしてまた構造改革派は、旧左翼を否定しつつラディカルな革命を排除した上での、彼らなりの日常世界の変革の一つの試みであったという解釈も可能かもしれない[47]」。

との見解を示している。市民運動、「現実主義」のこうした土壌があって後のべ平連運動（一九六五〜）の盛り上がりに繋がったというわけである。べ平連にも深く関与した久野収は、社会党のこうした欠陥を公明党と対比して、次のようにいう。

「公明党の場合には、自分という存在が公明党のなかにいて、公明党が伸びるということは自分が伸びるということなんだ。社会党が議員党であるとか、組合幹部党であるとか、借金党であるとか、老化党であるとかいう批判を受ける根本の原因はその辺にある。社会党の場合、党の外側に自分がいて、自分がなにかをするときに社会党に乗っかってするという形式になる。これでは社会主義政党ではないですよ[48]」。

さいごに

冒頭に挙げた松下の指摘にもかかわらず、難問にあえて挑んできた。江田三郎やその周辺の動向に絞った結果、構造改革派のなかの一部の動向にしか言及できなかったことは否定できない。しかし、江田的なもの（「江田ブーム」「江田現象」ともいえようか）の考察を通して、一九六〇年代初頭から七〇年代の社会党内における構造改革論にまつわる社会党関連の動向は把握できたように思う。また、なぜ構造改革論が採択されなかったのかも明らかとなった。江田を支えた加藤や初岡の証言は貴重である。以下、別の視角から検討を加えたい。

本章ではこれまで捨象してきたが、協会派が多数を占める党大会代議員の構成からして、社会党内で多数派を形成することができなかった江田派ではあっても、有権者の側からの構造改革論への強い支持をもとに、選挙の際に、勢力の拡大を図ることはできなかったのであろうか。佐々木派にとっての、社会主義協会や総評左派のような存在（確固たる支援団体）を構築できていれば、広範な勢力増に繋がる契機はあった。しかしながら、結果的には強力な支援団体は生まれず、広範な支持は得られなかった。なぜ選挙で国民の支持をも得られなかったのか、江田支持を表明した議員が多数当選すれば、党内外での江田の影響力も増大していたに相違ない。

まだ江田との距離が近かった時期の成田は、次のような認識を示していた。「国会においてしめるわれわれの座席の数が増大して半分以上になれば、われわれは内閣をとることができるのであります。このように、国家そのものは支配階級に掌握された手段であるけれども、われわれの闘いの力によってその機関の一部へ勤労大衆の代表を送りこむこともできるし、その政策を部分的に動かすこともできます。反独占勢力の力が強まれば、この可能性が一そう拡大されることはもち論です。これが、私たちが構造的改革闘争を提唱する一つの根拠であります(49)」。しかし、成田には、他党との連携は気が進まなかったようで、「支配階級の抵抗をはねのけて構造改革をおし進めていくためには、広範な国民の反独占国民連合（統一戦線）を必要とします。それには…（中略）…諸階級、諸階層の共闘態勢（統一戦線）の面と、政党間のいわゆる（狭義の）統一戦線の面の二つがありますが、主要側面は前者であると思います」[50]とも述べている（本書第九章を参照）。思うように社会党の支持率が伸びなかった要因は、構造改革論と所得倍増とを比較しての、わかりにくさ、だけではないだろう。「構造改革派ではあるが、江田派ではない」という人々の存在があったという証言もある。[51]江田が担がれたことに不快感をもつ者もいたのであろうか。ここにも小異に不寛容な派閥抗争が見え隠れする。

江田の路線（政策）が、定まっておらず、政権獲得を焦っていたことへの批判的見方も可能である。一九七五年頃からは、江田は、社公民路線に新自由クラブをも加えた革新・中道連合の模索を始めていた。もはや「社会主義」政権樹立に拘泥していたかつての江田とは別の江田がいた。いわば、「市民党」とも呼ぶことが可能な非自民政党の結集に向かっていた。国民主体、市民主導の「社会主義」、別の言い方をすれば、江田の中で「「市民」社会主義」的政権の樹立が目標となっていったのではないか。自身の体調の変調・病気を自覚することが、こうした方向への誘因となっていたか否かは確証をえない。しかし、いくら政権のためとはいえ、想像の域を出ないが、自民党左派との連携（政界再編）はおそらく念頭にすら浮かばなかったことであろう。

江田の政権獲得構想が、以上のような変容を遂げていたとき実施された一九七六年末の総選挙における江田の落選は何を物語っていたのか。一九七七年三月、江田は社会党を離党、社会市民連合を立ち上げたが、五月に急死した。「政戦五〇年余命いくばくぞ　革新政権ならずして　入るべき墓場なし」と、一九七二年、知人に宛てた色紙に残していた。[52]一方、成田は江田の離党を「遺憾」とし、次のように述べた。「われわれは江田氏に問いたい。「革新連合の時代」とあなた自身が強調される政局のなかで、戦後三〇年、苦難な歴史を共有してきた日本社会党の同志とさえ連帯しえずして、他党とどんな連帯が可能なのだろうか」と。[53]

国政レベルでの社会党の停滞や江田派の不調とは裏腹に、一九六七年の美濃部亮吉都知事の誕生等を経て、七〇年代前半の知事選挙においては、埼玉、滋賀、大阪、岡山、島根、・香川、沖縄各県で「革新知事」が誕生した。公害や福祉を訴えての当選であり、一九七五年の神奈川県知事選挙においては、江田ブレーンの長洲が当選するなど、最盛時、一〇人の「革新知事」が並び立った。

江田逝去から一二年後（一九八九年）の参院選において、社会党は「土井ブーム」で勝利し、一時的に存在をアピールすることができた。さらに四年後、宮澤喜一内閣不信任案が可決され、解散・総選挙となり、自民党が下野する事態となった。連立政権に参画した社会党は、翌年村山富市が首相に担がれると、防衛に関する従前の基本政策を転換し、護憲を支持してきた有権者の支持を大きく失うこととなった。

一九九六年には、社会民主党と改名したが、細川内閣期の選挙制度改正の影響を受け、泡沫政党化した。六〇年代後期から、九〇年代に至るまでの長期的な有権者（とりわけ、社会党支持層の）意識がどのように変容していったのかの解明は、残された大きな課題である。労働者、勤労者という、社会党支持者の自己規定が、「サラリーマン」に変わっていったことが大きな要因と思われる。(54) これを「階級意識の希薄化」といえよう。また、七〇年代に「革新知事」に票が集まったことの解明も待たれる。これは、地方選挙では、国防が争点となりにくいために、「福祉」重視、や「財政再建」に対し、支持が集まったことが一因と思われる。

これまでの考察から明らかなように、本稿が対象とした構造改革論は、「現代思想」の分野で使われる「構造」とは、基本的に意味が異なる。また、T・パーソンズらの社会学者がいう「構造」や構造人類学、構造主義等の分野における使われ方とも根本的に異なっている。さらに、小泉内閣流「構造改革」ともめざす方向が大きく異なっていたことはいうまでもない。

「改革」後、結果的に大きな変化のないことは珍しいことではない。しかし、「改革」がしばしば叫ばれるのは、現状への「不満」のあらわれで、決してなくなることのない現象であろう。およそ、すべての面で皆が満足している社会を実現することは不可能であろう。なかでも、経済的「格差」を「平等」にする「改革」は、理論的には可能かもしれないものの、現実問題としては、実現できるとは思われない。江田の当初の意図は「格差」のない経済的に「平等」な社会をつくることにあったが、政権あっての政策であり、政権獲得に傾斜していったことそれ自体を非難することは妥当ではない。

また、日本に社民主義は根付かない、と巷間きかれるが、では、社会主義、共産主義は根付いているのか。民主主義、自由主義は根付いているのか。これらの問いは、そう簡単に答えのみつかる問いではなく、考えれば考えるほど、疑問はつきない。さらに、もし、国家、社会をより良くすることも政治学が担う役割であるということが許されるとすれば、われわれにできることは何なのか。しかし、直ちに、何が正義なのか、その正義はどのように実現されるのか、という疑問にぶつかる。(55)

本年報（日本政治学会『年報政治学』）における特集のテーマである「現代における国家と社会」(56)について、戦後日本において一定の影響力をもった日本社会党の構造改革論を再考してきた。国家と社会を結ぶひとつの重要な要素として、（実施された）政策があると思われるが、「実現しなかった政策」を軽視することには問題があると判断したからである。

権力を持ち得なかった野党や野党を支持した「社会」、がいかなる関係であったのかを再検討してきた本稿が、今後のわが国の諸政策を議論する上でも格好の素材を提供できるであろうというのが、年報委員長・杉田敦氏からの依頼を引き受けた際の筆者の判断であった。予想を遥かに超える難題であったが、江湖の評価を待つこととしたい。(57)

注

（1）木下、二〇〇三、第四、五章参照。社会党は、結党以来、現憲法を支持し、とりわけ、第九条の戦争放棄・戦力不保持規定に共鳴し、護憲政党として平和志向の有権者、とりわけ官公労の支持を集めてきた。自衛隊反対、日米安保反対、軍事基地提供反対、再軍備反対というスローガンは、支援組織・総評の全面的バックアップもあって、一定の影響力をもつものであった。一方、自民党は結党以来、自主憲法の制定を掲げ、自衛隊を発足させ、一歩一歩軍備増強を実施し、憲法第九条の解釈を拡大する方向で、事実上の再軍備化を成功させた。時期的には、岸、池田、佐藤栄作（一九〇一～七五）、田中角栄（一九一八～九三）、三木武夫（一九〇七～八八）、福田赳夫（一九〇五～九五）、大平正芳（一九一〇～八〇）、鈴木善幸（一九一一～二〇〇四）、中曽根康弘（一九一八～）内閣期となろう。財界の要請も手伝って結党された自民党が、財界の意向に沿った政策を展開することは、自民党を構成する議員の心情にも概ね合致するものであった。以下同様に、本章では、生没年が明確な者のみ提示した。

（2）北岡編、二〇〇七、三〇七～三〇八頁。「構造改革派」内のグループ分類の一例として、大谷、一九六二、一三四頁や「構造改革論をめぐる六つの潮流」『週刊読書人』一九六一年二月六日号を参照。松下は別著で、以下のように述べている。「構造改革派は、日本の中進国状況をふまえて、当時の用語法をつかえば、「資本家階級対労働者階級」に想定された……〈階級闘争〉という発想を基軸に、ブルジョア民主主義対プロレタリア民主主義という設定をもつ旧保守・旧革新双方にたいして二正面作戦をとる、いわばニュー・レフトでした。そこでは、〈普遍市民政治原理〉としての「一般民主主義」を共通理解としていたため、のちに市民派ともみなされます。そのとき、自民党にも護憲による経済成長をめざして、「構造政策」をかかげるニュー・ライトへの転進をはかっていく理論派も登場しはじめていました。このため、状況構造としては、ニュー・レフトとニュー・ライトとは暗黙の対応をしていたことになります。」（松下、二〇〇六、七四頁）。

（3）日本社会党五〇年史編纂委員会、一九九六、四四三頁。

一九六〇年一〇月一三日、社会党第一九回臨時大会江田書記長「総選挙と党の勝利と前進のために」

「われわれの〈構造改革〉……われわれの構造改革の中心日標は、〈国民諸階層の生活向上〉を達成することである。これがわれわれのめざす構造改革の軸である。この課題を実現するためには、現在の〈独占支配構造の変革〉を進め、独占の政策を制限し、統制することなしには果しえない。ここに第二の目標がおかれる。しかし、こうして、われわれが独占とたたかい、賃金上昇を前提として輸出を確保していくには、現在のゆがめられた〈貿易構造の変革〉をはからなければならない。これが第三の目標である。そして、そのためには現在の政治的制約となっている安保体制を解消し、中立政策を再現することがその背景となる。こうして、生活向上、反独占、中立の柱はきりはなすことのできない構造改革の体系となる。

われわれがさきに発表した長期計画は、この三つの柱に集約される。完全雇用、最賃制、社会保障、労働時間の短縮などの政策は第一の柱の具体的な内容である。これはまた同時に貧困の解消であり、低所得層の解放である。独占価格の制限、資金、投資規制、重要産業の社会化・計画化、中小企業・農漁業の近代化・協同化、国土総合開発と工業の再配置、税制改革など、民主主義革新の政策は第二の柱の主たる内容である。中国・ソ連などの共産圏、発展途上地域への貿易拡大、貿易の管理は第三の柱にふくまれる要求内容である。

この三つの体系化された要求は、現在の資本主義経済のわく内で実施されうる変革であり、また日本の保守党が自らとりあげえない独占的経済構造にたいする国民による制限の問題である。したがってこれらの要求はわれわれが政権に参加する以前においても、保守政権にたいし、政策転換の要求として、強大な大衆運動を背景に迫らなければならない変革である。

わが国では国民が生活と政治を自分の手で変えていく民主主義の伝統が弱いため、欧米では国民の常識化している独占の規制は放任されたままとなり、国家は独占の意のままに利用されてきた。そこに高い独占価格や資本優遇の租税構造が維持され、欧米にくらべて社会保障費や住宅投資率のいちじるしい低さをもたらしている。すでに独占資本主義の高度に発達したわが国においては、民主主義的要求は形式的民主主義の擁護にとどまりえない。さらに進んで反動の基礎である独占にたいし、生産関係にまでおよぶ譲歩を要求する積極的民主主義の要求とならなければならない。」同一九九六、四四二〜四四三頁。

（4）　筆者の加藤宣幸、初岡昌一郎両氏への聴き取り調査（二〇〇七年一〇月五日、於横浜）による。また、「構造改革のたたかい」を執筆したのは、中原博次である（同聴き取りによる）。聴き取りからの引用に当たっては、両氏の了解を得ている。

さらに、刊行会『成田知巳』第三巻、一二二頁で加藤は次のように述べている。（佐藤論文について）「……その当時、青年部に初岡昌一郎君がいて、彼は勉強家だから彼に、僕らはその論文をまわし読みさせられて、こういう視点がわれわれに欠けていたんじゃないかということで、この著者に会ってみようということになった。『思想』に出た民主主義論に電気にしびれたようにうたれたわけです。それで［佐藤昇氏に］会いにいったのが契機なんです」（［　］内、木下補）。

グラムシ研究者には、日本の構造改革との距離に警戒感を持つものが多い。一例として、「いわゆる「構造改革」路線をグラムシに直結させることは、危険で」、「一方では、グラムシを矮小化し、その創造的態度から学ぶことを妨げる危険がある。他方では、「構造改革」のもつすぐれて具体的・現実的な性格をグラムシの哲学的カテゴリー・原則に解消することによって、その真の創造性を見失わせる危険がある。」(本川、一九六九、五〇頁)。

また、以下の見方もある。「階級社会の経済的対立＝階級分裂の構造と市民社会におけるイデオロギー的な統合と社会秩序の構造を、どのように統一して捉えなおすか。そして、それをいかに闘いの武器＝戦略として組み立て直すか。これがグラムシの新しさだと思う。／マルクス・レーニン主義と表現されている公式マルクス主義は、市民社会の文化的要素を階級闘争の重要な問題として組み立てることを欠落させ、階級対立における経済的・政治的対立の側面を全面化している。市民社会の再組織化は知的道徳的ヘゲモニーの問題であって、軍事的、政治的力関係だけでは決定できない要素が重要であることをグラムシは提起しているのである。」(寺岡、二〇〇六、二一〇頁)。

(5) 升味、一九八五・下、五一六～五六三頁。木下、二〇〇三、第三章等を参照。

(6) 日本社会党五〇年史編纂委員会、一九九六、四四八～四四九頁(『月刊社会党』一九六一年一月号)。

(7) 論争史的整理の一例として、金容権による次のような整理を挙げておこう。「構改とは、スターリン批判を転換軸とする、ロシア型からの脱却としての先進国革命路線として登場した。革命以前の国民的多数派結集の可能性と不可避性の条件の発生、それを実現する権力獲得以前の諸民主的＝構造的改良、その改良は、権力獲得以前の連合政府による改良を、あるいは革新自治体形成も含むものである。今や、権力獲得まで人民に要求提出を延期させるわけにはいかないというトリアッティの判断があった。かかる多数派結集の組織路線としての統一戦線、そして平和移行の追求、さらに帝国主義的革命干渉を阻止し、国民的要求とさえなったと判断される中立外交政策、かくして、多数派結集による一般民主主義実現を通じる社会主義の展望が打ち出される。この認識の背景には世界人民の成長と、帝国主義戦争の可能性の減少という認識が横たわる。そしてさらに、多数派結集のために要求される組織論は、大衆的民主的前衛党論なのである。この路線の総体がかのイタリア共産党起点の構改論にほかならない。日本構改政治集団には、人民勢力の成長とそれを主力とした改革という姿勢が希薄であり、その不可避性の物的土壌を過信しすぎた弱点があった」(大村他、一九八六、二二七頁「構造改革論争　小野義彦・他―上田耕一郎・他」の項)。

(8) 『日本社会党二〇年の記録』二五三頁(［　］木下補)。

(9) 同上。

(10) 同、二五三－二五四頁。

(11)　筆者の加藤宣幸氏への問い合わせへの返信（二〇〇七年五月二日付）。
(12)　同、（二〇〇七年五月一日付）。
(13)　前掲加藤からの返信（二〇〇七年五月二日付）。
(14)　前掲加藤からの返信（二〇〇七年五月一日付）。
(15)　『日本社会党二〇年の記録』二五一頁（『社会新報』一九六一年一月一日号）、日本社会党五〇年史編纂委員会、一九九六、四五一頁。
(16)　北岡編、二〇〇七、三一九頁（山口二郎「社会民主主義の再生へ向けて」）。石川真澄の回想を山口が紹介した部分であるが、「信条」の誤記とも受け取れる。江田、一九七七の副題を参照。
(17)　前掲、筆者の加藤、初岡両氏への聴き取り調査による。成田知巳は以下のように述べていた時期がある。「私達の理解では構造改革というものは三つの段階があると思います。いちばん狭義の構造改革、それは西欧諸国などで一応いわれております構造改革の考え方だと思いますが、狭義の構造改革というのは下部構造、経済構造の改良改造、これがいちばん狭義の構造改革であります。さらに単なる下部構造の改造だけでなく、上部構造の政治的な、政治機構の改革、政治的革新が第二段階だと思います。さらに私達が構造改革、基本的な構造改革といっておるのは、この経済的な構造改造、あるいは政治的革新、それ以外に日本独自な改良、例えば独立の問題、中立の問題、こういう一般民主主義の問題、これも構造改革に入るのでありまして、これがいちばん広義の構造改革だと思います。この三者が結び合ってお互《ママ》に革新を進めていく、これが私達の構造改革に対する理解であります。」（『成田知巳・活動の記録』第一巻、二九二頁）。
(18)　同上、聴き取りによる。
(19)　飯塚他、一九八五、二二六頁（［　］内木下補）、『朝日新聞』一九六二年八月四日付。
(20)　飯塚他、一九八五、二二六頁、及び前掲、筆者の加藤、初岡両氏への聴き取り調査による。北岡編、二〇〇七、二四九頁、「山田高江田さん、悲願の政権交代間近です」を参照。なお、大谷、一九六三（四五四頁）によれば、「ヴィジョン」という用語の初出は、『月刊労働問題』一〇月号（九月に市販）という。
(21)　筆者の加藤、初岡両氏への聴き取り調査、二〇〇七年一〇月五日。但し、江田には、次の認識もあった。「構造改革の党は、どうしても生々とした社会主義のビジョンをもっていなければならない」（刊行会編『江田三郎』六四七頁）。

(22)『日本社会党二〇年の記録』三二三頁。
(23)北岡編、二〇〇七、三六六頁（石井昭男「長島愛生園で語り継がれていること」）。
(24)江藤『資料集』一五頁。
(25)日本社会党五〇年史編纂委員会、一九九六、四九四～四九五頁（『社会新報』一九六二年一〇月二一日号）。
(26)同右、四九五頁。
(27)長洲一二、一九七四、二八六頁。
(28)この『社会新報』は、東京大学法学部附属近代日本法政史料センター原資料部所蔵の「貴島正道関係文書」による。
(29)木下、二〇〇六（本書第八章）を参照されたい。
(30)成田、一九六四を参照。
(31)同上。
(32)「日誌　内外の動き」『月刊社会党』一九七〇年五月号、二三二頁。
(33)刊行会編『江田三郎』六五六頁（『月刊社会党』一九七〇年一〇月号）。また、江田は、「社会主義の理想は人間を解放し、人間を幸福にすることにある」という（江田・佐藤、一九六二、五七頁）。さらに、杉森康二によれば、江田が「社会民主主義者」を自認するのは、一九七三年である（刊行会編『江田三郎』一九七九「根っからの社会民主主義者」、三八六頁）。
(34)刊行会『成田知己・活動の記録』第一巻、二六〇頁（日本社会党中央党学校監修『構造改革の理論――社会主義への新しい道』新時代社、一九六一所収）。
(35)前掲、加藤、初岡両氏への聴き取りによる。日本共産党との対立も深刻で、原水禁世界大会における論争にまで発展した。この背景には、中ソ対立もあるが、省く。
(36)北岡編、二〇〇七、三〇九頁（松下圭一「構造改革論争と〈党近代化〉」）。
(37)木下、二〇〇三を参照。
(38)松井、一九七二、一七二頁。
(39)北岡編、二〇〇七、二五二頁（山田高「江田さん、悲願の政権交代間近です」）。
(40)筆者の加藤、初岡両氏への聴き取り調査、二〇〇七年一〇月五日。

(41) 北岡編、二〇〇七、二一三頁（加藤宣幸「石もて追った党は今なく」）。

(42) 石堂・佐藤編、一九六一、六四〜六五頁（大橋周治「日本資本主義の構造と構造改革」、構造改革論への批判は大橋の主張ではない）。また、大橋は、「池田内閣が現在すすめている高度成長の経済政策は、これまでの独占資本中心の経済発展を継承すると同時に、昨年らい《ママ》貿易自由化の形であらわれている国際市場戦の新しい段階に対処して、国家独占資本主義の体制を固めようとするものであるが、その前途に横わ《ママ》る諸問題をとり上げて、将来への展望を与えておくことは、労働者階級とその政党が持つべき構造改革プランを具体化するヒに、必要なことと考える」（五七〜五八頁）と述べている。

(43)『朝日ジャーナル』一九七〇年八月二三日号、九七頁（座談会）。

(44) 升味、一九八五下、五四六〜五五三頁。

(45) 江田、一九七〇を参照。

(46) 大嶽、二〇〇七、一二〇〜一二一頁。

(47) 同上、九七頁。

(48) 久野・江田、一九六八、五一頁。

(49) 刊行会『成田知巳』第一巻、二六四頁（『構造改革の理論』より、注三二参照）。また「われわれはあるいは国会での立法により、あるいは行政措置により、院外大衆の圧力と与論《ママ》を背景としながら、社会経済の反独占の改革、生産関係の部分的改革に着手します。日本の完全独立と中立を達成するための対外政策にも着手します。同時に、官僚機構が国会や内閣に対してかなり大きな相対的独自性をもつようになっているので、この民主化、とくに自衛隊、警察等の民主化に力を注ぎます。……」（同二六六〜二六七頁）や、「構造改革理論、いま一般民主主義の闘争、あるいは政治的革新の闘争、経済上の闘争、これらのものを労働階級が中心となって推進する。その闘いの過程で広範な大衆を労働階級に結集さして《ママ》いく。反独占の舞台を作っていく。そういう反独占の政治的舞台を結集していって、そして護憲、民主、中立の政権という、民主的多数派の勢力を反独占国民連合の上に大きく作る。これをさらに安定化し、民主的多数派を社会主義多数派に発展、転化していく。そして社会主義革命を達成しよう」（同二九三〜二九四頁）という見解にも江田との距離は感じられない。

(50) 同上、二七四頁。

(51) 前掲、筆者の加藤、初岡両氏への聴き取り調査（二〇〇七年一〇月五日）による。
(52) 刊行会編『江田三郎』六二二頁（江田五月「父と子の対話」）。
(53) 『成田知巳』第二巻、四八六頁（「江田氏離党に関して――一九七七年三月・院内談話」『月刊社会党』一九七七年五月号）。
(54) 植木等の「スーダラ節」の流行は、一九六一年である。「サラリーマンは気楽な稼業ときたもんだ」というセリフが支持される土壌はできていたのである。
(55) 市野川、二〇〇六、特に第一章、第四章を参照。
(56) A・ヴァーグナーらによる「国家社会主義」やL・シュタインから播く必要は認めるが、本稿の対象外とした。
(57) 急速に活発化しているNPO、NGOの活動は、国家と社会を結ぶ成功例のひとつといえよう。

引用・主要参考文献

飯塚繁太郎他、一九八五『結党四〇年・日本社会党』行政問題研究所
五十嵐仁、一九九八『政党政治と労働組合運動』御茶の水書房
石川真澄、二〇〇四『戦後政治史新版』岩波書店・新書
石堂清倫・佐藤昇編、一九六一『構造改革とはどういうものか』青木書店・新書
市野川容孝、二〇〇六『社会』岩波書店
岩井章、一九七六「私の政権構想――人民による政権を」『中央公論』八月号
江田・佐藤昇、一九六二「対談・社会主義の新しいヴィジョン」『月刊労働問題』一〇月号
江田三郎、一九六二ａ「社会主義の新しいビジョン」『エコノミスト』一〇月号（刊行会編『江田三郎――そのロマンと追想』一九七九（非売品）所収）
江田三郎、一九六二ｂ「日本の社会主義について」『社会新報』一〇月二八日号
江田三郎、一九六四「英国総選挙と日本社会党」『中央公論』一二月号
江田三郎、一九六九「『核ぬき・本土なみ』返還の本質とわれわれの闘い」『月刊社会党』一一月号
江田三郎、一九七〇「七〇年代の革新運動」『月刊社会党』一〇月号（刊行会編『江田三郎』一九七九、所収）

江田三郎、一九七一「革新連合政権の樹立をめざして」『月刊社会党』一〇月号
江田三郎、一九七六「私の政権構想──開かれた政権こそ」『中央公論』八月号（江田三郎、一九七七に「開かれた政権こそ」として所収）
江田三郎、一九七七『新しい政治をめざして──私の信条と心情』日本評論社
江藤正修、二〇〇六『資料集─戦後左翼はなぜ解体したのか』同時代社
大竹啓介、一九八一『幻の花──和田博雄の生涯』楽游書房
大嶽秀夫、一九八六「日本社会党──悲劇の起源」『中央公論』一〇月号
大嶽秀夫、一九九六『戦後日本のイデオロギー対立』三一書房
大嶽秀夫、二〇〇七『新左翼の遺産──ニューレフトからポストモダンへ』東京大学出版会
大谷恵教、一九六二「社会党の構造改革路線に関するノート（一）」『拓殖大学論集』第三一号
大谷恵教、一九六三「〝ヴィジョン論争〟と社会党の将来に関する一考察」『拓殖大学論集』第三二・三三合併号（「社会党の構造改革路線に関するノート（二）」）
大村信二他、一九八六「論争の同時代史」新泉社
河上民雄、一九六八「社会党の課題」『世界』一二月号
神林章夫、一九七〇「現状認識を欠落した江田論文」『朝日ジャーナル』九月一三日号
木下真志、二〇〇三『転換期の戦後政治と政治学──社会党の動向を中心として』敬文堂
木下真志、二〇〇四「高度成長後の自主防衛論の展開──一九七〇年代の自民党を中心に」『社会科学論集』第八六号所収（本書第一章に所収）
木下真志、二〇〇六「一九六九年総選挙と社会党の衰退──戦後政治の第二の転換期」『社会科学論集』第九一号所収（本書第八章に所収）
貴島正道、一九七九『構造改革派』現代の理論社
貴島正道、一九七〇「自分自身に問うてみたこと」『世界』三月号
北岡和義編、二〇〇七『政治家の人間力──江田三郎への手紙』明石書店

木村準一、一九六九「クレームのついた国民生活白書」『朝日ジャーナル』七月二〇日号
久野収・江田、一九六八「対談日本の社会主義と国民運動」『世界』一二月号
小林良彰、一九七一『戦後革命運動論争史』三一書房
小室直樹、一九七〇「浮動する社会党支持層」『朝日ジャーナル』一月一八号
坂本守、一九八一『社会党・総評ブロック』日本評論社
向坂逸郎、一九五八「正しい綱領・正しい機構」『社会主義』一二月号
清水慎三、一九九五『戦後革新の半日陰』日本経済評論社
清水慎三、一九六一『日本の社会民主主義』岩波書店・新書
新川敏光、一九九九『戦後日本政治と社会民主主義』法律文化社（増補新版二〇〇七）
鈴木茂三郎、一九六九「あやまちをおかさないために――創刊一五〇号に思うこと」『月刊社会党』九月号
高島善哉編、一九七四『現代の社会科学』春秋社
田村祐造、一九八四『戦後社会党の担い手たち』日本評論社
寺岡衛他、二〇〇六『戦後左翼はなぜ解体したのか』同時代社
中北浩爾、一九九三「戦後日本における社会民主主義政党の分裂と政策距離の拡大」『國家学会雑誌』第一〇六巻、一一・一二号
長洲一二、一九七四「現代資本主義と構造改革」（高島一九七四所収）
成田知巳、一九六三「構造改革のたたかいを推進するために」『社会新報』一月一日号（刊行会『成田知巳』第一巻所収）
成田知巳、一九六四「党革新の前進のために」『社会新報』一月一日号（刊行会『成田知巳』第一巻所収）
成田知巳、一九六九ａ「情勢を具体的に認識し思想を固めて前進しよう」『月刊社会党』一月号
成田知巳、一九六九ｂ「佐藤内閣打倒・国会解散総選挙勝利のたたかいへ前進しよう」『月刊社会党』六月号
成田知巳、一九六九ｃ「党建設と青年戦線」『月刊社会党』八月号
成田知巳、一九七〇「日本帝国主義に反対する国民のたたかいを総結集しよう」『月刊社会党』一月号
鳴海正泰、一九九四『地方分権の思想――自治体改革の軌跡と展望』学陽書房

野坂浩賢、一九九六『政権――変革への道』すずさわ書店
梁田浩祺、一九七〇「社会党再建のジレンマ――摩滅した〈左翼バネ〉」『朝日ジャーナル』四月二六日号
福田豊、一九六九「現代論調の分析と批判――『新』左翼賛美の本質」『月刊社会党』一〇月号
前田幸男、一九九五「連合政権構想と知事選挙――革新自治体から総与党化へ」『國家学会雑誌』第一〇八巻第一一・一二号
升味準之輔、一九八三『戦後政治一九四五―五五年』上・下、東京大学出版会
升味準之輔、一九八五『現代政治一九五五年以後』上・下、東京大学出版会
松井政吉、一九七二『戦後日本社会党私記』自由社
松下圭一、一九五九『市民政治理論の形成』岩波書店
松下圭一、二〇〇六『現代政治＊発想と回想』法政大学出版局
松下信之・江口昌樹、二〇〇六『社会党の崩壊　内側から見た社会党・社民党の一五年』みなと工芸舎
三宅一郎他、一九八五『日本政治の座標――戦後四〇年のあゆみ』有斐閣
宮田光雄、一九七一『非武装国民抵抗の思想』岩波書店・新書
本川誠二、一九六九「グラムシ――『構造改革』路線の源流＝現代の偶像23」『朝日ジャーナル』三月二日号
八木澤三夫、一九七〇「イタリア共産党進出の背景――守り抜く自主独立」『朝日ジャーナル』三月八日号
山口二郎・石川真澄編、二〇〇三『日本社会党――戦後革新の思想と行動』日本経済評論社

〈座談会〉
清水一・山田宏二他「岩井退陣と民同左派の瓦解」『朝日ジャーナル』一九七〇年八月二三日号
野間宏・日高六郎・勝間田清一・貴島正道「七〇年代をつらぬく思想」『月刊社会党』一九七〇年二月臨時増刊号
間宮陽介・中島岳志・酒井哲哉「思想の一〇〇年をたどる（二）」『思想』二〇〇七年九月号

〈新聞・雑誌記事〉
「構造改革のたたかい」『社会新報』一九六一年一月一日

「総選挙スローガン」『社会新報』一九六九年一一月二一・二八日合併号
「三野党会談開け」『朝日新聞』一九七〇年八月二六日
「江田氏一周忌」『朝日新聞』一九七八年五月二四日夕刊「今日の問題」
「遺志に〝すきま風〟」『毎日新聞』一九七七八年三月二五日
「江田三郎とその周辺―〈党の構造改革〉をどう指向する」『朝日ジャーナル』一九六一年一月二二日
「新江田ビジョン時の動き取材ノート」『朝日ジャーナル』一九七〇年四月一九日号
編集部「社会党変革を模索する活動家集団」『朝日ジャーナル』一九七〇年一二月六日号
編集部「再編成気流のなかの社会党大会」『朝日ジャーナル』一九七〇年一二月一三日号
「太田薫　役人天国に目を光らせる周作瘂談23」『週刊朝日』一九七〇年四月一一日号
「「中間報告」草案は〈借りもの〉だった」『週刊朝日』一九七〇年二月二〇日号

〈資料〉

刊行会編『江田三郎――そのロマンと追想』一九七九（非売品）
刊行会『成田知巳・活動の記録』第一～三巻、一九八一～一九八二
『河上丈太郎――十字架委員長の人と生涯』日本社会党機関紙局、一九六六（二〇〇五復刻）
『思想の科学』「特集いまわれわれにとって社会主義とは何か」一九六九年九月号
『週刊読書人』「構造改革論をめぐる六つの潮流」一九六一年二月六日号
『世界　キーワード戦後日本政治五〇年』一九九四年四月・臨時増刊号
『『世界』主要論文選一九四六～一九九五』岩波書店一九九五
中村菊男先生追悼論文集刊行会『現代社会主義論』新有堂
日本社会党政策審議会、一九六八『理論と政策』日本社会党政策審議会
日本社会党結党二〇周年記念事業実行委員会、一九六五『日本社会党二〇年の記録』日本社会党機関誌出版局
日本社会党五〇年史編纂委員会、一九九六『日本社会党史』社会民主党全国連合

日本社会党中央党学校監修、一九六一『構造改革の理論――社会主義への新しい道』新時代社
『日本の政党　ジュリスト総合特集35』有斐閣、一九八四
毎日新聞社編、一九六九『〈社会党政権〉下の安全保障』毎日新聞社

第七章　非武装中立論再考

はじめに

日本社会党は、戦後政治の一翼を担い、長らく野党第一党の位置を占めた政党であったにもかかわらず、研究書は多くなかった。しかしながら、近年漸く研究者も、研究成果もともに充実してきている。本章では、かつて社会党が掲げた、非武装中立・「違憲合法論」という「政策」について、社会党内の動向を勘案しながら、社会党がもっていた歴史的意味、政治的意味にも迫り、この分野における近年の研究の進展に貢献したい。改憲をめざす勢力の新たな動向が気にかかる折り、歴史の中から再考の素材を見出そう、という試みである。

戦後日本で、自社両党は、防衛政策において、一九九四年の村山内閣までは相容れなかった[1]。社会党は、結党以来、現憲法を支持し、とりわけ、第九条の戦争放棄・戦力不保持規定に共鳴し、護憲政党として有権者、とりわけ、日教組・国労・全逓・全電通・自治労等、官公労の支持を集めてきた。自衛隊反対、日米安保反対、軍事基地提供反対、再軍備反対というスローガンは、支援組織・総評の全面的バックアップもあって、一定の影響力をもつものであった。

一方、自民党は結党以来、自主憲法の制定を掲げ、一九五〇年の朝鮮戦争を契機に警察予備隊を発足させ、保安隊、自衛隊と組織を拡張・発展させてきた。一歩一歩着実に軍備増強を実施し、憲法第九条の解釈を拡大する方向で、事実上の再軍備化を成功させた。

本章の対象は、時期的には、主として、岸信介（一八九六〜一九八七）、池田勇人（一八九九〜一九六五）、佐藤栄作（一九〇一〜七五）、田中角栄（一九一八〜九三）、三木武夫（一九〇七〜八八）、福田赳夫（一九〇五〜九五）、大平正芳（一九一〇〜八〇）、鈴木善幸（一九一一〜二〇〇四）、中曽根康弘（一九一八〜）の自民党内閣期となろう。財界の要請も手伝って一九五五年に結党された自民党が、財界の意向に沿った防衛政策を展開することは、自民党を構成する議員の心情にも概ね合致するものであった。

選挙制度に潜む問題点や、定数の不均衡の問題等をいま捨象すれば、この時期の総選挙、参院選の結果は、有権者の多数が自民党に勝利をおさめさせることを選択してきたといえる。すなわち、社会党、自民党が（有権者の広範な支持を獲得することを目指していたにしても）掲げていた政策の意味そのものに重点をおいて検討したいのである。それは、社会党が有権者の方を見ていなかったから、「非現実的」政策を掲げることになり、選挙に勝てず、政権獲得に至らなかったのだというあまりにも常識的議論から脱却するためである。加えて、当時の社会党の政策に関し、現在の視角からの評価を意図するものでもない。賛否や当否を議論しても、何を今さら、である。

法律家の間で行われている憲法第九条をめぐる論争では、次の二点が重要な争点だと思われる。憲法第九条二項の規定と自衛隊の保持する防衛力との乖離という点と、最高法規が遵守されていないことから招来される違法行為、不法行為の蔓延への不安の二つである。

まず、私学助成、政教分離、議員定数の不均衡等、憲法の条文と現実との乖離は他にもみられる。道路交通法や軽犯罪法など、厳密には遵守されていない法律も多数ある。国民の間の遵法精神と、憲法第九条をめぐる問題との因果関係も定かではないし、そもそも「測定不能」なのではないか。以上に鑑み、本章では、政治的意味に絞って非武装中立論を再考し、検討を加えたい。

一　非武装中立論

日本の再軍備問題を検討する際、われわれはつい忘れてしまっていることがある。それは、現憲法が制定された当時、日米安保条約も、日米地位協定も、ましてや自衛隊も存在していなかったという紛れもない事実である。当然、サンフランシスコ講和条約も締結されてはおらず、日本は占領下にあった。

加えて、社会党が掲げた「非武装中立」も、自民党が結党以来提唱している「自主憲法の制定」も、ともに実現されなかった主張であり、いわばともに、「理想」であった。自社双方が「理想」を掲げていたわけで、社会党だけが現実離れした「理想論」を唱えていたのではない。

このような背景を理解したうえで、早速問題の検討に入ることにしよう。最初に、非武装中立論とはどのような論であったのか、確定させておきたい。

石橋政嗣（一九二四〜）は、一九八〇年に『非武装中立論』を発刊し、一九九〇年に政界を引退するまで、黒田寿男、岡田春夫らとともに、「安保五人男」と称される社会党の非武装論の代表的存在であった。石橋は、社会党第三四回党大会（一九七〇年）で書記長に選出されて以来、成田知巳委員長とのコンビで社会党を指導した。そして、一九七七年参院選で改選議席を大きく下回った責任をとって辞任した。さらに、飛鳥田一雄委員長が、一九八三年の参院選で敗北した責任をとって辞任した後、同年、委員長に就任した。石橋の著書『非武装中立論』は、その間の、石橋が党安全保障基本政策委員長時代に出されたものである。

石橋はまた、一九八六年の第五〇回党大会において、社会民主主義を志向した「新宣言」採択に尽力した人物でもある。ごく簡単に、石橋の非武装中立論を振り返っておこう。

彼が、なぜ非武装中立論を展開したのか。彼自身が列挙したのは、以下の理由による。

第一に、「周囲を海に囲まれた日本は、自らが紛争の原因をつくらない限り、他国から侵略されるおそれはない」、「わが国には、社会主義国を敵視し、米軍に基地を提供している安保条約の存在を除けば、他国の侵略を招くような要因は何もない[2]」。

第二に、「原材料の大半、食糧の六〇%、エネルギー資源の九〇%余を外国に依存し、主として貿易によって、経済の発展と国民生活の安定向上を図る以外に生きる道のない日本は、いかなる理由があろうと、戦争に訴えることは不可能だということです[3]」。

石橋は、さらに、いわゆる「戸締り論」に言及している。彼は、戸締まり論を批判し、「凶器を持って押し入ってくるのは、空巣やコソ泥ではなく、強盗だということです。強盗は、鍵がかかっておろうとおるまいと、錠前などは打ちこわして侵入してくるのであります。強盗に押し入られたとき、私たちは「抵抗せよ」と教えたり、教えられたりしているでしょうか。この場合の抵抗は、死を招く危険の方が強いことを誰もが知っています[4]。」

以上のような、状況に置かれている日本において、石橋の非武装中立論が現実のものとなるには、以下の前提条件を要する。

まず第一に、「政権の安定度」、すなわち、安定した（社会党（を中心とした））政権を樹立し、第二に、「正しい人事と、正しい教育」により、自衛隊員に社会党の「考え方なり政策なりを完全に理解させ、協力態勢をとらせる」、すなわち、「隊員の掌握度」、そして第三に、「ソ連との平和条約締結をめざした関係の修復、朝鮮の統一に寄与するかたちの朝鮮民主主義人民共和国との国交回復」、「日米安保条約の廃棄とこれに代わる日米平和友好条約の締結」、「日本の中立と不可侵を保障する米中ソ朝等関係諸国と、個別的ないし集団的平和保障体制を確立することに努め」、

「アジア・太平洋非武装地帯の設置、さらに進んで東西両陣営の対峙する全地域に、非同盟中立の一大ベルト地帯を設定する」という、「雄大な構想を実現させたい」、すなわち、「平和中立外交の進展度」、この三つの条件が満たされるなかで初めて、非武装中立論は、「国民世論の支持」を得ることができる。(5)

故に、「最終目標としての非武装に達するのには、どの程度の期間を必要とするか」については、「四つの条件を勘案しながら縮減に努めるという以上、何年後にはどの程度、何年後にはゼロというように、機械的に進める案をつくるということは、明らかに矛盾することであるばかりか、それこそ現実的ではない」。「重要なことは、どんなに困難であろうと、非武装を現実のものとする目標を見失うことなく、確実に前進を続ける努力だということです(6)」。「高度の技術を駆使して、国土改造計画に基づく調査、建設、開発、あるいは救援活動、復旧作業に従事することを目的とした平和国土建設隊は、自衛隊とは全く別のものとして創設し、その隊員は主として一般から募集し、本人の希望によって、自衛隊からの配置転換をもはかるというようにしたい(7)」。

以上が、石橋の非武装中立論の概略である。社会党は結党以来、平和主義を掲げ、後、再軍備反対等の「平和四原則」を総評と共に組織をあげて主張してきた。石橋の非武装中立論は、この結党以来の基本政策を再軍備反対、中立堅持、軍事基地提供反対という側面から補強する理論であったといえよう。

二　違憲合法論――違憲法的存在論

もうひとつ、この時期の社会党が提示した論点は、自衛隊が違憲ではあるが、国会においては法的手続きを踏んで存在する合法的存在であるというものである。これは、社会党が現存する自衛隊を「違憲状態」であるとしていることは現実的でない、という批判に対して、東京大学（のち、専修大学他）の小林直樹教授（一九二一〜）が、現実を説明するために考え出した（一九八二年に発表）いわば、苦肉の策といえよう。

「これまでの自衛隊に関する論議は、主として違憲・合憲の二分論をとり、学界でも政界でもそのせめぎ合いに終始してきたといってよい。憲法論ないし法的議論としては、それが当然である。しかし、現実の自衛隊の存在は、学界の大勢を占める違憲論によって消滅するどころか、着実に成長を遂げて巨大になっている。米ソの超大国を別にすれば、世界有数の総合戦力をもつ軍事組織となった自衛隊は、単に「違憲の事実」にすぎないと見なすだけでは済まない存在となった。まっとうな解釈論からすれば、それは依然として、〝憲法上あるべからざる存在〟である。現実には、しかし、それは実際上も形式上もいちおう「合法的」に存在し、機能している特殊な組織である。[8]」と、自衛隊の持つ「軍事組織」が世界有数であること、「合法的に存在していること」を指摘したうえで、「こうした自衛隊存在の……現実は、まさに「違憲かつ合法」の……矛盾を内包したものと捉えることが、最も正確で客観的な認識であろう。この認識は、たしかに法秩序を統一的に考えるべきだとする規範論理的思考には適合しないし、実践的見地からみても既成事実の正当化を促進するような危険な面がないとはいえない。しかし、法秩序の機能的かつ実態的な把握をめざす理論にとっては、矛盾を矛盾として直截に受けとめることから出発することが、理論の客観性を確保するための第一条件である[9]」と述べた。

以上が、小林の「説」の主旨である。しかしながら、社会党としてもこのわかりにくい理論をそのまま受け入れても、有権者の支持を得ることは難しいと判断した。そこで、石橋委員長は、「自衛隊は違憲だが、法的存在」、すなわち、「違憲・法的存在論」を展開することとなった。

小林は、自らの「説」を補足して、次のように述べている。「自衛隊が「合法」的存在だということは、第一にそれが法律（自衛隊法、一九五四年＝原文）によって、その任務・組織・編成・権限等を定められており、またその管理・運営にたずさわる防衛庁も権限や所管事務の範囲を法律（防衛庁設置法、同年＝原文）で定められていることにもとづく。これらの法律は、制定過程で多くの混乱を生じ、国会内外できびしい批判を受けたが、いちおう正規の手続きを踏んで制定・公布されたものであり、また現に法律として実効的に行われている。この現実面に即するかぎり、自衛隊の「合法」性を否認することはできないであろう(10)」。

憲法第九条の堅持を主張しているから社会党を支持している、という有権者がこの「説」をすんなり受け入れたわけではない。また社会党・石橋執行部がこれを「違憲・法的存在論」として党の方針としたのは、彼の掲げた「ニュー社会党」路線のひとつの柱となると判断したためである。

「ニュー社会党」路線は、諸政策の現実路線を掲げ、加えて、当時、中道政党と言われた公明党、民社党との連繋を強化し、「社公民」路線を展開する中で、自民党を過半数割れに追い込むことであった。一九八六年の党大会では、マルクス・レーニン主義との決別を宣言した「新宣言」を採択させることに成功した。石橋が「違憲・法的存在論」を取り入れたのは、こうした「現実」路線推進の一環であった。

これが可能となった背景には、既に、江田三郎が提示した社公民（江公民）路線、成田知巳、飛鳥田一雄委員長時代の地方選挙における社公民路線の定着等の背景があった。

三　自主憲法制定論

保守勢力は、現行憲法が、短期間に立案されたものであり、しかも、占領下で、反対が許されない状況下で制定されたものであるとの主張を展開してきた。いわば、ＧＨＱに「押しつけられた」憲法だから、自主憲法の制定が必要なのだ、それが日本人としての誇りを取り戻すことにつながる、と。

自民党は、一九五五年の結党以来、政綱に、平和主義、民主主義及び基本的人権尊重の原則を堅持することを掲げていると共に、現行憲法の自主的改正も唱えている。結党直後、鳩山一郎や岸信介総裁は、憲法調査会の設置や、憲法改正に必要な三分の二の議席を獲得するための公職選挙法の改正をめざした。六〇年安保闘争を契機に、池田勇人内閣以後は、[11]公然と改憲を唱える勢力は青嵐会などの動きが稀に表面化する程度で、中曽根康弘内閣まで少なくとも内閣発足段階において、「改憲」を口にすることはなかった。

中曽根は、政治家になって以来、総理を目標として活動し、首相に就任したら実行したいと考えている項目を箇条書きにしていた。その中に当然のように、憲法改正は記されていた。[12]

中曽根の持論を、彼の著書から拾っておこう。

「憲法をよく読んでみると、そこに「国家」や「国民」という言葉、言い換えると、歴史と伝統の匂いが感じられないことに疑問を持つのです。歴史と伝統を持つ共同体である国家は厳然と存在しているのに、憲法は無国籍なのです。[13]」

「占領体制の脱却を悲願に一九五五年一一月、自由民主党が結成されてから約五〇年、九・一一テロの衝撃、北朝鮮拉致犯罪が現実のものとして実感される今日、国民の間に生活と歴史の共同体である祖国日本への意識が回復され、健全なナションリズムが勃然として湧いてきたと感じるのは私だけではないでしょう。言い換えれば、日本人が憲法改正を自覚的に捉え出したのです。／政治は国民に対して、積極的かつ歴史的な夢を与えながら、前進しなければなりません。私たちが豁然《かつぜん》（ルビ原文）と、日本人としての純粋な発想で憲法改正に取り組むとき、第三の維新がスタートするのです。そのためには、与野党の垣根を越え、国民の勇気を結集しなければなりません。[14]」

「現在の憲法論議はどちらかというと、現状に固執し、技術的所見が多すぎ、時代の流れの先を読んでいません。

この背景には、アカデミズムの世界で主導的立場にあった宮沢俊義教授ら東大法学部の左に偏った先生方の影響があります。その結果、多くの国民は、憲法改正は絶対不可であり、自衛隊は違憲であるという意識を植えつけられてきたのです。(15)」

このようにみてみると、理論的に憲法改正を提唱するというよりも、どちらかといえば、情に訴えている側面が強い。日本国民（しばしば「日本民族」ともいわれる）自らが、自ら憲法を制定する、そのこと自体に意味がある、というわけである。

しかしながら、現行憲法下でも、自衛のためならば、核兵器まで持てるという発言もこれといって問題化しない状況において、なぜそこまで改憲に拘泥するのか、明確な説明に欠けるといわざるをえない。

四　非武装中立論・違憲法的存在論の再検討

社会党の防衛政策が右に寄らなかった（保守政党からみると、「非現実的」政策を提唱し続けた）ことの要因を考えよう。

第一に、一九六〇年の総選挙で、結党直後の民主社会党（のち民社党）が四〇議席から一七議席に激減し（現職の落選は二七名）、その後も社会党以上の低迷を余儀なくされたことである。民社党は、解党までこの結党時の勢力を回復することができなかった。民社党は、主として社会党の防衛政策が非現実的であることを憂いて結党された政党であり、民社党の低落を尻目に、社会党が民社党寄りの防衛政策を選択するという状況にはなかなかならなかった。

第二に、最大の支持母体である総評の運動方針が「平和四原則」、「護憲・民主・中立の政府」の樹立であったことに象徴されるように、それを許さなかった。選挙において、総評傘下の組合員からの組織票に依存している社会党は、総評の意向を無視することはできなかった。加えて、総評は、社会党大会の前に、大会を開催することもあり、社会党大会の運動方針を規定しもした[16]。

非武装中立論をめぐる、当時の資料として、興味深い本がある。『〈社会党政権〉下の安全保障[17]』である。各党の要職が参加した「質問戦」で、もし社会党が政権を執ったらという仮定のもと、その政権によってどのような防衛政策が展開されるのかを質すという企画である。多数参加しているが、引用部分の参加者（肩書きも当時）は、石橋政嗣（社会党国際局長）、賀屋興宣（自民党外交調査会顧問）、矢野絢也（公明党書記長）、小坂善太郎（自民党外交調査会長代理）、江田三郎（社会党書記長）である。

外国が日本に攻撃してこないように外交努力していれば、攻めて来ることはないという、石橋の「信念」に対し、

石橋　侵略者は仮想のものじゃない。たとえばソ連とか中国とか、あなた方が考えているのはそういう国でしょう。そういう国が攻めてくるではなかろうかという条件をみずからつくっておくことで、なぜ国の安全保障が確保できるのか。

賀屋　とにかく侵略は絶対ないと考えられるかどうか。

石橋　ない。ないようにしなさい。（きつい口調で）

賀屋　できるか、できないか……

石橋　できますよ。

賀屋　どうしたらできる。

石橋　それはあなた方が仮想敵国視しないで、たとえば米国と軍事同盟結んで……

賀屋　（言葉じりをとるように）「たとえば」ではなく、どういう方法でできるかということです。

石橋　中国がそんなに脅威ならば脅威でないようにしたらよいじゃないですか。その努力もしないじゃないですか。
賀屋　どうしてできる。どういう方法でなさる。どういう方法で……、侵略者はないというなら、どういうわけでないのか。（二一〇～二一一頁）

◇非武装は丸腰なのかという疑問について、

石橋　まず第一にいえることは、直接侵略という形に備えるといった武装は、一切必要ないという考え方です。
矢野　そうすると、間接侵略には、何らかの物理的軍事能力は必要だということになるか。
石橋　間接侵略という言葉は、非常にあいまいなことばです。実際は従来政府・与党の皆さんが使っている意味でいくならば、いったい、間接侵略は何だということになるから。
矢野　そこにある勢力が……
石橋　（さえぎって）だから治安対策……
矢野　（せきこんで）警察能力で対処し得ないような騒ぎが起こる。
石橋　国内の治安対策ということは、責任ある政党として十分に考えなければならない。
矢野　警察力以上のものが必要ということですか。
石橋　それはその状態によるでしょうけれども、あくまで警察力と考えているわけです。
（中略）
矢野　国内治安対策のためなら、物理的な軍事能力は認めるかもわからん。
石橋　あくまで警察力だから、軍事的じゃない。
矢野　そうすると、国内治安対策のためなら、極端にいえば機関銃があろうと、大砲があろうといいかということなんです。

石橋　第一義的にそういう状態を作らないという……
矢野　その信念はわかっているんだ。敬服しているんだから。（笑声）
石橋　国民警察隊の内容は決めてないですよ。過渡的な形としてはあるけれども。
矢野　…次の解散によって、社会党が政権を担当しなくてはならない勢力になった場合？　内外情勢の変化を伴わない政権担当、この場合は。
石橋　ありがとうございます。（笑声）
矢野　それを期待しているんですから。
江田　起こらないんじゃないかな。（笑声）
矢野　起こらないといったら、国民に怒られますよ。政権担当するんだといって、わが公明党もやっているんだから……（三八～四一頁）

◇社会党が提唱する平和国土建設隊について

矢野　…平和国土建設隊の任務規定というのはどのようにご理解になっておるか。
石橋　平和国土建設隊は全然、治安とか直接侵略に備えるということとは関係ない。これは純然たる国土建設に当たる。
矢野　それならあれか、建設業者みたいなもんか。（笑声）国営土建隊だな。
小坂　土建屋だな。（笑声）
石橋　だから、自衛隊をそのまま平和国土建設隊に結びつけるから間違いであって……
矢野　しかし、いわゆるその隊員は、全然クビにしちゃって、新たに国土建設隊をつくるわけじゃないでしょう。
石橋　一般からも公募する。それが一つ。お国のためにこういう仕事をしたいというものを集めてくる。それから自衛隊を漸減するわけだから、就職あっせん的な役割を果たさなければならないという一面が出てくる。だから、やめていく隊員の中で希望者は「どうぞこちらにおはいりなさい」という一つのルートはできる。

矢野　国土建設隊というのは建設の作業で、治安対策には出動しないのか。

石橋　それは別に国民警察隊というものをつくっていく（一一二頁）。

明らかに不利な立場に置かれている石橋の議論を現在の視角からみて、哄笑することは簡単である。また、「観念的」「幻想的」（衆院憲法調査会、二〇〇〇年一一月九日、自民党水野賢一議員の発言）「理想論」と冷笑することも容易である。自衛権についての思慮が足りないと嘆くことも可能であろう。

しかしながら、現在でも憲法学界では、現存の自衛隊を違憲とする学説が有力である。しかも、みてきた「質問戦」がおこなわれた当時、「理想」を語らないで、何を語り得たか。国際情勢の変化があったとはいえ、警察予備隊、保安隊、自衛隊と形を変えてやってきた「再軍備」、めまぐるしく変わる政府の憲法第九条拡大解釈、加えて、年々増大する「防衛費」、現実に存在している自衛隊や装備を「近代化」させていく在日米軍と対抗するのに、いかなる他の選択肢があったのか。「「国防意識」というのは、一体何に対して何を守ろうとするのか[18]」、政府の側から明確な説明がなされたことは寡聞にして知らない。

また、「国境の彼方で多くの人を殺すこと（戦争において、原文）が誇《ママ》とされるのなら、なぜ国境の手前で一人の人を殺傷することが罪とされなければならないのか、という問題は、戦争を承認する場合には解決できな」い問いである[19]。

しかしながら、それとは別の問題として、「自衛のための実力を保持することなく国民の生命や財産を実効的に守ることができるかといえば、それは非現実的といわざるをえない[20]」のである。国際政治の現実は、「国家」を単位とする抗争が頻発し、「民族紛争」も各地で勃発している。このような情勢下で、石橋がいう、軍事力を伴った国際紛争が発生しないような環境作りに向けて努力する、といった方針では、具体的には何をするのかがみえない。

複雑に利害が絡む現実の国際関係において、万が一、紛争が発生し、それを議論では解決できないと判断する「国家」が存在する場合、われわれの「社会」や生活を守るすべは「軍事力」以外に何があるのか。われわれの「社会」の平穏を脅かす勢力が、侵入してきた際、あるいは、有無を言わせずに、軍事力で介入してくる可能性があるにもかかわらず、全くの無防備でいいのか。平和国土建設隊は、「治安」や「直接侵略」に対処しないというが、では、その「主たる任務」は何なのか、判然としない。

現に、一九七八年六月には、ベトナムのカンボジア侵攻、年末には、ポル＝ポト政府軍との激戦があり、翌一九七九年には、ソ連軍がアフガニスタンに侵攻している。石橋の『非武装中立論』が出版される直前の出来事である。出版後も、中東情勢も、ユーゴ情勢も不穏な状態が続いていた。

石橋が前掲のような議論をするに至る背景として、まず個人的要因が考えられる。一九二四年一〇月生まれで、終戦時二〇歳である。「戦後、佐世保市に引き揚げて米軍基地の労務者となり、四七年全駐労佐世保支部を結成して初代書記長[21]」という経歴をみても、厭戦・非戦・反戦感情が強いことは理解できる。

しかしながら、この年に生まれた者が皆、非武装中立論を支持したかといえば、当然のことながら、そうではない。歴史学者・今井清一、小説家・安部公房、社会党参院議員・竹田現照、参院議員板垣正などが同年生まれであるが、例えば、竹下登（一九二四年二月生）、安倍晋太郎（一九二四年四月生）、箕輪登（一九二四年三月生）、梶山静六（一九二六年三月生）は自民党の議員であったし、草柳大蔵（一九二四年七月生）が社会党寄りの議論をしていたとはいえない。

やはり、個人的経歴に加え、社会党内の雰囲気が彼に非武装中立論・違憲法的存在論の必要性・有用性を認識させたと考えるのが妥当であろう。

石橋の主張をもう少しみておこう。

「自衛力といおうと、軍事力といおうと、軍隊の力によって国の安全をはかるという立場をとる限り、そこに限界はないのです。愛国心とやらが高まり、国防意識についての教育が成功すればするほど、より強大なものを求める声の高まってくるのは必然であり、軍事的対外強硬論にたいし、歯どめをかけることはほとんど不可能となることは、歴史に照らしても明らかなところといわなければならないのです。そして今度は、呼びおこした世論が、逆に政治指導者を身動きできないまでに縛る結果となる[22]」

「軍事力は、いかにそれを自衛力といおうと、抑止力といおうと、他国にとってはそのまま脅威と映ることを忘れてはならないのです。要するに、自国の軍事力は自衛力といい、抑止力と称し、他国の軍事力は脅威と名づけているにすぎないのです[23]。」

こうした石橋の議論が、一定の支持者を得て、一定の影響力をもち、歯止めとなってきたことは事実である。民社党が「現実政策」を掲げても低迷を続けたことから、石橋は、自らの信念の「正しさ」を次第に確信していったのではないか。否、民社党の情勢がどうであろうと、彼は「軍事的」なるものを忌避することは政治家として、一人の人間として捨て去ることのできない信念をもっていたと思われる。

しかしながら、ここまで捨象してきたが、「マニフェスト」的視野からみると、数値目標や期限が曖昧であるといわざるをえない。また、石橋の議論が「正しい」か否かは別として、多くの有権者の賛同が得られなければ、国会において多数派を形成できず、政権の外から、すなわち野党の立場から、与党の政策を非難することしかできないのが、現実の政治制度である。それがゆえにかえって、〝「正しい」ことを主張していれば、いつか有権者がわかってくれる、だからこの「正しい」主張を訴え続けなければならない〟と判断していたのであろう。

けれども政権を執ることができるのは、実は、「正しい」政策を訴えている政党ではない。選挙制度を重複立候補等のない現行制度よりも単純なものと仮定すると、有権者の、より厳密には、投票日に有効投票をした者のうちの相対的に多数の支持が得られれば、政権は獲得できるのである。[24] 投票率が低ければ、ごく一部の有権者の賛同さえ得られればよいのである。そこに、政策の「正しさ」を保証する装置は内蔵されていない。

さいごに

みてきたような社会党の基本政策からすると、後、一九九四年に村山富市・自社さ連立内閣が「自衛隊合憲論」を打ち出したことの政治的「意味」はあまりにも大きい。これまで自民党ですら、現在の自衛隊を「合憲」と言明したことはないのではないか。社会党がこの基本政策の「ぶれ」から、有権者の支持を失い、勢力を急速に弱体化させていったことは記憶に新しい。

また、一九九九年には周辺事態法が制定され、「後方支援」が自衛隊の本来任務と規定された。さらに、安倍晋三政権になってからは、二〇〇六年末の法改正により、防衛庁は防衛省（Ministry of Defense）に移行し、世界有数の「防衛力」をもつ自隊は、海外活動も本来任務とされた。それまでの自衛隊法は、第三条で、「自衛隊は、わが国の平和と独立を守り、国の安全を保つため、直接侵略及び間接侵略に対しわが国を防衛することを主たる任務とし、必要に応じ、公共の秩序の維持に当るものとする」と、国防以外の任務は「主たる任務」ではなかった。さらに、第一次安倍内閣期には憲法改正のための国民投票法も成立した。

形骸化したとはいえ、現行憲法や自衛隊法により、自衛隊の海外における本格的な武力行使の防波堤となっていることは事実である。ＰＫＯ法に基づく海外派遣で死者が出たことはあるものの、戦前のように、多数の外国人を日本政府の行為によって殺戮するという事態は幸い招かれていない。

改憲勢力の論者からは、いまだに占領下において短期間につくられた「押しつけ」憲法だから、自主憲法を制定すべきだ、それが「民族としての」自信を取り戻すことにつながる、との主張がしばしば聞かれるが、公表された憲法改正草案は、読売新聞案にしろ、中曽根（康弘）案にしろ、西部邁案にしろ、二〇〇五年一〇月二八日に公開された自民党新憲法案にしろ、「自衛軍」規定等の規定が追加されてはいるものの、現行の憲法と構成上の大差はなく、文言の微細な変更にとどまっているのが大半である。構成上は、現行憲法の有用性を証明しているかのような皮肉な結果となっている。争点となっているのは主として、現行の第一条と第九条であり、「押しつけられた」憲法だから、自主憲法の制定が必要だ、との主張の論拠を乏しくしている。前田哲男は、「じつは「自衛隊創設」のほうこそ、〝押しつけ〟であった[25]」と述べている[26]。

本章が、集団的自衛権や改憲問題を再度考える素材を提供できていればと祈るばかりである。

注

（1）木下、二〇〇三、第四、五章参照。
（2）石橋、一九八〇、六四～六五頁。本書は、当時、三〇万部余を売り上げるベストセラーとなった。英独仏訳版が出ただけでなく、ロシア語、モンゴル語等にも訳された。二〇〇六年九月に、明石書店が大塚英志の解説を付し復古版を出した。本稿は、原著、社会新書からの引用である。
（3）同上、六五頁。
（4）同上、六七頁。
（5）同上、八〇～八四頁。
（6）同上、八四頁。
（7）同上。
（8）小林一九八二、一四九～一五〇頁。
（9）同上、一五〇頁。

(10) 同上、一五一頁。

小林の他党への批判はとどまるところをしらない。例として、以下だけ挙げておく。「一九五〇年代の再軍備の発端から、「安保」を進んで受け入れ、つねに積極的に軍事拡大につとめてきたのは、今日の自民党（およびその前身である諸党派）の多数派を形成する保守政治勢力である。そのなかの諸派閥の間には、むろん色合いの違いがあり、また派閥の消長や動きによる変化はあったけれども、大勢はつねに「安保」の路線を堅持し、自衛隊の増強に力を入れてきた。六〇年の安保闘争を抑えこみ、新安保に踏み切ったのも、八〇年代に防衛費だけ〝突出〟させ、軍備の増強を決定したのも、すべてこの保守多数派であった。そして少数のリベラル派を別とすれば、その大多数は……地方の保守派と結びついて……建国記念日や元号法制の実現に努めたように、旧憲法的イデオロギーを持ちつづけてきたといえる。

さらにこうした多数派のなかに、中核となって、〝防衛力増強〟を推進するタカ派（いわゆる〝国防族〟）がある。このグループは総じて、つよい反共志向をもつとともに、力の政策を信奉し、憲法九条に対し敵意さえ抱き、改憲についても積極的である。文化や福祉よりも、根本的に軍事を優先させる観点に立ち、〝防衛費の突出〟に奔走したり、有事立法の必要を説いたりする点で、国防族は制服組に勝るとも劣らぬ軍拡の前衛となっている。

同時に彼らはまた、単純で古い軍事的発想のゆえに、人類の問題を展望する視野を欠き、国民に一面的な「愛国心」を要求するなど、「核の時代」の戦争をリアルに認識する眼をもたない点でも、平均的な旧帝国軍人と共通の性格を示している。靖国神社の国営化などに熱心な者が多いのも、このグループのそうした特徴の一端といえるだろう」（一一四〜一一五頁）。

(11) ただし池田は、第二次内閣時の一九六一年、自民党内に憲法調査会を設置している。初の公聴会開催は、一九六二年二月二四日で、改憲の是非等が議論された。

(12) 首相公選論なども唱えている。中曽根、一九九六、中曽根、二〇〇四b等を参照。

(13) 中曽根、二〇〇四b、七五頁。

(14) 同上、七九〜八〇頁。

(15) 同上、八二頁。その他、本書第三章「憲法改正試案」を参照。現行憲法の前文批判、「象徴としての元首」、「防衛軍」の明記、「非常事態条項」、「政党条項」等について述べている。

(16) 一九五八年、警職法をめぐる反対運動の際、一〇月二四日から臨時大会を開催している。社会党は、一一月一一日から党大会を開催している。翌年には、企業合理化反対闘争をめぐって、六〇年代前半にも、安保闘争や炭労支援をめぐって総評は大会を開いている。社会党大会の開催直前に開催されたのは、単なる偶然だろうか。

(17) 毎日新聞社、一九六九a

(18) 石田、一九六八、一三〇頁。「「国防意識」が対外強硬の世論を形成するに至ると、これを平和の方向に転換することは経済にもまして困難であることを忘れるべきではない。」(同頁)とも指摘している。

(19) 同上、一五五頁。

(20) 長谷部、二〇〇六、七二頁。長谷部は、憲法の条文と、現実の乖離の例として、憲法第二一条にある「表現の自由」の例を挙げている。そこでは、「準則」か「原理」かが議論され、ともに、「原理(principle)」なのだとされる。

(21) 『[現代日本]朝日人物事典』朝日新聞社、一九九〇年、一四三頁。

(22) 石橋、一九八〇、七六頁。石田、一九六八に依拠していると石橋の断りがある。

(23) 同上、七七頁。

(24) さらに、「一票の格差」問題を考えれば、政権政党の正統性は、ますます疑わしくなってしまう。違憲状態の迅速な解消が求められている。加えて、国政選挙における投票率低下問題は深刻化しており、制度の根幹にかかわる問題であるだけに、未成年者や投票率の低い若年層への啓発活動が重要である。

(25) 前田、二〇〇七、一七一頁。のち、防衛庁官房長や国防会議事務局長を勤めた海原治は、「(マッカーサー書簡は警察予備隊設置を…原文)「オーソライズ許可する」というが、こちらは要請なんかしていない。知らない人が後から読むと、日本の方がお願いしていて、それを総司令官が許可した、と取ってしまうだろうが、そうではない」と語った(「新国軍の誕生と歩み」『This Is 読売』一九八九年一〇月号=前田、二〇〇七、一七一頁の引用による)。

(26) 五十嵐仁・木下真志編、二〇一九、第一二章を参照。

引用・参考文献

愛敬浩二、二〇〇六『改憲問題』ちくま新書
飯塚繁太郎他、一九八五『結党四〇年・日本社会党』行政問題研究所

五十嵐仁、一九九八『政党政治と労働組合運動』御茶の水書房
五十嵐仁・木下真志編、二〇一九『日本社会党・総評の軌跡と内実―20人のオーラル・ヒストリー』旬報社
石川真澄、二〇〇四『戦後政治史　新版』岩波新書
石田雄、一九六八『平和の政治学』岩波新書
石橋政嗣、一九八〇『非武装中立論』社会新書（二〇〇六、明石書店が復刊）
植村秀樹、二〇〇二『自衛隊は誰のものか』講談社現代新書
江田三郎、一九七七『新しい政治をめざして』日本評論社
江田三郎、一九六四「英国総選挙と日本社会党」『中央公論』一二月号
江田三郎、一九七六「私の政権構想　開かれた政権こそ」『中央公論』八月号
江橋崇、二〇〇六『「官」の憲法と「民」の憲法――国民投票と市民主権』信山社出版
奥武則、二〇〇七『論断の戦後史』平凡社新書
大竹啓介、一九八一『幻の花　和田博雄の生涯』楽游書房
大嶽秀夫、一九九六『戦後日本のイデオロギー対立』三一書房
市野川容孝、二〇〇六『社会』岩波書店
居安正、一九八三『政党派閥の社会学』世界思想社
木下真志、二〇〇三『転換期の戦後政治と政治学――社会党の動向を中心として』敬文堂
木下真志、二〇〇四「高度成長後の自主防衛論の展開――一九七〇年代の自民党を中心に」『社会科学論集』第八六号所収（本書第一章所収）
木下真志、二〇〇六「一九六九年総選挙と社会党の衰退――戦後政治の第二の転換期」『社会科学論集』第九一号所収（本書第八章所収）
木下真志、二〇〇八「社会党はなぜ、構造改革を採用できなかったのか？」『日本政治学会　年報政治学』（本書第六章所収）
貴島正道、一九七九『構造改革派』現代の理論社
河野康子、二〇〇二『戦後と高度成長の終焉』（日本の歴史　24）講談社

小林直樹、一九七五「防衛問題の新状況」『ジュリスト』五八六号（一九七五年五月一日）
小林直樹、一九八二『憲法第九条』岩波新書
小林直樹、一九八四「「違憲・合法」論の検討」『法律時報』六八三号（一九八四年五月）
清水慎三、一九九五『戦後革新の半日陰』日本経済評論社
新川敏光、一九九九『戦後日本政治と社会民主主義』法律文化社
高島善哉編、一九七四『現代の社会科学』春秋社
高橋甫、一九七〇『この自衛隊――軍国主義復活の立役者』平和書房・新書
田村祐造、一九八四『戦後社会党の担い手たち』日本評論社
冨森叡児、二〇〇六『戦後保守党史』岩波現代文庫
中北浩爾、一九九三「戦後日本における社会民主主義政党の分裂と政策距離の拡大」『國家学会雑誌』第一〇六巻、一一・一二号
中北浩爾、二〇〇二『一九五五年体制の成立』東京大学出版会
長洲一二、一九七四「現代資本主義と構造改革」（高島、一九七四所収）
中曽根康弘、一九九六『天地有情』文藝春秋
中曽根康弘、二〇〇四ａ『自省録』新潮社
中曽根康弘、二〇〇四ｂ『日本の総理学』ＰＨＰ新書
中曽根・西部邁他、二〇〇四ｃ『憲法改正大闘論』ビジネス社
長谷部恭男、二〇〇六『憲法とは何か』岩波新書
長谷部恭男、二〇〇四『憲法と平和を問いなおす』ちくま新書
長谷部恭男・杉田敦、二〇〇六『これが憲法だ！』朝日新書
前田哲男、二〇〇七『自衛隊――変容のゆくえ』岩波新書
升味準之輔、一九八三『戦後政治一九四五―五五年』（上・下）東京大学出版会
升味準之輔、一九八五『現代政治　一九五五年以後』（上・下）東京大学出版会
松井政吉、一九七二『戦後日本社会党私記』自由社

松野頼三、一九八五『保守本流の思想と行動』朝日出版社
三宅一郎他、一九八五『日本政治の座標　戦後四〇年のあゆみ』有斐閣
宮田光雄、一九七一『非武装国民抵抗の思想』岩波新書
渡辺治、一九八七『日本国憲法「改正」史』日本評論社

〈資料〉
日本社会党政策審議会、一九六八『理論と政策』日本社会党政策審議会
日本社会党五〇年史編纂委員会、一九九六『日本社会党史』社会民主党全国連合
毎日新聞社編、一九六九a『〈社会党政権〉下の安全保障』毎日新聞社
毎日新聞社編、一九六九b『自民党政権の安全保障』毎日新聞社
『世界』二〇〇七年五月号「特集　施行六〇年目の憲法状況」
『論座』二〇〇四年二月号「特集　九条改憲論の研究」
『論座』二〇〇五年六月号「特集　クール！に論じる憲法」
『「世界」憲法論文選一九四六〜二〇〇五』岩波書店、二〇〇六
『「世界」主要論文選一九四六〜一九九五』岩波書店、一九九五
『法律時報』一九八四年五月号「特集　憲法九条の今日的位相」日本評論社

〈対談〉
松下信之・江口昌樹、二〇〇六『社会党の崩壊　内側から見た社会党・社民党の一五年』みなと工芸舎

〈新聞記事〉
「江田氏一周忌」『朝日新聞』一九七八年五月二四日夕刊
「遺志に〝すきま風〟」『毎日新聞』一九七七八年三月二五日

第八章　一九六九年総選挙と社会党の衰退——戦後政治の第二の転換期

はじめに

戦後政治を考察する場合、しばしば「転換期」という語が使われる。論者によって、意味も時期も異なるが、使用頻度が高いのはメッセージ性のある単語だからであろう。[1]本章においても、この「転換期」という語を使う。それは、一九七〇～八〇年代の戦後政党政治——自民党一党優位制＋自社公民共の五党時代に特色づけられる——の始まりとなった時期という意味において、五〇年代、六〇年代の自社（に連なる勢力の時代も含め）を中心とした政党政治とは明確に異なる政治状況があった、という判断に基づいて、一九六九年総選挙が大きな画期となったことを示すことを眼目としている。

戦後一一度目にあたる一九六九年総選挙は、政府自民党の思惑から年末に行われ、社会党の大敗北、野党の多党化として位置づけられる選挙である。この選挙以後、社会党は「万年野党」がほぼ確定し、「抵抗政党」として、自民党の政策への「歯止め」や法案の「一部修正」をめざす政党になり、支持者のあいだで、社会党政権誕生に対する諦観が蔓延した。本章は、この総選挙において、なぜ日本社会党は大敗北したのか、この問題を再考することを通して、戦後の政党政治をみる新たな視角を模索しようとするものである。裏を返せば、一九六〇年代は「経済の時代」とされてきたが、一九六九年までは、社会党政権に対する有権者の一定の期待はあったのであり、その意味において「政治の時代」でもあったのではないだろうか。

一　一九六九年総選挙と社会党の動向

1　一九六九年総選挙

一九六九年一二月二七日投票の総選挙を概観することから始めよう。

一九四五年から一九七八年までの三三年間で、最も投票率の低かった総選挙はどの選挙か。それは、一九四七年総選挙の六七・九五％である。一九七九年総選挙以後、八〇年代に入ると総じて若者を中心に投票率の低い状態が続くが、一九六九年の六八・五一％という投票率は、戦後の混迷期といってよい一九四七年総選挙に次ぐ低さであった。

一九六九年総選挙が低投票率であった要因として、寒気団の襲来、全国的な悪天候（東北地方は雪、九州地方はみぞれ混じりの雨）、年末の買い物・新年の準備との競合等が考えられる。棄権率をみると、（これも一九七八年選挙以前では）一九四七年総選挙についで高かった。この投票率の低さは社会党にどのような影響を与えたのだろうか。

まず、本選挙の特徴をみておきたい。衆議院の解散は一二月二日で、七日に公示された。一一月には、佐藤栄作首相が訪米し、沖縄返還の約束を取り決めており、これを好機とした政府・自民党の判断に基づく解散であった。「自民党の肩すかし策」ともいわれた(2)。本選挙からおこなわれた新しいことのひとつは、衆院選では初のテレビの政見放送が取り入れられたことである。これは、同年九月に実施された徳島県知事選挙が始まりであったが、国政選挙では初めてのことであった。一人の候補者に与えられた時間は五分（経歴放送三〇秒、政見放送四分三〇秒）であった。中には、不慣れなテレビ出演によって、イメージが下がり、落選した者も出た。

本選挙において、各党の掲げたキャッチフレーズは次のようなものであった。「万歳、沖縄が帰ってくる、つぎは北方領土だ」（自民）、「もっと人間らしく生きたい」（社会）、「もちろん、ぼくも公明党」（公明）、「こんどは民社党ネ」（民社）、「沖縄をとりもどし、安保をなくして、独立・中立の日本を」（共産）（『朝日ジャーナル』一九六九・一二・二一号、六頁、以下、「朝ジャ六九・一二・二一、六頁」等と記し、後掲、引用・参考文献に詳記。しばしば『朝日ジャーナル』を引用するが、当時の時代状況から、社会党の動向を知るのに適当と判断したためである）。

次に本選挙の政党別獲得議席数は次の通りである（括弧内は「黒い霧」選挙と呼ばれる前回一九六七年一月二九日投票の（自民党が初めて得票率で五〇％割れした）総選挙の結果で、事後入党を含む）。選挙直後の当選者数だけを見ると、自民二八八（二八〇）、社会九〇（一四一）、公明四七（二五）、民社三一（三〇）、共産一四（五）、無所属一六（〇）である。本選挙時の定数は四八六名である。社会党の一人負けであった。相対得票率（少数第一位四捨五入・％）では、自民四八（四九）、社会二一（二八）、公明一一（五）、民社八（七）、共産七（五）（石川、二〇〇四）。こちらも社会党の衰退が顕著である。中でも、社会党左派所属議員の落選が多く、それまで党内で大きな発言力を持っていた左派・佐々木（更三）派の影響力は大きく低下することとなった。

しばしば引照される石田博英論文[3]は、近い内に、すなわち一九六八年には、農村人口の都会への移動がもとで、社会党を支持する有権者が四七％となり、四六・六％の自民党を上回る得票で、社会党政権が誕生することを予期したものであった。彼の予想は自民党支持の減少に関しては的確であったが、社会党に関しては大きくはずれることとなった。社会党が政権政党になることは一九九三年の細川護煕内閣の成立までなく、そのときまで自民党が下野することは一度もなかったからである。

一九六九年総選挙における社会党の候補者及び選挙結果について詳細にみてみよう。社会党からの立候補者数は一八三名、当選が九〇名、落選九三名（このうち次点者が五二名、次々点者が二四名）であった。また、全一二三選挙区のうち、社会党空白区が四四区で三分の一強であった。そのうち、共倒れによる空白区が一二区あり、これによって二四名が落選している。次点者が五〇名強いることからもわかるように、完全に社会党から有権者が離反したというよりも、僅差による惜敗が多かった。偶然とはいえ、ほぼ次点者分だけ議席が減少したのである。しかも落選者の内、五四名は最下位当選者との得票数差が一万票以内である。わずか三一票差（北海道五区）、一四二票差の区（愛知三区）もあった。選挙戦術の失敗とさえいえるであろう。

ここで定数の不均衡問題を論じることは主眼ではないが、自民党の得票数は全体の四七・六％（二二三八万強票）、社会党は、二一・四％（一〇〇五万強票）で自民党の約四五％を獲得している。にもかかわらず、議席数は、三一・三％であった。定数の不均衡と次点の多さを物語る数字である。低投票率からみて、社会党の固定支持層が棄権したことも考えられる（棄権率三一・五％、『朝日新聞』一九七九年一〇月八日付）。

とはいえ、選挙は結果がすべてである。五〇議席の減少は、全国的に、一定割合で社会党から離れた有権者が存在することを示していると考えられる。このことは、後に考察するように、その後の戦後政治に深刻な影響を与えたといえよう。また、自民党と比較した場合、テレビ政見放送への対応の遅れ、それによる次点者の続出がこのような選挙結果を招いたことは間違いないであろう。

一九五〇年代に大きく成長していた社会党が、六〇年代に入って「横ばい」を始めたことについては、この六九年選挙以前に成田知巳委員長による自己分析がある（本書第九章を参照）。一九六四年一月、成田は党機関誌『社会新報』に、「成田三原則」と呼ばれる社会党の三大問題点（欠点）を指摘した。それは、日常活動の不足、労組依存、議員党的体質の三点である。この指摘は、結党当初からの社会党の特質ともいえるもので、早くから対策がとられてはいたものの、一向にその成果がみられず、党首脳にとっても頭痛の種であった。

ではなぜ、社会党はこの三大問題点（欠点）を理解していながらも克服できず、一九六九年総選挙においてこれだけの大敗北を喫したのだろうか。この時期の選挙に関しては、データの集積や世論調査が未成熟で、選挙分析も近年のように多様な角度からの解析が十分おこなわれていたとはいえない。現在入手可能なのは、選挙管理委員会等が公表した集計データや選挙直後新聞等に公表されたものが大半である。加えて、本章は、一九六九年総選挙について、世論調査に基づいた計量分析を主眼とするものでもない。前述のように、本章はこの選挙についての歴史的意味、政治的意味、政治学的意味を再考することで、戦後日本の政党政治についての新たな視角を模索するものである。

「結果がすべて」とはいえ、選挙は数年に一度しか実施されず、選挙結果に現れない国民の意識変容を解明することは、一九六九年選挙、その選挙結果の誘因となった一九六〇年代、ひいては、戦後日本の政治を支えた有権者の論理をも理解することにつながるであろう。

社会党大敗北問題に関しては、既に選挙分析の草分けのひとり杣正夫による分析がある。[4]一部、成田の指摘と重なるが、杣の指摘は、以下の通りである。①「組織勢力が劣っていたこと」、②「日常活動の不足、日常支持者の減少、党員の伸び悩み」、③「政治路線、選挙政策」等が「わかりにくく、曖昧で、観念的」、④「見劣り」する立候補者が多かった点、⑤「労働者に対する労組の指導力と統制力が鈍っていたこと」、⑥「社会主義運動の指導勢力」としての地位のゆらぎ、⑦「派閥抗争」による「イメージ・ダウン」と「逆子体制」、⑧「「反戦」労働者や過激派集団のいわゆる新左翼」が「社会党支持層の一部を分解した」ことによるイメージ・ダウン、⑨「支持層の新陳代謝機能の失調」の九つが挙げられている（⑦の「逆子体制」については後述＝二四三頁）。以上を「概括していうならば総評系労働運動、すなわち民同左派に発する労働運動が、労働者に指導力を失ってきたこと」、「革新運動の指導力の弱まり」[5]が指摘されている。

自民党勝利の要因については、①「公権力の党派的、私的利用が大幅にできること」、②「選挙民の都市化」、③

「安保繁栄、沖縄返還」の実績、④財界からの資金提供などが挙げられている（同）。林知己夫は、社会党支持者が支持していた政策は社会主義ではなかったことを一九七〇年に指摘している（調査は一九六八年）[6]。社会党支持者で「社会主義をよい」とする者は三三％であり、共産党の五五％に次ぐ数値である。しかし、「時と場合に」よっては、社会主義でもよいとするものは、全体の四六％を占め、「よい」と合わせ、七九％の高率である。他の選択肢は、「よくない」と「その他・わからぬ」であるが、自民党支持者でも四四％は「時と場合による」と答えており、四つの選択肢中、最も多い。

杣、林双方の分析・指摘は現在の視角から再検討しても妥当なものといえよう。しかしながら、なぜそのような事態になったのかについての説明が必ずしも充分とはいえない。要因の解明には、政治の動き、政治意識の変化だけでなく、社会の動向や変化、政治意識以外の意識（生活意識や経済感覚等）も考慮に入れて、総合的な説明が必要ではないだろうか。

2　一九六〇年代後半の社会党

次節で詳しく検討するが、一九六九年の年表を播けば、年頭の学園紛争に始まり、「七〇年安保」問題、沖縄返還交渉・佐藤訪米がこの年の主たる争点で、七月一三日の都議選においてもそれらが大きな争点になった。都議選は周知のように、国政問題の影響が大きな選挙である。この都議選において、社会党は前回一九六五年選挙の四五議席（第一党）から大幅に減少させ、第三党（二四議席）に転落した。一方の自民党は五四議席を獲得し、第一党に復活した（第二党は公明党）。この選挙結果は、一九六九年末の総選挙の結果を予知しているかのようである（篠原、朝ジャ一九六九・七・二七、九三～一〇三頁）。

前回一九六七年一月末の総選挙から約三年、その間、六七年四月に美濃部亮吉が東京都知事に当選し、自民党は佐藤栄作が総裁を継続、社会党は、勝間田清一委員長から成田知巳委員長に変わった。前述の「成田三原則」の表明もあった。

六七年一二月の非核三原則の言明（佐藤首相）、六八年一月の米原子力空母エンタープライズの佐世保寄港、六月の米軍ジェット機（ファントムＦ４Ｃ）の九大構内への墜落、全学連新宿駅デモ（一〇月）等を経て迎えた年であった。

六九年には、東京神田カルチェラタン、東大安田講堂での「紛争」、東名高速道路開通、アポロ一一号の月面着陸、大学運営に関する臨時措置法の成立、東京教育大学の筑波移転決定等があった。一二月一日には、東京都の老人医療が無料化された。

こうした時期の社会党関連の動向をみてみよう。[7] 六七年三月、恵庭事件の無罪が確定、七月防衛二法改正案について自民党と妥協が成立、八月、健康保険特例法案をめぐる国会の混乱の責任をとり、佐々木委員長及び成田書記長が辞任、同月、公害対策基本法が成立、六八年元旦、公明党が党機関誌において、日米安保条約解消後に非武装中立路線をとると発表、一月一九日、前述のアメリカの空母エンタープライズが佐世保に入港、二四日、東京都北区長、王子にベトナム傷病兵の野戦病院を開設することを公表、二七日、佐藤首相、沖縄の返還は三年以内をメドと表明、三月、穂積七郎議員失言（国会で首相を「売国奴」と発言）で登院停止三〇日、二月から三月、成田空港をめぐる三里塚での反対運動が激化、六月、日本通運からの収賄容疑で大倉精一議員逮捕、七月、参院選（大きな変動はないが、石原慎太郎、青島幸男らのタレントが上位当選）、同月、三派全学連分裂、九月、勝間田委員長が辞任、成田―江田の「逆子体制」（江田の方が年齢も政治家としての経験も上であったため、こう呼ばれた）になった。年末には、次年度の東大入試中止が決定した。

六九年は、前述の安田講堂の紛争、三月、佐藤首相が参院で「沖縄返還は核抜き、基地本土並み」の方針を表明、五月、政府、初の「公害白書」を発表、同月、閣議で物価安定政策会議の設置を決定、七月一三日、都議選（前述）、二三日、参院本会議、徹夜で自衛隊法・防衛庁設置法改正案を可決、八月札幌地裁における長沼ナイキ基地裁判で、住民の申し立てを認める決定（その後は周知の統治行為論で判断回避―一九七六年）、一一月、佐藤首相、非核三原則の堅持と有事の核持ち込み拒否を言明、一二月四日、社会党が学生の暴力的行動を全面否定する統一見解を発表した。

一般的に、一九六〇年代は高度成長期であり、「経済の時代」とされるが、みてきたようにまだまだ深刻な保革のイデオロギー対立は併行して続いていたのであり、「政治の時代」は相対的には低下したとしても、完全に終焉を迎えていたわけではないのである。社会党が有権者に対し、有効な対立軸を提示できていたならば、（社会党に有利な）議論を国会において展開し、支持を拡大することも可能であっただろう。

また、社会党との関連におけるこの時代の象徴的現象として、労働者の組合離れが指摘できよう。小室直樹は、総評―社会党の組織票という観点から、とりわけ大都市部において、一九六〇年から社会党支持の減少が始まっていたことを指摘した（朝ジャ一九七〇・一・一八、九七～一〇二頁）。

社会党の「全党員のうち三〇歳以下がわずか六%」（朝ジャ一九六八・九・二五、九六頁）であることは一九六八年九月の党再建大会を傍聴したノンフィクション作家・佐木隆三を落胆させた。党員の拡大も伸び悩み、地方からは次のような声が挙がっていた。「奈良公園にはシカがいて、ラッパを吹けば集る。奈良県の党員は二七〇人で、シカより少ないのに、笛を吹いても集らない。中心になるべき議員が、票集めには熱心でも、党員をふやす努力はしないからだ。」（奈良県・今中さん）等（朝ジャ一九六八・九・二五、九九頁）の不満の噴出があった。

また経済学者の伊東光晴は、高度成長のもとで労働者の意識が大きく変化していることの一因を労組の右傾化に求めている（朝ジャ一九七〇・一・二五、一〇一～一〇六頁）。「労働者は従来までの利潤の生産者、被搾取者という地位から現象的には技術革新の受益者に転化してゆく。……こうした場合技術革新にもとづく利益をめぐって労資の分配のための争いが生れることは当然である。だが技術革新そのものの受益者だという点で両者は共通している。しかもその利益は労働者をより多く搾取した結果ではない」（一〇六頁）。

当時の世論調査を見てみると、既に変化が始まっていることがわかる。一例を挙げると、一九六六年度国民生活白書によれば（一九六七年七月発表）、「東京都内の主婦の九割近くが中流意識をもっている」ことがわかっている（毎日新聞社『二〇世紀年表』）。また、一九六七年末、富士製鉄・広畑労組が実施した世論調査によれば、社会党の支持率も、五六・八％から三一・六％に急減し、支持政党なしが、五・四％から、三二・九％となり、社会党支持率を越えている（朝ジャ一九六九・一・一二、一〇九頁）。社会党の固定支持層である労組の支持率がこの状態であるから、他は推して知るべし、である。

さらに、統一地方選挙における社会党の得票率も、一九五九年四月の二三・六％から、一九六七年四月には一九・五％にまで低下していた（読売新聞世論調査室・一九七五、二七頁）。

加えて、総評の内部においても、有力労組から労働運動の柔軟化路線への転換を求める声も噴出し始めていた。国労大会における東京の代議員に次のような発言も出始めていた。「総評内に、いろいろ漸進路線、反共路線あるいはそういった流れがあるといわれている。宝樹さん（注、全逓委員長〈原文注〉）は、七〇年闘争を境に、JC路線と結んで労働者党をつくるといっています。こうした右傾化にたいして総評大会は歯止めをする必要がある」（朝ジャ一九六九・七・二七、四六頁）。また、反戦青年委員会の「急進主義、街頭闘争のエスカレートを解消し、あらためて労働運動の中に定着させることをこころみようと」するために、合化労連の太田薫委員長は以下のような強硬な発言をしている。「反戦委は平和革命の破壊分子で、それも学生集団のように思想性をもったものではなく、労働組合の市民権を利用した無責任な行動だ。それを、平和革命を綱領とする社会党が支持するのなら、総評は社会党支持をやめるべきだ」。かつての総評議長の発言であるだけに見逃せない、影響力のある発言といえよう。

次に社会党内部の一九六九年総選挙に向けた動きをみてみよう。社会党が出している党中央理論誌『月刊社会党』

を追うと、成田委員長の国会における代表質問が掲載され、その中で成田は、「消費者物価が昭和三五年以来平均年五・七％という異常な上昇をしめしている」（『月刊社会党』一九六九・四、一六～一七頁）という質問を佐藤首相にぶつけているが、これといった具体的な物価対策がその後の社会党から展開されたとはいえない。

また、成田委員長には、公明党の竹入義勝委員長が公明党の臨時大会（一九六九年）で、「次の総選挙で四〇以上の議席を得、一〇年後の昭和五二年までに衆議院議席一四〇を獲得して第二党に進出するという目標を示した」ことに触れ、「公明党が第二に進出するときは、第一党は自民党であるのか社会党であるのか。」と一〇年後（一九七九年）の政権獲得をめざすとも取れる自問がある（『月刊社会党』一九六九・六、一五頁）。

この自問の二ヶ月前には、「一九六九年選挙対策に関する件」で社会党は次のような見解を表明している。「わが党は…（略）…総選挙における政府、独占の政治的意図、そしてその本質を暴露しつつ、ベトナム反戦、沖縄即時無条件全面返還、日中国交回復など平和政策、なかんづく非武装中立政策の正しさを国民に明らかにし、さらに国内的には安保体制のもと国民各層に犠牲を強い、生活不安と圧迫を続ける佐藤自民党内閣にたいする国民の批判を総結集し、憲法擁護と国民の権利を守る名実ともに革新の主軸として、安保条約を廃棄する「護憲・民主・中立の政府」樹立への展望をきり開くことが今次総選挙にかける最大の意義である。そのためわが党は現有議席数をまず確保し、党の最近の下降現象を喰いとめ、その上昇とともに議席を伸ばし、わが党単独で三分の一以上の議席数を獲得することを目標に、いついかなる時期に総選挙があろうと、ただちに対応できる体勢づくりに全党をあげてとり組みを開始すべきである。」（一二九頁）。「闘いの基本方針」は以下の六つである。

「一．各市町村の末端までに選対拠点をつくる、二．民間労組、未組織労働者への働ら《ママ》きかけ、三．婦人の要求をとりあげるなど婦人、新有権者への対策強化、四．顕著となった都市部の多党化傾向をはね返す、五．政策と候補者氏名浸透のための宣伝、六．選挙資金は大衆カンパでまかなう体制」（同、一二九～一三〇頁）。（『月刊社会党』一九六

別表1　日本社会党等の選挙結果

［衆院選］	立候補者	議席	社会党議席率	自民党議席	［参院選］	立候補者	議席	社会党議席率	自民党議席
'46. 4.10	331	96	21	336					
'47. 4.25	289	144	31	300	'47	101×	47	19	85
'49. 1.23	187×	48	10	363					
'52.10. 1	205×	左 56　右 60	左 12　右 13	331	'50	75×	62	25	107
'53. 4.19	225×	72　66	15　14	314	'53	左50×	26	10	111
'55. 2.27	243	89　67	19　14	299		右40×	43　計69	17	
'58. 5.22	246	167	36	298	'56	82×	81	33	124
'60.11.20	186×	144	31	300	'59	78×	84	34	135
'63.11.21	198×	144	31	294	'62	69×	66	27	143
'67. 1.29	209×	141	29	285	'65	66×	73	29	140
'69.12.27	183×	90	19	300	'68	62×	65	26	137
'72.12.10	161×	118	24	284	'71	60×	65	26	137
'76.12. 5	162×	124	24	260	'74	62×	62	25	127
'79.10. 7	161×	107	21	258	'77	56×	56	23	125

出所：石川真澄『戦後政治史』（岩波新書　1995年）巻末資料をもとに筆者が作成。
注１：×は、立候補者の数が総定数の過半数に達しないことを示す。
２：議席数には、次回選挙までの入党を含む。
３：保守合同以前の「自民党」議席数は総保守の数/'76以降の新自由クラブは含まず。
４：社会党議席率は、小数点第1位四捨五入。
５：参院選の'50年以降の議席数、議席率は非改選も含む。

九・四、臨時増刊一四四号、第三二回臨時党大会報告決定集）

しかしながら、よく考えてみよう（別表1参照。一九五〇年代は、社会党議席（とりわけ左派社会党）の増加と自民党議席の漸減が特徴である。それが六〇年代になると社会党の議席数は、横ばい・漸減となり、一九六九年に激減する）。社会党は、有利と思われた一九六〇年総選挙ですら総定数の過半数を越える候補者を集められなかったばかりか、一九五八年五月の総選挙を最後に、一九六〇年一一月、六三年一一月、六七年一月、六九年一二月と四度の六〇年代の総選挙ばかりか、その後一度も総定数の過半数を越える候補者を立てられなかった。六〇年安保闘争の「敗北感」が残っていたとはいえ、六〇年代前半にはまだ、社会党政権への期待感が社会党を支持する有権者にはあったというのが筆者の判断である。例えば、まず、一五〇議席を獲得し、次の選挙で二〇〇議席、その次に二五〇議席というように、段階的な議席増が可能ではなかったか。しかし、それを達成するだけの候補者を集めることができなかった。

このことからも、結果的には（候補者難の）社会党の選挙に向けての「目標」は、単独過半数ではなく、「単独で三分の一以上の議席数を獲得すること」であったことがわかる。目標議席数は、政権獲得から、憲法改正阻止に必要な三分の一に下げられ、次第に、「改選数の維持」にと漸減されていった。

一九六〇年代において、社会党を支持する有権者が支持したのは、社会党の平和路線であり、社会主義的政策ではないであろう。これはさきの林知己夫論文からも明らかであろう。この点は重要なので敷衍する。

社会党内左派が、社会主義理論委員会を拠点に「教条化」した社会主義理論を提唱していた。その一方で、右派は、経済政策の面で「現実主義」的政策を唱えたかといえば、必ずしもそうとはいえない。清水慎三の指摘する「左翼バネ」が、選挙が近づくたびに働いたわけである。経済政策を巡って細かな議論を詰めると再分裂の危機に見舞われるので、左右が一致できる防衛面での政策、すなわち、「護憲」、「反自衛隊」、「反日米安保」が繰り返し唱えられることとなったといえよう。

総選挙を前に党員向けに展開される議論は、防衛関係の政策に力点が置かれた一例として、『月刊社会党』一九六九年にみられる下記の例を挙げておこう。

「もとより「非武装」と「中立」は異なる概念であり、一つは国家の在り方の原理であり、他は外交政策である。しかしこの二つはいずれも平和主義を共通の根底にもっており、そこに両者を統一する根拠がある。それは決して理想主義的性格のものにとどまるのでなく、今日の世界情勢と日本の条件を加味するとき、もっとも現実的性格をあわせもつものであり、理念的、価値的側面を強くもつと同時に、政治的リアリズムの上に立つ現実的政策である。」（『月刊社会党』一九六九・四「〈討議資料〉非武装・平和中立への道」）

また、当時、社会党国際局長だった石橋政嗣は、非武装中立政策の継続と世界的な拡大の必要性を強調したうえで、以下のような見解を表明している。「自衛隊は憲法違反だから認めない。違憲の存在だから認めないといっても、その存在を否定することができない以上、われわれはその実態をよく知っていなければ、政権をとった時にとまどうことにすらなりかねないのである。[8]」

しかしながら、この年の総選挙を控えた、一二月号の『月刊社会党』の特集が「社会党はなぜ社会主義をめざすのか」であるのは象徴的である。この特集は、社会主義理論委員会委員長の勝間田清一による「総論」を含め、五〇頁を超える大特集である。さらに、（編集段階では当然総選挙の結果を知らない）一九七〇年一月号の同誌の特集は、「総選挙勝利のために」であり、成田委員長の年頭論文のタイトルは、「日本帝国主義に反対する国民のたたかいを総結集しよう」である。いかに社会党内の現状認識が、これから次節でみていくような日本社会の現状とずれていたのか、その溝の深さを示すものといってよい（本書第九章を参照）。繰り返すが、国民が支持したのは、社会党の平和路線であり、社会主義的政策ではないであろう。しかも、この年頭論文の結論部分において、「まずなにより反日本帝国主義闘争…（中略）…の中核を結集すること」が必要であり、そのためには、「現状を相互に理解したうえにたって、いわゆる社会党・総評ブロックをいまいちど強化することこそ緊急の課題である」[9]と論じている。「成田三原則」で、「労組依存」からの脱却を唱えていたのは、わずか七年前である。具体的に有権者の日々の生活が六〇年代にどのような変容をしたのかについては、節を改めて詳述するが、社会党と有権者との乖離を示す好例であろう。

しかも、総選挙大敗北の反省と今後への対応を検討していると思われる『月刊社会党』一九七〇年二月号の特集は、「レーニン生誕百年記念　日ソ・シンポジウム」である。巻頭を飾ったのは、向坂逸郎の論文「レーニンと現代」であった。早くから準備された企画で（しかも向坂に執筆を依頼しており）変更ができなかったのかもしれない。その点を留保するとしても、緊張感がある編集とは到底判断できない。

また、当時の社会党を知る材料として、岡田春夫や飛鳥田一雄が「議会をあまり問題にしない[10]」人物であったことが原彬久の聴き取りからわかってきている。岡田は「自分は共産党と同じだ」、「共産党に行ってもよかったけれど、社会党のほうが庇が大きいので、政治家としての自分の行動はいろいろな形で効率よく影響力を発揮できる。ただそれだけの話だ。共産党でもよかったんだけれど、たまたま社会党に来たんだ[11]」と発言した、という。左派の実態はこのようなものであったのである。

委員長を経験した飛鳥田ですら、「あんな、国会なんていうものはどうでもいいじゃないか[12]」と述べたという。このような潜在意識が「議会軽視」や「院外行動重視」という「行動様式」に繋がったという原の分析は妥当であろう。岡田と飛鳥田が活躍した時代はやや異なる。つまり、社会党には長い間、党幹部の間に、このような認識が水面下にあったことを示しているといってよいだろう。

一九六九年総選挙の敗北に戻ろう。労働団体からは、選挙後、次のような声が聴かれた。まず、総評の岩井章事務局長は、「こんどの社会党の敗北は「単に社会党、総評の敗北にとどまらず、安保体制下における憲法体制の孤立であり、平和勢力の危機である」」と述べた（朝ジャ一九七〇・三・一、一七頁）。全逓の宝樹文夫委員長は、「総評の発想には違和感がある。民間を大事にしていないし、経済主義の克服が前面にですぎている」。岩井はまた、「労働運動は、労働者階級の利益を守るために、生活、権利などのほか平和、民主主義、独立などのためにも闘うべきである」との認識も示している。

一九八〇年代末から労働運動に影響力を持ち、細川政権誕生に貢献した山岸章は、一九六九年選挙に限らず、社会党の低落は、六〇年分裂（民社党の結党）、労組組織率の低下、労働戦線の分裂の後遺症の影響が大きいとの認識を示している。[13] 後に、田辺誠元委員長は、自民党と同じ土俵で経済政策を争うのではなく、弱者救済や再雇用、社会保障政策などの充実で対抗すべきであったと回想している。[14]

一九六九年総選挙の前年、一九六八年七月七日には、参院選があった。左右両社会党統一後の参院選における獲得議席数の推移をみると、三七→三一→四九→三八→三七→三六と推移していた。六八年選挙では二八議席しか獲得できず、大敗北であった。民社党は前回の三議席から七議席に伸びた。産業構造の変化は、同盟系企業の組合員の増加に繋がったのである。これが衆院選の結果には反映しないのは、別の分析を要する。

一九六九年七月に都議選があったことは既にみたが、この選挙においても、社会党は大敗北を喫した。つまり、一九六九年総選挙での大敗北の前兆は六八年参院選、六九年都議選から既に露呈していたとみて間違いない。突如として、六九年末に大きな変化があったとみることは妥当性を欠くといえる。では、一九六九年総選挙で、社会党に大敗北をさせることにつながる一九六〇年代とはどのような時代だったのであろうか。

二　一九六〇年代の政治と社会

池田勇人内閣の提唱した所得倍増計画が奏功し、日本は世界でも稀にみる経済的発展を遂げた。続く、佐藤政権も長期安定政権で、自民党の盤石な体制が確立した。いわゆる高度経済成長期について、二期に分けてみていこう。

1　一九六〇年代前半

一九六九年総選挙に社会党の敗北が、この年に突然起こった現象だとは考えにくいであろう。よって、便宜上、一九六〇年までの約一〇年前に遡って、当時の社会的変化、政治的変化を考察しておこう（主として、毎日新聞社『二〇世紀年表』による）。

ペギー葉山が「南国土佐を後にして」を、水原弘が「黒い花びら」をヒットさせたのが一九五九年であった。「黒い花びら」は第一回レコード大賞に選ばれた。この年四月におこなわれる皇太子成婚のテレビ中継を見るため、年頭からテレビが売れに売れた。岩戸景気と呼ばれる好況期であった。三月には、四日市石油化学コンビナートの第一期工事が完成、八月には日産がダットサン・ブルーバードを発売、「マイカー」という語が誕生する契機となった。『少年サンデー』、『少年マガジン』、『朝日ジャーナル』、『週刊現代』、『週刊文春』、『週刊平凡』等の週刊誌の創刊が相次いだ。

この年、三月には、鳩山一郎が逝去、同月社会党、総評、原水協などは日米安保条約改定阻止国民会議を結成、一一月末には、その第八次統一行動で、デモ隊が国会構内に突入した。一〇月には、社会党西尾末広派が安保問題をめぐる執行部との対立から離党、一一月には河上丈太郎派から一二名も離党し、社会党は統一からわずか四年で再び分裂した。自民党は、岸総裁のもと、前年の警職法改正案の失敗を乗り越え、「六〇年安保」改訂に向け着々と準備を進めていた。

こうして一九六〇年を迎えた。一月、西尾らは民主社会党を結成（西尾委員長、曾禰益書記長）、衆院四〇、参院一六名を擁する野党第二党となった。一方、社会党は三月の党大会において、浅沼稲次郎を委員長に選出、江田三郎が書記長に選ばれた。五月、自民党は安保条約改訂を強行、国会周辺は連日デモ隊に囲まれ騒然とした。政府の方針に賛同できない竹内好都立大学教授、鶴見俊輔東京工業大教授が辞表を提出する事態となった。六月、新安保条約が発効すると岸首相は退陣し、翌月、池田勇人が後継に選出された。

六〇年一一月の総選挙に向けた立会演説会において、浅沼社会党委員長が右翼少年に刺殺された。年末、池田首相は国民所得倍増計画を発表し、一〇年で所得を二倍にするとした。この総選挙で民社党は低迷、その後も結党時の勢力を超えることはなかった。

以下、ごく簡単に六〇年代の政治・社会情勢をみてみると、六一年二月、社会党は構造改革論を軸とする新方針を決定し、政策転換による平和的な社会主義への移行をめざした。六二年七月、江田社会党書記長は、「江田ビジョン」を発表、党内抗争の末、一一月党大会で江田は書記長を辞任した。一〇月、政府は全国総合開発計画を決定した。六三年四月、大阪市長に革新系の中馬馨、横浜市長に社会党の飛鳥田一雄が当選した。一一月には総選挙があったが大きな変動はなかった。この年創刊された雑誌は、『プレジデント』、『女性セブン』等、小津安二郎（六〇歳）や力道山（三九歳）の逝去もあった。

この間、六二年四月には、全労・総同盟・全官公の二五組合が全日本労働総同盟組合会議（同盟）を結成した。約一四〇万人を擁するナショナル・センターであり、民社党の有力な支持母体となった。

図1　主要耐久消費財普及率の推移（全世帯）

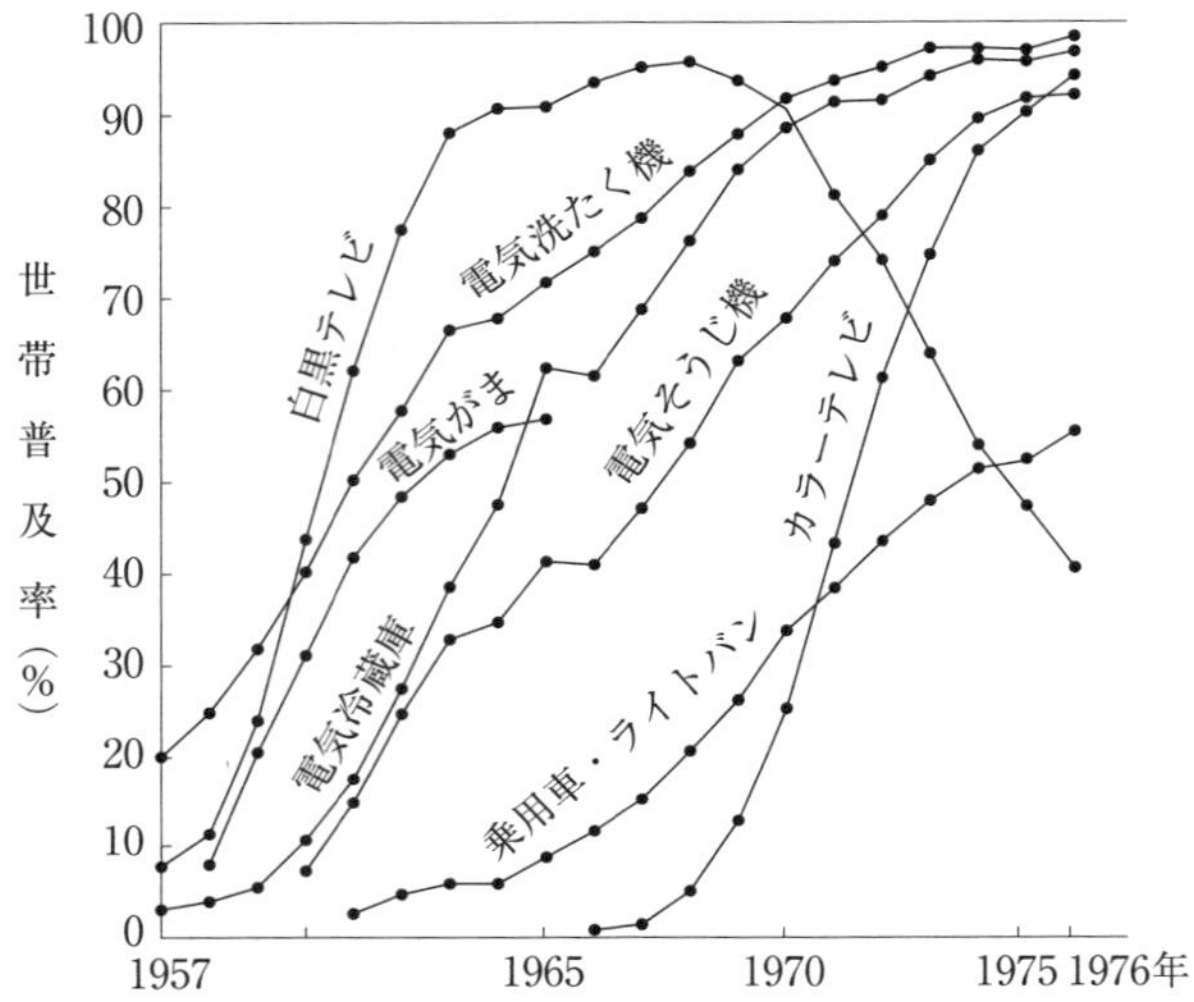

出所：間場寿一・居安正編『現代社会学』アカデミア出版会、1978年、85頁。
（注）各年次2月末の普及率。ただし1957年は9月末の普及率。調査対象は全国の普通世帯のうち、ひとり世帯と外国人世帯をのぞく世帯。（居安正『政党派閥の社会学』201頁より）

六四年一〇月、池田首相は、東京オリンピックの開会式を花道に、病気を理由として退陣を表明、一一月池田の裁定により、佐藤栄作が後継に指名された（池田は六五年六五歳で逝去）。この月、公明党が結成大会を開き、初代委員長に原島宏治、書記長に北条浩が就いた（前進の公明政治連盟は創価学会が一九六一年一一月に結成）。

六四年には、東京オリンピックの開催にあわせ、東京モノレール（浜松町—羽田空港間）、東海道新幹線（東京—新大阪間）が開業した。王貞治が年間五五本のホームランを打ち（ON全盛期）、『平凡パンチ』が創刊され、銀座にはみゆき族が闊歩した。新潟地震、上野の国立西洋美術館で「ミロのヴィーナス展」、八月には東京の異常渇水もあった。三好達治（六三歳）、佐藤春夫（七二歳）、佐田啓二（三七歳）が鬼籍に入ったのもこの年である。

六五年六月、韓国を朝鮮における唯一の合法的政府とする日韓基本条約に調印、八月には佐藤総理が首相として初めて沖縄に訪問、「沖縄が祖国に復帰しない限り、戦後が終わっていない」と声明した。いざなぎ景気と呼ばれる好況期を迎え、経済成長率も予想を上回る勢いで伸びた。

べ平連の初デモ、プロ野球の第一回ドラフト会議、朝永振一郎のノーベル物理学賞受賞、エレキギター、ミニスカートの登場などが六五年にあった。耐久消費財普及率をみると、一九六五年の時点で、電気冷蔵庫が五一・四％、電気洗濯機が六八・五％、ルームエアコンが二・〇％であった。カラーテレビやＶＴＲ、八ミリビデオなどの普及はまだまだであった。乗用車の普及率は九・二％で、一部の層しか持てないものであった。このため国民の購買力を高めるためには、労資や保革が対立しているときではない、との見解が主張され始めることとなった。企業が発展するには薄利多売をめざし、さらなる利益のために海外への進出も模索された。

２　一九六〇年代後半

ごく簡単に六〇年代後半の社会の動向を焦点にみておこう（昭和四〇〜四五年）。

一九六六年四月には富山県の奇病が三井金属からの排水が原因と発表された。九月には四日市ぜんそくの患者が石油コンビナート六社を相手取り訴訟を起こした。佐藤内閣による「社会開発」政策[15]の負の側面ともいえるものであった。

六月には、祝日法が改正され、敬老の日、体育の日が定められた。建国記念の日は、この年一二月に二月一一日と決定された。八月の虎ノ門国有地払い下げをめぐる国際興業からの一億円脅し取りで田中彰治代議士が逮捕され、一〇月、荒船清十郎運輸相が国鉄ダイヤ改正に際し、選挙区の埼玉県深谷市の深谷駅に急行を停車させた問題で辞職と「黒い霧」と呼ばれる汚職事件が頻発し、一二月二七日には衆議院が解散された。

六七年一月の総選挙の結果は次の通りであった。自民二七七、社会一四〇、民社三〇、公明二五、共産五、無所属九。汚職の影響もあり、自民党の得票率が初めて五〇%を割った。四月には東京都知事に美濃部亮吉が当選、八月には、公害対策基本法が制定され、社会党大会では勝間田清一委員長が選出された。

世の中の雰囲気は「消費は美徳」という価値観への移行が急速に進行していた。労働現場での機械化による時短・余暇の増大、家庭内では掃除機、洗濯機の普及による主婦層の余暇増加、これらはともに自家用車の普及を牽引し、レジャー産業の成長に貢献した（一九六六年には、三C＝カラーテレビ、カー、クーラーが新三種の神器とされた）。

一九六六年六月ビートルズが来日、一〇月には『週刊プレイボーイ』の創刊があった。一九六七年には、東京新宿を中心に「フーテン族」が出没、「アングラ族」、「ヒッピー族」がそれに続いた。一〇月にはミニの女王・ツィギーが来日し、ミニスカート大流行の嚆矢となった。伊東ゆかりの「小指の想い出」、ジャッキー吉川とブルーコメッツの「ブルー・シャトー」、佐良直美の「世界は二人のために」などがヒットした。「ブルー・シャトー」は子供たちの間で替え歌として歌われた。これまでとは異なる文化が着実に芽生えてきた。

まだラーメン一杯一〇〇円の時代であった。六五年には江戸川乱歩（七〇歳）、谷崎潤一郎（七九歳）、高見順（五八歳）、六六年には、小泉信三（七八歳）、安倍能成（八二歳）、亀井勝一郎（五九歳）、六七年には吉田茂（八九歳）、鮎川義介（八六歳）、山本周五郎（六三歳）、壺井栄（六六歳）らが逝去した。

六八年は高度成長の成果が数字にあらわれ、GNPが世界第二位になった年である。この年一月にアメリカの原子力空母エンタープライズが佐世保に入港、三月にはLT貿易協定調印。六月、小笠原諸島が日本に復帰、七月には既にみた参院選があり、八月、日米自動車交渉が妥結した。一〇月の社会党大会では委員長に成田知巳、書記長に江田三郎が選出された。一一月、琉球政府主席初の公選で、即時無条件全面返還を掲げる革新統一候補の屋良朝苗が当選、同月、佐藤首相の再選が決まり、福田赳夫が蔵相に、田中角栄が党幹事長に就任した。

大学では翌年の騒動につながる動きが見られ、東大、日大において紛争が激化した。成田空港の建設をめぐる警官隊との乱闘も発生した。

四月には霞ヶ関ビルが完成し、一〇月に開催されたメキシコオリンピックでは、体操等で金メダルをマラソンの君原健二らが銀メダルを、サッカーチームなどが銅メダルを獲得した。川端康成がノーベル文学賞を受賞し、年末には東京府中刑務所脇で三億円事件が発生した。

この年、全民放テレビ局がカラー化を実施した。また、若者の間でシンナー遊びがはやり、四二名が死亡した。福田越夫蔵相の「昭和元禄」、「ハレンチ」、「ズッコケる」などが流行語となった。円谷幸吉（二七歳）、藤田嗣治（八一歳）、双葉山（五六歳）らが亡くなった。

3　中間考察

本章は、歴史学と政治学との架橋を視野に入れ、新たな六〇年代像の構築を目指そうとするものである。そのためには、二の1、2のような事実を時系列に記述するだけの単なる歴史、政治（政界や権力者）のことに傾斜した描写（「政治学の一分野としての政治史」）は可能な限り避けて、有権者・労働者意識の変容や社会の変化、生活の変化などもできる限り有機的に関連づけて論じて行きたい。すなわち、これまでの「政治学」や「政治史」とは一線を画すことを意図したものである。

近年見かけなくなった者・物は、各地の歴史民俗資料館等に写真、日記、書斎が残されている。東京・上野公園の一角にある、下町風俗資料館には、戦中から戦後にかけての東京の下町文化が展示・保存されている。実際にさわって遊ぶこともできる。路地裏や当時の子供たちのおもちゃがそのまま残っている。一九五〇年代・一九六〇年代に活躍した物は今では生産されておらず、目にすることはほとんどなくなった。

いくつか想起しよう。ちゃぶ台は食卓に、蝿取り紙は殺虫剤に、湯たんぽはカイロに、チョッキはベストに、花札はトランプに、麻雀はパチンコに、おはじき・あやとり・剣玉はファミコンに代わり、おかっぱ、三つ編みはほぼ消滅し、鼻垂れ小僧はティッシュペーパーの普及により消え、路地裏は舗装され、キャッチボールやかくれんぼをする場も減少していった。

それ以前の、生活に汲々としていた頃と、池田内閣期に入って生活に余裕ができたときとでは、子供の生活だけでなく、おとなの生活（政治）意識に変化が起こるのは当然である。経済的に余裕ができれば、帰宅時、雪道を三〇分かけて歩いていた者が、バスに乗るようになり、あるいはタクシーを利用するようになり、駅の立ち食いそばが夕食だったサラリーマンが、牛丼店や定食屋に行くようになり、あるいは焼き肉店や中華料理店に行くようになるだろう。三畳一間から六畳の部屋へ、風呂なしアパートから風呂付きのアパートへ引っ越し、自転車はバイクに変わっていった。

さらに、電気洗濯機、電気冷蔵庫、電気掃除機、電気炊飯器の登場は人々の生活を一変し、映画、ラジオ、レコード、テープレコーダーは人々の余暇に潤いを与えた。マイカーの普及は余暇、「レジャー」ということばを流行させ、新幹線の開通は、東京—大阪の日帰りを可能にし、旅行先の選択肢を倍増させた。

初詣、節分、ひなまつり、端午の節句、七夕、お彼岸などの伝統行事に加えて、バレンタインやクリスマス等の横文字の「行事」も次第に広まり、年々着実に豪勢になっていった。一方で、彼岸、盆、地域の夏まつりなど、商業的に精彩を欠くものは少しずつメディアの扱いも小さくなっていった。

これまで本節でみてきたもののひとつひとつが、人々の意識の変化にどのような影響を与えたのかは、アンケートや聴き取りだけでは判然としない。ましてやそれが社会党の衰退や野党の多党化とどう結びつくかを究明することは難題である。しかしながら、一九六〇年代に起こった大きな変化によって、「中流意識」を国民の多くが抱き得るようになり、多くの人々の生活意識、労働意識、政治意識、人生観等、を変容させたことは間違いない。

とりわけ、テレビの普及は、人々の生活を大きく変えたといってよい。夕食後の家族の団らんにとって、テレビは各家庭の必需品となり、次第に夕食時の「主人公」は、男親からテレビに変容していった。テレビの広範な普及は、皇族の結婚が契機だが、落語、プロ野球、プロレス、オリンピックなど、当時の人々を夢中にさせたものが、家に居ながら（寝ころんでも、どの家庭でも）見られることなどから、所得差、階層差をあまり感じなくてすむ庶民の娯楽としての意味合いももっていたといえよう。

一方、労働者にとっての変化は、給与の上昇のみにとどまらず、仕事内容の変化も無視できない。例えば、ベルトコンベアーで、連日、同じ芝刈り機の同じ部分のネジをしめていた労働者が、オートメーション化で、機械の管理や営業に回れば、社会の見え方が変わるであろう。また週休二日になり時間的、体力的に負担が減れば、心に余裕ができるであろう（単純労働による疎外の問題はここではおこう）。時間、金銭面、精神面で余裕ができれば、これまでなかなか実現しなかったマイカーで家族旅行に出かけることも可能となったであろう。テニスや野球などのスポーツを楽しむ時間的精神的余裕もできたことだろう。職場と家庭との往復だけの日々と比較すれば、気分転換もでき、視野も人間関係も娯楽の選択肢も拡大したことだろう。

労働者が消費者にもなることで、経済のパイが拡大し、それがまた新たな雇用・産業をつくり出していったのである[(16)]。いい方を換えれば、経済成長が労働者の消費購買力を向上させ、それがまた結果的には新たな経済成長を促すという状態が継続したのであった。

その反面で、様々なひずみが生じていたことを見逃すことは妥当性を欠く。開発の一方での自然破壊・環境破壊、効率優先の汚水の垂れ流し、大気・河川・土壌の汚染、車優先の道路建設などについて、政府ばかりか野党も事実上、野放しにしてきた。住宅政策や下水道整備だけでなく、ゴミ処理や騒音問題への対応の遅れは、特に都市では極めて深刻な問題であった。公立図書館や市民会館等の公共施設もまだまだ充分とはいえない状況であった。さらに、各地で発生していた公害の深刻化は、死者が出て初めて政治問題化し、対策に乗り出したといってもよく、環境庁の設置が一九七一年七月まで遅れたのはその端的な例証としてよい。

社会党は、こうした一九六〇年代の「社会」や人々の生活（意識）の変化に適応したのだろうか。適応しようと努力したのだろうか。「社会」党の「社会」は「社会主義」の「社会」であって、生活様式や世の中・世間、（仕事）仲間等を意味する「社会」ではなかったといってよいだろう。これまで繰り返し、社会党の左傾化とそれにともなう教条主義化が有権者の離反を招いたとされてきた。それは間違った指摘ではないだろう。とりわけ、一九六五年の佐々木更三委員長就任による社会主義協会との連携が、「現実離れ」した教条主義路線となり、党勢の伸び悩みにつながった、というのが通説である。

しかしながら、この通説に欠落しているのは、なぜ、教条主義化が有権者（労働者）の離反を招いたのかの原因究明である。本章でみてきたように、六〇年代に大きく「社会」は変容した。繰り返すまでもなく、生活レベルの向上は、その後のコンビニ、ファーストフード店、レンタルCD、チェーン店の古本屋の増加を経て、二〇〇〇年前後（パソコン、携帯電話、MD・DVDの普及、郊外大型店の進出等）のそれに匹敵する大変化であったように思う。こうした変化が、一九六〇年代後半の人々の支持政党の変化にも影響を与えていったであろうことは容易に想像がつく。

有権者（労働者）の求める社会党は、「社会」の変化に適応した（労働者のための政策を実現してくれる）社会党であった。自然破壊、公害、車優先「社会」、下水道整備、ゴミ処理、騒音問題、住宅問題等への住民側に立った政策、図書館や市民会館の整備等、そこで暮らす人々の生活と直接関わった政策、こうしたものを待ち望んでいたに違いない。にもかかわらず、六〇年代に社会党（とりわけ左派）が唱えた政策は、「社会主義」的「社会」を実現するためのものであり続けた。生活に直結した問題に対応してくれる政党ではなかったのであり、この時期の社会党の考える理想と有権者（労働者）の考える理想との間には大きな乖離が生じたわけである。

一九五〇年代の社会党の党勢拡大は、社会党と社会党支持者の目指すところがほぼ一致していたことを意味している。それを支えていたのは、「民主主義＝社会主義＝平和主義」という双方が共有する認識に他ならなかった。総評を中心とした労働組合ナショナル・センターも、組織をあげてこれを支持した。選挙になれば、人的、資金的援助を組織が総力をあげて実行した。

公務員・公共企業体職員を中心とした官公労が集票マシーンとして作動し、固定票ばかりか、平和主義者、護憲論者の票を確実に社会党に向けてきた。しかし、社会の変化がそのマシーンの作動機能を低下させた。そればかりか、社会党から立候補する人材源も枯渇させることとなった。

官公労が一部の固定層の利益を優先したことは、新しい支持者層の発掘を怠ることにつながっただけでなく、固定層からの脱落者をくい止めることもできないこととなった。それは、自民党を支持する方が、生活の向上に直結すると判断する者が出てきたからであろう。あるいは、社会党から心が離れ、浮動票になったのであろう。毎春のベアが人々の意識の変化に与えた影響大ははかり知れないが、労働運動で勝ち取るアップ率と、自民党の経済政策を支持することで得る賃金のアップ率を比較した場合、後者の方が効率がよいと判断するように、意識が変容したのではないか。

繰り返すが、社会党が唱える平和や護憲よりも、賃金の上昇を優先させるよう、意識が変わった有権者は、社会党支持層から少しずつ脱落していったとみてよいだろう。それが、自衛隊や日米安保の容認層の増加となって現れたといえるのではないか。そのように考えれば、一九六〇年代は、「経済の時代」であったとはいえ、結果的には「政治の時代」であった。それは、自民党にとっては「改憲」が最終目標とはいえ、意図せざる結果として、高度成長政策が社会党の脆弱化をもたらし、党是である日米安保体制を堅固なものにもしていったのである。

図2　総選挙・党派別絶対得票率の推移

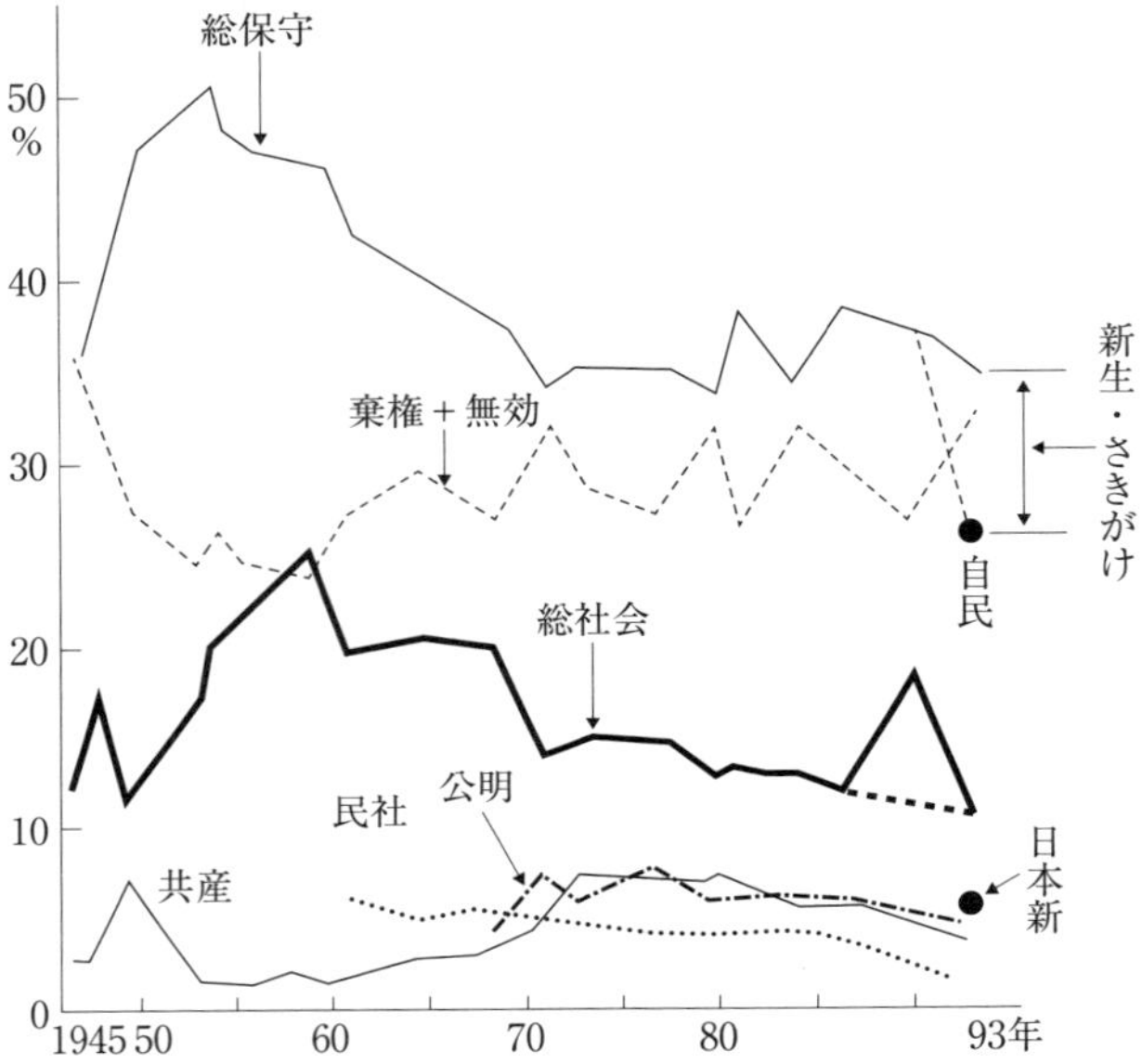

注１）総保守は90年まではすべて保守党と保守系無所属。93年は自民、新生、さきがけ3党と3党系の無所属及びその他の保守系無所属（日本新党を除く）。
２）総社会は左右両派、労農、社民連、社会党系無所属を含む。
３）日本新党も同党系無所属を含む。
４）その他の党も各党系の無所属を加算してある。
『朝日新聞』1993年8月23日付。（五十嵐仁『政党政治と労働組合運動』176頁より）

表２　社会党支持率の変化とその構造　（数字は％。小数第1位を四捨五入）

	全体	男性	女性	20代	30代	40代	50代	60以上	学歴①	学歴②	学歴③	大都市	中都市	小都市	郡部
1957.9	28	30	25	40	34	22	15		25	31	36				
65.6	23	26	21	31	27	23	16	9	20	27	28	24	27		21
93.4	10	10	10	9	9	12	12	11	12	10	10	7	10	13	12

注１）特徴的な結果だけを選んだ。数字の読み方は、例えば「20代40」は20代全体の40％が社会党を支持していることを意味する。
２）57年の50代は、50歳以上。学歴①＝旧小・高小、中卒。学歴②＝旧中、高卒。学歴③＝新旧高専、大、大学院卒。地域は七五年までは左から七大都市、市部、郡部。
椎橋勝信「世論調査が映しだす社会党の課題」『月刊社会党』1993年7月号からの作成。

（五十嵐仁『政党政治と労働組合運動』176頁より）

三　転換期としての一九六九年総選挙——「一九七〇年体制?」

一九六〇年が様々な意味において転換期であることはこれまでもしばしば指摘されてきた[17]。以下では、一九六〇年代の国民の姿を労働運動の視角から検討してみたい。社会党との関係で労働運動の動向は見逃せないだけでなく、庶民の意識の変化が鮮明になると思われるからである。

1　労働運動の動向

社会党と総評は、「ブロック」と呼ばれるほどの強い結束力を保持してきたが、高度経済成長期においては、五〇年代後期のような一枚岩ではなくなっていた。

まず、座談会や総評大会などに現れた地方の声を中心に拾ってみよう。

「太田薫さん…(中略)…ぼくは尊敬しているが、自分が革新勢力の命令者であるという独善主義は変えてもらわなければだめだ」(鍵山伊三雄・全大阪反戦青年委員会事務局長、朝ジャ一九六九・一・二六、四四頁)。

同じく鍵山は、社会党に関しては以下のように述べている。「社会党の指導部はたえず状況に応じ、選挙、マスコミからの圧力や世論のなかで、すげかえられた。しかし、事態は変らなかった。…(中略)…若い党員が、なにかやるにしても、組織の機構などの壁にぶちあたってやめていくケースが多い。青年党員でやる気があり、能力を持ちながらできないという状況を変えていこうというので、青年行動委員会をつくったらどうかということになった。…(中略)…三〇歳以下の青年党員と三五歳以下の有志党員で、登録制にするが、自発的活動家集団であって、社会党の中央なり大阪府本部で決定されたことを、先頭を担って実践をする部隊だ。」（朝ジャ一九六九・一・二六、三七頁）。

このように、若手党員の減少を機に、様々な新しい動きが模索されてはいた。しかしながら、末端労働者の声は以下のようなものであった。

「大きな会社で働きたくない。カッコいいだけで仕事が激しいから」（紙パ静岡）「組合はなにもやってくれない。春闘といってもいつの間にかボス交渉で妥結して経過報告だけだからバカバカしい」（青年労働者・朝ジャ一九六九・五・二五、八三頁）。「なんだか知らないけど、仕事がきつくなってきたし、第一、職場が暗いよなあ。月に二、三〇人ずつ、仲間がやめてゆくよ。青空？ ヘッ、体裁のいいことばだがね」（N鉄鋼社員・朝ジャ一九六九・一・一二、一〇九頁、「工人公語」）。

政党政治に関しては、実践面で活躍する運動家から、次のような声が出ていた。「……政党たよりにならずというのは、これは骨身に徹して知ったわけです。革新市政と保守市政の違いはとはいったい何かといいますと、…（中略）…程度の差でしかない…（中略）…五党全部がたよりにならない。政策もない。われわれ自身が政策をつくっていかなければならんということになると、一つの政党づくりまでやらなくてはというのではかなわんですよ」（宮崎省吾・横浜新貨物線反対同盟連合協議会事務局長、朝ジャ一九六九・七・一三、一一一頁）。

一方で、時代の雰囲気は、政党レベルでは、社共統一戦線が真剣に検討されていた。しかしながら、蜜月とはいかなかった。「自分たちは六〇年闘争をたたかった、毎日国会へデモをかけた、でも安保は阻止できなかったじゃないか、今度だって社共の統一行動、それからいまのようないわゆるスケジュール闘争で安保が廃棄できるか」（江東地区女性教師、朝ジャ一九六九・一一・九、一一八頁）。「いまの日本の革新の配置からすれば、社会党、総評、共産党が原則を確認した統一戦線をつくるのが理想的で、その上にどう多角的な統一戦線を組立てていくかということが本来の統一戦線のあり方だ。…（中略）…ぼく自身は共産党とは七〇年闘争で共闘すべきではないという極論さえ持って

図３　雇用者数、労働組合員数及び推定組織率の推移

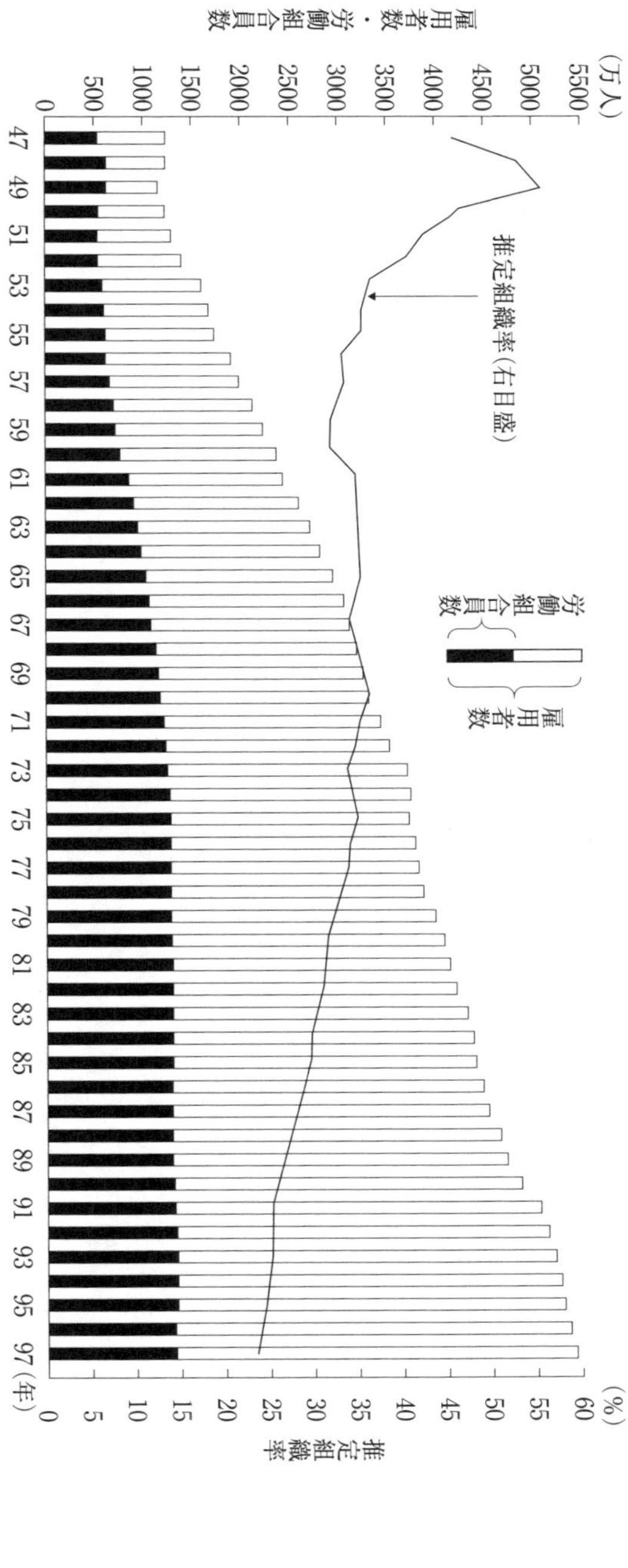

（五十嵐仁『政党政治と労働組合運動』御茶の水書房、1988年、238頁より、一部省略）

いる。」（渡辺鋭気・社会新報九州総局員、朝ジャ一九六九・一・二六、四〇頁）。「戦後は政治だけで終るのでは」ない（村上寛治、朝ジャ一九六九・七・二七、四九頁）のである、との認識も共有されていたといえよう。

では、当時の社会党支持者は、社会党の政策の何を支持していたのだろうか。一九六九年に「全逓がおこなった青年労働者の動向調査によると」、「日本の社会は資本主義社会です。この制度の長所欠陥について、いろいろ論議がありますが、あなたはつぎのどれを支持しますか」、という問いに、「資本主義に改良を加えればよい四二・三％」、「社会主義にかえなければならない三五％」という回答であった（朝ジャ一九六九・五・二五、八三〜八四頁）。既にみた、富士製鉄・広畑労組でも、社会党支持率は、五六・八％から三一・六％に、支持政党なしは、五・四％から三二・九％に急増していた（朝ジャ一九六九・一・一二、一〇九頁、「工人公語」）。

一九六九年一月の東京大学における紛争も要因となって、「資本主義では科学は退廃し、ゆがめられる。社会主義でこそ健全に科学は発展する」（坂田昌一）といった主張は、受け入れられなくなっていた（朝ジャ一九六九・三・二、二二頁）。

こうした動向と、実際に総評が展開していた運動との乖離を以下、例証していこう。

一九六九年七月下旬に開催された総評の定期大会において、各単産は以下のようなスローガンや方針を掲げていた。日教組「七〇年闘争における全民勢力の結集」、全逓「平和運動の中心的課題は反安保、沖縄返還」、鉄鋼労連「反安保実行委には参加しない──総評加盟という立場の中で自主性を生かして諸行動に参加していく」、電機労連「自動延長で改訂期を切抜けようとする佐藤政府の非民主性と対決して総選挙をかち抜く」等である（朝ジャ一九六九・七・二七、四七頁）。

合理化反対闘争と対決をせまられていた国労は、「六〇年安保をたたかい抜いた歴史をうけついで、職場のたたかいを基礎に、原則としてストライキ行動をもってたたかいをすすめる」構えを示していた。

鉄鋼労連は、既に「社会党・総評の反安保実行委には参加しない」「非武装中立は非現実的。独立国として最小限の自衛力を持つことは当然」という「運動方針を絶対多数で決めていた」（朝ジャ一九六九・八・三一、七六頁）。宮田義二鉄鋼労連委員長は、「七〇年代には企業合理化も必然の方向。今後、合理化に伴う配置転換には反対しない」と、「同盟顔負けの柔軟路線を表明」した。さらに、宮田は、「組合が関心をもっている問題は、組合員の意識の変化である。それは、しぼっていうと組合員の個の主張であり、個人の権利の強い意識である。組合側が組合幹部を懐柔策で抱込もうとしてもダメで、経営側は組合幹部をよごさないこと、幹部との責任を分ちあうことである」（同、七七頁）。

この発言に顕著にみられるように、総評内も、高度成長を経ることで、一枚岩とは言い難い状況になっていた。構成員の不満は、総評幹部への苛立ちとなって噴出した。

「岩井・太田さんが言っている社・共共闘といい、宝樹［文彦］さんの反共統一戦線といい、いずれもいま問いかけている反戦派を組織内から切捨てようということですから」（朝ジャ一九六九・一一・九、一一七頁、［ ］内、木下補）、「非武装中立で国が守れるか、自主防衛したときにどれだけ金がいるのか」。「いま私たちにできることは政治ストしかない。一一・一三スト、六月ゼネスト、政権樹立といった展望で勝てるのだろうか、なぜ佐藤訪米当日ストで生産点を空っぽにして羽田を労働者で埋めつくそうとしないのか」（江東地区女性教師、朝ジャ一九六九・一一・三〇、二一頁）。「労働者権力の形成とは、本質的には、労働者が自己を、工場における、産業における、全社会における階級的指導の権威としてつくりだすことであり、革命の推進者として、そして新たに形成される社会主義社会の権力的基礎として、みずからの団結を先行的に形成することである。」（東京都・機関誌編集委員・久坂文夫、朝ジャ一九六九・一一・二二、「七〇年論壇―街頭から根拠地へ―職場に労働者権力の構築を」）。総評の指導力が低下していることを如実に示すものである。

労働運動は、基本的には、賃金の上昇、休暇の増大をめざして活動するものといえよう。運動方針の通り、成果が得られれば、結果的には、余暇が増大し、賃金も上昇する。「豊かさ」を手にした労働者は、どうなるだろうか。「豊かさ」による社会的矛盾を捨象して、個人生活のレベルにおいて、単純に考えれば、より自由時間を、より賃金を、と願うであろう。けれども、ある程度、時間も賃金も満たされた者は、意識のレベルでは、「このままでいい」と考えるようになり、生活意識において「保守化」するのではないだろうか。すなわち、逆説的ながら、労働運動が成功すればするだけ、社会党の支持率は低下するのではないか。さらにいえば、総評・社会党ブロックの結束力は、社会党の支持率を低下させることに貢献してしまったのではないか。

こうした変化が進行していたときに、日本社会党中央理論誌『月刊社会党』一九六九年一月号において、成田委員長は次のような認識を表明している。「階級的労働組合運動とは、労働者の経済的な基本要求を中心に団結を固め、社会主義政党の指導のもとに勤労諸階層の中心となって政治課題への取り組みを全面的におこない、労働者階級解放のたたかいを意識的に推進する運動のことであります」（成田、一九六九・一、一八頁）。「総評は日本における階級的労働組合のセンターであり、したがってわれわれは日本の労働組合を総評に結集し、その指導性を高めていくことに努力しなくてはなりません。しかしながら、この努力とあいまって、ナショナル・センターの系列いかんにかかわらず、あらゆる労働組合において、その組合の発展状況、組合員の意識の状況を出発点として、組合運動の階級的強化をはかる方策をとらねばならないと思うのであります。「よりよい生活を」という経済闘争・改良闘争についてわれわれが明確な指針をうちだすことは、あらゆる労働組合運動の階級的前進の前提条件であります」（成田、一九六九・一、一八頁）。

社会党の低迷は、以上のような、時代の変化に乗ることができなかった政党幹部の方針や発言と決して無関係ではないであろう（本書第九章を参照）。

２　時期区分見直しと選挙後の社会党

一九六九年総選挙を中心に再考してきた本章の考察から、政党政治の枠組みで戦後の時期区分を考えれば、以下のような区分が可能と思われる。

第一期　一九四五～五五　離合集散期
第二期　一九五五～六〇　自社イデオロギー対立期
第三期　一九六〇～六九　自民盤石体制確立と野党の多党化期
第四期　一九七〇～九三　自社公民共五党期
第五期　一九九三～二〇〇九　混迷期
第六期　二〇〇九～自民再安定期？

このうち、第一期と二期は、保革のイデオロギー対立期として括ることも可能であり、第三期と第四期は、自民一党優位体制期とすることもできよう。すると、戦後政治が一九六〇年を境として大きく変容したとする通説を踏襲することになるが（本書第一三章を参照）、この点に関しては特に異論はない。問題は、一九六九年総選挙に現れた結果をどう判断するかである。

六〇年安保闘争の後の「敗北感」が残っていたとはいえ、社会党支持者だけでなく、広く有権者の間で六〇年代にはまだ政権交代は意識されていた。冒頭にみた石田博英論文が一九六三年に発表されていることもその一例だが、社会党政権の誕生は可能性の大きな現実味のある仮定であった。みてきたように、一九六〇年代は、「政治の時代」でもあり、イデオロギー対立が終焉していたわけではない。加えて、第一期は一〇年、第二期は五年、第三期は九年、第四期は二三年、第五期は一六年と、最も長いのは、第四期である。すなわち、自社公民共五党期は、新自由クラブや、社会市民連合・社会民主連合等、ミニ政党の結成や短期的連立政権はあったものの、意外なことに主要五党の枠組で安定していた時期である。これだけの安定期は、戦後では他に見出しがたく、「一九七〇年体制」といっても過言ではないであろう。その契機となったのが、一九六九年総選挙であった。社会党が掲げた構造改革路線が広範な支持を獲得できていたとすれば、また異なる選択肢もあったに違いない。しかしながら、一九六九年の総選挙での大敗北を契機として、社会党が単独政権を獲得することは、「実現性」の高いことではなくなっていった。そうみれば、一九六九年を一九五五年、一九六〇年にならぶもう一つの画期と位置づけることが可能である。一九七〇～一九九三年は従前、「五五年体制」として論じられてきたが、一九六九年までのような自社を中心とした「二大政党制」とは異質の体制であり、むしろ「一九七〇年体制」と呼ぶ方が的確なのではないか。

再度、当時の社会党をみることで、社会党衰退の過程について、一九六九年末の総選挙を受けての『朝日ジャーナル』からみておこう。

小特集「社会党は再建できるか」では、次のような指摘があった。「江田派の指向する再建の方向は「社会党から社会主義政党としての性格を抜き捨てるものだ」というのが、その［左派の］言い分である。それは三五年の安保・三池闘争後、江田派が構革論を提唱して以来、一貫してきた佐々木派の疑惑でもある。それに対して江田派は、戦前の労農派マルクス主義に立つ佐々木派の理念と行動が、今日の危機をつくったと反論する」（平河一郎（政治評論家）、朝ジャ一九七〇・二・一五、九一頁、［ ］内、木下補）。この整理に現れているように、「沈む船上で主導権争い」（同上）をしてきたのが構造改革論以来、否、結党以来の社会党の実情であった。政権政党でない政党は、党内における権力闘争に向かうことで政権を獲得できない不満を解消しようとしていたといえよう。

同じ「小特集 その二」の座談会では、以下のような発言がみられた。

「負けたとはいえ、党に一千万票はいっているというのは、戦後の社会党が一貫して掲げてきた平和と民主主義、護憲が、いまでも日本の人民の中から支持はかなり得ているということだ。しかし、七〇年代の日本の階級情勢を切開くような内容ではない」（埼玉反戦・社青同［社会主義青年同盟］埼玉地本書記長・江藤正修、朝ジャ一九七〇・二・一五、九三頁）。

「かつての社会党は総選挙になると、それまでは威勢のいいことをいってかなり戦闘的だったのが、右翼的になって大衆に迎合する。だが、総選挙が終ると、再びまた左翼バネが働いてグッと戦闘的になるのを繰返してきた。その左翼バネが、佐世保闘争を最後になくなったのではないかと思う。」（江藤）。

「労働者の生活は物質的には確かに豊かになってきている。しかし、本当に働きたくて働いている労働者は少ない。疎外感というか一いったいなんのために毎日働き、生きているのだという意識が強く出てくる。だから、労働者階級中のエリートといわれる部分が、ずいぶん反戦闘争に参加してきている。それは賃金が安いからというのではなく、現在の資本主義体制そのものの矛盾、労働者としての生活の矛盾に気がついて、それをどう打破したらよいかという気持で立上がってきたのだと思う。／革新政党は労働者の意識に見合った方針をどう出していくかということも重要だが、平和革命か暴力革命かという路線について、あるいは日常闘争についても、常に原則を明らかにすることが、最も必要ではないか。やはり革命というのは暴力なんだ……と、この原則を明確にすることが、労働者の立上がる思想的な基盤をつくることになると思う。」（東京・立川地区反戦・市議・島田清作、同、九五頁）。

「原則としての暴力革命を最初にはっきり打出すべきだと思う。」（横浜地区反戦・和田豊）。「生産点の闘争は、労働者階級の生活を守るという点から、いまでも非常に重要だということを確認したい。」（島田）。「社会党は戦後、共産党以外のすべての社会主義者を総結集して生れた。何回も左右の分裂を経て、現在も民社党的な要素―新たな労働党といったものをつくろうという動きと、平和革命を否定する人たちの混然一体となった組織であるわけだ。共産党や公明党みたいな官僚的、宗教的な教義のがっちりある政党ではなく、民主主義的な討論のできる政党として存在していいのではないか。」（島田）。党内左派の人ですら、「「ああいう反戦闘争やからだを張った議会闘争は間違いだ、政策野党として議会主義に徹しなければいけない。そうしなければ社会党の再建はあり得ない」といっている。ここにぼくは帝国主義段階において社会民主主義が完全に帝国主義の補完物になってきている現在の社会党の危機的な状況があると思う。」（島田）。「社会党が生きてゆく道は、思想的な指導性というか、確固とした思想綱領的な方針を出し、それを献身的に実践する活動家群をつくっていく以外にないと思う。いまの社会党の綱領、「社会主義への道」「中期路線」は、破産しているわけだから、本来のマルクス主義に戻ることだ。それは路線的には議会主義革命の路線を捨て、本来の社会主義革命の路線に立ち戻ることである。」（島田）

これらの発言者は、島田が三〇歳、和田が三一歳、江藤が二五歳である。反構造改革の声は、一九七〇年には、まだ若手の党員にも強かったのである。反戦青年が上記のような主張をしていた頃、どのような世相であったのか、ごく簡単にみておこう。

一九七〇年一月には、藤原弘達が著した『創価学会を斬る』や内藤国夫著『公明党の素顔』などが、創価学会や公明党の圧力によって出版妨害・販売妨害を受けたとして問題化した。公明党は否定したが、後、田中角栄自民党幹事長にたいし、協力を依頼していたことも明らかとなった。

三月からは、大阪・千里において万国博覧会（万博）が華やかに開催され、およそ六四二〇万人が入場した。二〇〇五年開催の「愛・地球博」の来場者数が約二二〇〇万人であったことを考えると、開催地近郊の人口規模を勘案しても、国民の関心や期待だけでなく、大阪万博の熱気を知るに充分な数字である。それが、一九七〇年安保改訂反対運動の盛り上がりをおそれた政府の「策動」であったとしてもである。八月には、東京・銀座や新宿で歩行者天国がスタート、現在にも繋がる『ａｎａｎ』や少女コミックが創刊された。一一月には、三島由紀夫が市ヶ谷の自衛隊に乱入し、クーデターを訴えた末、割腹自殺する騒ぎがあった。

加藤登紀子の「知床旅情」や藤圭子の「圭子の夢は夜ひらく」などがヒットした。テレビドラマでは、現在でも高視聴率ドラマとして語り継がれている、「ありがとう」（水前寺清子ら）、「時間ですよ」（堺正章ら）などの放送が開始された。

七月には、東京・杉並で高校生四〇数人が光化学スモッグで倒れ、八月には、静岡県田子の浦でヘドロ追放住民大会が開催された。九月には、新潟大学教授が、スモン病の原因にキノホルムが関係すると発表し、厚生省は九月、キノホルムの発売・使用中止を告示した。

一二月には、沖縄コザ市で、米軍ＭＰの交通事故処理に怒った市民約五〇〇〇人が暴動化した。また、この年、大宅壮一（七〇歳）、西條八十（七八歳）が逝去した。

結び

本章では、社会党の大敗北、野党の多党化をもたらした一九六九年総選挙を再考することを通して、戦後政治の新たな視角を模索し、以下の点が明らかになったといえよう。

第一に、一九六〇年代は、これまで「経済の時代」とされてきたが、同時にまだまだ「政治の時代」でもあったこと、第二に、社会党の敗北は、従来指摘されてきたように、有権者の意向とは異なる党内の動向（派閥抗争や左翼バネ、教条化）によってもたらされた可能性が大であること、第三に、労働運動の衰退と社会党の衰退とは連動していることである。

一九六九年末の選挙以後、有権者もほぼ社会党政権の誕生をあきらめたといってよい。九〇議席では、単独政権の獲得は不可能である。この選挙以後、暫く自民、社会、公明、民社、共産の五党時代が続くが、それは、自民党以外の政党が政権を獲得するとは予想されない「新たな一党優位体制」となった。

図4

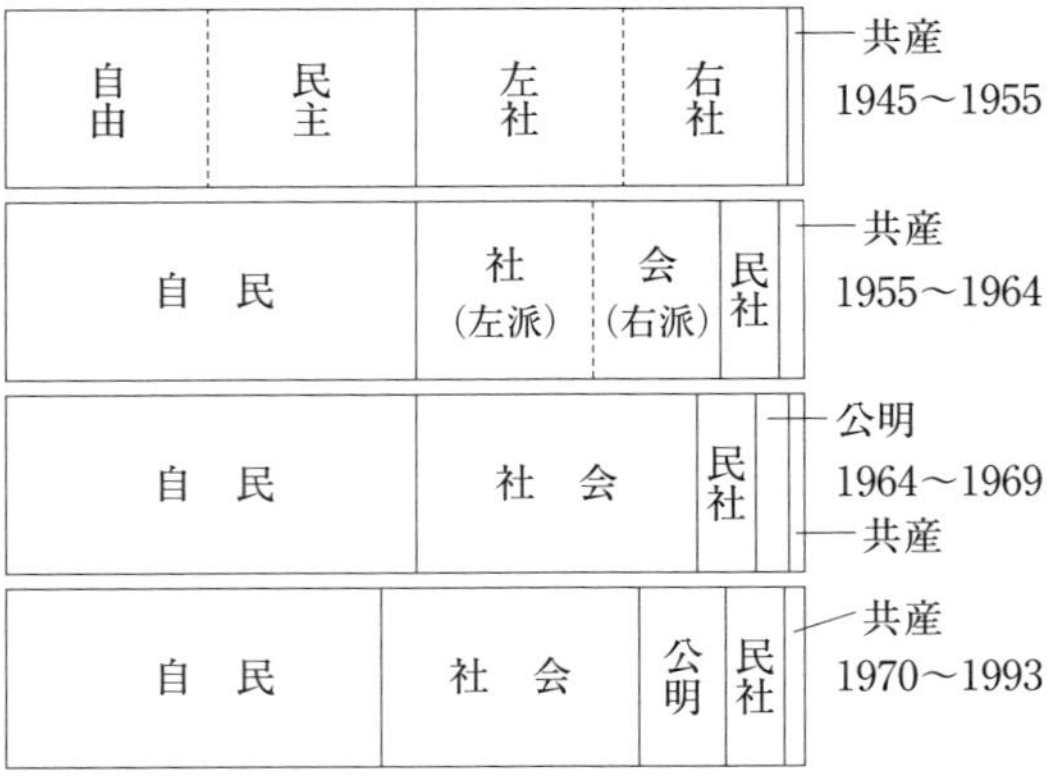

（筆者が作成）

一九六九年総選挙は、一二月二七日投票であり、この選挙結果が国会において実際に影響力を持ったのは、年が明けた一九七〇年に入ってからのことである。主要「五党」の時代は、一九九三年、自民党竹下派の分裂による細川内閣の誕生まで約二三年間継続した。世界にも稀な五党による「一党優位体制」は、もはや二大政党制を意識して命名された「五五年体制」からはほど遠く、一九六九年体制といってもよいものとなった。しかし、みてきたように、実際には一九七〇年に入ってからこの枠組で動き出したのであり、「一九七〇年体制」と呼ぶべきであろう。それは、戦後日本において、「自社公民共の五党」による政党政治が行われた時代であり、民主的選挙が行われてはいるものの、自民党以外の政党が政権を獲得することは想定されていない時期をさす、と定義しておこう。

一九五五年と一九八〇年代や一九九〇年代初頭とは、みてきたように、一九六〇年代の諸変容を経たことからして、同じ時代区分では的確とはいえない。戦後政治が一九六〇年安保闘争を境として大きく変容したことは間違いないが、一九六九年総選挙の結果を受けて、一九七〇年から始まる五党時代は、社会党政権の可能性が無きに等しいものとなったという意味においても、また、「政治の時代」とはいえなくなったという意味においても、民社、公明も議席をもつようになった一九六〇年代（後半）とも異なる意味を持つものであり、「一九七〇年体制」[18]といってよいものと考えられよう。

一九九三年まで、自民党一党優位体制は継続するが、それは野党に政権を担当するだけの議席を与えなかった有権者の選択ともいえる。それ自体が民主政治を否定するものではないし、日本の有権者の政治意識の低さを示すものでもない。しかし、この時代は、衆議院議員選挙が中選挙区制で実施されていたことは注目しておいてよい。

全国を一三〇の選挙区に分け、各選挙区から三〜五名（例外的に一部、二人区、六人区あり）の当選者を選ぶ中選挙区制度では、政権を目指す政党は各区から二名、野党第一党である社会党は各区から一名の当選者を出してその地位は安泰であった（大枠で考えれば二六〇名＋一三〇名、その他は、野党第二、三党や無所属が当選）。実際、社会党の議席数は、一三〇名前後を推移してきた。すると、先進各国と比較した場合において、政権交代が極端におきにくい、政策論争になりにくい、政策で争わないから腐敗が起きやすい、等の批判がなされた。汚職が頻発したり、自民党内の派閥抗争に発展したり、その温床となることもこの制度見直し（一九九四年の選挙制度改革）の契機となった。

しかしながら、制度に拘束された面はあるとしても、野党も実力をつけ、有権者の支持が得られれば、与党になる可能性を秘めている（保障している）民主的な選挙制度でもある。すなわち、選挙制度だけが社会党の「万年野党」の要因ではない。この意味においても、本章で考察してきたように、一九六九年総選挙は、社会党空白区を激増させただけでなく、社会党政権実現の可能性や有権者の期待感すら大きく減退させた[19]という意味において、転換期であったのである。

さらに、政権交代のない一党優位体制が一九九三年まで継続したことで、そのことが、九〇年代初頭において、政権交代可能な小選挙区制度の導入という政治改革（選挙制度改革）の動きを促進させ、加速させる遠因となったという意味においても、一九六九年総選挙は、戦後政治における大きな転換点になったということができるのである。

注

(1) 拙著のタイトルにも使用したことがある（木下、二〇〇三）。
(2) 居安、一九八三、一九二頁。
(3) 石田博英『中央公論』一九六三年一月号。
(4) その他、神江、一九八八、西平、一九七二、池内、一九七四（特に三宅一郎論文）、公平、一九七九、等がある。
(5) 杣、一九七七、一一～一六頁。
(6) 林、一九七〇、二頁、「調査断絶する政党と国民の政治意識」『自由』（自由社刊）
(7) 構造改革論争との絡みで一九六六年、蜷川京都府知事と社会党の関係が悪化した。地方組織崩壊の徴候の例といえよう。「京都共産党と蜷川体制」『朝ジャ』一九七〇・三・二九、一一頁。
(8) 石橋、『月刊社会党』一九七一年一月号、三六頁。石橋国際局長は、これより前に、次のようにも述べている。「われわれは、いわゆる安保体制というものを打破する闘いだというとらえ方をしている。すなわち…（中略）…憲法の精神、規定を忠実に実現していく体制に切りかえていく、天下分け目の戦いだ…（中略）…非武装中立の旗をおろすことは断じてない」（「「守る」ということ――中立国家の防衛」『朝ジャ』一九六九・一・一二、二七頁）。
(9) 成田『月刊社会党』一九七一年一月号、二一－二二頁。
(10) 原『年報政治学　二〇〇四』、六頁。
(11) 同上。
(12) 同上。
(13) 戦後期社会党史研究会、二〇〇六年五月一二日、神田ひまわり館にて。
(14) 戦後期社会党史研究会、二〇〇六年六月一六日、神田ひまわり館にて。
(15) 村井、二〇〇五を参照。
(16) 原山、二〇〇六、一八頁。
(17) 宮崎、一九九五、渡部、二〇〇六を参照。
(18) 一九七〇年代に六大都市すべてが革新市長になったことや、地方議会での社会党議席の健闘、国会における社会党議席の横ばい、一九七〇年代後半の与野党伯仲等をもって、一九六〇年代とは変わらない緊張感があったとする批判が予想される。しかしながら、本章で問題にしていることの主旨はそういうことではない。社会党単独政権誕生への期待感がなくなったということが、自民党に安心感を与えたという意味で、「盤石」としたのである。

(19)　有権者は、江田の唱えた構造改革を支持しており、機構改革論や高度成長期の社会党内における様々な努力を捨象し過ぎだとの批判は甘んじて受けるが、本章の主旨がそういう点にはないことは前注の通りである。構造改革論については、拙著（木下、二〇〇三）第三章において詳述したし、本書第六章も参照。

＊本章の草稿段階で、岡田一郎氏、鵜飼健史氏、他、匿名希望の方のコメントをいただいた。この場を借りて、改めてお礼を申し上げたい。ご指摘を活かしきれていないのは、筆者の浅学のためであり、当然、文責のすべては筆者に属する。

引用・参考文献

五十嵐仁、一九九八『政党政治と労働組合運動――戦後日本の到達点と二一世紀への課題』御茶の水書房
池内一編、一九七四『市民意識の研究』東京大学出版会
石川真澄、二〇〇四『戦後政治史新版』岩波新書
石川真澄監修、一九九一『新聞集成総選挙下巻』大空社
石田雄、二〇〇六『一身にして二生、一人にして両身』岩波書店
居安正、一九八三『政党派閥の社会学――大衆民主制の日本的展開』世界思想社
イングルハート・R、一九七七『静かなる革命』東洋経済新報社（三宅一郎他訳、一九七八）
植村秀樹、一九九五『再軍備と五五年体制』木鐸社
植村秀樹、二〇〇二『自衛隊は誰のものか』講談社現代新書
遠藤惣一他編、一九九一『現代日本の構造変動――一九七〇年以降』世界思想社
大嶽秀夫、一九八八『再軍備とナショナリズム』中公新書
賀来健輔・丸山仁編、二〇〇五『政治変容のパースペクティブ』ミネルヴァ書房

蒲島郁夫、一九八八『政治参加』東京大学出版会（現代政治学叢書6）
韓載香、二〇〇六「一九五〇年代におけるパチンコ産業の構造変化」同時代史学会第一二回研究会（立教大学）報告レジュメ
神田文人他編、二〇〇一『決定版二〇世紀年表』小学館
木下真志、二〇〇三『転換期の戦後政治と政治学――社会党の動向を中心として』敬文堂
草野厚、二〇〇五『歴代首相の経済政策全データ』角川書店（ｏｎｅテーマ21）
公平慎作、一九七九『転換期の政治意識――変わる日本人の投票行動』慶応通信
時事通信社編、一九八一『戦後日本の政党と内閣』時事通信社
佐道明広、二〇〇六『戦後政治と自衛隊』吉川弘文堂
清水慎三、一九九五『戦後革新の半日陰』日本経済評論社
白鳥浩、二〇〇二『市民・選挙・政党・国家』東海大学出版会
佐々木更三、一九七五『社会主義的・的政権』毎日新聞社
杣正夫編、一九七〇『日本の総選挙一九六九年』毎日新聞社
杣正夫編、一九七七『国政選挙と政党政治』政治公報センター
高平哲郎、二〇〇四『ぼくたちの七〇年代』晶文社
武重雅文、一九九二「五五年の政治意識――「文化政治」の意識構造」『年報政治学　一九九一』岩波書店、所収。
田胡圭一編、二〇〇五『日本政治―過去と未来の対話』大阪大学出版会
田中里尚、二〇〇六「高度成長期における〈おしゃれ〉の問題――ショッピングのレジャー化と女性」同時代史学会第一二回研究会（立教大学）報告レジュメ
田中善一郎、二〇〇五『日本の総選挙一九四六～二〇〇三』東京大学出版会
近松順一、二〇〇三『戦後高度成長期の労働調査』御茶の水書房
冨森叡児、二〇〇六『戦後保守党史』岩波書店（原典は一九七七年、日本評論社）
中村隆英他編、一九九七『過渡期としての一九五〇年代』東京大学出版会
中村隆英他編、二〇〇三『岸信介と高度成長』東洋経済新報社

成田知巳、一九六九『安保と非武装中立』労働大学
成田知巳・高沢寅男共編、一九六九『安保体制と七〇年闘争』社会新報
西井一夫編、一九九七『二〇世紀年表』毎日新聞社
西平重喜、一九七二『日本の選挙』至誠堂
原彬久他、二〇〇五「オーラル・ヒストリー鼎談」『年報政治学　二〇〇四』岩波書店所収。
原山浩介、二〇〇六「消費者性の生成と高度成長――生活協同組合の設立過程に見る消費者像の生成」同時代史学会第一二回研究会（立教大学）報告論文
升味準之輔、一九八五『現代政治一九九五年以後』下巻東京大学出版会
的場敏博、一九九二「戦後前半期の社会党」『年報政治学　一九九一』岩波書店所収。
三浦展、一九九九『「家族」と「幸福」の戦後史』講談社現代新書
三浦展、二〇〇五『下流社会』ちくま新書
三宅一郎、一九八九『投票行動』東京大学出版会（現代政治学叢書5）
三宅一郎他、二〇〇一『五五年体制下の政治と経済――時事世論調査データの分析』木鐸社
三宅一郎他、一九八五『日本政治の座標――戦後四〇年のあゆみ』有斐閣
宮崎隆次、一九九五「時期区分論としての戦後史」『日本史研究』四〇〇号
村井良太、二〇〇五「政党システムの変容――社会開発論を中心に」日本政治学会二〇〇五年研究大会（於、明治大学）報告論文（引用要著者許可）
森本哲郎編、二〇〇六『現代日本の政治と政策』法律文化社（シリーズ日本の政治第四巻）
山口二郎・石川真澄編、二〇〇三『日本社会党』日本経済評論社
読売新聞世論調査室編、一九七五『選挙を徹底分析する――七〇年代の選挙と政治』読売新聞社
ラザースフェルド・P・F、一九四四『ピープルズ・チョイス』芦書房（有吉広介他訳一九八七）
歴史学研究会・日本史研究会編、二〇〇五『日本史講座　第10巻　戦後日本論』東京大学出版会
歴史学研究会・日本史研究会編、一九八五『講座日本歴史　12　現代2』東京大学出版会

渡部純、二〇〇六「同時代政治論の作法――初期丸山の制度論と精神構造論」明治学院大学『法学研究』第八〇号
綿貫譲治、一九六二『現代政治と社会変動』東京大学出版会
綿貫譲治編、一九七三『社会学講座　七　政治社会学』東京大学出版会

雑誌等

『朝日ジャーナル』（一九五九年～）

一九六八・八・二五「生活不在の住宅政策」（本城和彦）
一九六八・九・二九「不発に終ったハプニング大会――東京・九段会館の三日間」（佐木隆三）
一九六九・一・一二「「守る」ということ――中立国家の防衛」（石橋政嗣、黒柳明、上田耕一郎、江幡清）
一九六九・一・二六「社会党のヤングパワー――受け身の平和から反戦革命へ」（梁田浩旗他）
一九六九・三・二「攻撃的知性の復権――一研究者としての発言」（山本義隆）
一九六九・五・二五「労働戦線の新しい主体――たたかいを求める青年労働者層」（編集部）
一九六九・七・一三「革新市政下の住民運動――横浜新貨物線反対運動が提起した視点」（鳴海正泰・宮崎省吾）
一九六九・七・二七「総評大会の意識と行動――七〇年闘争は構築されるか」（編集部）
一九六九・七・二七「東京の政治風土――都議選結果から」（篠原一）（小室直樹の分析付き）
一九六九・八・二四「多数専制国会と大学規制――その1　代表民主主義の難問」（市井三郎）
〃　　「その二　議会制の不能と機能」（前田康博）
一九六九・八・三一「経営面でも危機感強調――〈七〇年代〉に取組んだ経営トップセミナー」（高橋文利）
一九六九・一一・九「一一・一三闘争と労働運動変革の展望」（清水一・村上寛治）
一九六九・一一・三〇「露呈した六〇年代労働運動の願――一一・一三ストが〈重かった〉背景」（山田宏二）
一九六九・一二・二一「ルポ・総選挙―壮大なるフィクション・上その1―「こんにちは、政治家です」」
一九六九・一二・二八「ルポ・総選挙―壮大なるフィクション・下その2―「安保・沖縄」とおっしゃいますが」
一九七〇・一・一一「開票日の走り書き的覚書」（松本三之介、小田実）

一九七〇・一・一八「浮動する社会党支持層」（小室直樹）
一九七〇・一・二五「資本主義はどこへゆく③―あらためて現代資本主義を問う（上）」（伊東光晴）
一九七〇・二・一五「社会党は再建できるか――その１　限界にきた執行部発想」（平河一郎）
一九七〇・二・一五「社会党は再建できるか――その２　反戦青年はこう考える…革命党へ再生を一末端党員の意見」（島田清作・江藤正修・和田豊・今津弘）
一九七〇・三・一「自壊の道をたどる総評――その３　既成指導者の終焉――七〇年代の変革は形成されるか」（村上寛治）
一九七〇・八・二三「岩井退陣と民同左派の瓦解」（清水一・山田宏二・村上寛治）

『月刊社会党』（一九五七・五～）
一九六九・一　成田知巳「情勢を具体的に認識し思想を固めて前進しよう」
一九六九・四　成田知巳「非武装中立こそ安全保障の道――第六一国会における代表質問」
一九六九・六　成田知巳「佐藤内閣打倒・国会解散　総選挙勝利のたたかいへ前進しよう」
一九六九・四「〈討議資料〉非武装・平和中立への道」（党中央執行委員会）
一九六九・四　高橋正雄「日本社会党とマルクス・レーニン主義（四）」
一九六九・八　鈴木澄保「労働者階級と政治的無関心（上）」
一九六九・一〇　横山泰治「戦後政策論争の展開過程（終）」
一九六九・一〇　大牟羅良「体よりも心の疲れ」
一九六九・一〇　伊藤茂「反戦・体制変革と統一戦線――七〇年闘争に求められる論理」
一九六九・一二　高沢寅男「平和革命の諸問題」
一九六九・一二　福田徹「現代日本の議会政治と政党」
一九七〇・一　成田知巳「日本帝国主義に反対する国民のたたかいを総結集しよう」
一九七〇・一　石橋政嗣「非武装中立憲法を世界の憲法に」

『月刊労働運動』
宝樹文彦　一九六三・一一「総評今後の運動方針」
『中央公論』
石田博英　一九六三・一「保守政党のビジョン」
石田博英・大平正芳・中曽根康弘　一九六七・八「(座談会) 変貌する社会に対応できるか」
篠原一　一九六七・八「保守陣営の地すべりと自民党の体質」
『文藝春秋』
江田三郎　一九七七・五「さらば社会党」
『香川法学』
神江伸介　一九八八「一九六九年の決定的選挙―日本社会党の得票構造の史的分析」第八巻三号
神江伸介　一九九四「日本社会党の凋落と政党再編成――イデオロギーから政治不満へ」第一四巻一号
『自由』(自由社)
林知己夫　一九七〇・二「調査断絶する政党と国民の政治意識」
白鳥令　一九七〇・二「静かなる変革の思想」
『週刊朝日』
遠藤周作・太田薫　一九七〇・四・一一「周作怠談―役人天国に目を光らせる太田薫」

第九章　社会党の衰退と成田知巳委員長——一九六九年総選挙再考

はじめに

日本社会党は、総選挙において何度か歴史的な敗北を喫したが、その後の長期低落傾向の契機となったという意味において、一九六九年末の第三二回総選挙は、前章でみたように、社会党にとっては、大きな意味を持つ選挙であった。一二月二七日に実施されたこの選挙において社会党は、（一四一議席から九〇議席）五一議席減という大敗北をし、土井たか子委員長期の一時期を除いて、政権から遠い「万年野党」、「何でも反対党」と揶揄される政党となった。

この選挙についていては、既に様々な研究がある。当日の投票率が六八・五一％と、当時としては低かったこと、社会党候補者に次点が多かったこと等々の要因は確かにあったことであろう。

しかしながら、社会党惨敗の要因は有権者の支持が得られなかったからだという、選挙分析による説明では、支持が得られなかったという事実はわかったとしても、「なぜ、有権者の支持が前回よりも減少したのか」の要因について説得力ある解明はできていない。六九年末の前の回の総選挙（一九六七年一月二九日）から三年弱の間に何があったのか。約二八〇万票減少を起こさせた要因を、有権者の政治意識の変容にみることに異論はないものの、現時点で、当時の有権者の意識を再現することは難しいという判断から、本章では、記録として残っている社会党の委員長の発言、公刊した論文等が有権者に与えた印象が、その大きな要因ではなかったかという問題意識から考察してみたい。成田知巳（一九一二〜一九七九）の死後公刊された『成田知巳・活動の記録』（全三巻、一九八一〜八二年）には、成田の残した主要な論文等がほとんど収録されており、本章はこれをもとに、先の問題に迫っていく。

香川県高松市に生まれた成田は、旧制高松中学（現、高松高校）、第四高校（現、金沢大学）、東大法学部に学んだ。民間企業に就職するが、戦後、一九四六年四月の総選挙に立候補するも落選、一九四七年四月の総選挙で初当選した。党内左派である鈴木（茂三郎）派に属した。六四年元旦の『社会新報』に、「日常活動の不足、議員党的体質、労組依存」といういわゆる「成田三原則」を発表、党の体質改善を訴えたことで知られる。

成田の委員長就任は、一九六八年一一月三〇日であった（一九七七年九月二六日まで）。勝間田清一退任を受けてのもので、問題の総選挙、約一年前の委員長就任であった。

成田委員長時代には、他に一九七二年一二月、唯一の任期満了選挙となった一九七六年一二月の二度の総選挙がある。社会党の衆議院の議席数は、（一四一→）九〇→一一八→一二四と回復基調であったものの、就任時の議席数に戻すことはできなかった。

一　成田の社会主義観

左派に属した成田の社会主義観は、六〇年代末当時の社会党主流の考え方で、労働者の生活の安定は、日本に社会主義政権を樹立することによって初めて実現するという認識であった。

一例を挙げよう。大敗北の後の委員長の認識がよく現れている。「現在の党建設は、……技術的組織的対応だけですませるわけにはいきません。社会主義運動に向かって根源的に問いかけてくる現代の課題にどう対応し、どのように有効性を発揮していくかを考えるなかで党建設の事業に取り組まなければなりません。」(『月刊社会党』一九六九年八月号)。「党建設の問題もわれわれの社会主義運動に向かって根源的に問いかけている現代の諸問題にどう有効に対応していくかを考えるなかで取り組まなければならないと思います」(『月刊社会党』一九六九年一〇月号)。

このように、党勢拡大が喫緊の課題である時期に、抽象性の高い表現で「社会主義運動」の必要性を強調している。成田は社会主義運動をどう進めようとしたのか。労働者は、「結婚・3DK・自家用車・水洗トイレ」これらの労働者の小さな幸福への要求、これを「社会的に統一した行動として発展させるならば、総資本の強蓄積を打ち破る契機が含まれているのではないでしょうか」(『月刊総評』一九六八年一二月号)という。「なぜ……労働者階級の統一した要求・行動にまで、高められていかないのか、この点に私は社会党や総評の弱さがあり、その停滞の原因があると考える」とも述べる。総評が発行する機関誌への投稿という部分は差し引いても、労働組合、総評への強い期待感をみてとることができる。

さらに同じ論攷においては、「社会党が危機にあるとすれば、その危機の根本原因は、……日本の独占資本の再編強化のなかで生まれてきた、自我を確立した近代的な労働者階級の要求を正しく把握し、その発展を保障しえていないところにあると思います」とし、「労働組合が社会主義政党である社会党を支持するのは当然のこと」という認識を提示している(同上)。

大資本・大企業と結託した自民党政権では、労働者のための政策は期待できず、労働組合が社会党と提携する中においてこそ、社会党による社会主義政権が樹立され、労働者のための福祉に力点を置いた(「自由」よりも「平等」に軸足を移す)政策が現実のものとなる、というわけである。

社会党が大企業、ならびにその社員や、医師・弁護士等の高額収入の自由業者からの支持を得られず、官公労構成公務員や中小企業の労働者に支えられていたことは間違いないが、いっていることが正しくても（正しいと成田が思っていても）、広範な国民の支持が得られなければ政権を獲得することができないだけでなく、これまでの支持者をも失うことになるのではないだろうか。

六九年には、高度経済成長も進展し、少しずつ、有権者が物質的「豊かさ」を感じ始めていた。GNPは、前年には、西ドイツを抜いて世界第二位となっていた。資本主義の弊害は、水俣病に代表される公害となって表面化しつつあったものの、相対的には、六〇年安保や三池闘争のような大きな政治的「保革対立」はなく、一九七〇年の大阪万国博覧会を控えて、経済的には活気に満ちていた。三波春夫の「一九七〇年のこんにちは」（正式タイトルは「世界の国からこんにちは」）が毎日のようにテレビから流れていた。万博を控え多くの国民は浮かれていた、といったら、おしかりを受けるであろうか（筆者は、このとき小学校一年生）。こうした風潮への警鐘という意味も意図していたのかもしれないが、成田の社会主義への期待感と、一般労働者の心理との乖離は明確であったといってよいのではないか。成田の次の言に、自らが提示した「労組依存体質脱却」からは距離のある認識を確認できるのである。

「日本帝国主義と勤労諸階層との対決関係は経済、政治、思想の全分野にわたる全面的なものとなっているのであり、それらは深く結合しあっているのであるが、ただわれわれがその相互関係を十分に摘出し、連繫的な闘いにしえていないのである。主体の立ち遅れとはこのことを意味するのであって、われわれはこの点に深い反省をするとともに七〇年代の闘いの基礎を改めて右の認識におかなければならないのである。／それには現段階を踏まえて社会党と労働組合に結集している組織労働者との緊密な結合関係を強める以外にはない。むろん、労働組合といってもさしあたりは……階級的な労働組合でなければならない。つまり、現状を相互に理解した上に立って、いわゆる社会党・総評ブロックを今一度強化することこそ緊急の課題である」（『月刊社会党』一九七〇年一月号――執筆は、六九年末の総選挙前と推測される）。

みてきたのは六九年総選挙前の成田の認識である。では、大惨敗した選挙後の成田の党大会における委員長としての発言をみてみよう。「本大会では、七〇年代の社会主義運動を強力に前進させる新しい執行部を、全党の統一した意思として選出していただくことを心から願う者であります」と述べ（「……者であります」は成田が好んで使うフレーズ）、それを実現するために「二つの柱」があるという。「その一つは、反動化した帝国主義ブルジョアジーに対して、労働者・農民・中小企業者・市民を問わず、いっさいの階層を糾合し、民主主義を守り、確立するという一線で、大衆的な党を作っていくということであります。もう一つの柱は、反動的な帝国主義グループに対するこの大衆的な民主主義闘争を闘うなかで、科学的社会主義の思想で武装した真に革命的な主体性を形成し、発展させるということでであります」（一九七〇年一一月・第三四回定期党大会挨拶）。これでは抽象度が高く、具体像はみえない。

成田が党員だけでなく、国民の広範な支持を求める姿勢は、同大会における下記のような表現にみることができる。「私どもは今日、社会主義者としての主体を作るという努力を抜きにして、野党再編成に、言い換えれば、議員の数さえあればなんとかなるという考え方で、七〇年代に対処することは不可能だと思います。私はその意味で、党が労働者階級と国民諸階層の当面の利益を守る改良闘争を強力に展開し、この闘争を通じて社会主義の主体形成の任務を持っておることを全党員が改めて確認していただきたいと思う者であります」。このように、惨敗した選挙後においても、さらに左傾化しているともとれる呼びかけをしていたわけである。成田の認識の正否よりも、有権者の経済に対する意識との乖離が問われているように思われる。

二　成田の国民連合政府構想

一九七一年『社会新報』六月六日付けにおいて、近づく参議院選挙に向け、成田は「国民連合政府」の樹立を訴えた。「私は、護憲勢力の総結集を訴えるとともに、特に政党の分野において、司法・教育の反動化と小選挙区制に反対して、憲法改悪阻止を目標とする「全野党連合」を参議院選挙後ただちに組むよう提唱する。／これにより反独占・反自民の国民戦線を築き上げ、七〇年代の課題である社会党を中核とする「護憲・民主・中立・国民生活向上」の「国民連合政府」を樹立する道を切り開きたい」と。

この時期には、しばしば、「国民連合政府」ということばで野党の連繋を訴えている。その際に、必ず、「反独占・反自民の」という枕詞を付けている。佐藤政権への批判と共に、社会主義への期待も表明されたものだといえよう。さらに、「単独政権」を目指すのではなく、「国民連合政府」の樹立をめざすということは、裏を返せば、社会党は実は単独での政権獲得を（次の総選挙では）あきらめていたのである。このような認識に至ったのも、六九年総選挙での惨敗が大きく影響している。

一九六〇年七月に、来る総選挙に向けて「護憲・民主・中立の政府」をめざすと示して以来、これに「国民生活の向上」というフレーズが入るのも、管見の限り七〇年代に入ってから（『時代』創刊号、一九七一年七月他）、つまり、六九年総選挙における敗北以後である。この「国民生活の向上」という言葉によって「全野党連合」という新たな試みにカンフル剤のような効果を期待したのであろう。

一九七二年末の総選挙で一一八議席まで回復させた成田は、年頭の辞において、「予想以上の前進をかちとることができた」。「今こそ前進の波に乗って、党の体質強化に全党をあげて取り組み、社会党に対する国民の期待にこたえるよう訴えたい」。「今後は公、民両党も反自民の立場を強めざるをえなくなるであろう。このことは全野党共闘を反自民の中身の濃いものに高めていくことを可能にしている」との希望的観測を表明している。

横道にそれるが、成田のこの時期の用語で気になるのは、〝自民党の「一党独裁」に終止符を〟のような表現をしばしば使っている点である。「自民党独裁の時代が四分の一世紀も続いた……」（『月刊社会党』一九七二年三月号）、「自由民主党一党独裁の政治にピリオドを打とうではありませんか」（一九七二年一一月二七日の相模原市における選挙演説）、「自民党の一党独裁にとどめをさし、反独占・反自民の国民連合政府を樹立」（『社会新報』一九七二年一二月四日付））、「社共が伸び、中間政党が後退したことは、国民が、自民党の一党独裁、独占資本の横暴に革新勢力がはっきりと対決して闘うことを求めていることを示している」（『社会新報』一九七三年一月一日号）、「長年一党独裁をほしいままにしてきた自民党政治」、「自民党一党独裁の政治にピリオドを打ち、政治を国民の手に取り返そう」（『月刊社会党』一九七三年四月号）等々。

戦後の日本では、総選挙において複数の政党の存在を認め、しかも普通選挙、秘密投票である。結果として、いつもほぼ同一政党が勝利するのは、有権者の判断によるものであり、決してそれは「一党独裁」ではない。政治学の用語では、戦後日本は典型的な「一党優位体制」である。筆者の記憶では、この時期に限らず、自民党が大勝し、やや傲慢な姿勢が垣間見えたとき、日本のマスコミは好んで自民党の「一党独裁」という用語を使用していたように思う。成田もマスコミ用語をそのまま使ったのであろう。しかし、日本は一党独裁国家ではないことを今一度、確認しておきたい。

「国民連合政府」に戻ろう。成田の主張は次のようなものが一例として挙げられる。「活発な日常活動と激しい宣伝活動による共産党の躍進は、日常活動、教宣活動においても共産党との競争に堂々と勝てる力を持たなければならないことを、厳しくわが党に迫っている」。「われわれは、党の基本路線と政策には自信を持ってよい。党の体質を強化し、党の組織力を強め、社会党が中心となって、あらゆる反自民勢力を結集し、国民の要求にこたえる闘いを院外で積極的に展開していこう」。「当面の共同行動を積み上げる努力をせずに、はじめから特定政党を排除しようとするのは正しくない。総選挙の結果、共産党が野党第二位になったこと、国民が支持したことを公、民両党は素直に認めるべきだし、同時に、共産党も公、民両党と政策の一致をみた時は、公、民両党を入れて全野党共闘を組むべきである。社会党が他の野党三党の合計よりも議席を大きく増やしたことは、社会党を中心にした全野党共闘をやりやすくし、社会党の主張の薄められた共闘ではなく、反自民の中身の濃い共闘を組むことを可能にしている。われわれは、これまでの社会党の主張の正しさに自信を持って全野党共闘を推進し、国民の要求実現に努力しよう」（『社会新報』一九七三年一月一日号）。「自信」という言葉に象徴されるように、選挙結果に高揚し、自信と高らかな理想に満ち溢れている感がある。

一方で、同じ年頭の辞では、次のようにも述べている。「活発な日常活動と激しい宣伝活動による共産党の躍進は、日常活動、教宣活動においても共産党との競争に堂々と勝てる力を持たなければならないことを、激しくわが党に迫っている」と緊張に満ちた「危機感」ともとれる見方も表明している。

時期的にいつ、「野党連合政権」の樹立を目指していたかといえば、「来年［一九七四年］の参議院選挙では、与野党の議席差を逆転させ、田中内閣を動揺させ、自民党最後の内閣としてとどめをさし、七〇年代の半ばに、反独占・反自民の国民連合政府を樹立する道を切り開いていこう。」（『社会新報』一九七三年元旦）。

しかしながら、周知のように、このあと社会党内では、しばしば必要とされてきた「挙党一致」ができなかったばかりか、「共闘」なのか「野党再編」なのか、「社共共闘」なのか「全野党共闘」なのかをめぐって対立を繰り返しただけでなく、各野党間でも意見の不一致が表面化した。当然のごとく一筋縄ではいかず、一九七六年末の総選挙において、共産党の敗北をもって、「全野党共闘」は終焉を迎えたのであった。

成田は明らかに、建前では「全野党連合」を主張しても、これまで民社党が自民党にすり寄る姿勢をしばしばみせていたことに反感をもっていたことも手伝って、「社共共闘」の方に強い期待をもっていた。しかしながらあるとき、「口に統一戦線を唱えながら、主要打撃をわが党に向け、お互いの信頼関係を絶えず傷つけてきたのは他ならぬ日本共産党であります。今共産党がわが党に対して加えてきているものは、まったく次元の低い悪罵の投げつけにすぎませんが、われわれは彼等と同じ低い次元での応酬に終始するのではなく、科学的な理論と冷静な態度で積極的に論争を展開し、政策や方針上の相違を明らかにしつつ、彼等の誤りを正していくべきであります」（一九七三年一月六日、日本社会党第三六回定期党大会・委員長挨拶、『月刊社会党』一九七三年四月号所収）と口にしてしまう。期待するがゆえの批判であったけれども、明らかにいい過ぎであり、これが結果的には、その後の社共論争激化の一要因となってしまったわけである。

この発言には前段があって、共産党への恨み節が延々と述べられていた。「今党内に、選挙中から引き続いた共産党のセクト的独善的態度に対し厳しい批判の声が強まっています。私はこの批判には十分根拠があると考えておりますが、さらにいえば、日本共産党の誤りは今にはじまったことではないということです。／平和憲法に対する一貫性を欠いた姿勢、わが党の平和革命路線に対する非難中傷、五一年綱領の極左冒険主義に基づく軍事方針、無原則な重光［葵］首班論、わが党の平和四原則なかんずく中立政策へのいわれのない攻撃、労働者の闘いに背後から銃口を向けた一九六四年の四・八声明、国際共産主義運動の不和を日本の国民的外交課題にまで持ち込んだ誤った彼等の態度等、日本共産党が勤労国民、労働者の闘いに大きな損害を与えてきた事実は枚挙にいとまありません。今日わが党に加えている多くの攻撃もウソで固められたレッテルをはるための、いいがかりにすぎず、攻撃のための攻撃であることは疑いもない事実であります」。と述べている。鬱積していたものがあったのであろう。しかしながら、一方で

「全野党共闘」、「国民連合政府」を唱えていながら、他方で激しく他の野党を批判することは、矛盾以外の何物でもなく、共産党との間に軋みが生じるのも致し方なかったといえる。「あらゆる反自民・反独占の政治勢力を結集して、自民党を包囲し、孤立させるという基本方針」を貫徹することはできなかったのであった。

ここで、本節の最後に「国民統一綱領」を一瞥しておきたい。全文は、注に掲げたウェブ情報にある。(1) 少数の財閥系「独占的大資本」による資本の集積で、労働者が冷遇されていることや、福祉政策の立ち遅れに「老人の自殺率」が「世界一」であること、さらには自動車の増加による渋滞、死傷者の増加などの社会問題への無策等は、自民党政権が原因であるという現状認識から、「政府・独占資本による「高度経済成長」は、一握りの独占的大資本の側に巨額な利潤をもたらした反面、労働者をはじめとする勤労国民は、生活のいっそうの窮乏化を強いられ、健康と生命をもおびやかされた。こうして、「国民福祉優先」の「高度成長」という仮面ははぎとられた」。自民党政府と独占資本は、「戦後一貫して憲法が保障する平和と民主主義をふみにじってきた。労働者をはじめ、勤労国民の民主的権利の制限、警察など治安機関の強化をはじめ自衛隊の増強と治安訓練の拡大、議会制民主主義の空洞化、形がい化、地方自治の破壊と中央集権化のいっそうの強化、司法制度の改悪や教育の国家統制の推進などをはかってきた」。「以上の情勢は、わが党の労働者階級が中心となって広範な勤労国民を、護憲、民主、中立、生活向上の課題をもつ反独占、反自民の国民戦線に結集し、その基盤のうえに国民連合政府を樹立し、独占資本を政治的に孤立させる条件と必要性がいよいよ増大していることをはっきりとしめしている」。「この反独占・反自民の国民戦線とそれに支持された国民連合政府は、まだ社会主義の政権ではないが、独占資本を政治的に孤立させ、勤労国民が当面する生活防衛の緊急課題と民主主義の拡充にとりくみ、こうした闘いの前進のなかで客観的条件の成熟とともに社会主義に移行しうる重要な歴史的段階である」。

以上のような現状認識に加え、将来構想の点で社会主義政権を樹立することに力点を置いていることに鑑みると、公明党、民社党の離反は早晩起こったであろうことは容易に想像することができる。

三　成田の防衛観

成田の社会主義観は既にみたが、成田は、日本に社会主義政権が誕生してこそ、真の平和が訪れるという認識を持っており、日米安保条約を廃棄し、非武装中立[2]を守ることが、労働者の生活向上にも結びつくと考えていた。資本主義社会では、大企業が武器を製造して儲けようすることが必至であるため、成田にとって、社会主義=平和主義であり、これを支えている理念が民主主義であった。この三つの主義は、結党綱領[3]に書かれた理念でもあり、社会党の基本政策を下支えしている骨格でもあった。日本に社会主義が実現しないと、早晩、日本は再び軍国主義国家になるという視角である。

護憲、反戦意識を持ち、自衛隊反対（再軍備反対）、「全面講和」、日米安保反対（中立堅持）、「軍事基地提供反対」などの社会党の主張は、厭戦気分に満ちた有権者の広範な支持を得てきた。社会党のこの平和路線と、（アメリカからの要請に基づく）自民党の推進する再軍備路線とは、真っ向から対立し、戦後日本の政治状況を説明するのに頻繁に指摘される、〝他の先進国にはみられない激しい「イデオロギー対立」〟の主たる要因であった。

自民党が（アメリカ・財界の要請もあって）、「万が一」に備える「防衛」の重要性（それは安全保障ということばに代表される）を説くのに対し、社会党は、憲法第九条を守ることの重要性、二度と戦争をしないことの重要性を説き、両者の対立は、一九六〇年にピークに達した。

池田勇人内閣の経済重視路線（高度成長政策）により、暴力を伴う対立は影を潜めたものの、水面下での「イデオロギー対立」は継続したままであった。

これらの点について、一九六九年総選挙前後の成田の認識を確認しておこう。「外国から独立と主権を奪われているところに真の意味の安全保障、防衛の問題はありません。防衛の前提は守るに価する独立国家、主権国家の存在であります。だとするならば、まず日本の独立を阻害している安保条約と、アメリカの沖縄占領の根拠をあたえているサンフランシスコ条約第三条を廃棄し、真の独立を獲得しなければなりません」（『月刊社会党』一九六九年二月号）とし、主権国家のあり方として、至極当然の見解を吐露している。

この前月号『月刊社会党』六九年一月号では、次のような見解を提示している。「一九七〇年闘争を通じて、党の再生・再建をはかる上で、わが党が発展させてきた基本路線を堅持し、これを具体化し、大衆の支持を拡大していくことが、ますます必要となっているのであり」、それは「次の六つの目標に集約できる」という。

「一　反独占・反帝の社会主義革命路線を堅持し、思想闘争を強化する

二　安保条約廃棄・非武装中立・平和憲法擁護の基本政策を堅持する

三　独占資本の搾取と収奪に反対し、科学技術と生産力の発展を人類の進歩と平和、国民生活の向上に貢献させる

四　階級的労働運動を再建拡大するために全力を尽くす

五　平和的、民主的に日本の革命を遂行するために、あらゆる形での大衆闘争を発展させる

六　自主・対等の立場に立った対外友好と国際連帯を発展させる」。

年来の防衛観の提示であると共に、社会主義＝平和主義＝民主主義という認識が変わっていないことも示している。それは「一九七〇年闘争において、経済と政治の分野で積極的な闘争を推進し、安保体制と対決するゼネスト体制を確立し、社会党を中心とした護憲・民主・中立の政権の強固な基盤を構築する闘いこそ、階級的労働運動の基本課題であります」と付け加えていることからもみてとれる。

佐藤栄作政権が進めていた沖縄返還問題に関しても、NHKの政治討論会において、「アメリカの極東戦略の要……は沖縄ですよ。したがって……アメリカの核抑止力に依存するから本土は非核三原則がとれるというご立論なら、核兵器についてはやはり沖縄の基地は認めるという結論になってしまいますよ。そこで私は、それは非常なごまかしだと思うのです」と自民党側出席者・保利茂に切り返している。「憲法が適用されるにかかわらず沖縄に核兵器があるということになりますと、これは憲法違反ですよね。そういう意味でも絶対にいかなる形においても沖縄に核兵器の持ち込み、製造、所有はしない、これを明確にするのが政府のたてまえだと思います」と続けている。

これらの認識は、成田の社会主義観と比較した場合、有権者の支持を受けやすい主張であったように思われる。別のいい方をすれば、六〇年代の高度経済成長を経て、社会党を支持する要因は、社会主義を支持することよりも、護憲を支持することの方が大きくなって行ったと推測されるわけである。

六九年総選挙後の都知事選挙応援演説における成田の次の発言は、予算の面からの説得力ある説明となっている。「東京都の昭和四六年度予算では、公害対策費として一二七〇億円が計上されています。……国は九二三億円」、「昭和四七年度から五ヵ年計画で第四次防衛計画として、五兆八〇〇〇億円のカネを使おうとしています。今まで第一次、二次、三次防衛計画で使われたカネは総計で約四兆九〇〇〇億円、ということは今まで作られた以上の自衛隊をもう一度、五ヵ年で作るという計算になります」（『月刊社会党』一九七一年五月号）。国の予算がどこに力点を置くものであるのかを、庶民の経済感覚を刺激するような方法により訴えているのである。防衛費の増大に警鐘を鳴らすことで、結果として「護憲」政党、平和主義の政党を強調することがその意図であろうし、選挙に対し一定の成果はあったといえよう。また、防衛力増大への抑止力ともなったことであろう。(4)

おわりに

駆け足でみてきた、成田委員長の一九六九年総選挙前後の社会主義観、連合政権構想、防衛観から、何をみてとれるのか。一言でいえば、有権者の意識と乖離した社会主義観ということにつきるのではないか。引用したものが文語調のため、堅苦しい印象が強調されているきらいはあるものの、当時の社会情勢との距離は否めない。

成田が強調している「社会主義」、「連合政権構想」、「防衛政策」は、有権者が身近なものとは感じにくい点に問題があったということになろう。成田の頭の中では長期的には結びついていたのかもしれないものの、人々の意識の中では、これらは「生活」とは直接には結びつかないのである。同時期に、国政では微増傾向でありながら、他方で革新首長が多数誕生したのも、地方選挙では、公害、生活環境、交通渋滞、住宅、教育、「老人福祉」等々、生活と直結した問題が選挙の争点となるからであろう。いい方を換えれば、地方選挙においては、社会主義か資本主義か、連合政権をどう樹立するか、わが国の防衛問題にどう対応するか、ということは、争点になりにくいのである。とすれば、国政において「護憲」「日米安保反対」以外にも、有権者の支持を得られやすい争点を提示していった方が多くの有権者の賛同を得られたということはいえるのではないだろうか。(5)

みてきたように、成田委員長の時代において、連合政権構想や防衛観において社会党に期待する有権者の支持はつなぎ止めることができたものの、社会が変化している状況においても変わらぬ社会主義観では、物質的な「豊かさ」を獲得しつつあった一般的な労働者のコアな支持を維持することは困難であったと思われるのである。食べるためだけに働いていた労働者が、消費や生活をエンジョイする時代へと変容していった。善悪は別として、労働者も「豊かさ」やレジャーに関心が移行していたのである。成田社会党は、この変容を的確に掌握できなかった。それが、六九年総選挙における約二八〇万票の減少となって現れたというのが本章の結論である。

注

（1）http:／／www5f.biglobe.ne.jp/~rounou/myweb1_142.htm　二〇一八年七月一三日閲覧。

（2）しばしば、社会党が掲げた非武装中立は、「無武装中立」と誤解されているように見受けられる。無武装を目指していたのではないことは、確認しておく必要がある。この点について、五十嵐仁・木下真志編『日本社会党・総評の軌跡と内実―20人のオーラル・ヒストリー』旬報社、二〇一九年、第一二章、前田哲男氏の証言を参照。

（3）一、吾党は国民勤労階級の結合体として国民の政治的自由を獲得し、もつて民主々義体制の確立を期す
一、吾党は資本主義を排し社会主義を断行し、もつて国民生活の安定と向上を期す
一、吾党は一切の軍国主義的思想および行動に反対し、世界各国民の協力による
　恒久平和の実現を期す
この時期には「日本における社会主義への道」の方が、党内において影響力をもっていたという見方もできよう。さらなる分析を要す問題である。

（4）日本では、安全保障の話題が、しばしばいつの間にか、憲法第九条の議論になってしまう。自分の国を自分たちでどう守るのかという視点と、万が一、日本が武力攻撃を受けたらどう対処するのかという視点が欠落してしまうのである。このような議論の方向性乃至情勢にこの時期に影響力をもっていた社会党の基本政策が大きな影響を与えた点は検証される必要があるというのが筆者の認識であり、他日を期したい。

（5）成田が本章で引用してきたような認識をもつに至った思想史的分析、また「左派連合」の影響力がどの程度、成田の認識を拘束したか、成田に本章で引用したことを書かせた党内の要因（雰囲気）、その他の外部要因にも踏み込んで分析する必要は今後あるだろう。

＊本章における成田の発言、引用は、成田知巳追悼刊行会（委員長　石橋政嗣）『成田知巳・活動の記録』一九八一年からのものであるが、原典を示した。また、日本大学他非常勤講師・岡田一郎氏他から有益なコメントをいただいた。

第Ⅲ部

「五五年体制」と戦後日本の政治学

概要

第Ⅲ部には、政治学方法論に関する論攷を収録した。

第一〇章では、政治学の一分野である選挙分析（投票行動研究）の代表的な文献の一つとして『戦後政治の軌跡』を取り上げ、批判的な考察を試みた。第Ⅰ部で考察した大嶽秀夫著と、政治学的な問題についての共通点が多く、次章からの考察において伏線となるものと思われる。

第一一章は、政党とは何かを、再考したものである。国会での論戦が、二〇〇〇年頃から形骸化していることへの憂いが背後にある。その要因は、党議拘束にあるとの判断から考察したものである。

第一二章から第一四章には、政治学の現状について、思うところを述べたものを収録した。日本の政治学の現状にたいするある種の危機感が、これらの原稿に向かわせた大きな要因といってよい。

第一三章は、時代時代によって、政治学が、あるいは政治学者が、政治の状況（日本では政局の場合が多い）にどの程度の影響を受けているのか、戦後日本の政治学の時期区分を試みつつ、政治学論を展開したものである。

第一四章は、「戦後体制研究会」記録集である『戦後とは何か』をもとに、「政治学と歴史学」について検討を加えたものである。

第一〇章　投票行動研究再考——蒲島郁夫著『戦後政治の軌跡——自民党システムの形成と変容』をもとに

本章は、蒲島郁夫著『戦後政治の軌跡——自民党システムの形成と変容』岩波書店、二〇〇四年[1]を投票行動分析の「方法」の点から検討を加えるものである。

本書（以下、本章での「本書」は蒲島著、「著者」は蒲島を、「評者」は木下をさす）は、著者が一九八四年以降の二〇年間に発表したものによって構成され、戦後政治を総攬する論考の集積である。著者の選挙分析の進展、「実証研究」の展開、後身の育成に果たした役割は今さらいうまでもない。本書に収められた諸論文を評者が初めて読んだときの感動を思い起こしながら、「再読」した。

著者や小林良彰らによって、日本の選挙研究、投票行動分析の水準が一気に格段に向上したことは間違いなく、この分野は、「実証」研究の中核をなす分野のひとつといってよい。本書には、重要な指摘は多数あるが、ふたつだけ例示すれば、まず一つ目は、これまでの選挙分析においては、「有権者にはふつう、望むような範囲の選択肢が与えられるとか、必ず提示された選択肢の中に最も好むものがある」としてきたが、それは「根拠のないこと」（二五〇頁）であるという指摘がそれである。従前の選挙研究の手法では、考慮しようと思っても、どう考慮すればよいのか定まらなかったのであろう。これが、一九九三年の政権交代を伴う選挙を経て、「選択肢」問題が再浮上したということなのであろう。

また、二つ目は、本書第一二章——連立時代の議員と政党、のように、議員へのアンケートによって、政党や議員の政治（政策）意識の分析をしている章もある。この分野は、「政治学」がこれまでの研究においては、あきらかに等閑視してきたものであり、本書の挑戦は研究の空白域を埋める貴重なものである。

このように、選挙に関心を持つ者への知的刺激に満ちた本書は、専門書であるにもかかわらず、一般読者にもわかるように丁寧な説明が施されている貴重な研究である。

以下、研究の深化のために、歯の浮くようなコメントは避け、いくつか疑問を感じた点について、箇条書きしつつ（問題点のみを）検討することとしたい。

第一に、著者・分析者自身が、どのような選挙（結果）、どのような政治を望ましいと考えているのか、どこかで提示してほしい。田中（角栄）軍団の支配、橋本龍太郎内閣の経済失政、森喜朗首相の「神の国」発言、小泉構造改革等に対する、著者の評価は何ら表明されてはいない。この点について、著者が述べているのは、「日本の政治体制を貫くローカル・マキシマム、グローバル・ミニマム（部分栄えて、全体滅ぶ）の同時進行が、自民党だけでなく、日本の民主政治そのものをジリ貧の状態に追い込んでいるのではないか」という、一九八三年総選挙（田中判決選挙）についての感想である。

なぜ、著者・分析者自身の判断を記述しないのか。これに対する著者の認識は、次の一文に簡潔に表現されている。「選挙は、民主政治の中で一般の有権者が、ほとんど唯一、その政治的選好を表明する機会である。その選挙結果を的確に整理分析し、その含意を政策決定者に伝える一方、有権者にフィードバックし、規範的な議論のための事実を提供するのが実証分析者の務めである。」（二五頁）[2]。「一般でない有権者」は「実証分析者」や「政治学者」などをさしているのであろうが、新聞の投書欄やネット掲示板等に「その政治的選好を表明する機会」はあり、現在では、選挙のみが「ほとんど唯一」の機会ともいえないのではないか。

本書に対する第二の疑問は、著者（ら）のサーベイ・データへの絶対的といってもよい信頼は何に由来するのか、である。これについてもどこかで提示してほしい。有権者が何を考えているのか、についてはサーベイ・データに頼るしかない。また、本書が対象としている例えば、一九八三年の総選挙に対する世論調査は今からでは実施のしようがない。二〇年前のことについて、リコール調査をしたところで、誤差はかなり大きいだろう。しかし、（ここからは選挙分析や統計を専門としない評者の「印象」だが、）だからといって、（調査担当者の苦労は捨象して考えると）たった一度の調査だけを根拠に諸々の点について論じるのは、根拠が希薄である。「一定の留保」（三三〇頁）は、回収率が低かったことに対してだけでなく、調査全体に関し、データ・バイアス、質問バイアスについても一言、「もしデータが正しいとすれば」等の留保は当然必要であろう（三四七頁）[3]。

アンケート等の順序やワーディング、電話か面接か郵送か等によって結果が微妙に異なるのはいうまでもない。被調査者が、アンケートを受け入れる心理的状況にあったのか（電話や面接の場合、急いでいるか否か等の理由で）どうかの判定は困難であろう。また、面接担当者の年齢や性別、服装、頭髪の色等によって、被面接者の応答も変化する可能性は大きいと思われる。調査に回答した有権者が当日、棄権する可能性も否定できない。さらにいえば、衆参同日選か、補選や首長選との重複、統一地方選の存否等にも影響されるだろう。

友人と待ち合わせをしているのに、「面倒なものにひっかかってしまった」。だから、「適当に答えて早く終えよう」とする者は「少数」（誤差の範囲内）として黙殺されるのだろうか。これでは、世論調査（サーベイ・データ）に表出しない世論は無視されたままなのである（面接に対応できない身障者等はどのように考えられているのだろう）。このように考えると、ＪＥＳＩ・Ⅱ調査だけを根拠に論じることは危険・拙速なのではないか。

一九九八年夏に起きた和歌山毒入りカレー事件を持ち出すのは妥当性を欠くかもしれないが、毒を入れた後、よく混ぜないで毒のない部分だけを試食して、このカレーは安全だと断定しているようなことになっていなければよいが、と思わずにはいられなかった。

第三に、例えば、バッファー・プレーヤー（牽制的投票者）の分析（蒲島書の第四章、第八章等）などで、社会的属性が分析されている点について。バッファー・プレーヤーとは、「基本的に自民党体制を望んでいるが、それでも自民党があまり力をつけないように緩衝の役割を果たす」（一九七頁）有権者である。「女性よりも」男性、「年齢的には三〇〜四〇代、学歴では大卒、職業では管理職、専門・技術・事務職、居住地では大都市に、バッファー・プレーヤーが多い」（八四頁）とされる。これでは大都会に住む若いサラリーマン（ホワイト・カラー）＝新中間層の多くは、この範疇に入ってしまい、該当者が多すぎて、何も分析したことにはならないのではないか。このような新中間層になぜバッファー・プレーヤーが多いのかについても検討されているが、これでは「少ない」とされた社会的属性をもつバッファー・プレーヤーは無視されることとなる。

地方に住む二〇代の高卒の女性で販売員、という有権者層にもおそらくバッファー・プレーヤーは存在するわけで、むしろ、そういう属性をもちながらも、なぜ、彼女たちがバッファー・プレーヤーとなったのかの方が、政治学的には重要な問題を提示できると思われる（一八四頁参照）。また、同じ大卒でも、規模や文系・理系、都市部か農村部かによって、大きくことなるであろう。この点は、次の第四の疑問とも関連するが、「少数の黙殺」を敷行すると、一九九三年総選挙における新党候補者の立候補状況についての分析（第一〇章、六）においても展開されている。新党が「成功の可能性」を正確には把握できず、立候補希望者がいたところにだけ候補者をたてたことが、「実証」的に分析されている（公明党が初めて候補者をたてたときは、「あくまで例外」的に得票数が予測できたという）が、中には自民党議員が有力でなく、社会党・共産党議員も地盤が脆弱だからこそ立候補に踏み切ったという者も限定的とはいえ、いたのではないだろうか。しかし、こうしたことが「実証」されないと、存在しなかったことにされ、「少数は黙殺」される。著者は、これまで研究者の分析から、新党候補者が存在しなかった三一の選挙区の有権者が無視されてきたことを指摘しているが、無視されているのは、それだけではないのではないか。

「学歴」について敷衍すれば、「大卒」の範囲が広すぎるのではないだろうか。かつてのように「少数」であれば問題は少ないが、現在のように高三の約五割が四年制大学に「進学」している状況では、あまり意味のある指標とは私には思われない。加えて、例えば文学部で徒然草を読んでいる学生、工学部で建築の設計を学んでいる学生、法学部等で政治学を専攻している学生、大学院で素粒子を専攻している院生、これらがすべて同じ「大卒」に括られていることは問題ないのであろうか。さらに、専攻を問わず、大学院博士課程クラスになれば、多くの者は選挙が「擬制《フィクション》」であることを認識しているであろう。「学歴」が高くなればなるほど、棄権率が高まるとはいえないのだろうか。（このような者は、街頭インタヴューも、電話や郵送によるアンケート調査にも出口調査にも答えず拒否すると（私は）思う）。

第四に、一九八九年夏の参院選で社会党が大勝し、「山が動いた」とされる点について（第七章）である。比例区の得票率データをもとに、実際に「山が動いた」ことを表現している（第八章、一九三頁も）。これは八六年夏の参院選と「全国三、三〇〇余市町村」の「自民党、社会党それぞれの比例区での相対得票率の度数をとり、グラフ化したものである」（一六五・一六七頁）。このグラフによって、鮮やかに自社への票の移動がみてとれるという。

しかし、双方の選挙で同一人物が投票したといえるのだろうか。パネル調査ではなく、しかも集計データをもとにした分析では危険であろう。加えて、それぞれの選挙の全国の投票率は八六年が七一・三二％、八九年が六五・〇一％である。六％余の差がある。少なくとも約六〇〇万人の投票者数の相違があるわけである。また、八六年選挙は棄権したが、八九年選挙は投票した有権者やその逆の有権者等の相違についてはグラフでは無視されていることになる（二三六頁、二八一頁を参照）。すると、実際の投票者は八六年と八九年とではおそらく一千万票以上の差があることになろう。それだけでなく、当日の天候や地盤、政党組織などは、地域ごとに異なるものである。さらに、性別、年齢、職業、学歴等の属性などもいっさい考慮されてはいない。計量的に「山が動いた」ことは事実なのだろうが、こうした点について度外視したままの「実証」研究は、一定の相関は否定できないことは「実証」できても、その結論（八九年参院選で山を動かすことになった原動力は、「構造的な政党支持の分布を揺るがすほどの地殻変動はもたらさなかったが、政党支持の拘束力を一時的に緩めるほどには大きかった」（一八八頁、二五九頁））がどこまで有効なのか疑問を感じる。自民党の参院選における漸減傾向を長期的に見れば、一九八九年から構造的変化が始まっており、一九九二年参院選が例外である、ともとれるのではないだろうか。

参院選は低投票率に悩んでいる。九二年夏の参院選は五〇・七％、九五年は四四・五％（ともに選挙区）であった。棄権者が「最大の政党」なのである。このことについても、本格的に言及してほしい。棄権者を除いて、投票結果だけを分析しても、有権者の動向を掌握したことにはならないのではないか。

第五に、業績評価投票について。著者は、一九九八年の参院選における自民党の惨敗（責任をとり、橋本龍太郎首相は辞意を表明）は、有権者が自民党の経済面での失政を批判したからだという業績投票が日本でも行われるようになった、と好意的に結論づけている。しかしながら、それまでの選挙で業績投票が行われたかどうかの検証をしないで、「政治学的にいうと、この選挙は業績投票モデルでよく説明できる」（四二一頁）という理由で、分析をされても説得力に欠ける。数ある選挙の中からAモデルで説明できそうな選挙Yを持ち出して、だからYはAだ、という結果としては本末転倒した議論になってはいないのだろうか。

「業績投票の出現」（二五六頁、二六六頁）というからには、それまで業績投票が行われていなかったことを「実証」したうえで、九八年になって初めて顕著にその傾向が見られたという方がはるかに説得力が増す。九八年以降の選挙分析についても、業績投票が行われたのかどうか、分析が必要だと考えるがそれも行われていない。

この点と関連して、第一四章では、党首評価に一章をあて、「二〇〇〇年総選挙での投票行動には党首評価の影響があり、その影響は比例区においてより大きい」（三四〇頁）等が結論の一部として述べられているが、これも、それ以前の選挙においては党首評価の影響がなかったことを示してもらわないと、この選挙において初めて「党首評価」が行われたのか否かは確定できないと考えた方が妥当なのではないだろうか。また、森首相の選出過程にからんで、「資質軽視のリーダー選出の結果が首相の数々の失言であり、総選挙での自民党の敗北であった」（三四九頁）というのは、「実証」研究者としては勇み足なのではないだろうか。さらに、有権者が党首を評価するということと、有権者に党首が人気がある、こととは別のことなのではないだろうか。

業績評価に戻ると、例えば、次の一文をみよう。「橋本内閣の経済政策の失敗はまず自民党支持を低下させ、それが自民党票を減らした。また、経済政策の失敗は直接自民党への投票を抑制した。ただ、自民党はこれまで積み立ててきた予備支持があるので、経済政策の失敗にもかかわらず、強い自民党支持者は自民党を支持し続け、自民党に投票し、自民党のさらなる敗北を防いだのである。」（二八三頁）という結論の前には、以下のように「実証」研究者らしからぬ憶測と断定が混在している。「五五年体制下では自民党の経済運営の失敗に、有権者は明確な「罰」を与えてこなかった。それは、自民党に代わるべき野党の政権担当能力を信頼してこなかったからであろう。しかし、大手銀行が倒産するというこれまでにない経済的危機と、民主党という自民党に代わりうる代替政党の存在が「業績投票」の台頭を可能にしたと思われる。直接的に不況の影響を被っていない人でも、マスメディアの報道を通して危機感を共有し、争点認知と心理的政治関与の全国化が起きたのである」（同）。この適否は読者に委ねたい。

最後に、本書のタイトルは『戦後政治の軌跡』でよいのだろうか。内容から判断すれば、『戦後選挙の軌跡』、『選挙研究の軌跡』、『戦後日本の選挙』、『日本人の投票行動―一九八〇年以降を中心に』の方がはるかに妥当だろう。類書が多く、苦難の末の決断だと思われるが、本書で戦後の「政治」の「軌跡」について論じられているか否かは、判断が分かれるところであろう。

戦後政治を論じる場合、恒常化していた保革の対立、とりわけ、一九五〇年代の保革のイデオロギー論争、一九六〇年安保闘争、七〇年安保問題、革新自治体の台頭などの問題を抜きにしては語れないというのが評者の判断である。「戦後政治」の争点は、防衛、景気対策、福祉、教育、税の直間比率の見直し、政治倫理、財政再建、選挙制度の見直し、省庁再編、国際貢献、ガイドライン、年金等の変遷があるにもかかわらず、本書からは、「戦後政治」の「軌跡」は十分にはみえてこないのではないだろうか。第一二章の分析（国会議員のイデオロギー調査）も、貴重なものであるだけに、タイトルやサブタイトルにそれが現れていないのは残念である。

本書だけではないが、選挙研究全体への疑問を若干挙げておきたい。それは、サーベイ・データは「現実」か、という疑問である。(4) いいかたを換えれば、サーベイ・データはどれだけ「現実」を掌握できているのか、ともいえる。集計（アグリゲート）データは、ある時点での「現実」を表していることは間違いない。しかしながら、これだけでは当然、選挙研究には十分な資料とはならないので、多くの場合、サーベイ・データと併用して選挙分析が行われる。

また、選挙研究者は「もし……ならば」、例えば、自民党はこれだけの議席を獲得していた（失っていた）という「実証」分析を行う（例えば第一三・一五・一六章）が、これは、河野勝の指摘のように、(5) 選挙研究の手法として妥当なものなのか、評者は疑問である。歴史研究に「もし……」はいってはならないというのは常識になっているが、選挙分析においても、あまり必要のないことだと評者は考える。

さらに、本書に限らず、選挙分析では、しばしば、「小泉評価が本当に問われるのはその時である」（三六七頁）等の記述を目にするが、では、それまで検証してきた分析は、何だったのか。暫定的なものなのか、過渡期におけるものなのか、「本当ではないもの」についての分析なのか判然としない。「野党協力は本当に効果があったのか。あったとすればどの程度あったのか」（二六頁）、「本当に今回の選挙は政権交代可能な二大政党制の幕開けなのかどうか論じていきたい」（三七二頁）も同様である。「実証」研究者としては、控えた方がよい表現だと思われる。

第一の問題に戻ろう。

著者は「民主主義の原則は、有権者が選挙を通じて政治家および政権党を効果的に交代させ、それによって、政府の国民に対する応答性を確保し、同時に権力の腐敗を防ぐことにある。」（七三頁）と述べている。

評者は、これまでも再三指摘してきたように、(6) 国民にとってより良い政治を実現することも政治学者の重要な役割の一つだという認識をもっている。

繰り返しになるが、今後の日本の政治をどうするか、どういう政策が望ましいかのか、有権者がどういう判断をするのが望ましいのか。著者は、それらについての考えを公にする責任があると考える。また、著者の願望とは異なる判断を有権者がしたときに、著者は有権者の意識を変えるために何をするのか、何もしないで放置し、なぜ有権者は有権者に「不利」となる判断をしたのかという分析を継続するのか、著者からまとまった見解を述べてもらいたいと考える。

著者は、小渕恵三内閣が「次々に成立させた」「新ガイドライン法、国旗・国歌法、通信傍受法」に対し、「多くの有権者が、数の力ではなく、もう少し慎重で説得力ある議論が必要だと感じていたと思う」（三一三頁）という。また、（「財政が逼迫しているなか」での）小渕政権の積極的な財政支出についても、「それが経済政策として合理的かどうかは別として、有権者の視線からみれば「バラマキ」に映ったのである」（三一三頁）と断言している。多くの有権者の判断をそのようにみているのであれば、著者は著者として、小渕政権の方針に対し、それに異論を唱え、阻止するような行動なり、論考の公表なりを何かしたのだろうか。それとも、「多くの有権者」の判断は間違っていると判断しているのであろうか。

自民党の「そもそも、高い投票率に脆弱であるという体質こそ問題」（三二八頁）と考えている著者は、何かその体質を改善する提案を自民党や有権者に向けてしたのだろうか。それは「実証」研究ではないので、自分の仕事ではないとの認識なのだろうか。

また著者は、党首評価に関しても、「有権者の判断の確かさ」（三四九頁）を求めるとしているが、それはスキャンダル合戦についてだけではないはずである。

しばしばいわれるように、一九九三年の政変以降、党名・内実・政策が一貫しているのは、自民党と共産党だけである。もちろん自民党は政権参画期間が長いだけ、状況に応じた多少の経済政策や外交方針のぶれはある。その他の政党は、党名の変更だけでなく、政策のぶれも大きかった。社会党や公明党のように、基本政策の突如の転換が有権者に対する何の説明もなしに行われたこともあった。連立政権の組み合わせも、有権者に何の相談もなく、政党の都合で頻繁に変わった。これらの動向に対し、選挙研究は果敢に挑んだといえるのだろうか。事後的に直近選挙を分析してきたに過ぎないのではないだろうか。評者は、直近選挙の分析の重要性は認識しているつもりであるし、事後的直近選挙の分析が不必要だといっているのではない。選挙分析から得られた知見が一〇年後、二〇年後にも、役に立つ分析であることを願うとともに、何らかのかたちで有権者にも貢献するものであってほしいと思う。そのためには、量の差だけでなく、質の差の解明こそ必要であろう(7)。

改めて読み直してみて、未読であった第一章がもっとも知的刺激に満ちて感じたのは、以上評者がこれまで指摘してきたことと無関係ではないように思う。

注

（1）　以下、本書と記述。

（2）　三九頁にも、下記の記述がある。「本来なら、実証研究家の役割に徹し、規範的な議論のための事実を提供するにとどめるべきである（以下略）」。

（3）サーベイの質問項目について、疑問に思っていることを考えたい。

例えば、「あなたは将来どんな職業に就きたいと思っていますか」というような質問は、年齢によって「現実」にたいする把握力が異なり、愚問であろう。年齢を限定しないと意味がない。また、選択肢が多すぎて自由回答には不適で、選択肢（民間企業、公務員、自由業、自営業、教員、主婦）を設けるのが妥当だろう。しかし、いずれにしろ、適当な質問とは思えない。有権者の意識調査でこれと同じようなことが行われていなければ幸いである。

（4）例えば、「あなたは細川内閣を支持しますか」のような質問は、選択肢の数を考えても妥当な質問といえる。「支持する」の割合は、そのまま、「細川内閣支持率」として発表されて何も問題ないであろう。

次に、「あなたは、日本の政策決定権は、官僚か政治家か、どちらにあると思いますか」（「……政治家か官僚か……」と順序を入れ替えた場合、結果が微妙に異なることもありうるだろう）というような質問について、例えば「官僚五三・三％、政治家二八・五％、どちらともいえない一八・二％」となったとしよう。この数字をこのまま公表しても、調査の対象となった人々の考えは分かっても、それが「現実」・「実態」とはいえない。有権者が判断していることと、「現実」・「実態」とは異なる場合もあるのである。「核兵器は、戦争の抑止に役立っていると思いますか」、「死刑の存在は、凶悪犯罪の抑止に役立っていると思いますか」等の質問もそうだろう。

また、国会議員に対し、「あなたは、保守的だと思いますか、革新的だと思いますか」というような質問についても、国会議員の「自己認識」と客観的な「実態」とは異なるのではないか。このあたりは、どのように考えたらいいのだろうか。

また、「あなたは憲法改正に賛成ですか」のような質問も、統計上問題があろう。「自衛隊の存在をはっきり憲法に明記した方がよい」から「改正に賛成」という意見と「陸海空自衛隊をも持てないようにはっきり憲法に明記した方がよい」という意見が、両方「憲法改正賛成」にカウントされるのではないか。

（5）二〇〇四年五月一五日に中央大学にて行われた日本選挙学会共通論題における蒲島報告々への「討論」。河野勝氏が「反実仮想」の有効性を問うたのに対し、蒲島からは説得力のある説明がなかったように評者には見受けられた。

（6）拙著『転換期の戦後政治と政治学——社会党の動向を中心として』敬文堂、二〇〇三年、第一・二章を参照。

（7）阿部齊『現代政治と政治学』岩波書店、一九八九年、九三頁。

第一一章　政党政治再考——政党の役割は終わったのか？

はじめに

二〇〇九年夏の総選挙の結果、一時期を除く戦後、長らく続いた自民党を中心とした政権に代わり、民主党を中心とした政権が誕生した。これは選挙によって衆議院の最大与党が交代するという、日本の歴史のうえでは、いわば「革命」的なものであった。有権者の多くは、この政権交代に、日本の政治の転換を期待していたように思う。その転換とは、長く続いた官僚依存、国対政治、地方・地元への利益誘導政治、公共事業依存型の経済体質、対米追随外交、派閥政治、金権政治、当選回数至上主義による頻繁な内閣改造、貧困な福祉政策、毎年秋に展開される政局をめぐるゴタゴタ等々からの脱却である。

大きな期待の中で誕生した民主党政権は、子ども手当、高校授業料無償化、事業仕分け、公共事業からの脱却（「コンクリートから人へ」、本書第四章を参照）など、スタート直後は国民の期待に応えていた。少し回顧してみればわかるように、この政権交代に私たちは「政治」の転換だけを待望していたわけではない。この「国民の期待」には、政治の転換だけでなく、庶民（有権者）の「生活」の転換も含まれていたといえよう。

つまり、「格差」の拡大、長期的な経済の低迷など二〇〇〇年代に蔓延した「閉塞状況」から、何とかもう少し余裕のある生活、あるいは（一九九〇年頃の）華やかな生活への復帰も夢に描いていたように私には感じられる。誤解をおそれずにいえば、政権交代に期待していたのは、政策決定過程の透明化やムダな予算の排除の面もあったとしても単純に昇給や福祉の充実ではなかったのか。

しかしながら、この期待とは裏腹に、政権交代によって有権者（あえて庶民としよう）の生活レベルが急によくなったわけではなかった。諸々の経済指数に大きな変動がなかっただけでなく、民主党政権になっても暮らし向きは向上せず、昇給が実現しないことが判明すると政権への熱は一気に冷めた。では、民主政治において政権交代は、国民の生活改善（端的には給料アップ）が目的なのだろうか。

違うであろう。政策の転換という問題以上に大切なことは、同一政権の長期化は、政治家の慢心を生む点である。歴史に照らし合わせてみれば、一目瞭然、権力は必ず腐敗するのである。制度疲労も起こる。民主政治というシステムに潤滑油を入れるためには、どうしても一定期間ののち、政権交代が欠かせないのである。

考察一　党議拘束

従前、日本においては、同一政権が長く続くと、腐敗が不可避であった。昭電、ロッキード、撚糸工連、リクルート、佐川急便等々の民間企業との「癒着」のみならず、急行深谷駅停車、鉄建公団、オレンジ共済、官官接待等々の「官」にまつわる「緩慢」な関係から引き起こされる不祥事も頻発したことは周知の事実である。

では万が一、政権が長期化した場合でも腐敗しないで済むことは可能か。私には、議員立法の活用、自民党政権が活用している事前審査の見直しがその方策として考えられる。立法関係や、党内事前審査に関しては、すでに優れた研究があるが、ここで考えてみたいのは、国会改革の必要性である（これ以外の改革案について、大山、二〇一三を参照）。懸案事項がアリーナに登ってきたとき、委員会段階での議論がおこなわれ、ここで了承されれば、これには党議拘束がかかることになる。その分野に関し、詳しい知識が無く、事情もよくわからない議員は、党の決定に従い、一票を投ずる（挙手する）しかない。

国会全体における議論を活性化させ、「良識の府」になることで、民主政治は深化すると考えるが、まず、この党議拘束を憲法問題や防衛政策、予算など政党の根幹にかかわる大問題以外についてははずす（一定の枠内で禁止する）ことが、それへの第一歩ではないだろうか。

「良識の府」は何も参議院だけの専売特許ではない。参議院だけを「良識の府」とすることは、衆議院が衆愚政治でよいことを認めていることにもなる。一例を挙げよう。例えば、一九九七年に問題化した臓器移植法案について考えてみよう。生体肝移植や脳死の問題を議論するのに、国会議員は医師ではない（者が多い）から基本的には専門知識が不足している。議論の中で新しい知見を得ることで、当初の意見とは異なる結論が得られるかもしれない。そもそも医学的な難問について、国会で議決すること自体、国会の仕事としてなじまないことなのかもしれない。このような難題には既存政党の枠組に拘束されないことが肝要なのである。実際のところ、日本共産党を除く各政党は、このとき党議拘束をかけず、自由投票とした。国会の論議の活性化のためには、各国会議員が党幹部やボスの意向に忠実に行動するのではなく、自分で考えて行動することが求められているのである。

では、税制や福祉政策についてはどうだろうか。新人議員が立候補する際、単に当選可能性が高まるということに加え、基本的な政策について共感したから特定政党の支援を受けるのであろう。いったん当選すれば、支援（公認）を受けた政党の一員となり、すべての問題について党議拘束を受け、個人の意見を封印しなければならないのでは、立場の弱い新人議員は採決要員として機能しているにすぎなくなってしまう。

政党の幹部が、それまでの経験と政治的勘に基づき党の方針を決めることは致し方のないところとしても、幹部がすべての分野の問題に精通しているとはいえない。医学的問題に限らず、多くの場合、政策立案や法律起案に関しては素人であり、特定の問題に関する限り新人議員の方が見識があるかもしれないし、問題によっては所属政党以外の党の出した結論に実は共鳴しているのかもしれない。にもかかわらず、自分の意見とは異なる、自分の所属政党の方針に服従しなければならない（あるいは保身のために自主的に従う）。これは、その政党の存続のためには効果的なのかもしれないが、民主政治の深化のためには好ましいとはいえない。

各国会議員の意向と有権者の意向が一致することが民主政治の基礎であろう。それぞれの国会議員が有権者の意向を受けて国民のために尽くす、理念的にはこれでよい。しかしながら、これは一種の擬制《フィクション》であり、その議員を支持した後援会内部も諸政策について詰めて議論すれば、決して一枚岩ではないであろう。

そのためにも、現行の党議拘束は、有権者の声を国政や政策に反映させるという民主政の基本を妨害することにもなっており、改めていく必要があろう。

考察二　これまでの政治学の知見

では、政治学の世界では、これまで「政党」及び「党議拘束」をどのように考えてきたのだろうか。代表的な辞典・事典を繙きながら考察しよう。

二‐1　戦後いちはやく、事典として政治学を呈示した中村哲、丸山眞男、辻清明編、平凡社の『政治学事典』

（一九五四年刊行）では、岡義達（一九二一〜一九九九、東京大学教授等を歴任）が、八〇〇〇字近い「論攷」を載せている。冒頭、political party 等の外国語表記（含、独仏―略）が示され、「政党は抵抗と合意を媒介として支配する政治組織である。したがって、それは機構であるとともに運動である。」と定義される。

「少なくとも社会利益の静的な調和の存在と表象とが可能なかぎり、下からが上からの権力と対決する場は、暴力の場以外の所でなく、こうして同一の組織のうちに支配と抵抗との契機が併存する機会は訪れてこない。逆にいうならば政党の以上の性格は、近代社会における利害の不断の分化の事実とその不断の調整の要請とによつて規定されているのである。」（七六三〜七六四頁、引用は原文のまま、以下同）。

政党がイギリスにおいて、職業・身分・階級をもとに発生した経緯等が説明された後、政党の機能についての言及がある。これはまさに的を射ている。

「多元的な利益の抵抗を合意の動員によつて一元的支配へと収拾するにあたつて、当該政治社会における合意のエネルギーの多寡によつてさまざまなヴァラエティをしめすことをまぬがれない。つまり大衆の合意力と政党の動員力が政党の支配力を決定するということができる。このようにして広い国民的規模で合意を動員し、支配の機会に恵まれた政党は具体的な政党の体系を発展させうるけれども、狭い集団的規模で合意を動員しうるにすぎず、抵抗の運命に定められた政党は、むしろ具体的な政策の基礎たるべき観念の体系を展開することとなる。」（七六四頁）

続いて、当時の「日本の保守政党」を念頭に、次の指摘がなされている。

「しかし全体として信従が濃厚に機能し、権力への抵抗が微弱であるばあいには、たとえ形のうえで合意に訴えて政権をうるばあいでも、政策の体系を発展させる必然性に乏しい。」（七六四頁）

強力なリーダーのもとに結集する陣笠議員や保守合同以前の小政党の実情を指摘したものと読み取れる。なお、本

『政治学事典』に「党議拘束」の項目はない。（本章は歴史研究ではないので、これ以上は踏み込まない。加えて、各辞典・事典につき、比較検討したり、書誌的解説をしたり、評価を下すことを目的とするものでもない。）

二-2　続いて、初版一九五六年の辻清明編・岩波小辞典『政治』を繙いてみよう（但し、筆者は第三版〈一九七九年四月刊行のもの〉から引用。この辞典には項目ごとの執筆者名の記載はない。）。「英 political party」と示された後、「共通の原理または政策によって結ばれ、選挙と公職獲得を通じて政権掌握に努めるとともに、綱領と候補者を提示して選挙民にアピールする政治集団。イギリスの政治学者、E・バーカーが指摘したとおり、〈政党は一方の足場を社会に、他方の足場を国家においた橋〉の性格をもっている。いいかえれば、政党は、社会に存在する多様な意見や利益を、討論と合意を通じて、統一された政治意思に昇華させる媒介的役割をになう集団である。」と定義される。全体は千二百字弱の簡潔な説明であり、「党議拘束」の項目はない。

二-3　次に一九七八年刊、阿部斉、内田満編の『現代政治学小辞典』（有斐閣）がある。「政党」について、「メンバー間のなんらかの程度の政治的志向の一致に基づいて結成され、国民的利益を集約し、選挙民の支持を背景に政権を担当している、あるいは政権獲得をめざす政治集団。」という定義を含め、四百字程度の簡略な説明と英独仏表記のみではあるが、その中に「現代政治の生命線」（S・ノイマン）、「現代政治の単なる付属物ではなくてその中心に位置する」（シャットシュナイダー）等の定義も盛り込まれている。執筆者は、内田満（一九三〇～二〇〇七、早稲田大学教授など）。

この辞典は、一九九九年に「新版」が出版され、編者名に高柳先男が加わっているが、この項目に関しては記述に変化がない。

しかしながら、新たに「党議拘束」の項目が立てられ、田中善一郎（一九四六〜、東京工業大学教授）は次のように説明している。

「party decision（or resolution）議案に対する賛否を党機関で予め決定し、採決には所属議員全員がその党議決定に従うことを要求すること。違反した議員には除名や役職停止や戒告などの制裁が加えられる。イギリス議会では議案ごとに強さが異なる党議拘束がかけられるが、日本の国会では議案に対して一律に党議拘束がかけられる傾向が強い。最近では民主党や社民党など、議員個人の判断を尊重する意味から党議拘束を原則としない政党もある。これに対して、アメリカでは院内人事を除き、党議拘束はほとんどはたらかない。」

この辞典に関連して、一九七六年に早稲田大学出版部が刊行した『現代政治分析辞典』についても言及しておくべきだろう。この辞典は、G・K・ロバーツが一九七一年に出版した A dictionary of political analysis を早稲田大学関係者が翻訳し出版したもので、「政党 Party」の項目は、岡沢憲芙（一九四四〜、早稲田大学教授等）が担当している。

二-4　次に、ブレーン出版から一九九一年に刊行された『現代政治学事典』に目を移そう。英語表記提示のあと、前掲の岡沢憲芙は、「選挙を通じて政治権力を獲得・維持することを目的として、おもに政治機能を遂行する組織された集団。」と簡潔に定義し、「政党現象をともなわぬ現代デモクラシーはほとんどなく、政党こそ現代政治の命綱と評価されている。」と補足している。獲得した政治権力を「維持」することも目的とするという点に新たな知見がある。（この事典については「考察三」でも検討する。）

党議拘束については、岩井奉信（一九五〇〜、日本大学教授等）が、英語表記なしで、前掲の田中とほぼ同様の定義の後、次のような説明を加えている。

「わが国の政党は党議拘束がきわめて強く、与野党ともにほとんどすべての法案の採決にあたって、党議拘束がなされている。そのため、国会内における議員の活動には大きな制約が課せられている。党議拘束は政党を単位とする議会運営を助長するが、その一方で、政党間の対立を激しくし、政党勢力配置が立法過程に大きな影響を与えるため、議会政治の活性化を妨げることにもなる。」

議会政治の活性化の面から、深刻な問題を孕んでいることに関する限り、小稿はこの指摘に賛同する。

二-5　次に、内田満編『現代日本政治小事典』（ブレーン出版、初版は一九九九年、筆者は、二〇〇三年度版から引用）を見てみよう。吉野孝編集委員執筆の「政党 political party」の項で、「候補者を立てて選挙を戦い、選挙民の支持を背景に政権を担当し、または政権獲得を目指す政治集団」と定義している。

また、吉野は「党議拘束」の項も執筆し、定義（party discipline をあてている）の後、以下のような解説を付している。

社民党は、臓器移植法案の際、党則に「両院議員総会は、内閣総理大臣の指名、予算および重要政策の議決に際して党議拘束を決定することができる」と加えた。また民主党は、一九九八年六月に「原則として党議拘束をかけるが、議員個人の生命・倫理、宗教観などに関わる案件は例外とし、個人の自由な判断に任せる」と決定した。

また、比例代表制が衆議院にも導入されたことで、以下のような注意喚起をしている。「比例代表制は政党を単位とする議員選出の方法であるので、比例代表制と議員の自由投票は原理的に両立しない。結局、所属議員の投票をどの程度にまで党議で拘束すべきかは、容易に解決できない問題である。」（六二頁）

二-6　最後に、猪口孝他編の『政治学事典』（弘文堂、二〇〇〇年）をみてみよう。「党議拘束」の項はなく、前掲岡沢執筆の「政党 political parties」によれば、「議会政治を前提に、共通の価値体系に合意し、政治権力の獲得・維持を目標として結集した複数の人たちの集合体」と定義される。「複数の人たちの集合体」ということばが加わっている。一人の「政党」が頻出したためか、一人では政党とはいえないということなのか、どちらなのかは定義からだけでは判然としないものの、以下の解説は的確といえる。

「共通の目的を持った二人以上のメンバーが結集した組織体である限り、メンバーを繋ぐ共通の組織目標があるはずである。それは政治権力の獲得・行使・維持であり、これこそが、利益団体や市民運動など他の人間組織と決定的に違う点である」。

ということは、現行制度では、一人では政権を獲得することも、維持することも不可能であり、政党とはいえないと理解できる。

考察三　「政党政治」の「進展」へ

以上のこれまで出版された辞典・事典の概観からさらなる考察を試みたい。

定義をみれば、政策の一致する者同士の議会等における連帯、に集約されることになろう。この連帯は、政権獲得・維持を目指すものである、とされる。この定義を厳格にとらえれば、たとえば、戦後日本において長らく政権を担ってきた自由民主党の複数の派閥間において、防衛政策について「一致」していたかといえば、疑問である。またそれは、近年政権を担った民主党も、同様であろう。

階級闘争をもとに成立した西ヨーロッパの政党政治を模範に明治期に日本にも政党が結党され、政治において一定の役割を果たしてきた。

前掲ブレーン出版の『政治学事典』では、「政党」の項で、歴史的経緯を次のように説明している。

「政党を発生させる要因は、階級（社会経済的対立）、宗教的対立、地域対立、人種的対立などであるが、相対立する多用《ママ》な利益が政治過程に噴出することが許される制度的配列の整備が、政党発展の基本条件となる。」

政党が誕生した歴史的経緯や「発生」のメカニズムから考えると、こんにちの日本で政党が置かれた状況や実情は、政党の一般的定義を越えた存在になっており、定義との乖離が著しいのである。戦後日本においては、世界的にも稀な熾烈なイデオロギー対立があった。保革の論争や対立は、国会の活性化に一定の貢献をしてきた。とりわけ、一九五五年の左右社会党の統一・保守合同から一九九三年までの「五五年体制」期は、三八年に渡って主として自衛隊・日米安保等の防衛観の対立、憲法改正をめぐる改憲vs護憲の対立が繰り返されてきた。自民党は、結党時に掲げた「政綱」において、次のように述べている。

「平和主義、民主主義及び基本的人権尊重の原則を堅持しつつ、現行憲法の自主的改正をはかり、また占領諸法制を再検討し、国情に即してこれが改廃を行う。

世界の平和と国家の独立及び国民の自由を保護するため、集団安全保障体制の下、国力と国情に相応した自衛軍備を整え、駐留外国軍隊の撤退に備える。」（本章末資料、自民党結党時の［党の政綱］「六　独立体制の整備」参照）

一方で、社会党も「青年よ、再び銃をとるな」のスローガンの下、当初の平和四原則（全面講和、中立堅持、再軍備反対、軍事基地提供反対）から、護憲、非武装中立論を党の基本政策として掲げ、自民党の再軍備路線を牽制してきた。そこでは、労働者の平和を願う心情と、経営側の資本の論理による「再軍備」支援とは相容れないものと考えられ、違憲か合憲か、護憲か改憲かを巡って長期にわたり論争がくり返されてきた。「不毛なイデオロギー対立」とされた所以である。

しかしながら、米ソ冷戦の終焉を契機としたイデオロギー対立の終焉は、政党間の対立を防衛観の対立だけではない方向に持って行かせることとなった。

一九八〇年代後半から九〇年代初頭にかけ、政界で汚職が頻発し、「倫理」問題が浮上し、「政治改革」の必要性が説かれ、汚職の源は中選挙区制度にあると強調されることで、「選挙制度改革」の議論に回収されていったからである。選挙制度改革が終わると、次は財政再建、税、年金、社会保障と「カネ」の配分をめぐる対立に移行した。

近年、年金制度改革、税と社会保障の一体改革の解決をみると再び原発問題、集団的自衛権、改憲（解釈改憲）等々の「国の行く末」を決める対立が表面化してきている。社会党が表舞台から消え、代わって野党第一党としての民主党が政権獲得競争のステージに上がったことが主たる変容といえよう。原発問題、新たな軍事力増強に資本の論理は当然働いているとはいえ、かつての社会党のような防衛政策での「非現実的」スローガンを民主党は唱えないため、「イデオロギーの対立」といった様相は呈していない。

ブレーン出版の『政治学事典』に戻ろう。そこでは、「現代デモクラシーで政党が演じている機能」について、以下のように要約されている。

一、利益の集約、二、ポリティカル・リーダーの補充・選出、三、政治的社会化、四、決定作成マシーンの組織化である。近年の日本では、政党助成金との絡みで年末になると小政党の結成が相次いでいるが、これらの小政党の多くは、この四つの機能の一部を欠いているものも多く、数年以内に吸収されたり、消滅したりしている。法律による弊害の一例であろう。

一方で、減税日本や大阪維新の会などの地域政党が影響力を持った時期もあった。前掲、猪口他編『政治学事典』で、同じく岡沢は次のように説明している。

「地域政党 local party　選挙に際して、全国規模でまんべんなく支持を調達できないが、特定の地域、選挙区では根強い支持基盤を確保している政党」。

内田編『現代日本政治小事典』は、地域政党を「local party（regional party）既成の中央政党に対抗し、地方のニーズに根ざした政策の実現を主張する政党」と定義する（吉野が執筆）。その他、この項目がある事典はない。

日本では、地方政治において、大半の議員は「無所属」であり、推薦はあるにしても、特定政党を除き、政党の系列下は進行していない。勝ち馬に乗る「相乗り」が頻繁にみられるためである。これらの地域政党が会派を組むことはあるが、国政レベルでの政党との関係は密接であるとは言い難く、国会の議論に影響を与えることはほとんどない。減税日本や維新の会の試みも、思惑通りに進行しているとはいえない。

党員の活動に関しても、地方議員のレベルでは、特定政党を除いて活発な活動が展開されているとはいえないし、都道府県・市町村会議員選挙が近づいたときに少々活気づく程度の存在である。党員としてのメリットに乏しいから党員も増えてはいない。また、党員ではない地方の活動家は、ボランティア的な活動に終始し、国政レベルの選挙の時に、系列の地方議員を通じて集票マシーンと化す程度の存在であることが多い。

このように戦後日本における政党政治の変遷をみてみると、政党の役割も自ずと変化を求められてくる。従前しばしばみられたように、実現しそうもない大きな基本理念を掲げて、理想を唱えているだけでは現実の課題に対し、迅速に対応することは不可能である。かつて日本社会党は、「非現実的政策」を掲げ「万年野党」と揶揄されてきた。掲げていた「平和四原則」や、「非武装中立論」が実現しなかったこと、左傾化した綱領的文書「日本における社会主義への道」が高度成長期の現実とは乖離していたからであるとされる。しかしながら、自民党の掲げていた「原行憲法の自主的改正」も実現していないこと、実現させようと積極的に努力しなかったことに関しては同じである（解釈改憲によって事実上実現しているという見方もできるが）。

現在日本で喫緊の課題である、エネルギー政策をどうするか、東日本大震災の復興をどうするか、社会保障費の肥大化にどう対応するかについては、階級的対立を越えた国民的合意をめざす時期にきているのではないか。

その際に、従前の党議拘束でしばり、国会の論戦前に採決前から議席数によって既に結果がみえているような国会の審議では、次善案を未然に圧殺しているようなものである。脳死について、党議拘束が一部の政党で緩和されたように、問題は政党単位での投票で決められるようなものばかりではなくなっている。

地方議員の他にも大きな問題は残っている。その代表的問題は比例代表区選出の議員である。彼らは党の看板を掲げて得た議席であるため、安易な離党は論外としても、党議拘束のかかった議案に対し、自由気ままに意志を表明することには制度的な再検討が必要である。比例代表区は、事実上その政党の政党を支持した有権者の思いを国政に反映させるために選出された議席であり、党議拘束のハードルを安易に下げることは、この制度の主旨に反することになるからである。一案として、党議拘束できる範囲を憲法にかかわる問題、防衛問題、予算にかかわる問題や税制改革等の重要案件のみとすることも考えられるであろう。

また、党議拘束緩和による政党の影響力低下に伴い、官僚の影響力が増すことが考えられる。官僚は、選挙の洗礼を受けていないことや、現状維持的思考回路から、改革のスピードの鈍化が予想される。必要なときに必要な改革ができなくなる可能性は高まることも視野に入れておかねばなるまい。

さらには、国会での主たる論争点をどのようにアリーナに乗せるか、に関し、政党や政治家の提起よりも、官僚主導の国会運営に変容していくことも考えられる。これでは、国会の議論を活性化するための党議拘束緩和が本末転倒というべきだろう。

おわりに

以上、日本で政党が置かれている状況を『辞（事）典』にみられる学界の定義と、歴史的経緯も交え検討してきた。

政治においてこれだけ重要な地位を与えられていながら、日本国憲法には一言も政党についての言及はない。第四三条には、「両議院は、全国民を代表する選挙された議員でこれを組織する。」とある。これは意図的な捨象なのだろうか。

憲法に言及がないのは自衛隊や「集団的自衛権」についても同様であるが、政党という憲法に規定のない存在に対し、防衛関係費や政党交付金として莫大な予算があてられている。自衛隊等については、憲法制定当時の状況からして、言及がないのは当然である。では、わたしたちの政治生活（政治的活動や政治について考える時間、あるいはまた投票行動）において、大きな役割であるにもかかわらず、政党について国の基本法で触れられていないのはどういうことなのだろうか。必要ないということなのか。

加えて、特定階層、特定地域を代表しているかのような一部の議員は、「全国民を代表する選挙された議員」といってよいのか否かは議論の分かれるところでもある。

見方をかえれば、憲法に規定がない方が自由に活動できるという側面はあるかもしれない。ときに、政府批判の急先鋒に立つ政党にとって、憲法で規定されることが逆に束縛となることもあろう。

本章での議論は、もちろんまだ思考の段階であり、実現に向けては乗り越えなければならない問題は多数ある。まず、首相選出は多数決で上位になった者数名で決選投票を重ねればよいかもしれない。比例代表制選出議員の扱いも、慎重に考えなければならない。党議拘束による国会の審議機能の低下が改善されないのならば、定数削減や、比例制の見直しも必要なのかもしれない。

予算審議や外交案件などでは党議拘束緩和の実現は困難が伴うかもしれない。さしあたり、貧困対策や震災への復興支援等、議員個人の判断で行動する方が望ましいと思われる課題に関してできることから少しずつでも改め、少しでも多くの国民の声がより反映された、民主化された審議や民主的決定がなされることを期待したい。目指すべきは、社会や国民の生活がよりよくなることであり、政党や議員の都合の方が先にあるのは本末転倒である。国民の声が正当に国会に反映し、その過程で新たな決定がされることが、国会の本来もつべき審議機能の強化、また立法府としての機能の民主化にもつながるものである、というのが本章の主旨である。

※自民党ホームページ https:／／www.jimin.jp／aboutus／declaration／参照。

［資料］自由民主党結党時の「党の政綱」　昭和三十年十一月十五日

一、**国民道義の確立と教育の改革**　正しい民主主義と祖国愛を高揚する国民道義を確立するため、現行教育制度を改革するとともに教育の政治的中立を徹底し、また育英制度を拡充し、青年教育を強化する。体育を奨励し、芸術を育成し、娯楽の健全化をはかって、国民情操の純化向上につとめる。

二、**政官界の刷新**　国会及び政党の運営を刷新し、選挙制度、公務員制度の改正を断行して、官紀綱紀の粛正をはかり、政官界の積弊を一掃する。中央、地方を通じ、責任行政体制を確立して過度の責任分散の弊を改めるとともに、行財政の簡素能率化をはかり、地方自治制度の改革を行う。

三、**経済自立の達成**　通貨価値の安定と国際収支の均衡の上に立つ経済の自立繁栄と完全雇用の達成をはかる。これがため、年次計画による経済自立総合政策を樹立し、資金の調整、生産の合理化、貿易の増進、失業対策、労働生産性の向上等に亘り必要な措置を講じ、また資本の蓄積を画期的に増強するとともに、これら施策の実行につき、特に国民の理解と協力を求める。農林漁業の経営安定、中小企業の振興を強力に推進し、北海道その他未開発地域の開発に積極的な対策を講じる。国際労働憲章、国際労働規約の原則に従い健全な労働組合運動を育成強化して労使協力体制を確立するとともに、一部労働運動の破壊的政治偏向はこれを是正する。原子力の平和利用を中軸とする産業構造の変革に備え、科学技術の振興に特段の措置を講じる。

四、**福祉社会の建設**　医療制度、年金制度、救貧制度、母子福祉制度を刷新して社会保障施策を総合整備するとともに、家族計画の助長、家庭生活の近代化、住宅問題の解決等生活環境を改善向上し、もって社会正義に立脚した福祉社会を建設する。

五、**平和外交の積極的展開**　外交の基調を自由民主主義諸国との協力提携に置いて、国際連合への加入を促進するとともに、未締約国との国交回復、特にアジア諸国との善隣友好と賠償問題の早期解決をはかる。固有領土の返還及び抑留者の釈放を要求し、また海外移住の自由、公海漁業の自由、原水爆の禁止を世界に訴える。

六、**独立体制の整備**　平和主義、民主主義及び基本的人権尊重の原則を堅持しつつ、現行憲法の自主的改正をはかり、また占領諸法制を再検討し、国情に即してこれが改廃を行う。世界の平和と国家の独立及び国民の自由を保護するため、集団安全保障体制の下、国力と国情に相応した自衛軍備を整え、駐留外国軍隊の撤退に備える。

参考文献（本文中に提示した事典、辞典を除く）

浅野一郎編『国会事典』有斐閣、一九九八年（第三版補訂版）
大山礼子「国会を改革する現実的な方法」、『これからどうする：未来のつくり方』岩波書店、二〇一三年
岡沢憲芙『政党』東京大学出版会、一九八八年（現代政治学叢書）
河合秀和『政党と階級』東京大学出版会、一九七七年
木下真志他「地方議員比較調査研究（1）～（3）」『社会科学論集』二〇〇三～二〇〇五
空井護「自民党一党支配体制形成過程としての石橋・岸政権　一九五七～一九六〇」『国家学界雑誌』第一〇六巻第一・二号
武田美智代・山本真生子「主な国会改革提言とその論点」『レファレンス』二〇〇六年一一月号
堀江湛・笠原英彦『国会改革の政治学』ＰＨＰ研究所、一九九五年
丸山眞男他「政治学の研究案内」、「擬似プログラムからの脱却」ともに『丸山眞男座談4』岩波書店、一九九八年所収
Gerry Stoker, Why PoliticsMatters : Making Democracy work, Macmillan,2006
Peter Mair, "Political parties,popular legitimacy and public privilege", Western European Politics,18 (1995)
Robert Putnam,Bowling Alone: The Collapse and Renewal of American Community, New York:Simon & Schuster, 2000

＊各政党のＨＰも参照。

◆自由民主党規律規約

https://www.jimin.jp/aboutus/pdf/organization.pdf#sec1-59

第九条　党員が次の各号のいずれかの行為をしたときは、処分を行う。

　三　党議にそむく行為

　　イ　党大会、両院議員総会、総務会、衆議院議員総会又は参議院議員総会の決定にそむく行為

　自民党は、一九九六年四月に、「党議拘束解除の要件をとりまとめて党の役員連絡会議に報告したが、党の一体性を確保する上から慎重にすべきとの意見が出て、了承されなかった。」（『自由民主党年報　平成八年』一九九七年、一六八-一六九頁、前掲武田・山本、八八頁より再引用）

　また、党改革実行本部により、「一九九七年七月二九日に改めて基本的な考え方が提示された。その内容は、党議拘束の重要性を確認した上で、例外的措置として、「その政策が極めて議員個人の倫理観、価値観に判断を求める性格が強く、政策審議会で個々の議員の自主的な判断を尊重すべきで、党として統一的に賛否を決することになじまないと判断された場合は、役員会、総務会など正規の手続を経た上で党議拘束を解除する」というものであった」。（『自由民主党年報　平成九年』一九九八年、一九五頁、前掲武田・山本、八八頁より再引用）

◆民主党倫理規則

http://www.dpj.or.jp/about/dpj/ethics

倫理規則における第二条が倫理規範、第四条が処置および処分

第二条

　一、本党に所属する党員は、次の各号に該当する行為（以下「倫理規範に反する行為」という）を行ってはならない。

・汚職、選挙違反（中略）または党の品位を汚す行為

・大会、両院議員総会等の重要決定に違背する等、党議に背く行為

（第四条には処分に関する規定がある）

民主党は、一九九六年一二月一〇日の議員懇談会で、特定重要案件を除き、党議拘束を外す方針を決定した（前掲武田・山本八八頁）。

◆社会民主党党則

http://www.geocities.jp/syaminosaka/data3.html

第二八条　党員は、次の各号のいずれかに該当するときは、中央規律委員会又は地域規律委員会の決定により、厳重注意、けん責、二年以内の期限を定めた党員権利の制限又は除名の処分をされる。

（一）党則若しくは各種規則又は党の規律に違反した場合

（二）党員たる品位を汚す行為を行った場合（以下略）

◆日本社会党

一九九四年一月一九日の第六四回定期党大会において党則改正を行った。

「両院議員総会は、内閣総理大臣の指名、予算の議決その他の本党の重要政策上必要な限り、党議拘束を決定することができる」（九条四項）とした。

また、この日、党名を社会民主党（社民党）とすることが決定された。

＊英国議会における党議拘束について、http:／／www.parliament.uk／siteinformation／glossary／free-vote／を参照されたい。イギリスでは、党議拘束による投票を whipped vote 自由投票を free vote という。

【注記】本章の資料収集にあたり、新潟大学の馬場健氏、参議院議員政策担当秘書・山口希望氏、日本大学他非常勤講師・岡田一郎氏の協力を得た。その他、下書きの段階でコメントをいただいた方々に、記して深く感謝する次第である。

第一二章　日本の政治と政治学の現状——政治学の「発展」へ

はじめに

一九九三年夏の「細川政変」により、一時的に自民党が政権から離れたものの、戦後日本においては、これまで「五五年体制」と呼ばれる自民党一党優位体制が長期にわたって続き、自民党がほぼ一貫して政権を担ってきた。

しかしながら細かくみれば、政党政治は、防衛問題をめぐるかつての深刻な「イデオロギー対立」の時代から、党首の「イメージ」が重視される時代へと変遷を遂げた。同時に「政権交代可能な」選挙制度に改定されただけでなく、政党が掲げる政策（マニフェスト）が重要視されるようになり、衆院選は、事実上の「首相選出選挙」となった。加えて、国民の支持を持続できない内閣は、短命に終わらざるをえない雰囲気が醸成された。さらに、国際的には冷戦の終結や局地戦争化、国内では、自民党内派閥の無力化や国対政治の形骸化、二大政党化も促進された。二〇〇九年夏の総選挙で、政権交代が起こり、日本の政治は大きな変革期を迎えていた。

一方、「政治」を研究対象とする政治学も、わが国においては、一九九〇年代に大きく変容した。主として「実証研究」、「選挙分析」と呼ばれる分野が牽引したこの時代における政治学は、それまでの政治学とは一線を画し、政治学に革命的な変化をもたらした。この変化は、わが国の政治学界にいかなる衝撃・刺激を与えたのか。それに触発された別の分野（「政治理論」、従前のスタイルの「政治過程論」）の政治学は、どのような反応を示したのか。政治学の「二極化」や隣接諸学との提携の模索、さらに、二〇〇〇年代に登場した新しいアプローチは何を意図していたのか。

一　二大政党の時代へ――細川内閣前後の政治状況を中心に

自民党は、一九五五年秋の結党（保守合同）以来約五五年間、ほとんどの期間政権を担ってきた。一方社会党は、左右統一（一九五五年秋）後、一九九〇年頃まで、「万年野党」と揶揄されつつも、自民党暴走の「歯止め」としての役割を一定程度果たしてきた。主として防衛費増大を抑制することと護憲に貢献してきた社会党も、米ソを核とした東西冷戦の終焉を背景に、「国内代理戦争」の意味も低下し、並行して影響力も低下していた。軍事的対立のみならず、「資本主義vs社会主義」という「体制」の選択肢も、大きな争点としての意味は喪失していった。

九〇年代前半の政界は、社会党の衰退により、自民党の慢心が露呈するようになり、自民党には汚職の連鎖がみられた。このような腐敗した自民党に見切りをつけたのが、小沢一郎を中心とするグループであった。竹下派（経世会）内部での権力抗争に敗北の兆しが見え始めたことを契機として、（自民党では金権体質の改革は無理だ、と）「政治改革」を掲げて自民党を離党し、小沢、羽田孜を中心に新生党を旗揚げした。加えて、細川護煕を中心とする日本新党、自民党を離党した武村正義率いる「新党さきがけ」（魁）への国民の期待は大きく、一九九三年夏の政変においては、自民党は結党以来初めて、下野することとなった。国民の「政治改革」への期待は、国会内やマスコミの議論が次第に「選挙制度改革」に矮小化されつつも、小選挙区制の導入によって、政権交代への期待と可能性が増大する契機となった。

'93—'05年の政党の主な流れ（数字は結党年月）

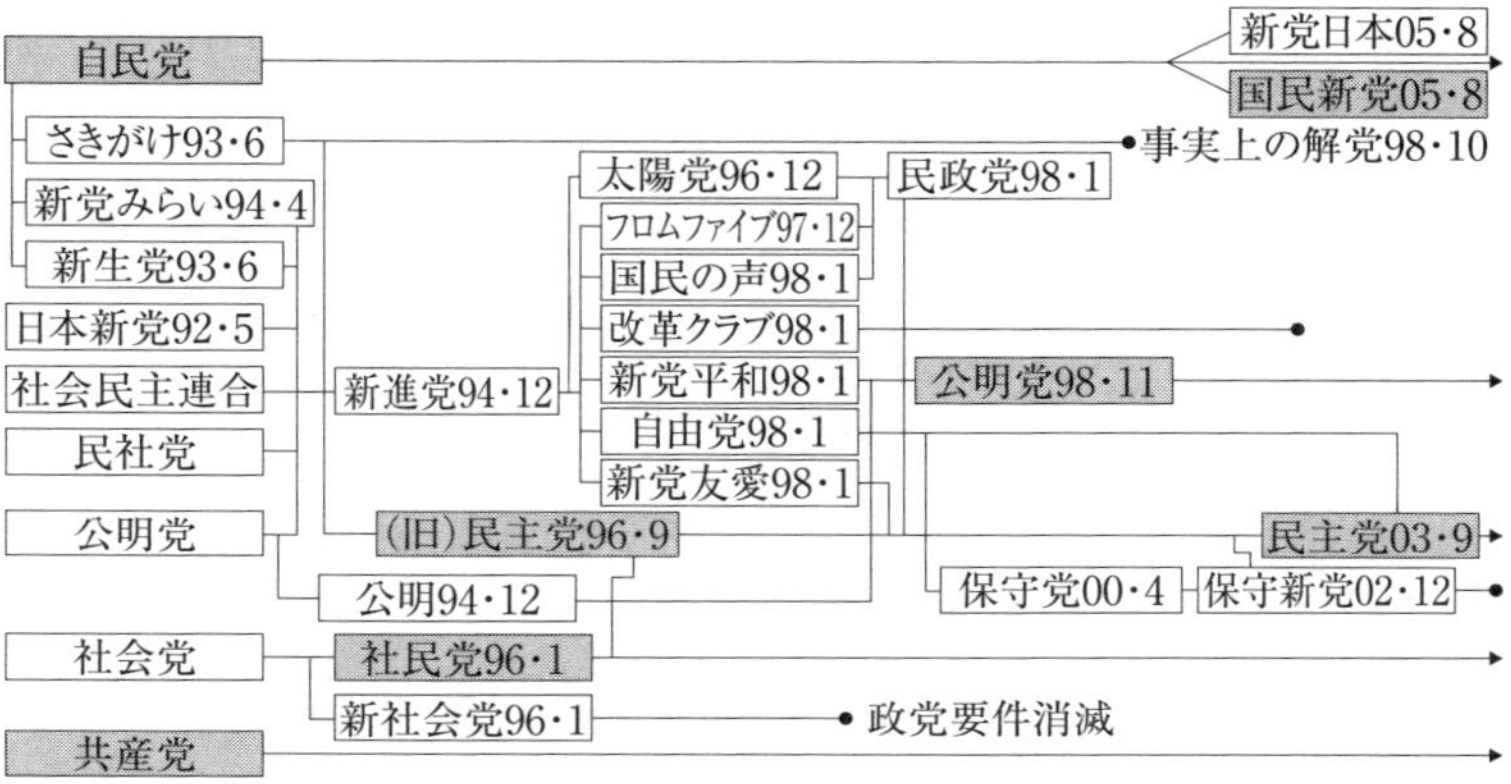

出所：朝日新聞（2003年10月6日付）をもとに筆者が作成。

しかしながら、細川首相の不明朗資金問題もあって細川非自民連立政権は短命に終わり、社会党とさきがけは、細川政権時の小沢の独善的政治手法を警戒し、小沢と距離を置くようになる。

自民党はこの「距離」を、政権復帰への跳躍台とし、一九九四年の自社さ連立政権となった。小沢・羽田らの新生党は、新進党の隆盛を経て分裂し、自由党等にかたちを変え、次第に影響力が削がれ小党と化した。さきがけも、結党時に注がれた期待を越えるだけの支持をその後獲得することができず、鳩山由紀夫・菅直人らによる新党「民主党」（以下「」付は旧民主党を意味する）結党が契機となって消滅した。

当初、「民主党」は、鳩山・菅の二人代表制でスタートしていたが、勢力は横這いであった。他方、自自（自民党＋自由党）・自自公（公明党）等の自民との連立政権、連立離脱等、不明確な路線変更の末、影響力を減少させていた小沢率いる自由党が、復活を計るべく、「民主党」と合流し、後の民主党となった。勢力拡大の契機が必要だった「民主党」と自由党との利害が一致したのである。

第一次安倍（晋三）政権下に行われた二〇〇七年夏の参院選の結果、民主党が第一党となり、自公連立政権は、過半数割れを起こし、「ねじれ国会」となった。また、安倍、福田康夫という相次ぐ首相の辞任劇もあり、麻生太郎政権末期（二〇〇九年夏）には、解散・総選挙が行われ、その結果、民主党を中心とする連立政権が樹立され、自民党は再び下野した。

駆け足でみた一九五五年からの日本の政党政治は、「自民党vs元自民党」の二大政党対立に至る構図であり、社共というかつての「革新」政党の衰退・無力化（事実上の消滅）、「保守」の分裂を特徴としている。

民社党や新自由クラブ、社会民主連合等の興亡については略すが、もうひとつ特徴として挙げるべきは、「中道」を指向していた公明党の無原則な政権志向化である。一九九〇年代、二〇〇〇年代の政党政治は、「政党渡り鳥」「壊し屋」の異名をもつ小沢一郎と、「劇場政治」の小泉純一郎の動向を中心として語られがちであった（「小沢史観」なることばも流布された）。しかしながら、「革新」政党が無きに等しい現在、「自民党vs元自民党」の対決に決着をつけるのは、公明党と言ってもいいすぎとは言えない状況があった。言い方を換えれば、二大政党に加え、事実上のキャスティング・ボート（casting vote）を握る公明党、それに複数の小政党というのが二〇〇五年夏までの政界の状況であった。つまり、参議院においては、自民党・民主党とも過半数に達せず、第三党の意向により、政権、政策が大きく左右される事態がしばらく継続していたわけである。

これは、実は深刻な問題であった。「国民の支持率が第三位の政党」の了解がなければ、いかなる政策も実現できなかったからである。これは民主政治の原理に照らし合わせると、民主主義の目指している姿ではなかったと言えよう。

しかし、二〇〇五年九月、二〇〇九年八月の総選挙において、それぞれ自民党、民主党が圧勝し、久しぶりに第一党が過半数を獲得する状況となった。この状況は暫時継続するとみられるものの、参議院の「比較第一党」とは異なる状態がしばしば現れることを勘案すると、これを「混乱」とみるか、「成熟」とみるか、「過渡期」とみるか、は議論が分かれるところである。二〇一〇年、二〇一三年夏の参院選、二〇一二年一二月、二〇一四年と二〇一七年の総選挙の結果、自民党の一党優位（「一強」）が復活したが、かつてのように、「政治」が単なるイデオロギー対立を脱却し、純粋な政策論争が活発となっていることそれ自体は歓迎してよいことであろう。

二　「政治」の考察

もう少し、社会の動向や政治のしくみと関連させて、政界や政治について、わかりやすく論じていくことにしよう。例えば、二〇〇九年、二〇一〇年の年明けは、ともに年越し「派遣村」のニュースに始まった。ワーキングプア、派遣切り等、世界経済の沈滞からのしわ寄せにより、日本経済も悪化の一途をたどった。GDP、企業の決算等の経済指標は悪化するばかりであった。そして、自公連立政府の後手に回った弥縫策に対し、国民の非難の声は高まっていった。

一例として、二〇〇九年の総選挙直前の政治的争点をふり返ってみると、消費税増税、公共事業の削減、赤字国債の増発、定額給付金、子育て支援、生活保護の母子加算、失業対策、貧困対策、年金、社会保障……等々であった。しかし、よく考えてみよう。意図的に、恣意的に列挙したわけではないのに、政治的争点となっていた諸問題・論争点の内実は、一見（政治的な）「政策」を論じているようでいて、実は「金の配分」をめぐる対立なのである。穿った見方をすれば、北朝鮮による拉致問題も、国連非常任理事国加入も、オリンピック招致も、「経済問題」なのかもしれない。となると、政治学の主たる研究対象は、「経済問題」なのだろうか。

政治・経済や政治学の初歩的教科書をひもとくと、そこではしばしば、経済学での中心概念である「お金」（＝貨幣）に相当するものが、政治学においては、（国家）「権力」である、と書かれている。政治的なことには、「抗争」や「紛争」が避けられず、それを解決することが「権力」の役割とされている。では、これらの説明は誤った説明なのだろうか。

違う。「富の配分」を暴力的紛争が起こらないように決定する力こそが政治権力・国家権力であり、その最終的決定機関に属するのが国会議員であり、その国会議員の当落を選挙で決めるのが、私たち有権者なのである。これが、主権者という概念（未成年者はこの意味でを主権をもたない）である（J・ルソー（J. J. Rousseau）はかつて、有権者は「選挙の時だけ主権者で、あとは奴隷である」と述べたが）。

さらに深い考察を試みよう。我々は主権者ではあっても、一人一人が「富の配分」について直接決定権をもつわけではない。それに、一億人以上の有権者が一堂に会することは物理的にも困難である。物理的空間がもしあったとしても、どこに座るかから、「議長」の選出問題だけで混乱が発生し、暴力沙汰になりかねない。そこで考案されたのが間接民主主義であり、主権者は、「富の配分」を決めるのにふさわしい人を選び、選ばれた「議員」にその権限を委ねることにしたのである。日本国憲法前文にある「正当に選挙された国会における代表者を通じて」というのは、この意味においてである。

さて、日本政治の現状に立ち返ろう。そこには、様々な問題点が散見される。細川連立内閣の一九九四年に制度化された現在の小選挙区比例代表並立制は、私たち主権者の意思を「正当に」反映する制度なのだろうか。「一票の格差」問題をこのまま放置しておいていいのだろうか。「死票」の多い小選挙区制の割合が高い選挙制度で、果たして有権者の意思が「正当に」反映されていると言えるのだろうか。現在の党議拘束のかかった状態での予算審議は、「国会における代表者」の意思表明・決定のあり方としてふさわしいのだろうか。「復活」当選可能な制度が、政治不信を増幅させていることはないだろうか。

また、従前、自民党政権下では、「来年度予算」の原案は、大蔵省、財務省が作成し、それをもとに国会で議論していたようだが、そもそも役人（＝官僚（とりわけキャリア組と呼ばれる国家公務員幹部候補生））にそのような権限があったのだろうか。新聞には、○○大臣が「復活折衝」によって（財務省から）予算を「勝ち取った」と表現されていたが、それで「主権」が国民にあったと言えたのだろうか。国民と財務省との立場が逆ではないのだろうか（二〇〇九年秋から、民主党を主体とした政権になって、「事業仕分け」、「無駄遣い削減」が試行されたが、これも大きな成果には至らなかった）。

国家は営利活動をしているわけではないので、赤字国債等の発行で補填されてはいるものの、国会で配分が決定される予算は、すべて国民が納めた税金である。予算編成作業に代表されるようなこれまでの官僚依存体質では、「国会における代表者を通じて行動」していることにはならないだろう。

本題に戻ろう。これまでの問題提起・考察から、政治学（ないし、政治学者）が、現状の日本政治を分析、説明することのみをその役割と規定することには問題があり、大切な何かが欠落することになることがわかるだろう。かといって、政治学者は国民に選ばれた「国会における代表者」ではないため、予算編成等に特に何の権限もない。けれども、ここ数年に発生した諸問題（インド洋の米軍艦船への自衛隊による給油、貧困、失業、格差問題、首相による連続政権放棄、定額給付金、ＥＴＣ搭載自家用車高速道路土日祝日一〇〇〇円化等）に対し、「学」としての対応を迫られながら、政治学（者）があまりに無力であったのは、「国会における代表者」でないことのみがその要因ではない。

では、政治学（者）はこれからの日本の政治の方向性を示すべきなのか。あるいは、政策論争とはいっても、経済的な問題に終始しているから、それは経済学者の役割なのか。そうではなくて、いかなる分野においても禁欲し、学問は、実践面（＝現実政治）に口を出さず、「象牙の塔」で日々の社会現象を冷静に分析することに徹するべきなのか。

従前のように先進国の文献を翻訳・紹介していればよいのか、過去の偉大な知識人が残した書物を何度も繰り返し読み、再解釈を試み、現状を嘆くことや、数量化が可能な社会現象について統計化し、計算だけをしていればよいのか。あるいは、政権交代を声高に唱え、自分の理想とする政党の政権獲得、理想とする政策実現に向けた実践をして満足していればよいのか。

次節では、約四〇年前に、以上のような政治学が抱える諸問題に真剣に挑んだ先達の動向をみておこう。

三　実証研究・数量化との二極化――一九八〇年代末期からの政治学

政治（的いとなみ）を研究対象とする学が政治学だが、経済学における需要―供給曲線のような、「政治」を一目でわかりやすく説明する図式は、高校までの教科書には取り上げられることはない。これはおそらく、編者間の合意が形成されないためであろう。

D・イーストン（D. Easton）は今から約七〇年前に、概念としての「政治」を図式化することを試みた。彼の考案したモデルは大学生用の政治学教科書の多くに現在でも頻繁に引用されている。しかし、この著名なイーストン・モデルによって、政治の機能面は理解が可能だとしても、政策を享受する有権者の内面までを読み取ることは不可能である。加えて、「政治」が追求するものが何なのかについての合意も形成されにくい。「政局」の行方に至っては予想がより困難である。「政治」は、経済のように合理性だけが追求されているわけではないためである（イーストン、一九六八。構造―機能分析については、T・パーソンズ（T. Parsons）、一九六〇）。

政治学は、隣接する諸学以上に、こうした困難な諸問題を恒常的に内包しているのが大きな特徴である。合意が形成されにくいことを研究対象としていること以上に、政治学は、観察者、分析者自体がプレーヤーであるという独特の難題を抱え込んでもいるのである。現実を楽観視することも悲観視することも、机の上でいとも簡単にできてしまう。原子力発電の構造や脳死、地球温暖化、地震発生のメカニズム、地球自転の原理、等のような専門知識を特に要することなく、居酒屋や床屋で、現状を嘆くことも理想の政治像を掲げることも可能であるし、首相批判程度なら小学生にもできる。実際各地で夏休み等には「子ども議会」も開催されている。

1 「レヴァイアサン」(「実証研究」)の意図

一九八〇年代後半に発刊された『レヴァイアサン』(木鐸社)に象徴される「実証研究」派は、(多元主義論を掲げ、マクロな視点から体制を分析した大嶽秀夫を筆頭に)それ以前の(軍隊も戦争もない世の中をつくろう等の)理想論や、(代表例として、「日本人は勤勉である」等の根拠の希薄な)印象論や、(高学歴者は左傾化する傾向にある等)イメージが先行した言説、さらに、(丸山眞男のファシズム論を想定して)道徳的非難からの脱却を意図し、検証可能な資料を提示し、公開し、「実証」すること、つまり、「印象主義」的な日本特殊論から脱却することを目指した。そこでは、泥酔しながらの熱弁、議論では到底できないような「実証性」が要求された。

この動きに賛同した(当時の)若手研究老の多くは、海外、主にアメリカの大学の大学院において「実証研究」で学位を取得し、データによる「検証可能」な確実なことのみを述べることを提唱した(選挙分析・投票行動研究・政党支持分析・無党派層分析が代表例であり、それぞれ手法や分析目的、留学経験は微妙に異なるが、蒲島郁夫、小林良彰、田中愛治やその教えを受けた者たちが代表的存在であろう)。

それと同時に、論文作製・公表時の完全主義を目標とせず、「仮説の提示」により、「人格的対立」のない学問的議論の活性化の必要性も説いた(詳しくは『レヴァイアサン』創刊号、発刊趣意を参照)ことが、部分的には多くの賛同者があった所以である。

2　「実証研究」の成果と陥穽

日本の政治学の現状を考察するために、もう少し、政治学界をのぞいてみよう。現在、四〇代～五〇代の政治学者の多くは、（表明した者の方が少ないにせよ）少なからず、『レヴァイアサン』同人の意図への賛否によるグループ分けが事実上進行した（自覚しているか否かは別の問題）。この分裂は、自分たちが学生時代、（助手・）大学院生時代に学んだ政治学との大きな相違への戸惑いと、「実証研究」に潜む危険性への危惧の存否が大きな要因となっている。前者は、自らが学んだ（丸山眞男に代表されるような）「戦後政治学」との相克であり、後者は、自らが意図する政治学研究や理想とする政治像と現実政治との落差との葛藤による。

「実証研究」は、当時の若手を中心に一世を風靡した。それまでの戦後政治学が、保守vs革新の（イデオロギー上の）「代理戦争」を学界で展開していることに多くの研究者が「学問の停滞」を感じていたからであろう。「実証研究」は、そうしたイデオロギー性からの脱却を目指し、現に多くの成果や知的刺激を提供した。政官財「鉄のトライアングル」の内実の解明、「経済権力」の実態、自民党長期政権の秘密の解明、「族議員」の研究、投票行動の分析（数的処理）、政官関係の分析などがその代表的な貢献である。

現実社会と学問の現状とは、良い意味においても、マイナス面においても連動しており、政治学も、後述するように冷戦終焉が大きな契機となり、党派性を前面に出した（アジ演説的）論考はほぼ消滅し、現状に対する冷静な分析が志向されるようになった（とはいっても、当否は別として、世の中の動向とは何の関係もなく、古文書解釈学的歴史研究や外国文献の紹介を続けることは可能ではある）。

こうして影響力を増した「実証研究」ではあったが、その後しばらくして、多くの問題点が指摘されてきたことも事実である（小林、二〇〇〇や木下、二〇〇三）。最大の問題点は、「検証」や数量化が可能なことしか研究対象としない（対象にできない）ことである。現実を分析することしか研究対象としないことは、（たとえ民主党政権であっても）時の権力に対する姿勢として、（自らもプレーヤーや応援団であるとの自覚が欠如したまま）「観察者」に徹することを意味している。あたかも、巨人—阪神戦におけるきわどい判定を、内心ジャイアンツの応援者として観戦していながら、心をもたない機械の映像を見るかのように。

有権者の政党支持率を分析したり、政治家や立候補者のデータを収集したり、ニュースに現れた政党別放送時間を「検証」したり、国会の審議時間を計測することからは、政権政党が提示し実行する政策の問題点がみえてこないばかりか、結果として政治権力の発動に対し、何の歯止めにもならず、抑止力が働かない状態になることになる。

少し敷衍しよう。たとえ、「『レヴァイアサン』発刊趣意」にある「人格的対立抜きの」議論が活性化され、政治学の水準が向上し、学問的議論が活況を呈するようになることができたとしても、国民が不幸に感じるような政権を、国民の多くが日々の生活に苦しんでいるような政治を、失業者が年々増加するような経済政策を、大学生の就職口がないような産業構造を、放置していては、「何のための政治学か」があらためて問われることにならざるをえない。「学問のための学問」は、冷徹なる「人間の機械化」を招くに等しい（筆者は、政治の分析者とて人間である限り、完全なる機械化は不可能であると判断している［木下、二〇〇三、第二章］）。※近年、学生の雇用状況は改善しているようだが。

3　知識社会学的考察

考察してきたように、ここに、事実重視か価値判断かという、政治学にとっての古来からの難題《アポリア》が潜在している。消費税問題ひとつとっても、導入の可否、税率の妥当性等を議論することは、専門的知識がなくても可能だが、「現状」を分析することを重視している（「事実」の研究）間にも、「消費税」という税制は日々着実に進行している。「実証研究」のみに徹することは、結果的に時の政権の政策（一例として、二〇〇九年の総選挙前においては、消費税率五％、食料品にも課税、後期高齢者医療制度、所得税・地方税は累進課税等であり、二〇一四年からは八％となった）が継続されることとなる。すなわち、「現状放任」、「現政権追認」となってしまうわけである。

わが国においては、従前、権力に対する一定の歯止めの役割（「価値」観の表明）は、主として政治思想史の研究者が「片手間」ながら果たしてきた。しかし、管見の限り、日本における思想史研究は一九八〇年代後半から、一方で過度に歴史主義化し、他方でフランス現代思想化（ポスト・モダン化）し、これまで果たしてきた前記の重要な機能を（ごく一部の思想史研究者を除き）放棄していったようにみえる。思想史研究内部でさらに専門分化が進んだためである。思想史研究の多くは、偉大な思想家（の思想）が、「今も生きている」、といった主張や、対象とした思想家の思想が、「現在」を考えるうえでも、きわめて有用である、といった結論になりがちである。これが果たして「政治」学なのか、との疑問の声が次第に大きくなるのも時間の問題であった。

この思想史の歴史主義化、ポストモダン化と、『レヴァイアサン』の登場がほぼ同時期の一九八〇年代後半であったことは偶然ではないのではないだろうか。それは、東西冷戦終結との絡みである。前項でみた自社のイデオロギー対立に顕著にみられるように、日本国内の政党政治の枠組にも、その影響が少なからずあった。政治を研究対象とする政治学にも変化が起こるのは当然である。

また、「ファシズムの再来」や冷戦の激化を本気で危惧している政党は、現在影響力をもつことができていない。これにも、冷戦の終結が大きく影響しているとみてよい（当時、ソ連の脅威に変わって、しばしば北朝鮮の脅威が喧伝されてはいたが）。

一方で、長期にわたって市民政治の重要性を説き続けた石田雄・篠原一、市民運動の重要性を説いた高畠通敏、市民自治の必要を説き、理論的にも実践面においても地方分権改革のリーダーであった松下圭一等、「戦後政治学」を代表する論者は、現状に潜んでいる（必ずしも）表面化していない問題点を抽出し、（まだ影響力があり、「論壇」が機能を果たしていた）総合雑誌上で、指針を提示してきた。

「実証研究」が指向した政治学は、この「戦後政治学」に含有された、片手間の評論的印象論、啓蒙性、イデオロギー性からの脱却を意図するものであった、との総括が可能である（本書第一三章を参照）。

その一方で、さらには、対立軸重視かつ実践指向の山口二郎、デモクラシーの重層化論を説く杉田敦の問題提起（杉田、一九九六）、「公共」の観点から哲学的に政治学の再建を目指す小林正弥（小林、二〇〇〇）等、一九九〇年代後半には、次の時代（＝現在）に連動する重要な問題提起だけでなく、次節で詳細に検討する政治学多様化の発芽がみられたことを指摘しておこう。

四　細分化と多極化——二〇〇〇年代の政治学

日本の政治学が、前節のような深刻な二分状況にあった一九九〇年代後半から二〇〇〇年代に入ると、それまでの政治学においては見落とされ、あまり深く論じられることのなかった対象への考察が深化しただけでなく、以前からの問題に対しても、新たな側面・視角からのアプローチを試みる論考が多数登場した。

従来、日本においては政治思想史（とりわけ西洋政治思想史）が圧倒的に影響力をもっており、横文字（J・ロックやルソーなど）の翻訳・解釈や、先進諸国の政治制度の紹介・記述のみでも、じゅうぶん学者として名声を博すことができた時代があった。ところが、現在は、「実証研究」を志向する政治学者の方が多数派であり、隔世の感がある。

さらに、諸外国との比較を実証する「比較政治学」、「公共政策」論、「公共哲学」論等の「公共学」（以下、鍵括弧内の命名は私的なもので一般化していないものもある）、これからの体系的政策を考案する「政策学」、それらとリンクしながら主権者としての国民・有権者の育成や、議論・交流の場の必要性を重視する「市民社会学」、政府の統治能力を検討する「ガバナンス学」、「現代思想」も意識しつつ、社会運動を論じる「(政治) 運動学」、従前、政治学が過去のことばかりを研究対象としてきた反省にたった（考古学ではないという意味における）「(政治) 考現学」、（昭和三〇年代論や一九六〇年代論等の世代論的「現在学」や）やや回顧趣味的な「昭和学」等、多士済々である。これら新しく登場した政治関連の「学」や、以前からあるフェミニズム論マイノリティー研究等の「人権学」、国際政治学とは一線を画する「平和学」、等を「専攻」する者が増加傾向にある。

列挙したような諸「学」に加え、以上すべての分野を包含するかのように、エコロジーの観点から、生活様式や政策だけでなく、住民運動や学問のあり方をも見直そうとする「環境（政策）学」（グリーン・ポリティクス）的手法を用いた論考や「政策科学」の論陣による成果も見落とすべきでない（これらの点に関しては本書第一三章・第一四章を参照）。また、「スローー・ライフ」の提唱や、「地方でのんびり営農を」といった（都会生まれの人々を中心とした）提言もしばしば目にするし、「農山村ブーム」も報道されている。これらは、人の生き方にオルタナティヴを提供するものであり歓迎してよいとしても、こうした学際的研究や提言が、政治学の発展につながるものであるか否かの評価には、今しばらくの留保を要する。研究体制として、厚みは増しつつあるものの、政治学としての統一性を喪失し、「タコツボ化」している可能性も否定できない。この意味において、政治学そのものを学問的に分析対象とし、検討する学問論、メタ政治学、「政治学学」（木下、二〇〇三、第二章）の必要性が増している。

1　先達の業績再考

概観してきた二〇〇〇年代にみられた政治学の状況を、「百家争鳴」と表現すべきか、断片化というべきか、（本節タイトルのように）「細分化と多極化」、あるいは、空洞化というべきかの判断は、読者に委ねよう。

あえて私見を交えると、篠原一が一九七〇年代から唱えている「市民参加論」（社会運動、市民運動、住民運動の理論的枠組を提示した嚆矢）や、田口富久治、山口定が評価している「公共政策学」（「共」を重視）、見直しの機運もある松下圭一の業績（「市民」を主体とした政府に向けての草の根の運動尊重論や、分権論）は、これからの「われわれの国の、われわれの政治」（丸山、二〇〇六）を考察するうえで、重要な論点を提示していると思われる。また、篠原の「討議（闘議）デモクラシー論」も政治学に新たな視角を提起し広範な議論の対象となっている（篠原、二〇〇四）。

そこには、多元主義論、数量分析、実証研究が避けてきたある信念を見出すことができるからである。篠原らも、イーストン、パーソンズ、G・アーモンド（G. Almond）、R・パットナム（R. Putnam）、R・ダール（R. Dahl）らの議論に耳を傾けないわけではない。多元主義論や実証研究の方法論の有用性は理解している。しかしながら、彼ら「大御所」が活躍した一九七〇～九〇年代は、自民党長期政権下にあり、細川内閣期を除いて、政官財が「鉄のトライアングル」とよばれた一枚岩をなし、「日本株式会社」を牽引した時代でもあった。次第に顕著になった官僚主導政治に公然とオルタナティヴを提示したこれらの先達は、とかく当時の野党（とりわけ日本社会党）寄り、すなわち、反自民党論者とみられがちである。

けれども、私の考えでは、自民党長期政権が崩壊したからといって、おそらく彼らは、民主党を主軸とした連立政権の時代を手放しで歓迎していたとは思えない。彼らが唱え目指したのは、「市民」、つまり、主権者の意向が政治に、政党に、国会に、予算編成に、かつ政策に、反映する成熟した民主主義社会であり、自民党から日本新党や社会党、民主党に政権が交代したからといって、急にそれらが実現するとは考えられてはいなかったからである。そうでないと、政治学が政治化してしまうし、学会誌が政党の機関誌化してしまう。民主主義の安定と発展のためには、不断の「市民活動」・「社会運動」（＝民主化）が必要と言わねばなるまい。しばしば彼らは、「反自民連合」と理解されているものの、しかし、それは彼らが最も警戒していたことなのである。

2　小括

以上の考察から、政治学（者）が、現状の日本政治を分析、説明することのみをその役割と規定することには問題があることが確認できた。そこには、問題を問題として意識化できないのか、見て見ぬふりをしているのか、いずれにせよ深刻な問題が潜んでいる。第二次世界大戦時、政府によって言論の自由を奪われ、学問の自由をも剥奪された経験を教訓として活かすとすれば、「冷静に分析することに徹する」ことは、「学問のための学問」に堕する危険性が大きいのである。

また、国会周辺で「集会」やデモをしたり、政権交代を唱えているだけでは、結果として現状放置となってしまう。政権を変えることも必要なことではあるものの、大切なことはそれだけではないのである。

これから迎える二〇二〇年代、政治学にまた新たな動きが登場するか。現実政治は常に流動化しているだけに、政治学としても新たな出発が求められている。その際、重要な視点は、政治を動かしているのは何（誰）なのか、誰が動かしていくべきなのか、何のために政府があるのか、何のために政治学があるのか、等の本源的問いとそれに対する「こたえ」をさがす作業であると思う。機会をみつけてはその度に思考し、思索を深めることが必要である。

さいごに──政治学を学ぶ意味──二〇二〇年代の政治（学）の担い手への期待

これまで議論してきたことを踏まえ、政治学を学ぶ意義についても考察しておこう。医者、弁護士、看護師、管理栄養士、指揮者、地球物理学者になるには、それに有利な学部は明確である。しかし、作家やコピーライターになるのに、それに直結する（役に立つ）学部は人によって判断が分かれよう。では、政治家になるには？　政策（科）学部は役立つかもしれないが、政治学がそれほど有用とは筆者には思われない。

マスコミの日々の報道は、些細なことを大げさに伝え、私たちの判断を混乱させてもいる。論壇も、センセーショナルなタイトルで、意図的にある方向に議論をあおることも少なくない。些末なことでも、大問題であるかのように騒げば、視聴率（販売部数）が取れるからである。

日々マスコミから流れてくる報道・情報に幻惑されないで、現状を見極め、今後の（自分・わが国にとってのあるべき）政治、政治学を冷静に思索する視角を身につけておく必要がある。国会議員の動向や政権の行方ばかりに眼が向いていては、木を見て森を見ないことになりかねない。

どうすれば政治の現状を冷静に分析する観察力を身につけることができるのかを日々、模索し続けるしかないのであろう。

参考文献

イーストン、E.：岡村忠夫訳、一九六八『政治分析の基礎』みすず書房（原典は一九六五年）

パーソンズ、T.：永井道雄／作田啓一他訳、一九六〇『行為の総合理論をめざして』日本評論新社（原典は一九五一年）

マンハイム、K.：高橋徹／徳永恂訳、一九五二「政治学は科学として成り立ちうるか」『イデオロギーとユートピア』中公クラシックス所収（原典は一九二九年）

大塚桂、二〇〇六『日本の政治学』法律文化社

木下真志、二〇〇三『転換期の戦後政治と政治学――社会党の動向を中心として』敬文堂

小林正弥、二〇〇〇『政治的恩顧主義論――日本政治研究序説』東京大学出版会

佐々木力、一九九七『学問論』東京大学出版会
篠原一、二〇〇四『市民の政治学』岩波新書
杉田敦、一九九六「デモクラシーの重層化へ」『世界』一〇月号所収
杉田敦、二〇〇一『デモクラシーの論じ方』ちくま新書
杉田敦、二〇〇九『政治への想像力』岩波書店
田口富久治、二〇〇〇『戦後日本政治学史』東京大学出版会
平野貞夫、二〇〇八『平成政治二〇年史』幻冬社新書
松下圭一、二〇〇九『国会内閣制の基礎理論』岩波書店
丸山眞男、二〇〇六『新装版現代政治の思想と行動』未来社
森本哲郎、二〇〇六『現代日本の政治と政策』法律文化社
藪野祐三、二〇〇九『失われた政治』法律文化社
吉田徹、二〇一六『「野党」論——何のためにあるのか』ちくま新書
渡部純、二〇一〇『現代日本政治研究と丸山真男一制度化する政治学の未来のために』勁草書房
＊その他、『レヴァイアサン』創刊号の「発刊趣意」、木鐸社（一九八八年）、および右記藪野著一四五頁以下の的確な「参考文献」一覧を参照されたい。

第一三章　戦後日本政治学再考——政治学と政治史と政治学者と

はじめに

二一世紀を迎える時期をはさんで、藪野祐三、一九八七、阿部斉、一九八九のみならず、石田雄、一九九五、小林正弥、二〇〇〇、さらには田口富久治、二〇〇一があいついで刊行され、戦後日本における政治学の総括が試みられたことは記憶に新しい。単著刊行に至っていないものも含めれば、渡部純、二〇〇一、内山融、二〇〇三など多数にのぼる。

従前の分析では、終戦から一九六〇年頃まで強い影響力を持っていた丸山眞男や松下圭一・高畠通敏らの政治学を「戦後政治学」とし、それ以後の大嶽秀夫らの政治学を『レヴァイアサン』グループ（それぞれ命名は微妙に異なるが）とし、二項対立として描かれる傾向が強かったといえる。(1) 周知のように、両者がともに「政治学」を名乗ることが難しいのではないかと思われるほど、方法論的（学問・研究の動機の相違といった方が妥当なような状況ではあるが）に深刻な対立があった。

私も、木下、二〇〇三所収の論考等で、両者の方法論的対立について言及してきた。本章においては、それらを踏まえ、戦後政治と政治学を四つに分けたうえで、戦後日本の政治学の類型化を試みたい。それだけでなく、これまでの先達の「戦後日本における政治学」研究をさらに発展させるべく、政治史との関連を意識しながら、社会の中での政治学の位置や役割をも検討しようという試みでもある。政治史としての時期区分に、該当時期に最も影響力のあった政治学を重ねて論じるが、政治学はあくまでも影響力の点からその時代に代表的な手法をあてはめて論じていることに注意を喚起したい。すなわち、政治史としての第三期に、第一期・第二期の政治学が既に消滅していたわけではなく、影響力が低下したことを示している。これは第四期についても同様である。また逆に、第一期・第二期に第三期の政治学が皆無であったということを意味するものでもない。

これから（政治学をではなく）「戦後政治学の研究」をスタートしたいという若手研究者の思考にとって一助となれば幸甚である。

一　四区分の意味

第一期は一九四五年八月の終戦から、一九五五年秋までとしたい。政治史的には、終戦から一九六〇年までを戦後政治のひとつの時期とする説が有力であるが[2]、政党の離合集散に鑑みれば、升味準之輔のいう「五五年体制」が成立した一九五五年秋頃を画期とする方が妥当と判断したい（本稿の性質からして厳密に一二月三一日で区切る必要もないであろう）。

この時期を画期とするのは、続く第二期を「運動」の時期ととらえるためである。この時期の政治学を「運動」の政治学ととらえる藪野、一九八七で提示された分類に筆者も異論はない。但し、第二期の開始時期を一九五五年とするのは、（内灘の反米軍基地闘争が一九五三年に始まっていたとはいえ）東京・立川の基地拡張反対総決起集会が開かれたのが一九五五年であり、警職法闘争が五八年であり、これらと連動する形で六〇年安保闘争を位置づけたいこと、それらの運動と一九六〇年代の革新自治体の隆盛、その他一九七〇年代の各地の住民運動を考えると、「運動」というキーワードで括る時期の開始は（政治史の区分としてではなく政治学の区分としては）五〇年代半ばとする方が適当であると思われる。

この時期としては、（鳩山一郎・石橋湛山を経て）岸信介「反動」政権後の池田勇人・佐藤栄作・田中角栄・三木武夫・福田赳夫政権期であり、自民党の盤石な体制の時期でもあった。それは、野党が政権から完全に遠ざかり、もはや日本には政権交代はないのではないか、と多くの有権者や政治学者に思わせるほどの自民党政権安定期でもあった。この超長期的安定が、第三期の政治学誕生の肥やしとなったことはほぼ間違いないと思われる。

第三期の開始は、一九七〇年代後半としたい。大嶽秀夫の著書の刊行が一九七〇年代であり、村松岐夫著が八一年、猪口孝著が八三年である。しかも、この三者は共に政治学の「科学化」を目指しただけでなく、一九四〇年代生まれという共通点をもつ。この時期の政治学に、近接する世代（一九五〇年前後生まれ）が中心になって展開している投票行動分析も加えておきたい（代表的存在として、蒲島郁夫、田中愛治、小林良彰）。両者の政治学に微妙な温度差はあるが、政治学の「政治性」や「政治化」に否定的である者が多いことからこの時期に含める（いうまでもないが、この三者に限っても論点に相違点はある）。政治学の「政治性」に関しては各々微妙であり、投票行動分析に関しては単に生年を重視した類型化である。

両者は現在でも進展を続けているので、終焉の時期は明記しない。

この時期を内閣でみれば、大平正芳―鈴木善幸―中曽根康弘期であり、保革の伯仲はあっても自民党政権は比較的安定していた。そればかりでなく、「日本的経営」の良質性や「経済大国日本」など日本の「優秀さ」[3]が喧伝された時代でもあり、バブル経済を前に、繁栄を謳歌していた時期でもある。さらには、中曽根政権期には、国鉄や電電公社、専

主　張	批　判
日本には民主化が必要 ヨーロッパだからいいのではなくヨーロッパの制度 他には普遍性がある 一定の価値の選択の上に理論が成立 普遍的に価値のあるものを唱える 「価値判断から無色な政治的認識はありえない」 解釈→方向性を示す　←→　欠如理論と価値は別	近代主義 社会科学と人文科学との融合 マルクス主義 評論だ　感情論だ　片手間　印象主義 啓蒙的色彩　外国文献尊重 （ラスウェル・アーモンド他） 欠如理論だ　道徳論だ アマチュアリズムだ　文化論にすぎない 心理学の影響　＊啓蒙民主主義
大衆社会・大衆国家　市民社会・市民自治 ↓ 要運動 →民主社会 シビル・ミニマム『生活者の政治学』（高畠著の書名でもある） 歴史政治学の必要性（篠原著の副題でもある） 行動する市民。 政策的提言 理論と実践を架橋する必要あり 政治状況に応じた対応が必要　※高畠＝思想の科学	運動主義（一市民として） “モデルは西欧”　→政治学者としてではない 政治学が政治を動かしてはいけない 野党に加担する有権者の育成だ 政治学の政治化 理論は理論だ　＊利益民主主義
「本業」の片手間の印象論からの脱却・評論からの脱却 アメリカ政治学の方法、手法で日本の政治を分析 日本も欧米と同じ尺度で分析が可能 「価値判断から無色な政治的認識をしなければならない」 完全主義→仮説の提示（国民性等の文化論の否定） 記述→説明／分析	多元主義　科学主義　実証主義 （調査を主軸） 事後的近過去の説明 アメリカ政治学尊重（ダール） 政権政党野放し “精神なき専門家”　結果的に保守政権擁護 現状を受け入れ、変えようとしない 戦争も防げない 経済学・行政学の影響　＊大衆民主主義
歴史学、哲学からの分離・脱却 数量分析こそ政治学の科学化である	数量化できないことは対象にしない 数値主義　実証主義　科学主義 “精神なき専門家”　アメリカ政治学 （ダウンズ・アロー） 現状を受け入れ、変えようとしない 直近過去の事後的説明に過ぎない 研究対象が数値化できるもののみに限定される 経済学・統計学の影響
公共（性）を重視した学問、市民社会の実現 公共哲学の必要性	哲学主義 公共主義 ハーバーマス パットナム 理念先行　実証がない　ロールズ

（筆者が作成、＊は三宅・1985、第Ⅳ部、第２章による）

時期区分	代表的存在	主　著
Ⅰ　1945～1954		
	丸山眞男（1914.3～1996.8）	『現代政治の思想と行動』
終戦～		
	石田雄（1923.6～）	『明治政治思想史研究』『市民のための政治学』
	藤田省三（1927.9～2003.5）	『天皇制国家の支配原理』
	岡　義達（1921～）	『政治』
	京極純一（1924.1～）	『日本の政治』
Ⅱ　1955～1978	松下圭一（1929.8～2015.5）	『現代政治の条件』『市民政治理論の形成』
松下…大衆社会		『シビル・ミニマムの思想』
	高畠通敏（1933.11～2004.7）	『地方の王国』『政治の発見』
55年体制		『政治学への道案内』『自由とポリティーク』
警職法　60年安保	阿部　齋（1933～2004.9）	『現代政治と政治学』
大学紛争　ベ平連	篠原　一（1925.8～2015.10）	『現代の政治力学』『ヨーロッパの政治』
保革伯仲	（今井清一（1924.2～））	『昭和史』
オイルショック		
	（三宅一郎（1931～））	『政党支持の分析』
Ⅲ　1979～（1992）	猪口　孝（1944.1～）	『現代日本政治経済の構造』
イデオロギーの終焉	大嶽秀夫（1943.10～）	『現代日本の政治権力経済権力』
保革伯仲　自民党安定	村松岐夫（1940.1～）	『戦後日本のイデオロギー対立』
バブル	福井治弘（1935～）	『戦後日本の官僚制』
		※村上泰亮、公文俊平、佐藤誠三郎
		『文明としてのイエ社会』
Ⅲ'	蒲島郁夫（1947.1～）	『政治参加』『戦後政治の軌跡』
	田中愛治（1951～）	『政治過程論』『政治学』
	小林良彰（1954～）	『公共選択』『現代日本の選挙』
1985ごろ～		
冷戦		
ワープロ→パソコン化		
Ⅳ　1990ごろ～	山口二郎（1958.7～）	『大蔵官僚支配の終焉』
	小林正弥（1963～）	『政治的恩顧主義論』『公共哲学』
イ・イ戦争		『自由の平等』
イラク戦争	（篠原一，山口定（1934.1～））	『市民の政治学』『新しい公共性』『市民社会論』
	杉田　敦（1959.4～）	『境界線の政治学』

社会・国際情勢	地方の状況	国会勢力分野
（ビデオ、TV、そうじ機） 冷戦激化　社会党首班内閣 韓国樹立　トルーマン・ドクトリン ベビーブーム　鉄のカーテン マーシャルプラン　封じ込め A・A会議　スターリン批判 日ソ国交回復 朝日訴訟　原水禁世界大会　一億総白痴化	砂川闘争 三井三池闘争	社会党第一党→低迷⤵ 統一←分裂 保守合同
皇太子結婚　東洋の魔女　東京オリンピック マイカー時代　長嶋茂雄　伊勢湾台風 柏鵬時代 札幌冬季オリンピック カラーテレビ本放送開始　ケネディ暗殺 部分的核実験停止条約　新幹線開業 月面着陸（アポロ11号）よど号事件 大阪万博 連合赤軍浅間山荘事件 沖縄海洋博	革新の時代 沖縄復帰	社共連合 保革伯仲 社公民路線　中道 新自由クラブ
元号法制化　週休2日制 英でサッチャーが女性初の首相に 自主管理労組「連体」結成　ポートピア'81	逗子市長に富野暉一郎 各地で住民運動	社会党衰退 保守回帰 財政改革
つくば万博 東北・上越新幹線開業 '95カラーTV9割の家庭に 東京ディズニーランド開演　昭和→平成 大韓航空機撃墜事件　JR、JT、NTT発足 日航機墜落事故	横浜博覧会	自民党304議席に 社会党躍進 政治改革 日本新党　新党さきがけ 自民党野党に 行政改革
大銀行合併 サリン事件（オウム真理教）	各地で住民投票 関西国際空港開港 都市博中止	自民復調 政界再編

（神田文人・小林英夫編『決定版20世紀年表』小学館、2001年をもとに筆者が作成）

	政治状況	発言等	人口動態・進学率（教育）
Ⅰ	武装解除→再軍備 民主化　諸改革　東京裁判 「逆コース」→イデオロギー対立 大衆運動（警職法） 55年体制	あっ、そう ノーモアヒロシマ バカヤロー（解散） もはや戦後ではない 地球は青かった レコード大賞創設	「6・3・3・4制」 7215万人（’45） 8928万人（’55）
Ⅱ	安保闘争 経済の時代　脱イデオロギー 保革伯仲　大衆社会、 高度経済成長―公害 都市問題　オイルショック 大学紛争　べ平連 ロッキード事件	米帝国主義は日中人民共同の敵 貧乏人は麦を食え 所得倍増計画 こんにちは赤ちゃん 趣味にあった暮らし（’60～） 自衛隊違憲合法論	9342万人（’60） 9828万人（’65） 全国一斉学力テスト 人口1億人を突破（’66） 家永裁判杉本判決 10372万人（’70）
Ⅲ	住民運動 Japan as No.1 衆参同日選（’80） 日本初の女性党首誕生	天の声にもたまには変な声がある 日米運命共同体　浮沈空母	11194万人（’75） 11706万人（’80） 12105万人（’85） 校内暴力・家庭内暴力 不登校いじめ 戸塚ヨットスクール
Ⅲ’	バブル景気 リクルート事件 消費税導入	ペレストロイカ 私はうそは申しません	12361万人（’90） 家永裁判（原告敗訴） 臨教審不登校深刻化 ゆとりある教育 高校社会科廃止世界史必修 国公立大定員割れ
Ⅳ	政局混迷　規制緩和 自民党野党に	南京大虐殺はでっちあげ 日米同盟	日の丸・君が代国旗・国歌 国公立小・中・高土曜休校に 12557万人（’95）

売公社の民営化が実現し、公労協の弱体化が進行した時期でもある。これらは、政治学にはどのような影響を与えたのだろうか。

第四期の政治学の開始時期は、一九八〇年代末から一九九〇年代初頭としたい（これについても、終焉の時期は明記できない）。山口二郎の著書の刊行が一九八〇年代後半であり、また現実政治への影響力も重視した公共政策学の進展[4]が一九九〇年代であることによる。さらに、一九九〇年代後半には小林正弥らによる公共哲学の急成長もあった[5]。これらは現在も進行している分野である。

内閣は、竹下登―宇野宗佑―海部俊樹―宮澤喜一―細川護熙―羽田孜―村山富市―橋本龍太郎―小渕恵三―森喜朗―小泉純一郎とめまぐるしく交代した。いわば、（自民党）政権の混迷期である。細川政権の興亡も、期待されていたほどには日本政治に大きな変化をもたらしたわけではない。経済的には、この時期の始めにバブルがあり、その破綻を受けて経済再建がそれぞれの内閣の課題となった。また、政治改革、選挙制度改革、税制改革、行政改革、年金制度改革と様々な面での見直しが計られた時期でもある。

以下、順を追って各期について政治史との関連を念頭にみていくことにしよう。

二　第一期――終戦からのスタート――日本の民主化

第一期の主たる政治的出来事は別表に譲るとして、この時期の政治学の特質を考えてみたい。藪野は前掲書において、この時期の政治学を「思想としての政治学」と位置づけている（藪野は一九六〇年までを第一期としている）。この命名に異論はないが、しいていえば、「理想としての政治学」としては誤解を招くことになるだろうか。この時代の政治学者にとっては、戦後日本の再建に対する使命感があり、著書にはそれが強く感じられる。それだけでなく、これからの日本はわれわれがつくっていくのだという気概が漲っている。そのためには、日本を破滅に導いた政治の構造を、指導者の精神構造を、日本人の行動原理を、その病理を解明するのだという気迫に溢れている。

学問の出発点が日本の汚点の構造分析・解明であるだけに、第一期の政治学（者）は、西欧を理想とする「近代主義」と捉えられることもしばしばであった。また「欠如理論」であるとの指摘もされた。しかしながら、理想は西欧にあったのではなく、西欧の思想家の政治思想が普遍的価値をもつとの判断によるものとみる方が的確であろう。(6)

丸山眞男に代表される第一期の政治学者に共通する問題意識は、なぜ日本がファシズム体制に突入したのか、なぜそれを阻止できなかったのか、であり、それは二度と同じことを繰り返してはならない、という危機感から出たものであった。そのため、日本の政治への批判的視点は不可欠であった。その裏返しとして、西欧を理想化するという側面も持つものであった。占領下という制限・制約があったとはいえ、彼らは日本が戦時中につくりあげた国家構造を批判的にみることで、「権力」に潜む本質をもえぐり出し、教訓を得る必要を痛感していた。

その前提となっていたのは、研究者が研究対象を選択する場合や研究をしていくプロセスにおいて、およそ価値判断から無色な政治的認識はありえない、という認識であった。とりわけ、政治学においては、自らもそのフィールドにおけるプレーヤーとして生活しているために、政治的指向性を透徹した判断で乗り越えて、学問的禁欲を貫徹する意図は重要であるが、結果的に過度の禁欲は政権政党を野放しにすることに連なると判断した。

一九五〇年の朝鮮戦争の勃発による「逆コース」政策（GHQによる日本の防衛政策の転換）は、第一期の政治学者らの危機感をより一層強め、深刻な「保革のイデオロギー対立」を招くこととなった。出発点が前述のようなものであったため、第一期の政治学は、必然的に「革新」側の立場に立ち、そのことが第三期の政治学者との（方法論的）対立を増幅させることとなった。

講和をめぐる論争を経て、一九五一年にサンフランシスコ講和条約に調印、日本が国際社会に復帰し、一九五五年、左右社会党の統一、保守合同が実現すると、わが国にも二大政党制の期待が高まった。この間の政府の防衛方針は「憲法の枠内での」再軍備、すなわち自衛隊の漸進的増強であった。当然、第一期の政治学者は、非保守（反保守）の立場を擁護する論陣をはることになった。有力な政治学者が二大政治勢力の片方のみを理論的に支えることになったことは、（不幸にして）政治学の政治化との批判を浴びる要因となったことはいうまでもない。

いいかたを換えれば、（第三期の政治学者らによって）社会科学と人文科学との融合、政治評論、印象論、思想史や政治史の片手間のアマチュアリズムだ、啓蒙民主主義だ、等の批判を浴びることとなった。

三　第二期――運動の理論化――民主化の過程

第二期は、一九九五年秋から、一九七八年頃までとしたい。第二期の時期の確定は困難な作業である。第一期ほどには、共通の課題意識をもつことは難しい時代であったとはいえよう。しかしながら、日本政治の「民主化」とそのための理論化過程、さらにはそのための「運動」の過程ととらえることで括ることが可能ではないだろうか。

藪野は、一九六〇年（六〇年安保闘争）から一九七三年（石油ショック）までを第二期としている。「高度成長期を中心に新憲法下で稀少な財をどのように配分するかという配分的紛争が政治社会の状況を規定していくことになった。すなわち新憲法体制下でこの憲法の精神をより実体化しようという運動が第二期では拡大していくことになった」[7]という。

そこで、五五年体制の成立による自民党政権の安定化の開始時をもって第二期のスタートとしたい。加えて、この時期の終焉を日中平和友好条約の調印や成田空港の開港式があった一九七八年としたい。一九七九年には大平政権が本格的に始動し、元号の法制化や東京サミットの開催などその後の動向を予感させる動向が始まるからである。政治史の区分としてではなく政治学としての区分を重視して考えた場合、大嶽著の登場は明確な画期となり得るのであり、第二期の終焉を七〇年代後期とする方が適当であると思われる。

第二期には、反米軍基地闘争、警職法闘争、六〇年安保闘争だけでなく[8]、三井三池闘争、反公害運動、べ平連運動、さまざまな住民運動、消費者運動など、「下から」の生活に密着した運動が勃興し、進展し、衰退期をも迎えた時期である。また、自民党は真剣に改憲を模索していた。西欧の理想による啓蒙の時期（第一期の政治学）を終え、第二期は民主主義を日本に根付かせるための運動の理論化（藪野はこれを「運動の運動化」という[9]）、市民参加の理論化が模索され、展開された時期といってよいだろう。代表的存在は、松下圭一、高畠通敏、篠原一である。周知のように第一期の政治学の強い影響下で研究を開始した彼らは、啓蒙的民主化の段階から、それを日本において現実化させることに研究のエネルギーをさいたといえよう。しかしながら、判断を留保する必要があるのは、彼らが「実践」した運動の理論化は政治学者としてであったとしても、実際にデモの先頭に立って運動したのは、政治学者としてというよりも、「一市民として」やむにやまれぬ気持ちからのものであったのではないだろうか、という点に関してである。

出発点は、第一期の政治学者と同じ問題意識を持っていたため、ファシズム再来への危機感が根底にあり、戦時期の体制の再来を阻止するためには、国民の意識の変革、民主化の程度を上げることが時代の要請であるとの政治学者としての認識を彼らは共通して持っていたものと思われる。

彼らの意図通りに、結果として、「運動の政治学」が実際の運動を喚起したのか、一市民として運動を成功に導いたのかに関しては、改めて別の検証を要する大問題である。しかし、第一期の政治学者と同じ問題意識で研究をスタートした第二期の政治学者が、結果的に「革新」の側の勢力拡大に荷担したことは否めない事実であろう。

一九六九年には、沖縄の返還、七〇年安保、大学紛争などが争点となった総選挙があった。この年一二月の総選挙において、社会党は五一議席減の「歴史的大敗北」を喫した（本書第八章・第九章を参照）。共産党と併せても一〇〇議席をわずかに超えるだけの勢力であった。

第二期の政治学者が意図していたことは日本の「民主化」であって、「革新」勢力の国会内での拡大ではなかった、といってよいのだろうか、あるいはそういえるのだろうか。

第二期の政治学に対しては加えて、やはり理想はヨーロッパ（の民主主義）ではないのか、理論は理論であり、運動は運動だ、運動は政治学者の役目ではない、政治学が非保守の立場を結果として擁護することは、単なる御用学者の逆を行くだけで政治学の政治化だ、等の辛辣な批判を浴びた。

その後、「太平洋戦争に対する責任の明確化と、その明確化をテコとした日本社会批判が明示的にひとつの結論を提示する以前に、日本は軍事的にも朝鮮戦争を経ることによってアメリカの同盟国に位置づけられることになるし、経済的にも自由主義諸国の主要な一国に伍し始めることになる[10]」ことによって、政治学も新たな対応を迫られることとなった。時代の要請にマッチした理論を育成することの必要性が叫ばれ始めたのである。第一期・第二期の政治学暑がともに結果的に「革新」の側を支援してきたことに警鐘を鳴らすグループが登場することになる。それは、いつまでも「ファシズムの危機」への警戒観（感）だけで政治学を構成することに公然と異議を唱えるグループの「反撃」であった。

四　第三期—政治学の科学主義化と数量化——民主制（民主性）の誤認

第三期は大嶽著の公刊（一九七九年）から現在までである（後述する村上泰亮らによる『文明としてのイエ社会』の刊行も同年）。この時期の政治学のもつ問題点に関しては、私はこれまでも再三論じてきたので後に簡単に指摘するにとどめる。[11]

彼らの認識は、日本は既に他の先進国と比較可能な水準にまで日本の民主化が進行しており、充分に多元社会である、というものである。それゆえ、ファシズムの再来を危惧する必要もなく、経済的にも見劣りしない国になった日本（の政治過程、政策決定過程）を冷静に科学的に（その際「価値中立的に」）分析することが可能であるし妥当である、と判断しているわけである。

第三期の政治学者は、第一期・第二期の政治学者がともに結果として「革新」側を支援し、政治学が政治化している中で、本格的に政治学をスタートさせた世代である。例えば、村松は二十歳の時に、大嶽は、一七歳のときに、猪口は一六歳のときに六〇年安保闘争を経験している。学部・大学院時代は六〇年代から七〇年代にかけて過ごしている。高度成長期、日本が経済的にも繁栄し、諸指標が世界的水準に達する過程を生に体験していたわけである。日本が、第一期・第二期の政治学者がいうように、欧米よりも劣ったもの、またいつかファシズムが再来するかわからないという危機感は学生時代に感じる体験はほとんど無かったと思われる。現に三木武夫内閣は、当面、防衛費を対GNP比一％以内とすることを閣議決定している（一九七六年一一月五日）。福田赳夫内閣期には有事法制の研究が本格化した。しかしながら、改憲の動きは中曽根康弘内閣まで表面化することはなかった。

一九八〇年には自動車生産台数が世界一となり、経済的には世界有数の国となった。その一方で、この時期は、校内暴力の深刻化や海外旅行、スキー、テニス、ゴルフ、別荘などの一般化、ノーパン喫茶の流行など享楽的なものや、退廃的な文化が浸透を始めた時期でもある。にもかかわらず、他方で「脱物質主義的価値志向」への変化が始まっていた。(12)

この第三期の政治学が目指していることのなかでとりわけ国際性・普遍性が重要だという指摘もある。「国際性として含意されているのは、外国の研究者に評価されるかどうかということではなくて……、〈自分たちの研究があくまでも部分的なものであり他の研究者の仕事と相互補完的であるということを承認しあうメンバーの範囲が日本内の学界に限定されない〉ということである。一つの学問領域内で、ある者があげた成果を、別の者が、まだ適用されていない対象に適用して、その学問領域内での共通の蓄積を拡大しようという主張にほかならない(13)」。

また第三期の政治学者は、政治学を科学化させることで、「印象論」、「評論」から脱却させ、政治学の専門化を意図している。しっかりとしたトレーニングを積み、分析技術を身につけた者でないと不可能な水準の分析（彼らのいう「実証」）をしてこそ、「学者」といえるわけであり、これまでは素人と政治学者との境界が曖昧であったというのが第三期を代表する政治学者の認識なのである。

これは阿部齊のことばを使えば、「アチュアリズムからの脱却」ということになろう。(14)さらにいえば、規範理論に基づいて日本の現状を嘆く（第一期・第二期の政治学のスタイル）よりも、日本で今起こっていること（「ed」ではなく「ing」）それ自体を研究対象とし、日本の政治を分析することが第三期の政治学者の目的なのである。しかしながら、つきつめて考えれば、第三期の政治学の手法を取るならば、研究対象は必ずしも日本でなくてもよいわけである。実際、第三期の政治学者は積極的に国際比較を展開している。しかし、何のためにしているのかは筆者にはよくわからないものが多い。

この時期の政治学に、九〇年代に大きく進展した投票行動の研究＝選挙分析を含めることに大きな異論はないだろう。投票行動の分析は、京極純一、綿貫譲治や三宅一郎らの先駆的業績があり、高畠通敏や松下圭一も試みたことがあった。

この第三期の選挙分析の特質は（全員がという意味ではないが）、大嶽らの政治学の科学化の意図に賛同し、日本の民主化や、運動の政治学とは大きく一線を画するものとして登場し、日本政治の現状を客観的に数値でもって説明することにその意図がある点にある。

問題は、数量化ではないことは問題にしえないこと、事後的に近過去を説明するに過ぎず、将来のビジョンを提示できないこと、「精神なき専門人」化する傾向にあること、等であろう。

しかしながら、政治学の科学化（この中に彼らは「実証」分析を含めているが）に、少なくない貢献をしたことは事実であろう。

また、渡部純は、実証研究尊重型を日本型多元主義論者と呼び、「多元性からすると、政治学者の発言が影響を及ぼす領域もきわめて限定的であることになり、また、政治と経済のそれぞれの領域が自律性を持っているという想定は、政治になし得ることは限られるという認識を導き、政治及び政治学者の責任が重いという意識を失わせることになろう。このような点からすれば、日本型多元主義論者の方法的立場は、彼らの研究上の成果からの帰結であるとも言えるであろう。……日本型多元主義論者の主張を政治的立場として読み込みそれを政治学の土俵で批判するのは、あまり意味のあることとは思えない[15]」との含蓄ある認識を示していることを紹介してきたい。

この時代に進行した社会の変化をみてみよう。有権者レベルでの生活保守化（村上泰亮のいう「新中間大衆」）、公文俊平らの『文明としてのイエ社会』による欧米崇拝の否定風潮（欧米文化の相対化[16]）、その一方で、地価の高騰による土地問題の深刻化、少子高齢社会の到来、若者の就職難の常態化など、これまでにない問題が顕在化した。さらには、「民主化」は果たして達成されたのか、これらの課題に対して、第三期の政治学者から明確なこたえが出されたとはいえない(17)。

五　第四期――政治学の再建――成熟した民主政へ

山口二郎は、第三期の投票行動研究者たち誕生から間もなくの生まれである。しかしながら、目指す政治学の方向性には大きな開きがある。加えて、杉田敦による「デモクラシーの重層化」論、坂本義和の「相対化」論、一九九〇年代後半から小林正弥が中心となって展開した「公共哲学」運動、山口定や田口富久治らの政策科学・公共政策学の活性化など、日本の民主政治を成熟したものにするための努力が必要であるとの主張は一定の影響力を持ち始めている。これらも第四期の政治学に含めることとしたい。

彼らに共通する認識は、第三期の政治学者のように、日本には既に民主政が浸透し、欧米民主主義諸国と同列の水準に達したというような認識をもってはいないことである。

まだまだ様々な面において、日本は学ぶべき点があり、民主化は不断の努力によって獲得されるものであり、それは完成することのない過程であるとの認識なのである。しかしながら、単に第一期の政治者が展開したように、日本の「病理」をあたかも医師がするように解明しようというよりも、将来に向けた提言の方に、言い方を換えれば、「どうであったか」よりも、日本（の政治）を「どうしよう」、「どうしたいのか」の方に力点がある（当然、論者により相違点はある）。

これらの政治学の動向に対しては、せっかく政治学の水準を高めたのに先祖帰りだ、理念先行で実証がない、政治学の再政治化だ等の批判がくすぶっている。しかしながら、第四期の政治学は、日本政治の実証的ミクロ分析よりも大きな、いわば「運動」として、「全地球的な民主主義」・「平和」や「平等」をめざして行くことに価値をおいている。その意味で、第一期への先祖帰りでは決してない。

第四期を担っている中心的政治学者は、（大御所を除いて）第一期・第二期の政治学を学部時代に学び、研究者の卵として過ごした時代に第三期の政治学の台頭・隆盛をみた者が多い。何らかの違和感を、あるいは強い危機感を第三期の政治学には感じている。両者のどちらが社会に有意かに悩んだ末、第三期の政治学にはどうしても同意できない点があり、新たな政治学の提唱に至ったという経緯がある。

第一期や第二期に活躍した長老学者の第四期の政治学への貢献は、第三期の政治学の隆盛への警鐘であり、これについては真摯に耳を傾けたい。

第四期の政治状況は混迷を極めおり、有権者の判断を待つことなく、連立の枠組もめまぐるしく変容した。民主党政権の興亡や自民党復活、一強化という事態もある。加えて、国際政治の混迷も甚だしい。とりわけ、アメリカの暴走には歯止めがかからない。

総合的には第四期の政治学に関しては、今少し判断の留保を要するように思われる。危惧するのは、公共政策学の科学主義化（第三期の政治学化）であり、実証を尊重するあまり、資料に基づいた近過去の丁寧な説明に終始するのであれば、第三期の政治学と変わるところがない。資料の重要性は充分認識しているが、資料に拘束されれば、資料のない分野に関しては何もいえなくなってしまう。また、あまりに現実政治の特定勢力に荷担し、政党の理論的リーダーになったり、政党の支援組織と化したりすることに関しては注意が必要である。これでは第二期の政治学と変わるところがない。

いずれにしろ、第四期に関しての評価には、もう少し時間を要するだろう。

※第四期の政治学と第一期の代表的存在として挙げた丸山眞男との関係については、改めて検討を要する重要な問題である。石田は（二〇〇五、一五六頁）、丸山が市民社会ということばを使用しなかっただけでなく、市民社会をつくりだそうとはしなかったのではないかという点にも言及している。

あとがき

本章では、戦後日本において影響力をもった政治学を誕生順に四期に分けて検討してきた。第一期・第二期の政治学については、政治史との関連から終焉期も提示したが、それは第一期・第二期の政治学が現在消滅したということは意味しない。登場した順、影響力を持った順に類型化をしたと理解していただきたい。

また、ここでの分類・類型化は、単純化を目的の一つとしたために、仔細については眼を瞑った部分も多い。例えば、藤田省三、神島二郎、橋川文三、升味準之輔、京極純一、三宅一郎、佐々木毅、御厨貴らの位置づけに関しては難しい判断に迫られる。そのため、的確な類型化の枠組にとって障害となると考え、捨象した。

加えて、それぞれの時期の政治学に影響を与えた諸外国の政治学との関連に関しては、論じることができなかった。[18] 第一期・第二期の政治学者には、ヨーロッパだけでなく、アメリカ政治学の影響も多々みられる。第三期の政治学者には、アメリカに留学した者が多いが、かといってヨーロッパの政治学の影響が皆無であるわけではない。第四期に関しては、アメリカ政治学の影響からの脱却を強く意図しているように見受けられる。これらの問題に関しては、知識社会学的な検討が必要であろう。

われわれは、「狭い専門領域の限られた対象を孤立的に取扱う[19]」ようになっていないか、再点検を要するのではないだろうか。

また、「客観性」を信奉することで、「自分はイデオロギーにとらわれず、何らかの価値的前提を持たないと信ずるエセ客観主義に陥る危険性[20]」についても同様である。「アマチュアリズム」からの脱却が「精神なき専門人」に堕するのであれば、それは失敗だったというべきであろう。

本章における筆者の意図は、戦後政治学の類型化にあるが、もちろん類型化それ自体が目的なのではなく、政治学の進展のための模索であることを最後に強調しておきたい。

注

(1)　後述するように、例えば藪野は三期に分けている。しかし、丸山らと大嶽らとを同一の政治学とする者はいない。また、本章でいう政治学は、狭義政治学と日本政治の分析を対象とするものに限定している。
(2)　最新の動向として、菅、二〇〇四、「四、戦後思想は検証されたか」、や中村他、二〇〇四、一一八・一一九頁を参照。
(3)　渡部、二〇〇一、五五頁。
(4)　木下、二〇〇四aを参照。
(5)　佐々木他、二〇〇一・二〇〇二、及び、西尾、長谷部、今田、小林良彰、宮本、各二〇〇四を参照。
(6)　杉田、二〇〇五、八八頁には、西欧の「普遍的価値」も白人男性中心の文化にすぎないというカルチュラル・スタディーズ等からの指摘に言及がある。この点について詳しくは、佐々木他・一九九五、杉田執筆部分（特に、二〇二〜二〇三頁）を参照。
(7)　藪野、一九八七、九六頁。
(8)　一九六三年には「三矢作戦研究」が発覚して問題化した。
(9)　藪野、一九八七、一八六頁。「端的にいえば、運動を単なるひとつの分析対象として理論化するのではなく、分析する側こそ運動の世界の中に巻き込まれるべきだし、その内在的な世界から運動を理論化すべきだというわけだ」。高畠はこの点を、以下のように表現する。「……運動というもっとも〈主体〉的な社会現象を、単に社会心理や意識の次元で説明し社会構造や社会体系の機能として了解するだけでなく、運動の中にふくまれた民衆の知恵や工夫の質を指摘し評価できる枠組を運動の理論は備えなければならない」（高畠、一九七六、三〇頁）。
(10)　藪野、一九八七、二五一頁。

(11)　木下、二〇〇三、第一・二章を参照。
(12)　石田、一九九五、一二四頁。
(13)　渡部、二〇〇一、五九頁。
(14)　阿部、一九八九、七六頁。阿部は、正確には、「アマチュア的素朴さ」と表現している。
　ただし、私は大嶽の次の発言には賛意を表する。「……政治思想史の専門家であったり、外国研究者であったり、この人たちが、非常に強い関心に支えられて現代日本の政治の分析を開始した。ところが、制度的には依然として、専門領域はそれぞれ別のところにある。ということから、本格的に自分の仕事として政治学、日本現代政治の分析をやる、という風にはならなかった。それは、国立大学に日本政治論という講座がないというところに典型的に現われている。」（猪口他一九八七、一八四頁）。
(15)　渡部、二〇〇一、六〇頁。
(16)　石田、一九九五、一一七頁。
(17)　「他国に発達した学問なり方法論なりを継受して行く場合、つねにおこる……日本の現実のなかから発生したものでないだけに、継受されたものが徹底的に追求され、根をおろさないうちに、すぐにつづいて他のものが継受されてつぎの段階に移って行くために、めまぐるしくはなやかではあるが、蓄積されて行かないということになります。」潮田他・一九六二、一一七頁（横越英一の発言）。
　また、内山秀夫は、「アメリカの植木を鉢のままで輸入したようなもので、日本の土に植えつけたものではない」とし、「種子から自分の庭に育ててつちかうという根本的態度をとらなければ、この新しい学問も日本では不毛になるのはやむをえないところでしょう。」と発言している。双方とも、妥当な判断といえよう。
(18)　木下、二〇〇二を参照。
(19)　石田、一九八四、二一九頁。
(20)　同上、二二〇頁。

引用・参考文献

阿部齊、一九八九『現代政治と政治学』岩波書店

石田雄、一九八四『日本の社会科学』東京大学出版会
石田雄、一九九五『社会科学再考――敗戦から半世紀の同時代史』東京大学出版会
石田雄、二〇〇五『丸山眞男との対話』みすず書房
猪口孝、一九八三『現代日本政治経済の構図――政府と市場』東洋経済新報社
猪口孝他、一九九八「日本の政治学と『レヴァイアサン』の一〇年」『レヴァイアサン』臨時増刊号所収、木鐸社
猪口孝他、二〇〇四「『日本政治研究』が目指すもの」『日本政治研究』第一巻一号所収、木鐸社
今田高俊他、二〇〇四『都市から考える公共性』公共哲学第一三巻、東京大学出版会
潮田江次・堀豊彦他、一九六二「共同討議日本における政治学研究の現況」『年報政治学一九六二』岩波書店、所収
内山融、二〇〇三「ポリティカル・「サイエンス」？」『UP』三月号、東京大学出版会
大嶽秀夫、一九七九『現代日本の政治権力・経済権力』三一書房
菅孝行、二〇〇四『九・一一以後丸山真男をどう読むか』河合ブックレット33
木下真志、二〇〇二「戦後日本におけるアメリカ政治学――一九六〇年代までの受容過程と問題点を中心に」『社会科学論集』第八二号
木下真志、二〇〇三『転換期の戦後政治と政治学――社会党の動向を中心として』敬文堂
木下真志、二〇〇四a「近年の政治学事情――公共政策学の進展からみる」『社会科学論集』第八七号
木下真志、二〇〇四b「投票行動研究再考」『社会科学論集』第八七号、本書第一〇章、所収
草野厚、二〇〇五『歴代首相の経済政策　全データ』角川書店（角川ｏｎｅテーマ21）
小林正弥、二〇〇〇『政治的恩顧主義論――日本政治研究序説』東京大学出版会
小林正弥編、二〇〇三『丸山眞男論――主体的作為、ファシズム、市民社会』公共哲学叢書2、東京大学出版会
小林良彰他、二〇〇四『リーダーシップから考える公共性』公共哲学第一四巻、東京大学出版会
佐々木毅他、二〇〇一・〇二『公共哲学』全一〇巻、東京大学出版会
佐々木毅他、一九九五『西洋政治思想史』北樹出版
佐原洋、一九八九『日本的成熟社会論――二〇世紀末の日本と日本人の生活』東海大学出版会

篠原一、二〇〇四『市民の政治学――討議デモクラシーとは何か』岩波新書
杉田敦、二〇〇五『境界線の政治学』岩波書店
高畠通敏、一九七六『自由とポリティーク』筑摩書房
田口富久治、二〇〇一『戦後日本政治学史』東京大学出版会
中村隆英・宮崎正康編、一九九七『過渡期としての一九五〇年代』東京大学出版会
中村政則・油井大三郎、二〇〇四「戦後六〇年に何が問われているのか」『世界』二〇〇五年一月号
西尾勝他、二〇〇四『自治から考える公共性』公共哲学第一一巻、東京大学出版会
長谷部恭男他、二〇〇四『法律から考える公共性』公共哲学第一二巻、東京大学出版会
升味準之輔、一九六四「一九五五年の政治体制」『思想』五月号、岩波書店
升味準之輔、二〇〇四「日本現代史研究回顧」『年報日本現代史』第九号
丸山眞男他、一九五〇「日本における政治学の過去と未来」『年報政治学　一九五〇』岩波書店、所収
三宅一郎他、一九八五『日本政治の座標――戦後四〇年のあゆみ』有斐閣
宮本久雄、二〇〇四『文化と芸能から考える公共性』公共哲学第一五巻、東京大学出版会
村上泰亮他、一九七九『文明としてのイエ社会』中央公論社
村松岐夫、一九八一『戦後日本の官僚制』東洋経済新報社
村松岐夫他、一九八七「戦後日本の政治学」『レヴァイアサン』第一号所収、木鐸社
藪野祐三、一九八七『先進社会＝日本の政治――ソシオ・ポリティクスの地平』法律文化社
山口定、二〇〇四「新しい公共性――状況と課題」『月刊ＮＩＲＡ政策研究』一一月号
山口定、二〇〇四「市民社会論・公共性・政策研究――政策科学部で考えさせられたこと」立命館大学『政策科学』第一一巻、三号
山口定、二〇〇四「断章――学部創設時の私の思い出」立命館大学『政策科学』第一二巻、特別号
渡部純、二〇〇一「戦後政治学と日本型多元主義論――何が引き継がれるべきか」『青森法政論叢』第二号
渡部純、二〇一〇『現代日本政治研究と丸山眞男――制度化する政治学の未来のために』勁草書房

第一四章　学の目的と対話——福永文夫・河野康子編『戦後とは何か——政治学と歴史学の対話』をもとにして

はじめに

本書（福永文夫・河野康子編『戦後とは何か——政治学と歴史学の対話』上・下、丸善出版、二〇一四年）は、二〇一〇年一〇月から二〇一二年一一月二〇日まで、現在第一線で活躍している政治学者及び歴史学者によって開催された「戦後体制研究会」の知的刺激に満ちた記録集である。この研究会は天川晃、村松岐夫、雨宮昭一の三名を主催者とし、福永文夫を代表として、二〇一〇年夏に結成された。河野康子が「事務局的仕事」を担当してきた（ようである）。さらに、稲継裕昭、荒木田岳、村井良太、鹿毛利枝子、平良好利をメンバーとした。(1)研究会会場についての記載はないが、おおむね各回三時間程度の時間であった。(2)

会の目的は、政治学と歴史学とが「相互に刺激を与え、知的関心を改めて呼び起こし、これら分野の研究領域がマクロな体制研究とより密接に連携した近現代史像を描くことを可能にする」(3)ことである。

各回には、一名の報告者をたて、その後に質疑応答がおこなわれた。この研究会は第二期が継続中とのことであり、その成果の公刊を鶴首して待ちたい。

本書に収録された報告者は、以下の一一名（収録順。研究会の開催順とは異なる）である。渡邉昭夫、村松岐夫、大嶽秀夫、牧原出、成田龍一（以上、上巻所収）、加藤陽子、雨宮昭一、鹿毛利枝子、天川晃、猪木武徳、五百旗頭真（以上下巻）。各報告者の要約・紹介をすることが本章の目的ではない。そうではなくて、サブタイトルにもなっており、本書が目指そうとした「政治学と歴史学の対話」について、いくつか論点ごとに整理し、私見を述べることとしたい。

一　政治学の方法をめぐって

まず、この研究会においてしばしば問題化した『レヴァイアサン』グループ[4]との方法論をめぐる問題についてである。『レヴァイアサン』グループという名称の適否はそれ自体議論を要する問題と思われるが割愛し、流用する。政治学界では、戦後の政治学を考察する場合、「戦後政治学」と「現代政治学」とに分けて考察されてきた[5]。雨宮もこの分類を踏襲し、自らは戦後政治学の立場から、本書においてしばしば現代政治学の方法について批判的・否定的に言及している[6]。現代政治学を擁護する村松や大嶽との「論争」や政治学・歴史学のあり方を議論している部分はとても興味深いものである。本書のサブタイトルは、「戦後政治学と現代政治学の対話」としてもよいほどである。『レヴァイアサン』グループの政治学を一言で表すとすれば、それはR・ダールに代表されるアメリカ政治学の影響に基づいた「多元主義による実証分析」という方法にあろう。それ以前（終戦から一九七〇年代半ばまでの主要な政治学者は）本業とする（歴史）研究の「片手間」に、政治の現状や日本の特殊性・後進性を印象で「論評」してきたことへの批判である。先進各国との比較のなかで、日本の「前近代性」を悲観的に嘆き、あるべき政治、あるべき社会との落差を糾弾するのではなく、「あるがまま」の姿を「実証」することの必要性を強調したのである。

『レヴァイアサン』グループの目指した方法を要約すると、彼らの批判の念頭にあったのは、丸山眞男や松下圭一だと多くが認識すると思われるが、大嶽の後の回顧によれば、「実は」、「京極純一の『日本の政治』（東京大学出版会、一九八三年）であった」という。(7)

また、『レヴァイアサン』グループの実証分析を支える信念は、「政治の方向性を示唆する政治学ではない(8)」というものであろう。「仮説を立て証拠で議論する」（同）ことで、政治の現状を分析しようという方法である。だとすると、「レヴァイアサンは業界のなかの方向性は出したかもしれないけれど、政治全体のなかにおける方向性」（同）をどのように出すのかと逆に問われることになる。

つまり、戦後政治学と現代政治学とでは、主として推進した研究者の世代間の差を捨象しても、やろうとしていることが全く異なるわけである。これではいくら議論を積み重ねても、「相互に刺激を与え、知的関心を改めて呼び起こ」すことは不可能ではないだろうか。

すると、そもそも何のために政治学（者）をやっているのか、という問題に向き合わざるをえない。(9) この問題については、本章後半（「五」）において改めて検討したい。

二　戦後政治の第二の転換点について

戦後政治の第一の転換点を一九六〇年とする点に大きな異論はなかろう。(10) 本章「四」でも考察がなされるが、歴史学者自身も、安保闘争を契機に転換を迫られた。

では第二の転換点についてはどうか。大嶽は、論壇や春闘の変化、国際婦人年等々から、一九七五年とみている。

視角により、累々、挙げられようが、私は、第二の転換点を一九六九年とみている。この年、年末の衆議院選挙において、日本社会党は、大敗北を喫した（本書第八章・第九章を参照）。六〇年代には、社会党の分裂・民社党結党、公明党結党と野党の多党化があった。しかしながら政党政治は逆にその後、一九九三年の細川政権の誕生までの二三年もの間、自民、社会、公明、民社、共産の主要五党が、コップの中の争いをするという「牧歌的」な時代となった。自民党の盤石な体制が形成された後、ときに腐敗の露呈により、新自由クラブの結党等があったものの、定数五が多い中選挙区制度という衆議院議員選出の方法が、五党の「安定」期を誘引した。金権腐敗の頻出により、制度の見直しが本格化するまで、日本の政党政治のうえでは希有な「安定期」が訪れたわけである。

五五年体制の一つの意味が、自社二大政党による議席の独占にあるとすれば、一九六九年年末総選挙によって、それは崩壊したというべきであろう。これを（総選挙は十二月も下旬であったため）「一九七〇年体制」といってもいいのではないか[11]。

また、本項の問題と関連して、戦前、戦後のどの時期が学問的に重要か、という問題がこの研究会ではしばしば議論されている。論者により、一九四〇年代が肝要とする見方[12]一九五〇年代を重要視する見方[13]、一九二〇年代、一九七〇年代[14]と多様である。

この問題については、それぞれの研究者がどこ（いつ）に力点を置くかによってその重要性は異なるとしかいいようがないだろう（本章「五」を参照）。しかし、歴史を研究する際に、（とりわけ近現代史において）大事でない時期はないというのが私の考えである。

また、西暦と元号の併用からくる問題もある。昭和三〇年代といった場合と、一九五〇年代といった場合とでは、受けるイメージは大きく異なるのではないだろうか。昭和四〇年代と一九六〇年代とでも、五年のずれだけでは、説明しきれないものもあろう。「五五年体制」を「昭和三〇年体制」といったり、「六〇年安保」を「昭和三五年安保」

といったりすると違和感は増幅されるように思う。「平成二〇年代」（二〇一〇年代）、「令和二〇年代」（二〇四〇年代）にも同様の感は残るだろう。

さらに、戦前期を専攻する研究者を除いて、明治三四年（一九〇一年）が「二十世紀」の始まりであるとか[15]、関東大震災のあった一九二三年を「大正一二年」と即答できるか、等々、年号の記述方法自体にも、研究者の価値観は表明されるわけである（これについても「五」の議論と関連している）。

三　戦後とは何か

次に「戦後とはなにか」という、本書のタイトルとなっている問題に移ろう。天川の整理によれば、一九九〇年代に「占領改革」という語が使われるようになったという。油井大三郎『未完の占領改革』（東京大学出版会、一九八九年）の出版も影響した。

この占領改革にプラス・アルファが加わると、「戦後改革」となるというのが天川の説明であり、「＋α」とは、「逆コース」であるという。

時期的には前後するが、『戦後改革』（東京大学社会科学研究所編、東京大学出版会）が出されたのが一九七四から七五年である。そこでは、戦後改革について、次のような認識が提示された。「①アメリカ占領軍のイニシアティブで実施されたものであり、②経済・政治・法制上の民主的改革であり、③戦前・戦中の日本社会に一定の根拠を持ち、④改革後の日本社会の展開に大きな影響を与え、⑤六〇年代末には「戦後改革」によってつくられた枠組みが動揺し始めている[16]」。

占領改革とは、GHQによる「武装解除と民主化」といってよいと思われるが、その後の逆コースを含め戦後改革がおこなわれ、「戦後体制[17]」ができていったというのが天川の認識である。「戦後の改革には総力戦体制による改革がまず最初に」あるという雨宮と、天川の「戦時改革[18]」論をめぐる議論も興味深いものがある。

四　歴史学の方法論

歴史学の方法論上の争いについては、本書で言及された『思想』（二〇一一年八月号）の特集「戦後日本の歴史学の流れ――史学史の語り直しのために」や『史学雑誌』（同年五月号）所収「歴史学の成果と展望」の「日本（近現代）一　総論」を読み直しての感想のみ記したい。

出てくる用語をみてみると、史学史、日本史、問題史、全体史は別としても、「社会史」「社会運動史」「社会構成体史」「昭和史」「思想史」「民衆史」「民衆思想史」等々、これに政治や経済と付していけば、あまりに細分化されてしまい、何について議論しているのか論点がぼやけてしまう[19]。本書では、方法論をめぐって多様な議論が展開され、個人的には、レヴィ＝ストロース[20]やM・フーコー、H・アレントが（文学部系）歴史学にどのような影響を与えてきたのかという問題に強い関心がある。しかしながら、本章において簡潔にして的確な整理をするにはあまりに不勉強である。このため、門外漢の的外れな印象論として、「戦後政治史」方法論に限定して考察しよう。

成田龍一によれば、「戦後歴史学を、マルクス主義と近代政治学という二つの学知を軸にする歴史学」と定義すると、「戦後歴史学は、戦時の歴史学を批判するとともに、日本近代の総体を批判的に対象とし、歴史の法則や、主題としての変革と主体の設定という方法、西洋との比較など多様な問題群・問題系を提起した」[21]。

これらに違和感を感じた鹿野政直、安丸良夫を例に説明を試みながら、「現代歴史学」の形成過程に考察が及ぶ。鹿野は、歴史学研究会が蓄積してきた「『歴史認識』が、安保闘争という「現代史のもっとも重要な局面」においてはほとんどなんらの有効性をも発揮しえないものでしかなかった」こと」を批判し、「『学問と実践』という二つの要求が「最悪のかたちでむすびつけられ」、しばしば「性急な政治主義」「便宜主義的な処方箋の提示」であった」と述べた[22]。

安丸の違和感は、丸山眞男に向けられた。成田による要約は以下の通りである。「一九五〇年ころの丸山の主体性論は「民主々義革命という社会変革の戦略的構想」と結びついていたが、安保闘争以降の六〇年代ではなんらの「戦略的構想」とも結びつかず、ただ「主体性の確立」という「当為の形」でしか出されていない」[23]という。さらに、「共同体に根差した近代日本の変革、またそれと対をなす、共同体と重ね合わされた主体性のありようへの関心が、丸山眞男を批判するなかで語られ」た（同）という。

安丸は、例えば自由民権一〇〇年の記念集会に、「顕彰」と「検証」の混在を感じ、「どこが通俗的な既成の概念の投影で、どこが新しく自分が研究者として発見したものかを区別する能力が必要だと」いう[24]。というのは、「どうしたって歴史家は自分のもっている通念を研究対象に投影するわけ」だからである。

鹿野は、安保闘争の後、「対象を一八八〇年代に移行させせ」、「『思想家の影響』ではなく「受容」」という概念を使い、「受け止める側の「主体」を見出」す（同）ことを意図するようになっていく[25]。

ここに、現代政治学推進者が戦後政治学推進者に向けた批判的言説との共通点、相違点をこれらの中にみることができよう。「実証主義的」「近代主義的」ということばに象徴されるように、政治学でもしばしば議論される方法論的用語が登場してもいる[26]。また、政治学における「戦後」政治学と「現代」政治学との相違と歴史学でも問題とされる共通項は、日本の特殊性を強調するか否かにあろう。各国との比較の重要性についても同じことがいえよう。

相違点は、歴史学は合理的選択論のような理論化が難しい点や、政党支持率研究・選挙分析のように、数量化・計量化がなじまないこともあろう。また、現在われわれが生活している実社会への政策や方向性に対し、歴史学が与える影響が、政治学とは差があることも大きな相違点と考えられる。

政治学、歴史学に限らず、しばしば研究者は、分析対象を枠組（理念系）によって分類しようとしたり、整理しようとしたり、説明しようとしたり、種々試みるが、少し考えてみればわかるように、そのときどきに生きていた人々は、後世の研究者によって、的確に類型化されるために生きていたわけではない。説明が不可能なことがあってもなんら不思議ではない。

歴史学をめぐる方法論を考えてきたが、歴史学のみならず政治学も、方法論を論じる際に、本末転倒にならないよう細心の注意が必要なわけである。

また、歴史学が「歴史」を名乗る以上、対象は、現在ではなく過去であり、逆に政治学以上に問われることもあろう。

「何を明らかにしたかだけでなく、自分たちは歴史を書くという行為によって何を実践しているのか、ということまで問題になってくるわけです」という二宮宏之の言をもって次項に進むこととしよう。(27)

五　学の目的　再考

『レヴァイアサン』をめぐる成田の次の発言は深みがある。雨宮の次の言を受けてのものである。

「雨宮　『レヴァイアサン』のメンバーは意外にコスモポリタンで、ナショナリストよりもコスモポリタンであると思います。ある意味ではグローバリゼーションに大嶽さんも含めて非常に適応できるんじゃないですか。猪口さんなんかはナショナリストではない感じがするんです。存在自体が非常にコスモポリタン的な感じがして、意外にそこには、現代歴史学のグローバリゼーションで国家でも社会でもないという感性と通底しているんじゃないかと思います。直感的にはそんな感じがするんです。

成田　多分それは、ねじを半分巻き戻したときの議論ではないでしょうか。半分巻き戻したというのは、つまり、日本の現状を「特殊な日本」の現状であるとする考え方を意味しています。理想は「世界の普遍」ということになり、コスモポリタンにみえる……。

だから、日本の現状も実は世界の投影だと考えたとき、なかなかコスモポリタンにはなりにくいわけです。『レヴァイアサン』グループの前提としているのは、やはり日本のある種の「特殊性」であり、「特殊な日本」を普遍なものとした状態を理想として語っているのではないでしょうか。[28]」

『レヴァイアサン』グループが可能であると主張し積極的に推進したように、対象に対し、先入観なしに分析ができれば、えられた研究成果は客観的なものとなるのであろう。しかしながら、何を研究対象とするのか、その時点で既に研究者の価値観は入っていると考える方が妥当であろう。趣味で調査をしている方を含め、さほど重要ではないどうでもいいような問題に貴重な時間を費やすほど、研究を職業としている者は暇ではないであろうからである。ある事象を研究対象としていることそれ自体が、既に「客観性」を問われることなのである。

日本が他の欧米先進国と比較して、遅れているわけではなく、他の先進国と同じように比較が可能である、というのも価値判断であり、「先入観」であろう。西暦を使うか、元号を使うかにも価値判断はあろう。

さらに、社会科学が研究対象としている「社会」は、分析をする本人もそこに生きている「社会」なのである。とすれば、「方法論的自覚」のもとに、「政治の方向性を示唆する政治学ではない」政治学を目指した『レヴァイアサン』の目的は何であったのか。一度は通過すべき、片手間ではなく、本業として政治の現状を実証するための「政治学の発展のための政治学」であったのか。

分析している対象それ自体の是非は問わず、方向性を示唆しないということは、結果としては現状を容認するわけである。例えば、総選挙の投票率の変遷や、政党支持率の変遷の研究等の選挙分析では、実施された結果を分析するのみで、どのような選挙結果が望ましいのかを考えてはいけないし、ましてや特定政党の支持率が上昇することを意識するようなものは、「評論」であり、「学」ではないとされる。

つまり、権力の監視や、善悪の判断は不要、という判断なのである。権力の暴走への「歯止め」の役割を政治学が果たす必要はないということなのであろう。

さらに、極端な例で考えてみよう。日本と某国との間に紛争が発生し、外交ルートを通じての交渉では解決できず、国連による仲介も奏功せず、武力衝突に発展したとしよう。時を経て、本格的な軍事衝突に発展し、さらに数年の戦争を経て、日本の多くの都市が壊滅的被害を受けた場合、多くの研究者も研究室は破壊され、戦死しているかもしれない。とすると、分析する者は誰もいなくなり、「学」そのものも存在しなくなっているわけである。が、そのような事態を迎える前に「政治の方向性を示唆する政治学」が必要ではないのだろうか（そもそも、日本が本格的な軍事衝突に巻き込まれることはない、というのが『レヴァイアサン』グループの共通認識ではあろうが）。

先に私は、「戦後政治学と現代政治学とでは、やろうとしていることが全く異なるわけである。これではいくら議論を積み重ねても、「相互に刺激を与え、知的関心を改めて呼び起こ」すことは不可能ではないだろうか」と述べたが、やはり、戦後政治学を推進してきた政治学者と現代政治学を推進した政治学者との対話がもう少し必要なようである。加えて、戦後歴史学と戦後政治学との対話は充分であったのか。私は寡聞にして知らない。そもそも対話のないところに相互理解は不可能であろう。また、戦後政治学推進者は、戦後歴史学をどのようにみてきただろうか。双方を支えてきた方々の寿命を考えるとき、聴き取り等を通して「対話」を下支えする作業が必要なのではないかと認識した。

おわりに

「戦後」とは何か。意味するところは、国語辞典的には、第二次世界大戦終了後、敗戦後、終戦後というタイムスパンを指すのだろう。しかし、歴史学、政治学の分野では、ともに、この問いへのこたえは、研究者個人個人の価値観によるところが大きい。しかも、既に「戦後」七〇年。しかしながら、「七〇年」を一括りにすることの的確性が問われる転換期を迎えていることは、本書の議論から明らかとなった。(29)

当初、本書の書評のつもりで執筆を考えていたが、思考する過程において、もう少し自分が現在考えていることを加えたいと思うに至り、できあがったのが本章である。本書で提示されたすべての問題に的確な反応を起こせるはずもなく、論点をしぼって検討を加えた。批判を承知のうえで述べたことも多いが、これによって政治学、歴史学の方法論再考の一助となれば、幸いである。(30)

注

（1）　上巻「序にかえて」。以下、小稿注で書名のないものは、『戦後とは何か』からの引用である。
（2）　下巻「解説」。
（3）　上巻「序にかえて」参照。
（4）　初期の三者（猪口孝、大嶽、村松）の間でも、例えば、多元主義についての理解が異なっており（上巻一一〇～一一二頁）、方法論的に完全に一致しているわけではない。
（5）　一例として、阿部斉『現代政治と政治学』岩波書店、一九八九年。拙著『転換期の戦後政治と政治学』敬文堂、二〇〇三年及び、本書（『五五年体制と政権交代』）第一三章も参照されたい。
（6）　上巻、四四頁、八九頁他。四四頁では、以下のように述べられている。「分かりやすくいうと、（中略）「日本の歴史的現代における前近代的なものの存在を重視し、そこに特殊性を求め、それを否定的・批判的に捉える流れと、日本は既に前近代を克服し、その意味で欧米とは共通性こそが多いとし、さらに「合理的」な日本政治の現状に対しては肯定的な流れである」ということです」。雨宮が前者の流れにあることはいうまでもない。
　また、雨宮の論点は、以下に集約できていると思われる。「超越的な議論の仕方をしますが、現在の問題では、日本の歴史的、理論的な現実のなかから説明能力をもって、比較の基準たりえて実証できる方法の抽出が外在化されなければならないというのが僕の議論です。方法は外在化されないと、比較できないわけです。比較できないわけですから、外在化する必要があるということになります。／現代歴史学と現代政治学が非常に対照的なわけです。現代歴史学はポストモダンで、現代政治学は近代の発見というわけですから、位相は全々ずれるわけです。そこがまた非常に面白いわけですが、戦後歴史学、戦後政治学、現代歴史学、現代政治学のなかで、見渡して出てくる問題は、近代の後、ポストモダンをどう考えるかだと思います。それから戦後歴史学のなかで、（中略）敗戦直後の問題、課題を依然として持続するというようなあり方は一体何なんだ、とかですね。現代政治学と現代歴史学の比較は非常に面白いわけで、ポストモダンとモダンという違いが出てくるんですが、ただ、共通しているのはどういうことかというと、グローバルなかでの積極的アクターとしての日本を評価するという点です」（下巻、四五頁）。
（7）　大嶽秀夫「「レヴァイアサン」世代による比較政治学」日本比較政治学会編『日本政治を比較する』早稲田大学出版部、二〇〇五年。この問題に深く切り込んだ、渡部純による『現代日本政治研究と丸山眞男――制度化する政治学の未来のために』勁草書房、二〇一〇年、とりわけ第一章を参照されたい。渡部純「同時代政治論の作法―初期丸山の制度論と精神構造論」明治学院大学『法学研究』第八〇号（二〇〇六年三月）及び「知識の制度と社会―丸山眞男の〈在家仏教主義〉論を手がかりとして」、同第八一号（二〇〇七年一月）も参照。
（8）　下巻、六七頁上段村松の発言。続く発言は、以下の通りである。「僕らの問題は業界の中で新しい問題をつくれたかです。僕らが編集者交代に際して、猪口［孝］、大嶽、蒲島［郁夫］、村松で総括的な議論をしたとき、一〇年やって、新しい何かが生まれたかが問題になりました。それを議論したこと［が］あるんです。猪口さんは非常に否定的でした。だけど大嶽さんと僕はそれでもちょっといいことがいくつかあった、と思っていたわけです。言わなかったけれど、研究に貢献したことはあったと思っていました。仮説を立て証拠で議論する人が増えた」（［　］内、木下補）。上巻一二一～一二二頁、同二〇一～二〇三も参照。

関連して、村松は、下巻において、「東京大学の政治史なり政治学が本当にアメリカ政治学を読んだのだろうか」、という疑問を提示し、「何か日本に合わんね」と発言した著名な思想史学者について言及している（一八～二四頁）。また、前述の批判は、「東大の先生がターゲットではありません」（三三頁）とここでは大嶽とは異なる見解を提示している。

(9) 前掲拙著、第一章を参照。

(10) もちろん、占領期の逆コースの始まりや国連加盟等々を区切りとする議論もある。また、牧原のように、一九五八年を官僚制の転換期とみる研究者もいる（「私は研究を進めながら、昭和三三年（一九五八年）がどうも、官僚制でも、政策決定でも、自民党のあり方でも、あるいは下村治が成長論に転じるのは、一九五八年でしたが、この辺りが一つの画期になっているように思います。ただ、だからといって五八年が、戦後の政治の画期になったとはどう考えても説明はできない」）。牧原は、六〇年も政治の画期とはいえない、との見方を示している。

本章では、戦後政治の第一の転換期を一九六〇年とし、第二の転換期の確定に焦点をあてたい。

(11) 拙稿「一九六九年総選挙再考――戦後政治の第二の転換期」（『社会科学論集』九一号、二〇〇六年、本書第八章、所収）参照。

(12) 下巻、三二～三三頁。また、大嶽の「戦前の問題は考えたこともないから……。」（上巻、一一五頁）という応答は、「～ing」の政治学という『レヴァイアサン』が意図した問題意識を表す象徴的なものといえよう。但し、大嶽も、（『レヴァイアサン』二期・三期の）若手の手法には違和感を表明してもいる（上巻、一二二頁）。

(13) 上巻、一四五～一四九頁、一六五～一七三頁、下巻、四一頁、下巻、一五九頁他。

(14) 下巻、一六〇～一六一頁。また、下巻、四九～五〇頁、上巻、一二五頁も参照。

(15) 長山靖生『「世代」の正体』河出書房新社、二〇一四年、一七～一九頁を参照。

(16) 下巻、一二一頁。

(17) 下巻、一三三、一五九頁。また、天川は「占領改革」という言葉の表すところが、『「占領権力による改革」なのか『占領期における改革』なのか、はっきりしない」(一二八頁) とも述べている。
(18) 下巻、一六〇頁。二〇一五年一月開催の、社会理論学会研究大会における桑野弘隆による報告「国民的総動員システムの終わり?」は、これらの問題を考えていくうえで、欠くことのできない議論であった。社会理論学会編『社会理論研究』第一六号、二〇一五年、千書房、所収。
(19) 本章で引用する成田の論考のタイトルは、「違和感をかざす歴史学——史学史のなかの民衆思想史研究 (前期および中期)」であり、「民衆思想史」に重点を置いたものであることに注意されたい。
(20) 構造主義的な思考が政治学に影響与えた一例として、D・イーストンの政治システム分析——その学問的背景と問題点」拙稿、成蹊大学『法学政治学研究』第一〇号、一九九一年を参照。また、藪野祐三『現代政治学の方法——D・イーストンの「政治の世界」』法律文化社、一九八一年が挙げられてよい。
(21) 『思想』二〇一一年八月号、七五頁。
(22) 同右、七六頁。成田は続けて次のようにいう。「そもそも経済史とそれを前提とした政治史を重視する戦後歴史学に対し、思想史を拠点とすること自体がすでに距離を見せている」と。
(23) 同右、七七頁下段。
(24) 同右、六七頁上段。
(25) 安丸と鹿野との主体性やポストモダンをめぐる相違点は、安丸によると、次のようになる。「鹿野さんが言っていることのポイントは、人々の具体的な経験を歴史から削除していった結果、主体は存在しなくなっている。しかし、現実に生活している人間は国家や支配と複雑な交渉をもっているわけで、そうした具体的な経験から離れた歴史学はだめだ、ということだと思います。そういう考えは分かるのですけれども、僕の立場から言うと、主体が自明性をもつ形で存在していないことのほうが重要だと思うんですね。鹿野さんの歴史学の特徴は、主体の思想形成や意識形成を繊細なところまで注意して、対象に寄り添いながら描き出していくことだと思います。でも、成田さんや僕の立場で言えば、そのようにして捉えられたものこそが意識の形態だということになる。主体というのはエージェンシーみたいなもので、鹿野さんが言っている問題は主体効果のさまざまなあり方として捉え返すべきものだということになると思うんです。／そこで、ポストモダンとは何かといえば、主体というものを考え直すことだと思います。主体が主体として自己主張できるなら、モダンのうちなんですね。だけれども、われわれは国民国家についても、家族についても、主体的に担いうるものとは違う異質なもの、構造的に規定されたものを見ていると思うんですよ。そうすると、私たちがポストモダンを本格的に主題化するのは難しい。われわれはまだ国民国家や家族の中に生きていて、そこから完全に離れることはできない。しかし、それらが揺らぎ、矛盾を抱えていることは分かっているわけです。だから、そのことを意識しているという意味で、われわれはポストモダンのほうに移行しているけれども、ポストモダンに行ってしまったかといえばそうではなくて、モダンからポストモダンへの過渡のどこかにいる。自分がそういう矛盾を抱えて生きて考えているという自己認識、これが求められているのではないでしょうか。その点で、僕は鹿野さんの議論を少し不満に思うわけです。」

これに対する鹿野の反応は、『思想』誌上においては管見の限りないようである。

(26)　同右、五五頁上段。

(27)　同右、四二頁下段。

(28)　上巻、二〇二頁上段。

(29)　牧原の次の言は示唆に富むものである。「豊かであることにしがみついていることが、つい最近まで戦後なのであり、これにしがみつかない時代の意識が共有されると、戦後は終わらざるを得ない。」（上巻、一四五頁）。

(30)　「政治学と歴史学の対話」にあたって、篠原一『ヨーロッパの政治――歴史政治学試論』東京大学出版会、一九八六年と同『歴史政治学とデモクラシー』岩波書店、二〇〇七年について言及がないのはどういうわけなのだろうか。

※本章に関連して、『思想』一九七九年九月の「社会史」特集号、また一九八二年に『社会史研究』が創刊されていること、福永文夫『日本占領史　一九四五―一九五二　東京・ワシントン・沖縄』中公新書、二〇一四年ならびに、戦後政治学を総覧する書として、小林正弥『政治的恩顧主義論』二〇〇〇年、田口富久治『戦後日本政治学史』二〇〇一年（ともに東京大学出版会）があることを付記する。

あとがきにかえて

本書で論じたのは、主として、一九六〇年代後半から二〇一五年頃までのおよそ五〇年間に及ぶ日本の政治についてであり、加えて一九八〇年代後半から二〇一〇年頃までの政治学界の状況についてである。

私は、幼少期から政治に関心を持っていたが、それはおそらく左右のイデオロギー対立、いいかたを換えれば、自社の防衛問題をめぐる対立に人一倍、興味をもっていたから、といえるように思う。本書が、自民党と社会党の対立に力点が置かれ、「護憲勢力」が国会の三分の一を確保できるか否かにこだわりをもっているのはそのためである。思考が「政党の枠組から」というのも本書の特質であり、それは長所ともなり、短所ともなりうるであろうが、一人の人間が戦後政治のどの部分に関心を持ち、どのようなことをどのように考えたのかの記録集でもある。

文中、「主観的願望」を行間に表明している部分があるが、ご寛恕を乞う。また、分析が事実上、菅直人内閣で終わっているのは、野田佳彦内閣以降の政治過程が、政治学の研究対象としてまじめに学問的分析を加えるには、あまりにも知的刺激に欠如しているためである。

収録に際し、既発表のものに手を加え、本としてまとまりのあるものに仕上げたつもりである。公刊された時期や書誌情報は、別掲「初出一覧」に詳しいが、二〇〇三年以降、諸誌に公刊したものに限定し、共著からの論考も二編のみ、本書に必要不可欠と判断し、加除のうえ、再録することとした。

これらの原稿の執筆及び刊行には、法政大学大原社会問題研究所前所長五十嵐仁氏、国立市公民館で開催されている「くにたち政治学研究会」を主宰されている大石紘一郎氏及びその構成メンバー、占領・戦後史研究会、社会理論学会、メールマガジン・オルタ、細川正氏に特にお世話になった。

さらには、前著に挙げた諸先生方には現在でもお世話になっていることをつけ加えさせていただきたい。ひとりひとりのお名前を今回は挙げないが、改めてお礼を申し上げたい。いただいた有益なコメントを活かしきれていないのは筆者の非力によるものである。

また、出版に際しては、旬報社の木内洋育氏、真田総一郎氏にはたいへんお世話になった。

西東京市の寓居にて

著　者

二〇一八年一一月二五日

初出一覧

第一部　自民党と政権交代

第一章　『社会科学論集』第八六号、二〇〇四年三月
原題「高度成長後の自主防衛論の展開――一九七〇年代の自民党を中心に」

第二章　『社会理論研究』第一七号、二〇一七年一月
原題「戦後政治をみる眼――首相の動向からみた一九六〇年～一九八六年」

第三章　『社会科学論集』第九〇号、二〇〇六年三月
原題「'05年解散総選挙と選挙制度――小泉内閣小論」
同、第九二号、二〇〇七年三月
原題「小泉内閣小論（二・了）――大嶽秀夫著『小泉純一郎　ポピュリズムの研究――その戦略と手法』（東洋経済新報社、二〇〇六年）から考える」
同、第八五号、二〇〇三年一一月
原題「大嶽秀夫著『日本型ポピュリズム』中央公論新社、二〇〇三年」（以上三稿を一つの章として再構成）
第四章　『社会理論研究』第一一号、二〇一〇年一一月
原題「「コンクリートから人へ」の試みと失敗――鳩山内閣の政治過程」

第五章　『社会理論研究』第一二号、二〇一一年一二月
原題「「最小不幸社会」と「熟議の国会」を目指して――菅内閣の挑戦と挫折」

第二部　日本社会党再考

第六章　日本政治学会 年報政治学　二〇〇八―Ⅰ『国家と社会―統合と連帯の政治学』木鐸社、二〇〇八年六月
原題「社会党はなぜ、構造改革を採用できなかったのか?」

第七章　『オルタ』六五・六六号、二〇〇九年五月・六月
原題「非武装中立論再考」(上)・(下)

第八章　『社会科学論集』第九一号、二〇〇六年一一月
原題「一九六九年総選挙再考――戦後政治の第二の転換期」

第九章　『研究資料』第三八号、二〇一八年九月
原題「社会党の衰退と成田知巳委員長」

第三部　「五五年体制」と戦後日本の政治学

第一〇章　『社会科学論集』第八七号、二〇〇四年一一月
原題「投票行動研究再考―蒲島郁夫著『戦後政治の軌跡――自民党システムの形成と変容』岩波書店、二〇〇四年をもとに」

第一一章　『社会理論研究』第一五号、二〇一四年一二月
原題「政党政治再考――政党の役割は終わったのか?」

第一二章　賀来健輔・丸山仁編著『政治変容のパースペクティブ［第2版］ニュー・ポリティクスの政治学Ⅱ』ミネルヴァ書房、二〇一〇年、第七章
原題「日本の政治　政治学の現状――政治学の「発展」へ」

第一三章　『社会科学論集』第八八号、二〇〇五年三月
原題「戦後日本政治学再考――政治学と政治史と政治学者と」

第一四章　『社会理論研究』第一六号、二〇一五年一二月
原題「学の目的と対話――福永文夫・河野康子編『戦後とは何か――政治学と歴史学の対話』（上・下）丸善出版、二〇一四年をもとにして」

ま行

や行

ら行

わ行

な行

は行

さ行

た行

人名索引

は行

ま行

や行

ら行

わ行

た行

な行

事項索引

著者紹介

木下真志（きした・まさし）

東京大学法学部客員研究員他を経て現在、法政大学大原社会問題研究所嘱託研究員。

専攻は政治学　日本現代政治論。博士（政治学・2000年）［成蹊大学］。

著書に『転換期の戦後政治と政治学』敬文堂、2003年、編著に五十嵐仁・木下真志編『日本社会党・総評の軌跡と内実――20人のオーラル・ヒストリー』旬報社、2019年、共著に杉田敦編『国家と社会』木鐸社、2008年、丸山仁他編『政治変容のパースペクティブ：ニューポリティクスの政治学Ⅱ』ミネルヴァ書房、2010年、五十嵐仁編『「戦後革新勢力」の奔流』大月書店、2011年、他に法政大学大原社会問題研究所編『社会労働大事典』旬報社、2011年及び『日本労働年鑑』第82集～第84集、旬報社、2012～2014年の項目執筆、等がある。

五五年体制と政権交代
政治学の深化に向けた一考察

2019年7月25日　初版第1刷発行

著　者　木下真志
装　丁　佐藤篤司
発行者　木内洋育
発行所　株式会社 旬報社
〒162-0041 東京都新宿区早稲田鶴巻町544 中川ビル4F
Tel03-5579-8973　Fax03-5579-8975
ホームページ　http://www.junposha.com/
印刷製本　モリモト印刷株式会社

ISBN978-4-8451-1606-5